教育部哲学社会科学系列发展报告
MOE Serial Reports on Developments in Humanities and Social Sciences

中国文化软实力发展报告2013

Report on Development of Cultural Soft Power in China 2013

张国祚 主编

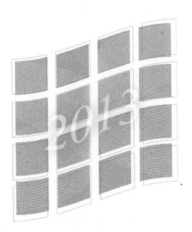

北京大学出版社
PEKING UNIVERSITY PRESS

图书在版编目(CIP)数据

中国文化软实力发展报告.2013/张国祚主编.—北京:北京大学出版社,2014.6
(教育部哲学社会科学系列发展报告)
ISBN 978-7-301-24277-3

Ⅰ.①中… Ⅱ.①张… Ⅲ.①文化事业-建设-研究报告-中国-2013
Ⅳ.①G12

中国版本图书馆 CIP 数据核字(2014)第 105678 号

| 书　　　名：中国文化软实力发展报告 2013
| 著作责任者：张国祚　主编
| 责 任 编 辑：闵艳芸
| 标 准 书 号：ISBN 978-7-301-24277-3/G·3827
| 出 版 发 行：北京大学出版社
| 地　　　址：北京市海淀区成府路 205 号　100871
| 网　　　址：http://www.pup.cn
| 新 浪 微 博：@北京大学出版社
| 电 子 信 箱：minyanyun@163.com
| 电　　　话：邮购部 62752015　发行部 62750672　编辑部 62750673
| 　　　　　　出版部 62754962
| 印 　刷 　者：北京大学印刷厂
| 经 　销 　者：新华书店
| 　　　　　　730 毫米×980 毫米　16 开本　17.5 印张　324 千字
| 　　　　　　2014 年 6 月第 1 版　2014 年 6 月第 1 次印刷
| 定　　　价：48.00 元

未经许可,不得以任何方式复制或抄袭本书之部分或全部内容。
版权所有,侵权必究
举报电话:010-62752024　电子信箱:fd@pup.pku.edu.cn

总　　序

　　哲学社会科学的发展水平,体现着一个国家和民族的思维能力、精神状态和文明素质,反映了一个国家的综合国力和国际竞争力。在社会发展历史进程中,哲学社会科学往往是社会变革、制度创新的理论先导,特别是在社会发展的关键时期,哲学社会科学的地位和作用就更加突出。在我国从大国走向强国的过程中,繁荣发展哲学社会科学,不仅关系到我国经济、政治、文化、社会建设以及生态文明建设的全面协调发展,而且关系到社会主义核心价值体系的构建,关系到全民族的思想道德素质和科学文化素质的提高,关系到国家文化软实力的增强。

　　党的十六大以来,以胡锦涛同志为总书记的党中央高度重视哲学社会科学,从中国特色社会主义发展全局的战略高度,把繁荣发展哲学社会科学作为重大而紧迫的任务进行谋划部署。2004年,中共中央下发《关于进一步繁荣发展哲学社会科学的意见》,明确了新世纪繁荣发展哲学社会科学的指导方针、总体目标和主要任务。党的十七大报告明确指出:"繁荣发展哲学社会科学,推进学科体系、学术观点、科研方法创新,鼓励哲学社会科学界为党和人民事业发挥思想库作用,推动我国哲学社会科学优秀成果和优秀人才走向世界。"2011年,党的十七届六中全会审议通过的《中共中央关于深化文化体制改革、推动社会主义文化大发展大繁荣若干重大问题的决定》,把繁荣发展哲学社会科学作为推动社会主义文化大发展大繁荣、建设社会主义文化强国的一项重要内容,深刻阐述了繁荣发展哲学社会科学一系列带有方向性、根本性、战略性的问题。这些重要思想和论断,集中体现了我们党对哲学社会科学工作的高度重视,为哲学社会科学繁荣发展指明了方向,提供了根本保证和强大动力。

　　为学习贯彻党的十七届六中全会精神,教育部于2011年11月17日在北京召开全国高等学校哲学社会科学工作会议。中共中央办公厅、国务院办公厅转发《教育部关于深入推进高等学校哲学社会科学繁荣发展的意见》,明确提出到2020年基本建成高校哲学社会科学创新体系的奋斗目标。教育部、财政部联合印发《高等学校哲学社会科学繁荣计划(2011—2020年)》,教育部下发《关于进一步改进高等学校哲学社会科学研究评价的意见》、《高等学校哲学社会科学"走出去"计划》、《高等学校人文社会科学重点研究基地建设计划》等系列文件,启动了新一轮"高校哲学社会科学繁荣计划"。未来十年,高校哲学社会科学将着力构建九大体系,即学科和教材体系、创新平台体系、科研项目体系、社会服务体系、条件支撑体系、人才队伍体系、现代科研管理体系和学风建设工作体系，同时，大力实施高校哲学社会科学"走出去"计划，提升国际学术影响力和话语权。

当今世界正处在大发展大变革大调整时期，我国已进入全面建设小康社会的关键时期和深化改革开放、加快转变经济发展方式的攻坚时期。站在新的历史起点上，高校哲学社会科学面临着难得的发展机遇和有利的发展条件。高等学校作为我国哲学社会科学事业的主力军，必须充分发挥人才密集、力量雄厚、学科齐全等优势，坚持马克思主义立场观点方法，以重大理论和实际问题为主攻方向，立足中国特色社会主义伟大实践进行新的理论创造，形成中国方案和中国建议，为国家发展提供战略性、前瞻性、全局性的政策咨询、理论依据和精神动力。

自2010年始，教育部启动哲学社会科学研究发展报告资助项目。发展报告项目以服务国家战略、满足社会需求为导向，以数据库建设为支撑，以推进协同创新为手段，通过组建跨学科研究团队，与各级政府部门、企事业单位、校内外科研机构等建立学术战略联盟，围绕改革开放和社会主义现代化建设的重点领域和重大问题开展长期跟踪研究，努力推出一批具有重要咨询作用的对策性、前瞻性研究成果。发展报告必须扎根社会实践、立足实际问题，对所研究对象的发展状况、发展趋势等进行持续研究，强化数据采集分析，重视定量研究，力求有总结、有分析、有预测。发展报告按照"统一标识、统一封面、统一版式、统一标准"纳入"教育部哲学社会科学发展报告文库"集中出版。计划经过五年左右，最终稳定支持百余种发展报告，有力支撑"高校哲学社会科学社会服务体系"建设。

展望未来，夺取全面建设小康社会新胜利、谱写人民美好生活新篇章的宏伟目标和崇高使命，呼唤着每一位高校哲学社会科学工作者的热情和智慧。我们要不断增强使命感和责任感，立足新实践，适应新要求，以建设具有中国特色、中国风格、中国气派的哲学社会科学为根本任务，大力推进学科体系、学术观点、科研方法创新，加快建设高校哲学社会科学创新体系，更好地发挥哲学社会科学认识世界、传承文明、创新理论、咨政育人、服务社会的重要功能，为全面建设小康社会、推进社会主义现代化、实现中华民族伟大复兴作出新的更大的贡献。

教育部社会科学司
2012年7月

编委会

指导单位：教育部社会科学司
编撰单位：中国文化软实力研究中心
顾　　问：中国文化软实力研究中心学术委员会
　　　　　卫建林（中央政策研究室原副主任）
　　　　　曲青山（中共中央党史研究室主任）
　　　　　张宏志（中共中央文献研究室副主任）
　　　　　张伯里（中共中央党校副校长）
　　　　　李慎明（中国社会科学院原副院长）
　　　　　刘继贤（军事科学院中将）
　　　　　顾海良（国家教育行政学院原院长）
　　　　　王庭大（中央纪委驻中国科学院纪检组组长、院党组成员）
　　　　　张铭清（海峡两岸关系协会副会长）
　　　　　高翔（中国社会科学院秘书长、中国社会科学杂志社总编辑）
　　　　　赖明勇（湖南省政协副主席）
　　　　　韩震（北京外国语大学校长）
　　　　　黄蓉生（西南大学党委书记）
　　　　　刘润为（《求是》杂志原副总编）
　　　　　张书林（《人民日报》理论部主任）
　　　　　李景瑞（《光明日报》原常务副总编）
　　　　　郑佳明（湖南省社会科学联合会主席）
　　　　　邓卫（清华大学党委副书记）
　　　　　骆郁廷（武汉大学党委副书记）
　　　　　张强（湖南大学副校长）
　　　　　杨春长（解放军军事科学院少将）
　　　　　贾磊磊（中国艺术研究院副院长）
　　　　　郭建宁（北京大学马克思主义学院院长）
　　　　　艾四林（清华大学马克思主义学院院长）

阎学通(清华大学当代国际问题研究院院长)
李希光(清华大学国际传播研究中心主任)
朱汉民(湖南大学岳麓书院院长)
杜钢建(湖南大学法学院院长)
马超群(湖南大学工商管理学院院长)
陈宇翔(湖南大学马克思主义学院院长)
杨胜刚(湖南大学金融与统计学院院长)
张亚斌(湖南大学经济与贸易学院院长)
彭祝斌(湖南大学新闻传播与影视艺术学院院长)
郭建勋(湖南大学中国语言文学学院院长)
刘正光(湖南大学外国语与国际教育学院院长)
余小波(湖南大学教育科学研究院院长)

目 录

文化软实力研究要矢志不移、循序渐进（代序） ………………………… 1

2013 年中国文化软实力发展总报告 ………………………………………… 1
文化软实力基础理论研究发展报告 ………………………………………… 7
中国文化产业软实力发展报告 ……………………………………………… 35
网络舆情与中国文化软实力发展报告 ……………………………………… 93
我国文化典籍对外翻译出版国际影响力发展报告 ………………………… 124
"985"高校网络思想政治教育发展报告 …………………………………… 171
爱国主义教育基地与中国文化软实力发展报告 …………………………… 214
"汉语桥"文化软实力发展报告
　　——"汉语桥"国际影响力回顾与前瞻 ………………………………… 238

文化软实力研究要矢志不移、循序渐进(代序)

张国祚

一般有鉴赏力的读者,想要阅读一本论著,首先都会认真琢磨一下书名。因为论著书名所透露的信息,可以使读者粗略知道该书作者想要写的主要内容。当《中国文化软实力发展报告》摆在读者面前时,敏锐的读者必然想到以下问题:什么是"文化"?什么是"软实力"?什么是"文化软实力"?为什么要强调"中国文化软实力"?中国文化软实力同美国人所讲的软实力有什么不同?为什么要发展文化软实力?文化软实力"研究报告"和文化软实力"发展报告"有什么区别?为什么要研究中国文化软实力发展状况?中国文化软实力发展现状究竟如何?如何增强文化软实力?为什么说《中国文化软实力发展报告》需要持续研究?我想针对上述问题,围绕本书内容,并结合某些学者的观点谈谈自己的看法。

1. 文化是个非常宽泛的概念,无时不在,无处不有。凡是人类思维扫描过的事物都不可避免地留下文化的印记。所以除精神领域的文化(包括非物质文化)外,还有物质文化。任何国家、任何民族,有历史就有文化;历史有多久,文化就多久;时间有多广,文化就多广。以中国文化为例,从空间分布上看,中国文化包括河洛文化、齐鲁文化、荆楚文化、巴蜀文化、江浙文化、闽台文化、岭南文化、秦晋文化、陇西文化、草原文化、西域文化、雪域高原文化等。从时间延续来看,中国在上下五千年不断开拓本土、吸收外来、借鉴同化的过程中,在改造自然、改造社会、发展经济、推动进步的过程中,先后创造出古代文化、近代文化、革命文化、建设文化和改革开放文化。这些文化一脉相承、与时俱进、光辉灿烂、博大精深。应当说,中国各个历史时期各个地区各个民族各类各种的文化,对于中华民族认识世界、改造世界、传承文明、创新理论、资政育人、服务社会、国际交往,都发挥了不可替代的巨大作用。

2. "软实力"是指一切无形的、难以量化的、表现为精神思想文化影响的力量。它是相对于"硬实力"而言的:一切有形的、可以计量的、表现为物质力量的实力,则都称之为"硬实力"。"软实力"这个概念是美国学者约瑟夫·奈最先提出的。他是哈佛大学肯尼迪政府学院的教授,曾任卡特政府的助理国务卿、克林顿政府的助理国防部长兼国家情报委员会主席。上世纪90年代初,苏联解体、东欧剧变，两极格局解体，世界社会主义运动突然跌落谷底，而美国则一霸独强，其影响力赫然达到顶峰。在约瑟夫·奈看来，这一世界格局的形成，除美国经济、军事、科技等硬实力强大之外，也得益于美国的软实力。他把软实力界定为文化的吸引力、制度的吸引力和掌握国际话语权的能力，认为美国就是通过软实力使别的国家跟着美国走。同时他认为，美国的软实力使美国"注定领导世界"。但是，对于什么是软实力，约瑟夫·奈并没有给出清晰明确的定义。

3. "文化软实力"凸显"软实力"的本质属性，是具有中国特色的理论概括。在我们看来，硬实力与物质实体密切相关，软实力则与精神文化密切相关。因此，我们不是一般地谈论"软实力"，而是强调"文化软实力"。党的十七大明确指出："文化软实力是综合国力的重要组成部分。"这样强调的意义主要有两点：一是突出了"文化"在软实力中的核心地位，没有文化高度的软实力是短视的，没有文化深度的软实力是肤浅的，没有文化广度的软实力是狭隘的，没有文化开放的软实力是封闭僵化的，文化在软实力中处于"灵魂"和"经纬"的地位，而不是像约瑟夫·奈那样把文化仅仅看成是软实力中的一个方面；二是突出了"软实力"在综合国力中的地位和作用，它涵盖了社会主义精神文明建设、中国特色社会主义文化建设、社会主义意识形态与核心价值体系建设、社会主义文化强国建设，而不是像约瑟夫·奈那样仅仅把软实力作为外交战略和国际权谋的手段。

4. 文化软实力一旦衰落就会有亡党亡国的危险。当今世界，综合国力竞争日趋激烈。越来越多的国家，特别是大国，在大力发展物质硬实力的同时，无不越来越重视文化软实力在国际竞争中的地位和作用，并将其纳入国家发展战略。苏联解体、东欧剧变、"颜色革命""阿拉伯之春"，虽然导致这些政权更迭的重大国际事件发生的背景和具体成因各不相同，但它们都在昭示一个共同的规律：一个国家物质硬实力不行，可能一打就败；而如果文化软实力不行，可能不打自败。可见，文化软实力不仅关乎文化艺术的繁荣，关乎文化产品的吸引力、影响力、创造力、竞争力，而且关乎民族兴衰、国家强弱、政党存亡、人民安危。而文化软实力中的意识形态工作尤其重要。正如习近平同志指出：意识形态工作，关系党的前途命运，关系国家长治久安，关系民族的凝聚力和向心力。"我们必须把意识形态工作的领导权、管理权和话语权始终牢牢掌握在自己手里，任何时候都不能旁落，否则我们就会犯无法挽回的历史性错误。"如果仅仅认为"提出文化软实力是基于美国的文化扩张与文化殖民的思考"，那其实还只是停留在法国人上世纪对美国文化的认识水平上。如果面临意识形态领域尖锐复杂的斗争和我国文化安全面临的严峻挑战，依然认为"文化软实力发展的研究应立足我国文化理论体系的构建"，其实多少有点书生气。

5. "文化软实力发展报告"重在反映发展现状及其成因与对策。"文化软实力发展报告"同"文化软实力研究报告"会有所不同。后者是要系统梳理以往关于文化软实力的研究状况,概括成果、分析进展、查找不足、提出深化拓展研究的对策建议。而前者,则是反映文化软实力发展的实际状况,分析文化软实力建设中取得的成绩和经验、存在的问题及原因、解决问题的对策建议;一些轻视对策研究、刻意追求"学术化"的人,往往轻视前者,甚至认为这是"工作总结"。其实,工作总结也是科研,而且如果写的好,则是务实管用的科研,会对做大做强我国文化软实力有实际推动作用,比那些看似"学理研究"实则空洞无用的学术有意义得多。

习近平同志2013年12月30日在中央政治局集体学习会议上强调,提高国家文化软实力,要坚持走中国特色社会主义文化发展道路,深化文化体制改革,深入开展社会主义核心价值体系学习教育,广泛开展理想信念教育,大力弘扬民族精神和时代精神,推动文化事业全面繁荣、文化产业快速发展;强调,要使中华民族最基本的文化基因与当代文化相适应、与现代社会相协调,以人们喜闻乐见、具有广泛参与性的方式推广开来,把跨越时空、超越国度、富有永恒魅力、具有当代价值的文化精神弘扬起来,把继承传统优秀文化又弘扬时代精神、立足本国又面向世界的当代中国文化创新成果传播出去;强调,要注重塑造我国的国家形象,重点展示中国历史底蕴深厚、各民族多元一体、文化多样和谐的文明大国形象,政治清明、经济发展、文化繁荣、社会稳定、人民团结、山河秀美的东方大国形象,坚持和平发展、促进共同发展、维护国际公平正义、为人类作出贡献的负责任大国形象,对外更加开放、更加具有亲和力、充满希望、充满活力的社会主义大国形象;强调,对中国人民和中华民族的优秀文化和光荣历史,要加大正面宣传力度,通过学校教育、理论研究、历史研究、影视作品、文学作品等多种方式,加强爱国主义、集体主义、社会主义教育,引导我国人民树立和坚持正确的历史观、民族观、国家观、文化观,增强做中国人的骨气和底气。

显然,习近平所提出的关于提高国家文化软实力的任务,并非面面俱到,而是强调了一些最重要的领域。这些领域,也应该是文化软实力发展报告所要着重反映和研究的现状。而所有这些内容以往的研究基础很薄弱,无论哪个领域,既没有现成的数据,也不是短期内所能搞清楚的,更不是可以一劳永逸的。特别是,由于文化软实力的"无形""难以计量"和仁者见仁、智者见智的意识形态属性,所以对文化软实力发展现状进行定量研究和评价非常困难,甚至在可预见的将来,我们都无法对我国文化软实力做出全方位的精确评价。有鉴于此,本报告只能先对影响我国当代经济社会发展和综合国力提升的若干重要文化软实力领域进行比较深入的调查研究,以便于总结经验、发现问题、提出对策、推动发展,并为未来向更多文化软实力领域延伸研究打下基础。

6. 如何确定"文化软实力发展报告"所要考察、研究的对象？可以从人本观角度和业务工作两个方面来探讨。例如，从人本观角度考察，文化强国必须落实在文化强人上，文化软实力的强弱最终取决于人的文化软实力素质。"以科学的理论武装人"效果如何？"以正确的舆论引导人"效果如何？"以高尚的精神塑造人"效果如何？"以优秀的作品鼓舞人"效果如何？"以丰富的智慧培育人"效果如何？"以爱国的情操激励人"效果如何？"以敬业的境界约束人"效果如何？"以诚信的品格帮助人"效果如何？"以友善的真情团结人"效果如何？等等。上述问题均可成为中国文化软实力发展状况考察和研究的选项。

再例如，从业务工作角度考察，文化强国必须落实在有关文化领域的工作上，文化软实力的强弱主要取决于与文化密切相关领域的工作实效。社会主义核心价值体系建设深入人心程度如何？马克思主义中国化对巩固马克思主义指导地位的作用如何？中国政治体制改革在提高效率和顺应民心上成绩如何？中国传统文化的挖掘和梳理对增强中国文化的魅力效果如何？中国教育格局对于培养和造就优秀人才贡献有多大？中国新闻传媒在发挥正确舆论引导和舆论监督方面贡献有多大？中国文化产业及产品在体现商品价值和创造财富的同时，对发挥正面社会效益和提高国民素质的贡献又有多大？中国文学艺术对陶冶思想情操和引领社会风尚影响有多大？中国法治建设对增强中国制度的公信力作用有多大？中国宗教政策对引导宗教界爱国爱教、维护社会稳定发挥的作用有多大？中国民族政策对维护民族团结和国家统一的贡献有多大？中国思想政治教育对于引导广大干部群众和青年学生树立正确的世界观、人生观、价值观的作用如何？中国外交政策在营造中国和平发展的国际环境方面贡献如何？中国对外交往对于加深中外联系、树立中国形象贡献如何？中国汉语国际传播对于提升中华文化的国际影响力贡献如何？等等。上述问题更应该成为中国文化软实力发展状况的考察和评价的选项。

7. "中国文化软实力发展"研究刚刚起步，不可能一蹴而就。无论是决策部门，还是研究单位，其实证性调研资料都十分缺乏，绝大多数部门和单位的相关信息储备都是空白。即便抓主要矛盾，选重点领域做考察、评价的研究选项，也不可能大范围铺开，全面评价。《中国文化软实力发展报告》属于填补空白的奠基工程，也只能循序渐进。本课题组决定以准确为前提，从易做起，由点到面，由局部到总体，认认真真，踏踏实实，经过若干年的努力，建立起中国文化软实力发展系统、完备、滚动、开放的数据库，并在此基础上，为各级政府提供文化软实力发展决策咨询报告。

8. 文化软实力研究要坚持定量与定性相结合的原则。由于文化软实力的"无形"和"难以计量"，且具有复杂的内涵，所以完全量化研究，既不可取，也不可能。

但是，必须看到，定量与定性并不存在不可逾越的鸿沟，一门学科只有成功地运用数学时，才能在质上产生飞跃。对于定量研究，什么是"成功使用"？就是当用则用，而且用得合理，恰到好处，可以使复杂的推理变得简洁明快、一目了然，令人信服。因此，《中国文化软实力发展报告》在进行深入的定性研究的同时，也开始探索构造相应的数学评价模型，希望能逐步得到读者的认可。

2014 年 1 月 10 日

2013年中国文化软实力发展总报告

张国祚*

2013年,中国文化软实力发展最重大的事件发生在12月30日。这一天,习近平同志在中央政治局集体学习会议上发表重要讲话,他针对"着力提高国家文化软实力"的问题,深刻阐述了一系列重要观点。他强调,要夯实国家文化软实力的根基:坚持走中国特色社会主义文化发展道路,深化文化体制改革,深入开展社会主义核心价值体系学习教育,广泛开展理想信念教育,大力弘扬民族精神和时代精神,推动文化事业全面繁荣、文化产业快速发展。为此,他围绕传播中国特色社会主义价值观念,围绕"中国梦"的宣传和阐释,围绕弘扬中国优秀传统文化,围绕树立当代中国良好国际形象,围绕加强爱国主义、集体主义、社会主义教育,提出了五大战略任务:一要努力传播当代中国价值观念。当代中国价值观念,就是中国特色社会主义价值观念,代表了中国先进文化的前进方向。我国成功走出了一条中国特色社会主义道路,实践证明我们的道路、理论体系、制度是成功的。要加强提炼和阐释,拓展对外传播平台和载体,把当代中国价值观念贯穿于国际交流和传播方方面面。二要宣传阐释好"中国梦",使对中国梦的宣传和阐释,与当代中国价值观念紧密结合起来。中国梦意味着中国人民和中华民族的价值体认和价值追求,意味着全面建成小康社会、实现中华民族伟大复兴,意味着每一个人都能在为中国梦的奋斗中实现自己的梦想,意味着中华民族团结奋斗的最大公约数,意味着中华民族为人类和平与发展作出更大贡献的真诚意愿。三要使中华民族最基本的文化基因与当代文化相适应、与现代社会相协调,以人们喜闻乐见、具有广泛参与性的方式推广开来,把跨越时空、超越国度、富有永恒魅力、具有当代价值的文化精神弘扬起来,把继承传统优秀文化又弘扬时代精神、立足本国又面向世界的当代中国文化创新成果传播出去。四要注重塑造我国的国家形象,重点展示中国历史底蕴深厚、各民族多元一体、文化多样和谐的文明大国形象,政治清明、经济发展、文化繁荣、社会稳定、人民团结、山河秀美的东方大国形象,坚持和平发展、促进共同发展、维护国际公平正义、为人类作出贡献的负责任大国形象,

---

* 张国祚,中国文化软实力研究中心主任,教授,博士生导师。

对外更加开放、更加具有亲和力、充满希望、充满活力的社会主义大国形象。五要对中国人民和中华民族的优秀文化和光荣历史,加大正面宣传力度,通过学校教育、理论研究、历史研究、影视作品、文学作品等多种方式,加强爱国主义、集体主义、社会主义教育,引导我国人民树立和坚持正确的历史观、民族观、国家观、文化观,增强做中国人的骨气和底气。

毫无疑问,习近平对提高国家文化软实力的阐述高屋建瓴、视野宏大、立意精当。宣传思想文化领域对其深入系统地学习领会和贯彻,是 2014 年开始的需要长期努力才能落实的任务了。尽管如此,我们在组织 2013 年"中国文化软实力发展报告"过程中,在分报告的选题设计、撰写、修改时,很注意向习近平的讲话精神靠拢。《中国文化软实力发展报告 2013》主要包括基础理论、文化产业、网络舆情、文化典籍国际传播、"985"高校网络思想政治教育、爱国主义教育基地文化软实力发展状况、"汉语桥"文化软实力等 7 个方面。

一、中国文化软实力基础理论研究彻底告别编译介绍阶段,已经形成鲜明的中国特色

"文化软实力"的基础理论是文化软实力的理论框架和分析工具,搞清楚基础理论研究的进展,对于正确认识文化软实力的实际发展状况非常重要。中国文化软实力基础理论的发展,始终围绕着三个问题:什么是"文化"?什么是"软实力"?什么是"文化软实力"?只有搞清楚这三个相互关联的问题,才能搞清楚文化软实力的基本概念及其内涵界定、范畴和逻辑联系。本报告介绍了"软实力"概念的由来,从学理层面和历史实践层面交代了约瑟夫·奈提出"软实力"概念的背景;阐述了约瑟夫·奈提出"软实力"理论旨在维护美国霸权主义强权政治地位,及其所确定的"软实力"涵盖的主要内容和主要观点,特别是在网络信息时代条件下对"软实力"地位和作用的提升;实事求是地评析了约瑟夫·奈关于"软实力"思想理论观点的贡献与局限,评析了约瑟夫·奈对他人关于"软实力"的观点的回应;介绍了世界各主要大国"软实力"研究的概况;系统总结了中国"软实力"研究的发展历程,阐述了"文化"在"软实力"中的特殊地位和作用、中国学者的"文化软实力"理论对"软实力"概念的丰富和发展;梳理了中国传统文化所蕴含的软实力要素;阐发了习近平关于"着力提高国家文化软实力"的思想理论,重点突出了习近平关于夯实国家文化软实力根基、传播好当代中国价值观念、展示好中华文化的独特魅力、树立好当代中国国家形象、提升好中国国际话语权等主要观点;在此基础上,从思想理论话语体系、发展战略和应用对策、核心价值体系建设、细化传统文化软实力要素、核心价值观同文化产业的深度融合、借鉴国际软实力研究经验教训 6 个方面提出了深化"中国文化软实力"研究的建议。

二、意识形态属性和社会效益的实现程度,决定着中国文化产业的软实力发展水平

从全球范围来看,文化产业在国与国之间综合国力的竞争中所占的比例越来越大,并为国家文化软实力的竞争提供越来越形式多样的载体和平台。一般来看,文化产业越发达的国家,其文化软实力的扩张和渗透就越强;文化产业发展越成熟的国家,其文化软实力的优势就越大。因此,文化产业被公认为21世纪全球经济一体化时代的"朝阳产业"。世界上越来越多的国家将文化产业作为一种战略资源加以开发。也因此,要提高中国文化软实力,就必须把发展文化产业放在重要的战略地位。本报告从文化产业的界定和其基本属性出发,分析了文化产业与文化软实力的关系;分析了文化产业具有双重属性、两个效应,指出商品属性和经济效益并非构成文化软实力的因素,只有文化产业当中的意识形态属性和它的社会效益才是影响文化软实力的因素;从文化产业的总体发展、分行业发展、区域发展、文化企业、文化产业园区、文化贸易等角度分析了我国文化产业的发展现状;梳理了现阶段我国文化产业发展中存在的问题;最后,在以上分析的基础上,结合美国、英国、日本、韩国、澳大利亚、俄罗斯等国文化产业的发展状况及其经验教训,为又好又快地发展我国文化产业,提出了有针对性的对策与建议。

三、网络舆情左右社会情绪和人心向背,以其正负两种能量影响着文化软实力的涨落

在信息化迅速发展的时代,网络舆情对国家文化软实力的发展具有举足轻重的地位,它以正负两种能量影响着国家文化软实力的涨落:积极正面的网络舆情,有利于引导人们对社会主义核心价值体系与核心价值观的理解和认同,增强对中国特色社会主义的道路自信、理论自信、制度自信,有利于增强民族自信心自豪感、凝聚力向心力;消极负面、特别是敌对势力故意扭曲的网络舆情则在妨碍人们树立正确的历史观、民族观、国家观、文化观,削弱人们对党和政府的信任、对党的方针政策的理解和拥护,容易引起思想混乱、加剧社会矛盾。因此,为了提高文化软实力,必须加强对网络舆情的正确引导。我国党和政府高度重视网络舆情工作,工作内容已从原则性要求向明确制度安排和落实管理责任方向深化,工作目标也从简单的"应对、回应"向"综合管理""提升软实力"更高层次提升,工作重点也将逐步转向对舆情的综合分析和管理预测,以及网络环境建设和网络内容建设。国外网络舆情在涉华经济、文化、科技方面往往给予正面反应;而涉华政治、环境以及民族、宗教问题则多为负面反应。这种负面反应,除敌对势力有意操作外,东西方文化差异是一个非常重要的因素。因此,要从社会环境、网络信息、网

民、媒介、政府等相互关联的角度出发,充分运用文化的渗透功能和引导作用,使集体围观、群体压力、内化传播、价值强化、事态炒作等途径和方式为我所用,以提高国家文化软实力。

四、我国文化典籍对外翻译出版国际影响日益增大,对提高中国文化软实力功不可没

中国古代文化经典凝结着博大精深的中华传统文化,其中不乏跨越时空、超越国度、富有永恒魅力、具有当代价值的文化精神。这些文化典籍的对外翻译出版对于加深中外交流、增进中外理解、树立中国形象、提高中国文化软实力,具有重要意义。所以习近平强调:"要系统梳理传统文化资源,让收藏在禁宫里的文物、陈列在广阔大地上的遗产、书写在古籍里的文字都活起来。要以理服人,以文服人,以德服人,提高对外文化交流水平。"我国文化典籍对外翻译出版从1990年代至今,已经20多年了,其在国际上的影响力越来越大,当然也存在着有待进一步完善的问题。本报告介绍了中国文化典籍对外翻译出版的基本状况,界定了中国文化典籍的内涵与外延;重点从西方对中国文化典籍的译介、中国文化典籍翻译的缘起及其国际影响力、对中国文化典籍对外翻译出版的反思、中国文化典籍翻译出版对提升中国文化软实力的意义等4个方面进行了比较深入的探讨。最后围绕如何利用中国文化典籍的翻译出版来提高国家文化软实力,提出了一些有针对性的对策建议。

五、"985"高校网络思想政治教育工作虽然越来越受重视,但转化成强大的文化软实力依然任重道远

自1994年中国正式获准成为国际互联网成员以来,互联网在中国的发展日新月异,迅速而深刻地改变着人们特别是青年学生的精神生活和物质生活。网络不仅给大学生带来成本低、覆盖广、内容丰富、即时快捷的学习交流平台,同时因为网络信息庞杂难辨、良莠并存,也难免给大学生的学习生活、人际交往乃至价值观的形成带来一些负面影响。如何趋利避害、为我所用、掌握网络主导权?变成了高校思想政治教育不能回避的现实课题。正是在这种背景下,高校网络思想政治教育便应运而生。思想政治教育与网络的有机结合,既拓展了思想政治教育工作的渠道、创新了思想政治教育工作的方法,也增添了思想政治教育的活力。

我国党和政府非常重视利用网络加强思想政治教育,国家对高校网络思想政治教育进行了积极的推动。2000年教育部下发《教育部关于加强高等学校思想政治教育进网络工作的若干意见》,2004年中共中央、国务院下发的《关于进一步加

强和改进大学生思想政治教育的意见》和2006年中宣部、教育部下发的《关于进一步加强和改进高等学校思想政治理论课的意见》都强调重视充分利用互联网。本报告重点对"985"高校在网络思想政治教育领域的体系建设、理论成果、实体发展等3个方面展开论述,并有针对性地提出加强改进工作的建议。

六、爱国主义教育基地的不断加强与改善,将成为聚集和做强中国文化软实力的重要磁场

爱国主义是团结统一、爱好和平、勤劳勇敢、自强不息的伟大民族精神的核心,是中华民族的光荣传统,是推动中国社会前进的巨大力量,是各族人民共同的精神支柱。能否不断弘扬爱国主义光荣传统、不断加强爱国主义教育事关国家长治久安、繁荣昌盛。改革开放之初,由于国际敌对势力加紧对我国实施"西化分化"战略,加之国内分裂势力的迎合,爱国主义传统受到削弱。正是针对这种情况,中央加大了爱国主义宣传教育的力度,建设了一大批爱国主义教育基地,以引导人们特别是广大青少年弘扬爱国主义精神,树立正确理想、信念、人生观、价值观,自觉为中华民族伟大复兴"中国梦"的实现贡献力量。近几年来,在各级党委、政府的关心和社会各界的支持下,爱国主义教育基地在建设、管理和使用方面取得了可喜成绩,展出内容不断充实,展示手段有所创新,环境面貌逐步改善,教育功能得到增强,社会影响日益扩大,创造和积累了不少好的经验,涌现出一大批先进典型,形成了以全国示范基地为骨干,各级各类教育基地相辅相成、共同发展的良好局面,已成为展示和发展中国文化软实力的重要平台。同时也要看到,一些爱国主义教育基地还存在不容忽视的问题,如形式过分单一、缺乏创新性;优势资源开发不够;基地功能有待更好发挥等等。本报告旨在通过对爱国主义教育基地现状的梳理和分析,找准问题和原因,提出可行性建议,以期加强爱国主义教育基地健康发展,推动中国文化软实力的发展。

七、"汉语桥"由于直接吸引外国朋友参与,能生动有效地扩大中国文化软实力的影响,但活动的广度和深度有待加强

"汉语桥"已经成为在国内外具有一定影响力的文化活动。自2002年至2013年,"汉语桥"成功举办了十二届,吸引了将近30万外国选手参加汉语比赛,被誉为汉语"奥林匹克"。"汉语桥"在传播中国语言文化方面成为一种颇具吸引力的组织活动,成为中国文化"走出去"的重要名片,成为中国文化软实力颇有影响力的展示平台。本报告着重解析"汉语桥"对提升中国文化软实力的五个方面的意义:一是汉语国际传播的一种重要平台;二是展示中国语言文化魅力的一个重要

窗口;三是加强国家公共外交的一种重要方式;四是传递当代中国价值观念的一个重要舞台;五是培养海外"中国文化大使"的一个重要课堂。通过回顾"汉语桥"的发展历程,总结"汉语桥"取得的成绩,并分析"汉语桥"发展中存在的实际问题,探讨如何进一步提高"汉语桥"的国际影响力,提出突出语言魅力,淡化政治色彩;丰富"汉语桥"项目,扩大其影响范围;创新运营模式,拓展区域合作,创新传播方式;提高节目收视率,推动"汉语桥"向文化产业方向发展,打造中国文化品牌;建立调研机构,提供理论支撑等政策建议。

文化软实力基础理论研究发展报告

张国祚*

摘要:"文化软实力"的基础理论,主要包括"文化""软实力""文化软实力"三个相互关联的基本概念及其内涵界定、范畴和逻辑联系。本报告介绍了"软实力"概念的由来,从学理层面和历史实践层面交代了约瑟夫·奈提出"软实力"概念的背景;阐述了约瑟夫·奈提出"软实力"理论旨在维护美国霸权主义强权政治地位及其所确定的"软实力"涵盖的主要内容和主要观点,特别是在网络信息时代条件下"软实力"地位和作用的提升;实事求是地评析了约瑟夫·奈关于"软实力"思想理论观点的贡献与局限,评析了其他人对"软实力"的理解和回应;介绍了世界各主要大国"软实力"研究的概况;系统总结了中国"软实力"研究的发展历程,阐述了"文化"在"软实力"中的特殊地位和作用、中国学者的"文化软实力"理论对"软实力"概念的丰富和发展;梳理了中国传统文化所蕴涵的软实力要素;阐发了习近平关于"着力提高国家文化软实力"的思想理论,重点突出习近平关于夯实国家文化软实力根基、传播好当代中国价值观念、展示好中华文化的独特魅力、树立好当代中国国家形象、提升好中国国际话语权等主要观点;在此基础上,从思想理论话语体系、发展战略和应用对策、核心价值体系建设、细化传统文化软实力要素、核心价值观同文化产业的深度融合、借鉴国际软实力研究经验教训等六个方面提出了深化"中国文化软实力"研究的建议。

---

* 张国祚,中国文化软实力研究中心主任,教授,博士生导师。

"软实力"概念来到中国已经过去20年了。前10年的发展是零星的、缓慢的,主要是译介性的。后10年的发展主要是在"软实力"的中国诠释和如何运用"软实力"上展开了多方面的讨论。但是,这种讨论,是在一种相对封闭的学术环境中开展的,并没有关注到国外的"软实力"研究状况。特别是,由于国内外学界对"软实力"基础理论缺少深入的研究,没有形成对其基本概念、基本范畴及逻辑关系的统一认识,所以出现对"软实力"食洋不化、泛化和窄化的理解与运用,乃至"软实力"变成了某种"筐",想装什么就往里装。20年过去了,世界发生了翻天覆地的变化,"软实力"已经成为各个国家、尤其是中国政治文化领域一个出现频率很高的"热门词"。在此情况下,应该是对"软实力"基础理论进行系统研究的时候了。

一、"软实力"概念的由来

"软实力"这个概念是有着深厚美国官方背景的哈佛大学教授约瑟夫·奈(Joseph S. Nye, Jr)[①]最先提出的。1990年,奈在美国著名的杂志《外交政策》上发表《软实力》(Soft Power,1990)一文,阐述了"软实力"的概念[②]。从学理层面来看,他提出这一概念是受20世纪30年代英国实用主义者卡尔的启发。卡尔认为世界上有三种权力:一是军事权力,不服从就消灭;二是经济权力,不听话就收买;三是文化权力,不同意就诱导[③]。受"文化权力"的启发,奈提出"软实力"概念。从历史实践层面来看,大国兴衰、特别是苏联解体、东欧剧变使他看到文化的力量。约瑟夫·奈关于"软实力"的开山之作是《注定领导世界:美国权力性质的变迁》(Bound to Lead:The Changing Nature of American Power,1991)。在该书中,他对教授保罗·肯尼迪等人关于美国权力衰落的观点进行了批驳。1987年美国耶鲁大学教授保罗·肯尼迪(Paul Kennedy)在其《大国的兴衰:1500—2000年的经济变迁与军事冲突》一书中认为:"在这种令人担忧的环境中,大国往往会自觉不自觉地以比两代人之前多得多的费用用于国防,但仍感到国际环境不够安全……大国走下坡路时的本能反应是,将更多的钱用于'安全',因而必然减少经济'投资',从

---

① 约瑟夫·奈(Joseph S. Nye, Jr),生于1937年,1964年获哈佛大学政治学博士学位后留校任教。曾出任卡特政府助理国务卿、克林顿政府国家情报委员会主席和助理国防部长。后来重回哈佛,曾任肯尼迪政府学院院长,现为该院教授。约瑟夫·奈是国际关系理论中新自由主义学派的代表人物,以最早提出"软实力"(Soft Power)概念而闻名。

② Joseph S. Nye, Jr, "Soft Power", Foreign Policy 1990(80) 153-171.

③ 卡尔:《1919—1939 二十年来的危机:国际关系学简介》(纽约:Haper and Row 出版社,1964年),转引自约瑟夫·奈:《软力量》,吴晓辉、钱程译,东方出版社,2005年。

长远看,使自己的处境更为困难。"①他认为美国在与苏联展开的经济、军事实力竞争以及与其他国家的国际竞争中,会因为巨大的国防开支而必然衰落。针对这种"美国衰落论",约瑟夫·奈指出,美国既拥有传统的经济、军事的硬实力优势,也拥有文化、价值观和国民凝聚力等新型的软实力优势。只要能够将这些潜在的权力资源转化为实际的影响力,美国将能领导世界②。他认为,实际上美国并没有衰落,美国不仅拥有经济和军事上的实力,还拥有文化、价值观和社会制度等"软实力"的优势。在奈看来,美国和西方的软实力在苏联解体和东欧剧变中发挥了重要作用,这才是"推倒柏林墙"的真正力量。他提出这个概念,主要是基于冷战时期的国家间竞争的需要,即在国家间以军事、经济、科技为主要内容的硬实力竞争之外,寻找比硬实力更高层次的、更有效的分析工具与路径。由于美国是世界上最有影响的国家,奈又有美国的官方背景,所以"软实力"概念很快就传到世界许多国家,并渐渐成为一个频繁用于多个领域的术语。

二、约瑟夫·奈关于"软实力"的主要观点

自1990年以来,约瑟夫·奈发表了不少关于"软实力"的文章和著作。其主要观点有以下内容。

(一) 提出了"软实力"概念,界定了"软实力"的功能

约瑟夫·奈最先提出了"软实力"的概念。他认为,"传统上军事力量和经济力量通常是一国实力的重要衡量标准,然而,国与国之间的超强实力的来源正在发生着变化,不再是拥有资源的能力,而是改变其他国家行为的能力;国家的综合国力可以划分为两种,即硬实力(Hard or Command Power)和软实力(Co-optive or Soft Power)。一个国家的实力,不仅仅包括资源实力、经济实力、军事实力和科技实力等硬实力,而且包括软实力。硬实力和软实力共同构成国家的综合国力,两者缺一不可。对于美国来说,在21世纪,它的超强能力不是拥有多少资源的供给,而是控制国际政治环境的能力以及让其他国家按照其意愿行为的能力,即要着眼于从单纯注重硬实力转移到重视软实力。软实力是指利用文化(Culture)、意识形态(Ideology)、制度(Institutions)等无形资源影响其他国家的能力,是一个国家构筑一种情势的能力,借助于这种情势,这个国家使其他国家以与其倾向和利益相一致的方式来发展本国的倾向,界定本国的利益"③。约瑟夫·奈在文章《软实力的挑战》("The Challenge of Soft Power",1999):对软实力的概念进行了进一

---

① 保罗·肯尼迪:《大国的兴衰:1500—2000年的经济变迁与军事冲突》,"前言",陈景彪等译,国际文化出版公司,2006年,第42页。
② 约瑟夫·奈:《注定领导世界:美国权力性质的变迁》,刘华所译,中国人民大学出版社,2012年。
③ Joseph S. Nye, Jr, "Soft Power", *Foreign Policy* 1990(80) 153-171.

步的概括,他指出:"软实力是一个国家的文化与意识形态所产生的吸引力,它通过吸引力而非强制力影响他人的行为,并获得理想的结果,如能够让他人信服地跟随你,遵循你所制定的行为标准或制度,并按照你的设想行事。软实力在很大程度上依赖信息的说服力。如果一个国家可以使它的立场在其他人眼里具有吸引力,并且鼓励其他国家依照寻求共存的方式加强界定它们利益的国际制度,那么它无须扩展那些传统的经济和军事实力。"①约瑟夫·奈在《为何再不能单纯依靠军事力量》("Why Military Power Is No Longer Enough", 2002)②一文中强调,在21世纪,由于军事力量的使用会危害一国的经济实力,加之道德方面的约束,使得军事力量的使用受到越来越多的限制。在这样的背景下,美国不能再单纯地依靠军事力量,而应该更多地使用软实力③。约瑟夫·奈在《软力量④:世界政坛成功之道》⑤("Soft Power: The Means to Success in World Politics", 2004)中进一步完善了软实力的概念,"软实力是一种能力,它能通过吸引力而非威逼或利诱达到目的。这种吸引力来自一国的文化、政治价值观和外交政策,当在别人眼里我们的政策合法、正当时,软实力就获得了提升"⑥。在该书中,奈从行为分布和潜在资源两方面比较了硬实力和软实力的区别,并以美国为例,深入阐述了软实力的来源、如何使用软实力以及软实力是如何影响外交的;抨击了以军事、武力、暴力等硬实力建构世界新格局,认为只有通过多使用文明、文化、价值观念等软实力,才能在国际政治舞台上不断取得成功。在比较世界各国软实力时,作者认为,在大众文化领域,"苏联文化谈不上具有软实力";"封闭的体制、缺乏吸引力的流行文化、笨拙的外交政策,这一切都意味着,冷战期间苏联在软实力方面从来就不是美国的真正对手";从软实力资源的角度看,与美国力量最接近的竞争者是欧洲;亚洲国家也具有丰富的软实力资源,日本是这些国家中潜在软实力资源最强的国家。但从近代来看,亚洲国家明显落后于西方国家,其软实力也大大削弱。但亚洲的软实力正在急剧上升,作者预计到2025年亚洲的软实力就可以达到历史的最好水平。同时,作者在该书中还强调了信息时代中非政府组织所展示的软实力⑦。

---

① Joseph S. Nye, Jr, "The Challenge of Soft Power", *Time* 1999.2.22:21.
② Ibid.
③ Joseph S. Nye Jr, "Why Military Power Is No Longer Enough", *Observer* co.uk, Sunday 31 March 2002 02.06 BST, http://www.theguardian.com/world/2002/mar/31/1.
④ 在21世纪最初的几年内,国内对 Soft Power 一词通常译为"软力量""软权力",后来逐步使用"软实力"一词。
⑤ 国内对该书的翻译有:吴晓辉、钱程:《软力量:世界政坛成功之道》,东方出版社,2005年;马娟娟:《软实力:权力,从硬实力到软实力》,中信出版社,2013年。
⑥ Joseph S. Nye, Jr, "Soft Power: The Means to Success in World Politics", New York: Public Affairs, 2004:25.
⑦ 约瑟夫·奈:《软实力:权力,从硬实力到软实力》,马娟娟译,中信出版社,2013年,第99—119页。

约瑟夫·奈提出"软实力"概念,无疑是一大学术贡献,它形象地概括了思想、文化、精神、制度等力量的性质,而且看到了苏联解体是因为"在软实力方面从来就不是美国的真正对手"。但是,"从来"一词用的不当,因为相当长时间内,苏联的文化软实力是生机勃勃、锐意进取、充满吸引力的,否则世界上怎会出现那么多共产党?否则社会主义阵营怎会形成?否则西方怎会一度惊恐不安?实事求是地说,约瑟夫·奈的认识还有很大的局限性:一是他把"软实力"仅仅看成是"影响其他国家的能力",忽视了软实力对本国内部的作用;二是他没有从历史发展的长过程考察软实力的兴衰;三是关于"软实力是硬实力的基础"的说法,夸大了软实力的作用,含有唯心主义和形而上学的片面性;四是他显然在为美国在世界上推行霸权主义献计献策。

(二) 认为信息革命提升了"软实力","软实力"可弥补美国权力的局限

约瑟夫·奈在文章《信息革命与美国的软实力》(The Information Revolution and American Soft Power, 2002)中敏锐地注意到,信息革命极大地提升了软实力,即提升了与意见、文化和政策紧密相关的吸引力。信息革命、技术的进步以及全球化并不能取代一个国家,但会继续增加国际政治的复杂性。21世纪,美国要继续在全球政治中保持领导性的实力,取决于以下几个因素:美国经济保持强劲、社会不衰退;保持现有的军事实力但又不过度军事化;不凭借自己的力量变得过度单边主义和傲慢从而浪费其软实力资源;不会发生重大的灾难性事件使得美国朝着孤立主义的方向发展;以更广阔的更富有远见的视野综合全球利益来重新界定国家利益[①]。他还在《美国霸权的困惑:为什么美国不能独断专行》[②] (The Paradox of American Power: Why The World's Only Superpower Can't Go It Along, 2002)中分析阐述了非政府组织、信息和通信领域的技术革命对软实力的影响,认为"信息革命正在造就跨国界的团体和网络。跨国公司和非政府机构(包括恐怖组织)将发挥更大作用。很多这样的组织吸引我们的公民加入它们的跨国联盟,形成它们自己的软实力。""信息和通信领域的技术革命分散了政府的权力,使得个人和团体能够在世界政治中发挥过去只有政府才能发挥的作用"[③]。

约瑟夫·奈在《论美国实力的局限》(Limits of American Power, 2002—2003)中说,传统观点认为,一个国家的实力主要体现为战争的能力,即军事能力,随着20世纪中叶核时代的到来,美国和苏联不仅拥有工业力量还拥有了核武器和洲际导弹。然而,当今时代,美国实力的基础正在由军事力量转移,单纯使用军事力量越

---

① Joseph S. Nye, Jr, "The Information Revolution and American Soft Power", *Asia-Pacific Review* 2002, 9(1) 67-75.
② 近年来,国内通常将该书译为《美国实力的悖论——世界唯一超级大国为何不能一意孤行》。
③ 郑志国等:《美国霸权的困惑:为什么美国不能独断专行》,世界知识出版社,2002年。

来越受到限制,原因在于以下几个方面:第一,核武器尽管威力巨大,但破坏性太大、价格昂贵,除非极端情况,理论上一般不会使用;第二,民族主义的兴起,使得通过霸权来控制觉醒的民众越来越困难;第三,社会主义社会内部实力的巨大变化,后工业时代社会主义国家更多地关注社会福利而不是荣誉;除非生存受到威胁,他们已厌恶战争;第四,对于当今社会的大多数国家而言,使用武力会严重损害他们的经济实体。综上所述,作者认为,军事实力在当今国际外交中不再起主要作用,经济实力比过去变得越来越重要;美国要保持强大,还需要关注软实力①。在《伊拉克战争之后的美国实力与战略》(U. S. Power and Strategy after Iraq,2003)一文中,作者批评了小布什发动的伊拉克战争以及之后采取的外交战略。"世界是不平衡的。如果有人质疑美国压倒性的军事实力,那么伊拉克战争无疑很好地解除了人们的质疑"。但是,他同时认为,美国政府过分关注国家间军事力量的不均衡是错误的,2001年"9·11事件"的发生,使得美国的政策制定者和评论家们摸不着头绪,仍在黑暗中前行,不知道如何应对。21世纪,美国仍是实力最强的国家,但对越来越多的事务失去控制。尽管美国在传统事务上应用硬实力游刃有余,但这些措施是不能够适应由于全球化和技术民主化所带来的世界政治的转变。美国缺乏处理国际和国内一些冲突的能力,这些冲突主要是监控转型发展威胁美国安全的问题。在处理当今社会的一些关键问题,如国际金融稳定、反毒品、疾病控制尤其是新型恐怖主义时,单纯使用军事力量并不能取得成功,且有时候军事力量的使用会产生不良后果。因此,应重视软实力的使用。② 在《美国软实力的衰落——华盛顿应该为此感到担忧》(The Decline of America's Soft Power—Why Washington Should Worry,2004)一文中,作者深刻检讨了美国冷战后公共外交政策的退步和由此遭受的灾难与仇视,以及带来的软实力的衰落——即美国政策的合法性及其所体现的价值观对其他国家产生的感召力和吸引力,并就如何更好地发挥美国的软实力提出了短期、中期、长期的战略。最后,他还告诫美国:"与硬实力不同,软实力的运用更不能实行单边主义,这是美国还没有认识到的事实。为了与世界有效地沟通,美国首先需要学会倾听。"③

约瑟夫·奈看到信息革命增强了软实力的地位和作用,这是完全正确的。但他把美国权力的局限仅仅归结于软实力的衰落则是片面的,没有看到霸权主义贪婪掠夺的侵略本质、多行不义必自毙的规律。

---

① Joseph S. Nye, Jr, "Limits of American Power", *Political Science Quarterly* 2002-2003,117(4):545-559.

② Joseph S. Nye, Jr, "U. S. Power and Strategy after Iraq", *Foreign Affairs* 2003,(7/8):60-73.

③ Joseph S. Nye, Jr, "The Decline of America's Soft Power—Why Washington Should Worry", *Foreign Affairs* 2004(5/6):16-20.

(三) 阐发"巧实力"思想,为"反恐"、巩固美国国际"领导地位"支招

《巧实力:探寻硬实力和软实力的平衡》("Smart Power: In Search of the Balance between Hard and Soft Power")是约瑟夫·奈对一本关于美国硬实力的著作[①]的书评,作者在文中一如既往地批评了布什政府对软实力的忽视;同时,又明确地提出,要把硬实力和软实力有效地结合起来,使用"巧实力"[②],但未对其进行深入的解释[③]。而在《灵巧的超级实力》("A Smarter Superpower",2007)一文中,约瑟夫·奈又结合"打击伊斯兰极端恐怖主义的战争"推销"巧实力"。他回避了美国同反恐战争的关系,而认为"这场斗争的双方不是伊斯兰和西方世界,而是伊斯兰内部的战斗,对立的一方是少数恐怖分子,另一方则是非暴力的伊斯兰信徒的主流。我们必须吸引伊斯兰信徒的主流以使得恐怖分子无法招募新的成员,才能击败'圣战'极端主义"。"美国需要像冷战中所做的那样,把硬实力和软实力有效结合成'巧实力'。反恐战争既需要军队、情报和国际警察部门通力合作,打击强硬恐怖分子;同时,要吸引伊斯兰主流民众,孤立极端分子,起着关键作用的还是软实力。"[④]约瑟夫·奈在另一篇文章《巧实力和反恐战争》("Smart Power and the 'War on Terror'",2008)中又进一步阐述了巧实力在反恐战争中的运用[⑤]。而在《美国能够重获"巧实力"》("The US can reclaim smart power",2009)一文中他重申了"巧实力"的重要性,它是美国领导世界的"工具箱"。[⑥] 约瑟夫·奈在他的最新著作《权力大未来》(*The Future of Power*,2011)中,从全球事务中权力的分配出发,探讨了21世纪的军事实力、经济实力和软实力。书中展示了权力资源如何适应于数字时代,以及巧实力战略的实施为何不只依赖于一个国家的军事实力。曾经由政府控制的信息现在已经成为大众消费品。国际互联网的出现让非国家行为体掌握了权力资源,他们可以在家中对政府发动网络袭击,制造能够为全球所恐惧的安全

---

① Kurt M. Campbell and Michael E. O'Hanlon, "Hard Power: The New Politics of National Security ", *Basic Books*, 2006.

② "巧实力"一词并非约瑟夫·奈的创造。2004年,针对"9·11"后美国保守主义者实行的"单边主义"战略遭受重创、美国国际声望和影响力日趋下降的现实,美国安全与和平研究所苏珊尼·诺瑟在《外交》杂志上发表题为《巧实力》的文章,正式提出并阐释了"巧实力"。文章指出:"必须实行这样一种外交策略,不仅能更有效地反击恐怖主义,而且能通过灵巧地运用各种力量走得更远,在一个稳定的盟友、机构和框架中增进美国的利益"。布什政府的保守主义外交政策和单边主义军事行动,极大地损害了美国的国际形象,未来美国政府应该摒弃单边主义战略,强调美国外交应该注重扩展人权和民主,将经贸、外交、对外援助、价值观推广看做与军事力量同等重要的维护国家利益的手段,通过灵巧地运用各种力量促进美国利益。详见 Suzanne Nossel, "Smart Power", *Foreign Affairs* 2004(3/4)。

③ Joseph S. Nye Jr, "Smart Power: In Search of the Balance between Hard and Soft Power", *Democracy: A Journal of Ideas*, No. 2 (Fall, 2006).

④ Joseph S. Nye Jr, "A Smarter Superpower", *Foreign Policy* 2007(3/4).

⑤ Joseph S. Nye Jr, "Smart Power and the 'War on Terror' ", *Asia-Pacific Review* 2008,15(1): 1-8.

⑥ Joseph S. Nye Jr, "The US Can Reclaim Smart Power", *Los Angeles Times*, January 21,2009.

威胁。网络时代的到来同时也为主权国家创造了新的权力边界,为发展中国家提供了成熟的机遇①。约瑟夫·奈关于网络的见解是睿智的,比较深刻地反映了网络给非政府组织增加的能量,以及给政府组织提出的严峻挑战。但其立论的宗旨,如果仅仅是为美国巩固所谓国际"领导权",则未免就狭隘了。

三、世界各主要大国"软实力"研究的基本状况

对于约瑟夫·奈提出的"软实力"理论,学界反应不一。赞同者有之,质疑者有之,演绎者也有之。肯定也好,质疑也罢,不得不承认,"软实力"这一概念一经提出,就在较短的时间内得到了广泛的传播,且引起了世界各主要大国的重视。

(一) 美国政界和学界对"软实力"研究都很关注

1. 对约瑟夫·奈"软实力"理论赞赏、支持、认同者

美国前国务卿奥尔布赖特对奈评价极高,她说:"在权力的本质、多样性及其运用与滥用研究方面,奈是美国最著名的专家。他的著作富有洞察力,对美国总统和国务卿具有重要价值,也让外交政策在普通读者眼中变得不那么陌生。"美国前副国务卿塔尔博特说:"什么是权力?应该怎样运用权力?约瑟夫·奈为我们展现了具有重要影响力的务实性思考。奈,运用自己标志性的清晰而有说服力的语言,为美国人提供了一种途径,可以消除对新兴大国的恐惧和对美国衰落的担忧。"美国外交学会美国外交政策问题高级研究员沃尔特·拉塞尔·米德认为,软实力是指文化上的吸引力,并提出了"黏性实力"(Sticky Power)的概念,与奈的观点基本相同②。美国学者斯拜尔克从国家平等、社会稳定、政治繁荣等角度认可奈对于"软实力"概念的界定;还有些美国学者借用"软实力"概念论证美国外交政策。马特苏达以"政府—基金—大学"为基点,撰写了他的专著《软实力及其危险性:美国在战后早期日本的文化政策及永久依赖》,他相互替换地运用"软实力"和"领导权"的概念揭示了美国权力的本质,并强调美国的教育和文化环境也是美国实力很重要的表现方面。美国战略与国际研究中心(CSIS)出台了一份名为《中国软实力及其对美国的影响——两国在发展中国家的合作与竞争》的报告。该报告共137页,除概述和结论,共分十个部分对中国软实力的现状、实施、来源、特征及中国在非洲等地区的软实力作了分析。

2. 对约瑟夫·奈"软实力"理论持否定态度者

保罗·肯尼迪明确质疑,他认为奈提出软实力概念的基础是美国思想文化在全球的吸引力,但是关于美国文化的合理性争议是很大的,也是无从考证的。萨

---

① 约瑟夫·奈:《权力大未来》,王吉美译,中信出版社,2012年。
② 约瑟夫·奈:《软力量——世界政坛成功之道》,东方出版社,2005年。

缪尔·亨廷顿(Samuel.P·Huntington)也持否定态度,认为软实力依然为硬实力所左右,并不能独自发挥作用;另一位哥伦比亚大学的学者罗伯特·杰维斯(Robert Jervis)在对约瑟夫·奈 2004 年出版的《软实力:世界政治成功的意义》一书写的书评中也对约瑟夫·奈的"软实力"持保留态度。他指出,约瑟夫·奈在他的专门研究中完成了他非常优秀的专著,但是,由于软实力这个概念本身固有的缺陷,这本书还是令人不太满意①。美国学者尼古拉斯·欧维那则旨在修正和演绎约瑟夫·奈的观点,提出了更为包容、范围更广的软实力概念,他认为:"军事以外的影响力都是软实力,包括意识形态和政治价值观的吸引力、文化感召力等。"②

3. 对约瑟夫·奈的"软实力"理论进行修正者

美国地缘政治学家尼古拉斯·斯拜克曼(Nicholas Spykman)将民族同质性、社会综合程度、政治稳定性、国民士气等视为国家的软实力,着眼于这些因素都会对国家的综合实力构成影响,而不是直接着眼于外交战略和国际话语权。显然,相比眼光注重朝外的约瑟夫·奈,斯拜克曼则是将眼光主要朝向国内。这在美国的学界,也算是独树一帜。

(二) 英国对"软实力"的研究主要侧重于文化外交和英语国际传播

英国是个老牌帝国主义国家,一度曾被称为"日不落大帝国",因为它的殖民地数量最多、分布最广,在 19 世纪是世界头号强国。英国打开世界各国门户主要凭靠武力,凭靠硬实力。而其延续对各国的影响,则越来越需要借助软实力。当代英国在软实力研究方面主要侧重文化和语言。英国学者罗伯特·库伯(Robin Cooper)认为合法性是软实力的核心要素;英国战略与国际问题研究中心中国问题研究室荣誉主席贝茨·吉尔认为,软实力主要来自于文化、政治和外交等软性因素的力量③;更多的英国学者直接研究文化的力量和作用。英国文化软实力研究中一个突出的特色就是对"英语"国际传播的高度重视。他们把"英语"作为英国文化走向世界的通行证和重要桥梁。安东尼·帕森斯曾强调:"第一而且是最重要的一点就是英语的广泛影响。"④所以,英国文化外交的首要任务就是不断地在世界各国推广"英语",使之成为名符其实的"世界语言"。据统计,仅在 2010—2011 年间,英国就在世界各个国家和地区共建立 109 个英语教学中心,向 29.4 万人提供 130 万课时的英语培训。英国关于软实力研究同美国一样,主要是把它同外交政策联系起来。外交官 J. M. 米切尔在其《国际文化关系》中分析了文化外交

---

① 金筱萍:《美国学术界文化软实力研究综述》,《科技进步与对策》,2010 年第 17 期,第 157—160 页。
② 韩勃、江庆勇:《软实力:中国视角》,人民出版社,2009 年,第 6 页。
③ 约瑟夫·奈、门洪华:《硬权力与软权力》,北京大学出版社,2005 年。
④ Anthony Parsons, "Vultures and Philistines: British Attitudes to Culture and Cultural Diplomacy", *International Affairs*, Vol. 61, Issue 1, 1985. p. 7.

与文化关系、文化外交与文化宣传之间的异同,全面阐述了国际文化关系的起源发展、组织机构的演变、目标与手段、作用与效果,努力使文化成为其外交舞台上的重头戏,借以提升英国的吸引力和影响力。从事基础理论研究的学者也有,以斯图亚特·霍尔为代表的伯明翰学派,就是致力于研究文化的形式、文化的实践和文化机构及其与社会和社会变迁的关系,其著作和观点具有世界性的影响。

(三) 法国是最早注重和运用文化软实力的国家之一

法国有重视思想文化的传统。拿破仑曾经强调,一支笔就等于1000支毛瑟枪。拿破仑还有一句名言:世界上有两种力量,宝剑和思想,最终都是思想战胜宝剑。法国是拥有悠久历史和灿烂文明的国度,被誉为启蒙思想和人权宣言的故乡。但20世纪70年代以来法国的文化影响力开始下滑。正因为如此,从法国政府到专家学者们都对其进行了深刻的反思,涌现出《可怜的30年》《法国在跌倒》《法国的不幸》《告别离去的法国》《高卢的幻想》《民主反对民主自身》《空的时代》《超现代的时代》《权威的末日》《未完成的民主》《找不到的人民》《思想的解体》等反思性的著作。曾任法国总统的萨科齐也认为,法国文化软实力的衰落源于1968年5月的"五月风暴"运动,因为这是一场鼓吹个人主义和无政府主义的运动,至此,在法国,个人主义逐渐取代集体主义,无政府主义、极端自由主义、享乐主义横行,充斥了不少法国公民的内心,法国公民社会责任感的丧失一方面导致经济发展滞后,另一方面就是文化事业的衰退。现在的法国非常注重保护、挖掘其文化软实力资源。弗雷德里克·沙里永在其《影响力:法国式"软力量"的真正潜力》一文中指出,法国应继续发挥其世界第二大外交网络及强大海外文化宣传网络、世界舞台上的话语权、地区冲突中的调解策略等传统优势,并在新的历史条件下进一步明确目标、扩大主题、开放决策过程,更好地凸显出"法国特色",扩大对外吸引力和影响力[①]。

(四) 德国"软实力"研究主要同国家形象树立和历史反思相联系

德国是马克思、恩格斯、爱因斯坦、康德、尼采、歌德、席勒、贝多芬、黑格尔、海德格尔、胡塞尔等一大批思想巨人的故乡。德国文化既有其熠熠生辉的一面,也有值得反思的、以希特勒为代表的纳粹文化。当代德国文化软实力研究就是立足于这样的历史文化背景,一方面,重视"文化"这一国家软实力的重要元素,并把其充分运用于外交领域,注意保护和推广德语,积极开展对外教育、文化交流,努力增强德国文化的吸引力和影响力;另一方面,对纳粹德国发动二战、屠杀犹太人等历史事件坚持正视历史、反省战争、深刻忏悔的立场,以赢得国际社会的原谅和好感,塑造其真诚的良好国家形象。德国学者库尔特·李兹勒曾在其著作《世界政

---

① http://lefigaro.fr,14/10/2007。

策》中阐释了自己的"思想帝国主义"观点,特别强调"温柔、低调和静悄悄姿态的民族主义"①在处理国际关系中的重要性。德国特里尔大学的汉斯·毛尔也用"国际关系文明化"②这一概念强调德国文化外交的多边主义风格。德国学者梅尼克曾在其著作《德国的浩劫》中深刻反省纳粹时代的德国及其文化政策:"与迄今为止的整个德国过去相比,我们(德国人)往往是多么感到自由和骄傲,能够生活在强大繁荣并给了我们每个人一份生存空间的这个1871年的帝国里!但是第一次大战的、而尤其是第二次世界大战的动荡的历程,使得人不可能再对这个问题保持缄默了:那就是是否后来的灾难的种子根本上就植根于此前的历史之中。"③

(五)日本"软实力"研究同国家政治态势紧密相关

自中国汉代以来,日本就是一个重视文化的国家,长期接受中国文化的熏陶。近代以来,日本经过明治时期、大正时期,完成了资本主义向帝国主义的过渡,从20世纪20年代后期开始加速帝国主义法西斯化并发动对外侵略战争;在思想文化领域则是国家主义、超国家主义思潮和日本主义思潮逐渐的泛起。"九·一八"事变后日本政府成立了"国民精神文化研究所";其军部在《国防的真实意义和加强国防的主张》中,叫嚣"战争是创造之父,文化之母";强调"日本精神",宣扬"皇道主义"意识形态。在日本政府推动下,文化界组织各种法西斯文艺团体,大搞"战争文学""报国文化";思想界也蜂拥而上,鼓吹日本精神论。京都学派的右翼哲学家则提倡"世界史的哲学""战争哲学"来为日本的对外侵略战争作哲学家论证;更有甚者如大川周明、北一辉等公然炮制日本型法西斯理论,直接为政府推行法西斯军国主义提供理论根据。战后日本由于军国主义势力被抑制,所以扩大了思想言论的自由度,为文化的全面繁荣创造了条件。近些年,日本文化软实力研究也是值得关注的。其中,山冈洋一通过翻译约瑟夫·奈的作品,向日本国民详细地介绍软实力。日本政界也高度重视软实力的建设。日本的前广报文化交流部的山本忠通部长,就强调"软实力虽然不能成为直接的外交武器,但也不是以经济力和军事力为代表的硬实力所能代替的,软实力有其独到价值"④。而《软实力——操纵21世纪国际政治不可忽视的力量》《印象中的日本——软实力的再考察》《文化的对话力——超越软实力与品牌民族主义》《软实力的媒体文化政策》

---

① Kurt Duewell, "Zwischen Propaganda und Friedenspolitik—Geschichte der Auswaertigen Kulturpolitik im20. Jahrhundert," in Kurt-Juergen Maass, *Kultur und Aussenpolitik*. Baden-Baden: Nomos Verlagsgesellscheft. 2005, S.56.

② Hans W. Maull,Zivilmacht Deutschland,http://www.uni-trier.de/fileadmin/fb3/POL/Maull/pubs/zivilmacht.pdf. 2009.

③ 梅尼克:《德国的浩劫》,北京三联书店,2002年。

④ 山本忠通:《日本软实力的魔力》。http://www.mofa.go.jp/mofaj/annai/listen/interview2/intv_01.html。

《作为国际文化现象的国际关系研究——以软实力概念为中心》《文化力的时代——21世纪的东亚与日本》等著作主要深入分析了日本在20世纪40年代以来软实力逐渐衰落的深层原因,并提出了相关对策建议。但是,日本军国主义文化是不可能被装进棺材埋进坟墓的,仍然在毒害着日本的精神文化。特别是安倍晋三上台以来,否定日本侵略史,否定"慰安妇"罪行,完全不顾二战受侵略国家人民的感情,参拜供奉二战甲级战犯的靖国神社,鼓吹修改日本"和平宪法",这势必助长日本军国主义文化抬头,给东亚和平带来负面影响。

(六)俄罗斯始终从国家战略高度重视"软实力"研究

俄罗斯是有世界影响的大国,重视文化的大国,也是长期同西方存在重大战略利益冲突的大国。由于"软实力"概念是由美国学者提出的,西方又在独联体国家乌克兰、格鲁吉亚、吉尔吉斯斯坦支持非政府组织搞成了"颜色革命",所以俄罗斯对美国的"软实力"很警觉。一些学者很自然把"软实力"与"颜色革命"联系在一起,认为软实力是"为达到自身利益而采取的'不光彩'的手段"①。直到2012年年底,普京在文章中第一次公开使用"软实力"一词,俄罗斯学界才对软实力展开了普遍的讨论和研究。对于俄罗斯学界对"软实力"态度的转变,莫斯科国际关系学院全球研究中心巴勒施教授在《俄罗斯对外政策中的"软实力"问题》报告中作了比较详细的阐述。普京认为,俄罗斯继承了东西方都认可的灿烂文化,不仅有能力保护、弘扬自己的文化,而且可以把文化作为其走向世界的强大动力。在苏联时期,随着共产主义意识形态的普及,俄罗斯文化再次发生了变化,但与前期不同的是,这时的俄罗斯文化客观上已经转化为文化软实力,成为了俄罗斯在世界外交和政治舞台中的重要力量,在苏联解体后的转轨时期,俄罗斯的文化软实力也遭遇了重大危机②。在普京首次出任总统后,提出了要实现"富民强国"的总目标和以爱国主义、强国意识、国家观念和社会团结为主要内容的治国思想,在提升文化软实力方面施行了众多举措。2013年俄罗斯外交部正式在《外交政策构想》中对"软实力"做出官方界定后,学界对"软实力"的认识趋于中性并更加重视,出现一批"软实力"研究者,主要有瓦普列勒、巴勒施、阿加索夫、卡赞切夫、萨鲁兹基、达兰捷夫、谢苗年科、鲁萨科娃、季米特列夫等人。主要著作有:《普京与第四代俄罗斯——总统是否将有足够的信心使用"软实力"》《政治领导人形象和国家民族安全》《文化、社会和俄罗斯形象》《当代政治哲学中的"软"实力概念》《软实力的诱惑力》《帝国思想与软实力:世界经验与俄罗斯的前景》《俄罗斯对外

---

① В. Я. Ваплер, Н. Э. Гронская, А. С. Гусев, Д. С. Коршунов, А. С. Макарычев, А. В. Солнцев. Идея империи и《мягкая сила》: мировой опыт и российские перспективы.// Вопросы управления. 2010. № 1:10. http://vestnik.uapa.ru/ru-ru/issue/2010/01/02/.

② А. Портанский. Путин с《мягкая сила》. http://www.politcom.ru/14344.html.

政策中的"软实力"问题》《俄罗斯使用软实力的可能性有多少?》《俄罗斯与后苏联空间:软实力使用前景》等。这些著作都是围绕着国际政治研究和俄罗斯的外交战略研究展开的。多数学者越来越清醒地认识到,"文化软实力"是一个具有巨大潜力的政治工具,但其后苏联使用尚不充分,俄罗斯正面形象和威望的树立离不开文化的支持①。恢复和提升文化软实力是对抗和防范美国软实力渗透的重要对策,同时也是俄罗斯国家安全和未来发展的需要。因此,俄罗斯要找到正确使用文化软实力的办法②。

四、中国文化软实力研究纵览

中国学界从 1993 年以来开始关注软实力问题研究。不过最开始,只是个别学者介绍约瑟夫·奈的观点,而且把 Soft Power 译成"软权力"。仅从译法上来看,文章作者是侧重于"权力",而不是"实力"。但是,应该看到,"权力"含义相对狭窄一些,主要包括凭借行政法律所赋予的对客体"控制""操纵""领导""指挥"等能力。而"实力"的含义则相对宽泛一些,除包括上述能力之外,也包括能够以军事手段"消灭""击败""占领""制服"客体的能力,或通过经济手段来"利诱""威胁""收买"对手的能力,还包括通过文化交流、思想启发、理论说服、舆论引导、文艺感染、品德感召、形象树立来改变他国他人价值判断、目标选择、行为方式、立场态度的能力。这样看来,除强制性的军事手段、收买性的经济手段和硬性的权力手段之外,所有思想、精神、文化的力量都可以纳入"软实力"范畴。而所谓的"软权力"充其量只是"软实力"的一个次要的组成部分。但中国人对"软实力"的认识,的确是从"软权力"的译法开始的。

1993 年复旦大学教授王沪宁发表了《作为国家实力的文化:软权力》③。在那以后,中国学界才慢慢开始注意到"软实力"研究,而此后断断续续出现的相关研究成果,基本处于各自为战的无序状态,研究成果少且零散,也没有组织召开过相关的学术会议,更没有建立起以"中国文化软实力研究"为宗旨的专门研究机构。

直到 2007 年 10 月中共十七大召开,"软实力"正式进入官方文件以后,这种状况才发生根本性改变。中共十七大从党和国家事业发展全局的高度,明确提出:"文化软实力是综合国力的重要组成部分。"强调"要激发全民族文化创造活

---

① http://www.mgimo.ru/files/34174/34174.pdf。
② http://www.regnum.ru/news/polit/1536886.html。
③ 王沪宁:《作为国家实力的文化:软权力》,《复旦学报(社会科学版)》,1993 年第 3 期,第 91—96 页。

力、提高国家文化软实力"。① 特别是 2011 年 10 月召开的中共十七届六中全会强调:"文化在综合国力竞争中的地位和作用更加凸显,维护国家文化安全的任务更加艰巨,增强国家文化软实力、中华文化国际影响力的要求更加紧迫。"② 中共中央关于"软实力"这些重要提法,引起学界的广泛重视,软实力研究者和相关文章著作开始逐渐多了起来。开始出现与"软实力"相关的研究组织。从那时以来,中国文化软实力研究经历了三个阶段,呈现出三个显著特点:一是从科研主体来看,从零散研究向有组织研究发展;二是从学科研究来看,从单一国际政治学研究向跨学科综合研究发展;三是从研究重点来看,从诠释西方学者观点向中国软实力话语体系建构发展。

在这个过程中,真正把"文化软实力"、特别是把"中国文化软实力"作为研究对象的学术组织,最早出现在 2009 年 7 月。当时湖南大学在全国率先成立了"中国文化软实力研究中心"。这个中心一成立,就把中国特色、中国风格、中国话语体系的软实力研究确定为发展目标,并整合校内外相关领域研究力量,开展集体研究。从 2010—2013 年,由中国文化软实力研究中心牵头,先后举办了 5 次全国性文化软实力研究高层论坛和两次软实力国际论坛,把"文化软实力"研究推向了一个高潮。

从十七届六中全会到十八届三中全会,中共中央对"文化软实力"研究越来越重视。十八大报告把"文化软实力显著提高"列为全面建成小康社会的五个必要条件之一③,党的十八届三中全会则进一步强调,要"建设社会主义文化强国,增强国家文化软实力"。④ 这些官方的主张促使学界深化和拓展了文化软实力研究,主要成果如下:

(一) 深化了对"软实力"概念和范畴的认识

"软实力"概念虽然是约瑟夫·奈提出的,但他并没有给出清晰明确的界定,只是不断阐述和充实软实力包括哪些能力。中国学者自 1993 年以来,最初阶段也主要是翻译和介绍约瑟夫·奈的观点。经过近些年来的研究,对"软实力"的界定,开始形成自己的一些观点。或从文化的精神形态和物质表现形态的区别上进行界定,或从构成的要素特质上进行界定,或从内涵功能上进行界定,虽意见不统

---

① 胡锦涛:《高举中国特色社会主义伟大旗帜 为夺取全面建成小康社会新胜利而奋斗——在中国共产党第十七次全国代表大会上的报告》,《中国共产党第十七次全国代表大会文件汇编》,人民出版社,2007年,第 32 页。

② 《中共中央关于深化文化体制改革 推动社会主义文化大发展大繁荣若干重大问题决定》,《中国共产党第十七届中央委员会第六次全体会议文件汇编》,人民出版社,2011 年,第 14 页。

③ 胡锦涛:《坚定不移沿着中国特色社会主义道路前进 为全面建成小康社会而奋斗——在中国共产党第十八次全国代表大会上的报告》,人民出版社,2012 年,第 30 页。

④ 《中共中央关于全面深化改革若干重大问题的决定》,人民出版社,2013 年,第 38—39 页。

一,但均有一定的道理,也存在一定的共识。中国文化软实力研究中心主任张国祚教授在总结学界同仁研究的基础上,对"软实力"概念和范畴进行了新的界定。他指出,对"软实力"的界定,是个非常重要的基础理论问题,因为它不仅能回答"什么是软实力",也能确定"软实力都包括哪些力",还能为所有关于"软实力"的学术争鸣找到统一的逻辑前提。要根据中国国情和时代要求,赋予"软实力"概念以新的内涵和诠释,给"软实力"概念、范畴等以清晰明确的定义。唯有如此,才能在应用研究和相关政策的制定等问题上把握好大的方向①。他认为,"软实力"概念界定应该是区分层次的。作为最高层次(宏观层次的界定)的、最具概括能力的"软实力"概念,是相对最高层次(宏观层次的界定)的、最具概括能力的"硬实力"概念而言的:硬实力是指一切有形的、可以量化的、表现为物质力量的实力;软实力则是指一切无形的、难以量化的、表现为精神力量的实力。只有最高层次的概念界定,才能成为研究问题的逻辑起点,才能真正区分开什么是"硬实力"、什么是"软实力"。因此,经济实力、军事实力、科技实力、资源潜能等都属于中观层次的"硬实力"范畴,而它们看得见、摸得着、算得清的物质力量的共性,便形成了最高层次的"硬实力"概念。生产制造力、军事打击力、军事防御力、科技发明力、成果转化力、能源资源储备开采力等则属于硬实力微观层次范畴。而吸引力、凝聚力、感召力、动员力、同化力、形象塑造能力、话语权掌控能力等,都属于中观层次的"软实力"范畴,而它们看不见、摸不着、算不清的精神力量的共性,便形成了最高层次的"软实力"概念。理论创新、理想信念教育、思想道德建设、谋略规划研究、舆论引导、法规制定、爱国主义弘扬等属于微观层次的软实力范畴。

(二) 深化了对"软实力"与"硬实力"关系的认识

对"软实力"与"硬实力"关系的认识,中国学者前些年也存在一些偏差,或离开"硬实力"而孤立地仅就"软实力"来谈软实力;或把"软实力"和"硬实力"完全对立起来、割裂开来;或模糊"软实力"和"硬实力"的界限,在内涵上泛化"软实力"概念。渐渐的,中国学者对这个问题的认识还是回归到辩证唯物主义认识论上。马克思说:"批判的武器当然不能代替武器的批判,物质的力量只能用物质去摧毁。但是,理论一经掌握群众,就会变成物质力量。"这里所说的"批判的武器"和"理论"就是一种软实力;而"武器的批判"和"物质力量"则是指某种硬实力。马克思这段话的实质就是阐述"软实力"和"硬实力"的辩证关系。事实上,软实力与硬实力是相互依存、辩证统一的,两者既相互区别,相互联系,又相互转化、相互渗透。"软实力"是相对于"硬实力"而言的,没有"软实力",就没有所谓"硬实力";反之亦然。硬实力为软实力提供物质基础、科技平台、传播手段,软实力为硬

---

① 张国祚:《新形势下推动文化软实力研究的着力点》,《前线》,2012年第11期,第13—14页。

实力提供思想智慧、发展战略、精神动力。例如,没有先进的武器、充足的经费、可靠的后勤保证,即没有硬实力,仅仅凭靠精神、智慧和意志,即仅有软实力,很难战胜强大的敌人。反过来,仅有先进的武器装备和充足的后勤保证,而没有指战员的忠诚、智慧、严明纪律和高昂斗志,先进的武器装备和充足的后勤保证可能变成一堆废铁废物,甚至为对手所用,同样要打败仗。

(三)深化了对"文化"与"软实力"关系的认识

约瑟夫·奈提出"软实力"概念主要是作为一种国际战略、国际权谋的思想,是为美国推行霸权主义政策服务的。他把软实力平行地解释为文化吸引力、政治制度和价值观的吸引力,以及塑造国际规则和决定政治议题的能力。中国学者在运用软实力这一概念时,没有像约瑟夫·奈那样把软实力仅仅看成是国际政治博弈的手段,而是着眼于国家综合国力的提升;不是一般地使用"软实力"概念,而是突出文化在软实力中的地位和作用,强调"文化软实力"。文化具有特殊重要的地位,没有文化高度的软实力是短视的,因为它站位低,不会有什么远见;没有文化广度的软实力是狭隘的,因为它视野窄,难以总揽全局;没有文化开放的软实力是封闭的,因为它封闭,必然会囿于僵化而趋近消亡。不难看出,文化在软实力中处于灵魂和经纬的地位。所谓灵魂,就是说,文化把握着软实力的发展方向;所谓经纬,就是说,文化因素纵横渗透到软实力的各个方面、各个环节之中。2009年,学界对"文化软实力"概念使用情况进行了调研和辨析。据统计,2007年以前,"文化力""软权力""软力量"的使用率都超过"文化软实力"的使用率;到2007年,"文化软实力"一词的使用率迅速扩大,远远超过"软权力""软力量"等词的使用率,尽管"软权力""文化力"的使用在绝对数量上也有所增加。到2009年,"文化软实力"概念使用在绝对数量上稳步增长,而"软权力""软力量"等词的使用在绝对数量上却已经明显下降。这既反映出中国学界对"软实力"概念的翻译的普遍认同,也反映出中国学界对"文化软实力"概念的普遍认同。

(四)深化了对提高"文化软实力"与实现"中国梦"之关系的认识

"中国梦"如朝阳般升起,举国向往,举世瞩目。"文化软实力"研究众说纷纭,方兴未艾。"中国梦"与"文化软实力"的关系究竟如何呢?分析一下就会一目了然。中国梦,就是实现中华民族伟大复兴的理想。它是一种崇高的价值追求、强大的精神激励,也是一种美好的文化心态。显然,"中国梦"本身就是"中国文化软实力"的重要组成部分。又因为"中国梦"有经济建设、科技建设、国防建设、生态建设等硬实力指标,所以需要具有吸引力、感召力、凝聚力、鼓舞力、动员力、创造力等表现为精神文化力量的软实力发挥作用。因此,只有文化软实力更强大,中国梦才能早日圆,这是历史逻辑的必然结论。

特别值得注意的是,当今世界,综合国力竞争日趋激烈。越来越多的国家,特别是大国,在大力发展物质硬实力的同时,越来越重视文化软实力在国际竞争中的地位和作用,并将其纳入国家发展战略。之所以如此,是因为有很多历史经验教训可做镜鉴。苏联解体、东欧剧变、"颜色革命""阿拉伯之春",虽然这些重大国际事件发生的背景和具体成因各不相同,但它们都在昭示一个共同的规律——任何国家都需要两条腿走路:一条腿是物质硬实力,一条腿是文化软实力。一个国家如果硬实力不行,可能一打就败;而如果软实力不行,可能不打自败。软实力之所以关乎民族兴衰、国家强弱、政党存亡、人民贫富,主要取决于其中的文化因素。古代中国之所以能长期领先于世界,首先是因为以"仁、义、礼、智、信、忠、孝、节、廉、勇"等理念为主要价值观的文化软实力,对国家统一、民族团结、人格修养、精神砥砺、国力强盛和社会治理发挥了巨大的作用。近代中国之所以落后挨打、割地赔款、丧权辱国,主要是因为封建统治阶级从中国传统文化中抽取了"只唯上、只唯尊、只唯书"的消极理念并加以强制性地放大,构建出君王统治天下的国家戒律。其结果是束缚了民众的思想张力,泯灭了民众的创造欲望,迷信盛行,乃至社会保守、士气低沉、民智衰减,文化软实力消解。而西方文艺复兴后思想大解放、眼界大开阔、文化大繁荣,涌现出一大批思想文化巨匠,整个社会冲破了封建神学的藩篱,到处涌动着充满激情的探索和创造、勇敢无畏的开拓和进取,文化软实力空前强盛。面对这种局面,中国和西方列强的思想较量早已高下自明;而面对西方携带着先进文明的坚船利炮,清王朝的屡屡惨败,其实战前已定。到了20世纪民主革命时期,中国共产党之所以能在物质条件绝对劣势的条件下,由小变大、由弱变强,战胜国内外强大敌人,成为伟大的执政党,主要是因为中国共产党有正确的理论指导,有远大的理想目标,有赤诚的爱民真情,有高明的战略战术,有英勇的战斗精神,有浩然的崇高气节,有清廉的公仆意识,这些精神文化因素便构成了中国共产党战无不胜的文化软实力,从而才能赢得人心、赢得胜利。1978年改革开放以来,我们之所以能够创造经济长期高速增长的奇迹,主要是因为我们党恢复了实事求是的思想路线,坚持解放思想、与时俱进、锐意进取、开拓创新,果断地抛弃"阶级斗争为纲",坚持"以经济建设为中心",敢于冲破旧的体制机制的束缚,使全党全国人民不断释放出敢闯、敢冒、敢为人先的改革精神,为中国文化软实力增添了充满勃勃生机的新源泉。一言以蔽之,只有做大做强国家的文化软实力,才能顺利实现"两个百年"的奋斗目标,才能尽快建成富强、民主、文明、和谐的社会主义现代化国家,才能早日实现中华民族伟大复兴之美好梦想。

(五)深化了对社会主义核心价值体系在中国文化软实力中地位的认识

2006年10月中共十六届六中全会首次提出建设社会主义核心价值体系。社会主义核心价值体系共包括四层含义:一是坚持以马克思主义为指导,二是坚定中国特色社会主义理想信念,三是弘扬以爱国主义为核心的民族精神和以改革创新为核心的时代精神,四是树立和践行社会主义荣辱观。在相当长一段时间内,中国学界对这个体系存在种种质疑,更没有把它同中国文化软实力联系在一起。2011年10月召开的中共十七届六中全会强调:"社会主义核心价值体系是兴国之魂,是社会主义先进文化的精髓,决定着中国特色社会主义发展方向。必须强化教育引导,增进社会共识,创新方式方法,健全制度保障,把社会主义核心价值体系融入国民教育、精神文明建设和党的建设全过程,贯穿改革开放和社会主义现代化建设各领域,体现到精神文化产品创作生产传播各方面,坚持用社会主义核心价值体系引领社会思潮,在全党全社会形成统一指导思想、共同理想信念、强大精神力量、基本道德规范。"学界开始意识到,社会主义核心价值体系是国家文化软实力的基石。并形成以下共识:

1. 马克思主义是中国文化软实力发展壮大的正确指南

马克思主义一经传入中国,就在和中国国情相结合的过程中不断改变着中国的精神面貌。它早已渗透到中国革命、建设、改革理论的方方面面,发挥着灵魂和辐射的作用,形成了具有中国特色的思想体系和话语体系,为中华民族注入了充满创造力、感召力、生命力的文化基因,指引着中国新民主主义文化和中国特色社会主义文化不断繁荣发展的前进方向。

2. 中国特色社会主义理想信念已经成为中国文化软实力凝魂聚气的最大磁场

中国特色社会主义的理想信念正在实践中。只要从大局看、从总体看、从发展态势看,只要把当代中国放在历史发展的长过程中进行纵向比较,放在当今世界格局下进行横向比较,就会发现,中国特色社会主义理想信念,必然是中华民族理想信念的最大公约数,必然是团结全党全国各族人民的共同思想基础。因为,从19世纪中叶到现在,中国从来没有像今天这样富足,人民的生活从来没有像今天这样富裕;中国人民从来没有像今天这样,享有这么多自由民主的权利;中国从来没有像今天这样在国际上具有如此崇高的地位。

3. 民族精神和时代精神是中国文化软实力"骨气和底气"的主要源泉

任何国家都需要弘扬以爱国主义为核心的民族精神,因为民族精神是团结人民、支撑国家生存发展的精神支撑。正是由于中国共产党唤起了全民族的觉醒,激发起全民族的爱国主义抗战精神,所以才能和国民党一道,在国际反法西斯盟军的支持下,把日本帝国主义赶出中国。当今中国国情复杂,发展不平衡,现实中存在诸多矛盾和问题,更加需要以民族精神增强凝聚力。任何谋发展、求进步的国家都需要以改革创新为核心的时代精神。当代中国社会的生产方式、就业方式、分配方式、生活方式日趋多样化,价值取向也日趋多样化,而互联网在改变人们交往方式的同时,使本已复杂多样的意识形态领域变得更加复杂,统一思想和凝聚力量的意义更加重大、任务更加艰巨,更加需要将民族精神与时代精神紧密结合。

4. 树立和践行社会主义荣辱观,是中国文化软实力大厦的道德根基

有没有以"八荣八耻"为主要内容的荣辱观,事关一个民族的思想素质和道德底线。如果一个人不以热爱祖国为荣,不以危害祖国为耻,难免成为民族败类。如果一个人不以服务人民为荣,不以背离人民为耻,难免丧失人心。如果一个人不以崇尚科学为荣,不以愚昧无知为耻,难免落后于时代。如果一个人不以辛勤劳动为荣,不以好逸恶劳为耻,难免精神懈怠。如果一个人不以团结互助为荣,不以损人利己为耻,难免成为害群之马。如果一个人不以诚实守信为荣,不以见利忘义为耻,难免坑蒙拐骗。如果一个人不以遵纪守法为荣,不以违法乱纪为耻,难免作茧自缚。如果一个人不以艰苦奋斗为荣,不以骄奢淫逸为耻,难免腐化堕落。大量揭露出来的腐败案件说明,有相当一批党员干部违法犯罪,都是起因于背离"八荣八耻"要求。现在中央加大"打老虎"和"打苍蝇"的力度,民心大快,党的威信自然上升,号召力、动员力、组织力自然增强,国家文化软实力自然增强。

(六)深化了对中国传统文化中软实力要素的认识

中国传统文化博大精深、源远流长,是我国文化软实力建设的重要资源。如何发掘和弘扬传统文化中丰富的文化软实力要素,也是中国文化软实力建设需要解决的重要课题。近些年,中国学界对中国传统文化的软实力要素进行了比较细致的梳理。主要有以下内容。

1. "中和"思想对于构建和谐社会与和谐世界具有重要意义

儒家的"中庸"思想包括了"中和"的生命意识、成己成物的内外一体性、至诚无息的精神超越性、与时俱进的文化超越意识、至诚之道的天地境界、天人相喻的文化意义,可以从中感悟中国文化的创新与守成。"中和"思想对现代社会的积极意义有:以"中和"求索人格平衡、以"中和"实现社会阶层和睦、以"中和"引领国与国和合、以"中和"追求人与自然和谐。

2. "诚信"思想是立人、处事、治国之本

儒家的"诚信"作为儒家的重要观念,也展现了传统思想中处理人际关系、国家关系的根本原则。有学者认为,在当今时代弘扬儒家诚信精神对于提高人们的道德认识、加强道德修养、推进社会主义和谐社会的构建具有重要价值,诚是立人之本、诚是处世之道、诚是经商之宝、诚是治世之策。

3. "仁""智""勇"思想对于人格塑造意义重大

儒家的"仁"作为一种伦理道德的标准与力量,有助于人与人之间、人与社会之间的和谐相处,从而达到"四海之内皆兄弟""民胞物与"的境界。"智"即明理睿智之义,意味着德育不能片面强调道德规范的训导,还应该注重培养人们对道德的思辨判断能力。"勇"作为践履仁的条件之一,必须符合礼仪并能智勇双全。勇毅不仅表现在正义的战争中,还表现在科学发明和艺术创造及推动社会进步的各项事业中,在现实社会生活中弘扬勇毅精神与见义勇为、舍己救人的行为风尚等都具有重要的意义。

4. "先尊德性而后道问学"的精神对当前德育工作有重要借鉴意义

儒家教育思想包含人本教育、知行观教育及伦理教育等有价值的思想。儒家文化之中"刚健有为,自强不息"的进取精神,"天下兴亡,匹夫有责"的爱国主义,"厚德载物""贵和持中""团结和谐"的人际观,"贵德重义、坚守气节"的崇高思想境界等都值得当前德育工作借鉴。儒家知行观教育思想包括以行为本、身教为先、知行合一等珍贵的教育理念,它提倡"尊德性而道问学",认为德性教育与智能教育应该互相促进,而其中又以德性教育为先,为后世留下了包括仁爱教育、信义教育、荣辱教育等一系列立足现实伦理实践的极具特色的珍贵教育理念。

5. "修齐治平"的伦理道德思想凸显文化软实力建设的宗旨

儒家的"经世致用"思想,集中体现在"修身、齐家、治国、平天下"的道德实践及"为天地立心,为生民立命,为往圣继绝学,为万世开太平"的道德使命上。这些宝贵的思想,如果赋予新的时代内涵,对于当代中国知识分子和青年学生励志成才、报效祖国和人民,为全人类做贡献,具有重要的价值。如普遍践行,会大大增强国家文化软实力。

6. "天人合一"与"和而不同"思想构建和平发展的世界秩序

儒家价值观包含许多反映人类文明共性、体现人类共同价值追求的内容,有助于解决当代全球问题和促进世界和谐健康发展。"天人合一"与"和而不同"思想,揭示了世界多样性统一规律,有利于生态平衡、人与自然和谐发展,有利于多样化的世界文化和政治制度和平共处、和谐发展,有利于世界各国和平、和谐、合作、共同发展。

7. 道家的自然无为思想蕴涵着深刻的思想智慧

老子从人法地、地法天、天法道、道法自然,逻辑地推出人法自然的结论。老子这一思想的核心就是宇宙万物有规律可循,遵循规律可致和谐。道为万物之根源、善于变通、活学活用、以静制动、以静为鉴、虚而不华、不动声色、顺性而动、顺势而为、无为无不为等辩证思想,具有深刻的智慧,对于治党、治国、治军、经商、理政等都有参考价值。

8. 儒家礼仪文化只要赋予时代内涵,仍然具有生命力

礼的内容主要包括政治制度、思想典章、社会伦理、道德规范、行为模式等。礼仪,则主要是指礼的行为模式。从人际交往来看,礼仪主要指律己敬人的外在举止和行礼方式。从社会、政治、军事、体育、节庆、婚丧等活动来看,礼仪主要是

指或为壮大声势、烘托庄严、增加喜庆、提升品位而搞的某种群体仪式。从国际交往来看，礼仪主要是指欢迎和接待外宾的仪式，以表达对别国的重视、尊重和友好，进而彰显本国的气派和实力。尽管传统礼仪包含崇尚皇权、等级森严、繁文缛节、违背民主、压制自由的糟粕，但传统礼仪中也有精华。不仅尊师重教、尊老爱幼、谦和礼让、礼宾上客等精神实质至今仍然是中华文明极具特色的重要组成部分，而且恰到好处的礼仪形式，有利于树立形象、营造氛围、表达情感、推动交流、增进友谊。

9. 中国传统武术是中华民族充满生机和魅力的优秀文化

武术是中华民族传统文化的一个品牌，深受国内外各族人民的喜爱，并对世界体育文化产生了深远影响。中国武术不仅是强身健体的运动，还是具有深刻内涵的文化。武术凝聚了中华民族的传统智慧、艺术勇武、信仰气节，其刚健有为、崇武尚德、后发制人的思想，有利于提振国魂军威，有利于塑造正直人品，有利于构建和谐社会，有利于修身养性，有利于树立国家形象。由于传统武术文化的无穷魅力，它已成为宣传中国、让世界了解中国、提升国家文化软实力的重要品牌。

（七）深化了对约瑟夫·奈关于"软实力"的贡献与局限的认识

对于任何学说，哪怕是被认为严谨权威的学说，都要采取分析的态度进行取舍，不加分析地"照单全收"，肯定会窒息学术的发展。约瑟夫·奈尽管是"软实力"概念的提出者，但关于"软实力"的一些观点是不够严谨的。事实上，约瑟夫·奈回应别人对"软实力"的"再思考"，其观点就应该再斟酌。

约瑟夫·奈在《软实力的再思考》（"Think Again：Soft Power"，2006）①一文中，针对一些人关于软实力的看法和观点，进行了回应和阐释。正是从这些回应和阐释中，人们会进一步发现，他对"软实力"的不少理解不够合理，尚待完善。

1. "软实力是指文化的实力——这个观点仅部分正确"

约瑟夫·奈认为，一个国家的实力来自于高压政治（俗称"大棒"）、金钱（俗称"胡萝卜"）、吸引力（即"软实力"），软实力来源于一个国家的文化、政治价值观以及对外政策，文化只是文化软实力的来源之一。**不难看出，约瑟夫·奈对文化的理解狭隘了。细想一下，离开文化思想和文化价值观，何谈"政治价值观以及对外政策"？**

2. "经济实力是软实力——不是这样子的"

约瑟夫·奈认为，有人把对伊朗的经济制裁当成软实力，事实上，经济制裁倾向于高压政治，是硬实力的一种形式，一点都不"软"，之所以会出现这样的看法，是因为经济实力能够转化为软硬两种形式的实力，一个国家可以对其他国家采用

---

① Joseph S. Nye Jr, "Think Again：Soft Power", *Foreign Policy* 2006(1).

制裁这种强硬的手段,也可以用财富去吸引它们①。其实,约瑟夫·奈自己混淆了两个概念,"经济实力"和"经济制裁"并非一回事。单讲经济实力,当然是硬实力,但"经济制裁"则是一种政治智慧,是一种软实力。

3."软实力比硬实力更仁慈——并不完全是这样"

约瑟夫·奈认为,由于软实力通常被当成硬实力的替代物,所以主张以道德为重的学者和制定政策的人经常使用软实力。和任何形式的实力一样,软实力既可以用来做好事也可以用来做坏事,关键看谁掌控这种实力、如何运用这种实力。约瑟夫·奈这个观点我是基本赞同的,但还需补充一句,软实力具有意识形态属性,其本身就有善恶之分。例如,损人利己的阴谋诡计也属于软实力。

4."硬实力能够衡量,而软实力则很难——观点是错误的"

约瑟夫·奈认为,对软实力资源进行量化是非常可能的,比如可以测量和比较文化、沟通能力、外交资源;随着时间的推移,可以用民意调查来量化一个国家吸引力的变化情况;而事实上,硬实力也不是那么容易量化,对硬实力资源表面上准确的测量在很多情况下是肤浅的,可以成为"有形的谬论"。约瑟夫·奈断然说"观点是错误的",这却恰恰证明他本人对"硬实力"和"软实力"缺少清晰明确的界定。软实力是相对于硬实力而言,一切有形的、可以计量的、能表现出物质力量的实力都是硬实力。而软实力所以称之为"软",恰恰因为它是无形的、难以计量的、表现为精神力量的实力。任何民意调查都有不同程度的误差,更何况有些精神要素是很难量化的。因此,软实力很难设计出公认的统计模型,即便设计出来,也是模糊的,不精确的。当然,从绝对精确的角度来看,有时硬实力也难以精确量化。例如,军队数量和武器装备的科技含量,未必同战斗力(硬实力)完全成正比。

5."欧洲关注软实力的应用,而美国则关注于硬实力的使用——确实如此"

约瑟夫·奈认为,欧洲成功地运用它成功的政治和经济一体化的吸引力获得了它想要的结果,而美国行为则表现出好像军事实力可以解决所有问题;但应注意的是,单纯依赖软实力或硬实力中的一种都是不正确的,要把二者有效结合成"巧实力"。在"软实力"应用上如何评价欧美异同?可能也需要具体分析,不能像约瑟夫·奈那样一概而论,这是一个问题;但他主张软实力和硬实力有效结合,我则很赞同。

6."布什政府忽视了美国的软实力——这个观点比上一个观点更正确"

约瑟夫·奈认为,布什在第一任期内因忽视软实力付出了高昂的代价,而第二任期内则显示出对美国软实力更多的关注,开始重视对策政策的价值,增加了

---

① 对于经济实力软硬两方面的作用,沃尔特·拉塞尔·米德也说:"经济实施一种黏性很强的实力,它的诱使作用和它的强迫作用是同时存在的。"

公共外交的预算。约瑟夫·奈属于美国民主党人士,他批评布什政府,是完全可以理解的。但是,这一个观点本身是片面地针对了布什政府第一任期,无论如何都不是完全正确的,怎能称得上"更正确"呢?事实上,布什政府虽然没有使用"软实力"这个概念,但他的一些国际战略权谋,包括他的第一任期,不能说没有软实力考量。

7. "有些目标的实现只能依赖硬实力——这是毫无疑问的"

约瑟夫·奈以影响金正日发展核武器的决定、阻止伊朗核计划的案例来说明有些事情只有使用硬实力才能取得预期效果,在诸如推动民主和人权方面,软实力则能更好地发挥作用。约瑟夫·奈这一观点恰恰是有疑问的,因为它违背了约瑟夫·奈本人先前的说法:"软实力是硬实力的动力"。任何硬实力都离不开软实力,否则硬实力就是一堆毫无灵性和智慧的废物。特别是,或许软实力至今还没有影响朝鲜和伊朗拥核,但并不意味着永远不影响。

8. "军事资源只能产生硬实力——这种观点不全面"

约瑟夫·奈认为,高深的军事造诣和能力有时候也能够创造出软实力,比如像希特勒和斯大林这样的独裁者创造出不可战胜的神话来构建人们对他们的希望,并吸引别人加入到他们当中去;军队与军队之间的合作与训练项目能够建立跨国际网络,从而加强一国的软实力;当然,滥用军事资源同样会削弱一国的软实力,比如二战后苏联对匈牙利和捷克斯洛伐克使用了硬实力,反倒破坏了它们的软实力。约瑟夫·奈把斯大林同希特勒相提并论,显然极不恰当。英国前首相丘吉尔不否认"斯大林是世界上无与伦比的大独裁者",但他对斯大林是崇敬的,他说斯大林"接手的是一个木犁耕作的俄罗斯,而留下的却是拥有原子弹的俄国"。"俄罗斯是非常幸运的,因为在最困难的年代,一个天才,一位坚强不屈的统帅——斯大林领导了这个国家"。丘吉尔是亲身同斯大林有过交往,在西方世界颇有威望、颇受尊重的政治家,如果约瑟夫·奈了解苏联的历史特别是二战苏美英联合反对希特勒法西斯的历史,读过丘吉尔对斯大林的评价,恐怕就不会随意把斯大林同希特勒相提并论了。

9. "软实力很难运用把握——部分正确"政府能够控制和改变外交政策

约瑟夫·奈认为,政府可以在公共外交、广播、项目交换上花钱。政府能够发扬大众文化却不能改变它。基于这一点,能够创造软实力的核心资源之一,在很大程度上是独立于政府控制的。约瑟夫·奈实际上是认为软实力的创造主体既有政府组织,也有非政府组织。但是,政府组织也好,非政府组织也好,在不同国家的不同历史时期的作用也不同,不能仅仅根据非政府组织多少来衡量软实力强弱;而约瑟夫·奈曾以美国非政府组织多,中国非政府组织少,断定美国软实力如果打90分,中国软实力只能打60分。在这个问题上,他完全忽略了国情差别的巨大影响,其认识过于模式化了。

10."软实力与当下的恐怖威胁无关——错误"

约瑟夫·奈认为,西方需要用硬实力来对付穆罕默德·阿塔、本·拉登这样的极端恐怖分子,但在伊斯兰世界的内战中,需要适时赢得人心的战略,软实力比以往任何时候都重要。约瑟夫·奈只看到这个观点所以错误的一个方面。其实,即便对付极端恐怖分子,也不能忽视软实力的作用,更何况,只有靠软实力,才能清除滋生恐怖主义的经济、政治、文化、社会等土壤。

五、习近平关于"着力提高国家文化软实力"的重要讲话把中国文化软实力研究推向新高潮

2013年12月30日,习近平在主持中共中央政治局集体学习会时围绕"着力提高国家文化软实力"发表了重要讲话。这篇重要讲话主要包括以下内容。

(一)要努力夯实国家文化软实力的根基

习近平所讲的"根基"主要包括"一条道路""一项改革""一个教育"。

1."一条道路",就是"要坚持走中国特色社会主义文化发展道路"

对文化发展道路的理解,要追溯到中共十五大。十五大报告明确指出:"建设有中国特色社会主义的文化,就是以马克思主义为指导,以培育有理想、有道德、有文化、有纪律的公民为目标,发展面向现代化、面向世界、面向未来的,民族的科学的大众的社会主义文化。"走这条文化发展道路的指导思想是马克思主义,遵循方向是"三个面向"(现代化、世界、未来),内涵要符合"三个属性"(民族的、科学的、大众的);目标是培育"四有"公民(有理想、有道德、有文化、有纪律)。偏离这条发展道路,就会动摇国家文化软实力的根基。

2."一项改革"就是"深化文化体制改革"

有关这方面的改革要求,中共十八届三中全会的决定有明确的阐述,强调,要坚持以人民为中心的工作导向,坚持把社会效益放在首位、社会效益和经济效益相统一,以激发全民族文化创造活力为中心环节,进一步深化文化体制改革。按照政企分开、政事分开原则,推动政府部门由办文化向管文化转变,建立党委和政府监管国有文化资产的管理机构,实行管人管事管资产管导向相统一。坚持正确舆论导向,健全基础管理、内容管理、行业管理以及网络违法犯罪防范和打击等工作联动机制,健全网络突发事件处置机制,形成正面引导和依法管理相结合的网络舆论工作格局。整合新闻媒体资源,推动传统媒体和新兴媒体融合发展。建立健全现代文化市场体系。完善文化市场准入和退出机制,鼓励各类市场主体公平竞争,促进文化资源在全国范围内流动。推动文化企业跨地区、跨行业、跨所有制兼并重组,提高文化产业规模化、集约化、专业化水平。在坚持出版权、播出权特

许经营前提下,建立多层次文化产品和要素市场,鼓励金融资本、社会资本、文化资源相结合。没有这项改革,国家文化软实力就会缺少充满生机和活力的造血功能,也会缺少传播工具、平台和渠道。

3. "一个教育"就是"深入开展社会主义核心价值体系学习教育"

开展好这个教育,就是要讲清楚中国的革命、建设和改革为什么必须坚持以马克思主义为指导?为什么必须坚定中国特色社会主义理想信念?为什么必须弘扬以爱国主义为核心的民族精神和以改革创新为核心的时代精神?为什么必须树立和践行以"八荣八耻"为主要内容的社会主义荣辱观?为什么夯实国家文化软实力的根基必须"从思想道德抓起,从社会风气抓起,从每一个人抓起","引导人们向往和追求讲道德、尊道德、守道德的生活,让13亿人的每一分子都成为传播中华美德、中华文化的主体"?为什么必须"弘扬中华民族传统美德"?为什么必须"坚持马克思主义道德观、坚持社会主义道德观"?为什么必须"在去粗取精、去伪存真的基础上,坚持古为今用、推陈出新,努力实现中华传统美德的创造性转化、创新性发展"?上述问题令人信服地回答清楚了,社会主义核心价值体系就会深入人心,国家文化软实力的根基就会牢固。

(二)传播好当代中国价值观念

习近平强调:"当代中国价值观念,就是中国特色社会主义价值观念,代表了中国先进文化的前进方向。我国成功走出了一条中国特色社会主义道路,实践证明我们的道路、理论体系、制度是成功的。要加强提炼和阐释,拓展对外传播平台和载体,把当代中国价值观念贯穿于国际交流和传播方方面面。""中国梦的宣传和阐释,要与当代中国价值观念紧密结合起来。中国梦意味着中国人民和中华民族的价值体认和价值追求,意味着全面建成小康社会、实现中华民族伟大复兴,意味着每一个人都能在为中国梦的奋斗中实现自己的梦想,意味着中华民族团结奋斗的最大公约数,意味着中华民族为人类和平与发展作出更大贡献的真诚意愿。"这里最值得注意的有两点:一是当代中国价值观念是源于当代中国特色社会主义道路、理论、制度,不能离开中国特色社会主义现实来抽象空谈当代中国价值观念;二是当代中国价值观念必须符合实现中华民族伟大复兴中国梦的价值追求,必须把当代中国价值观念和中国梦结合起来宣传。

(三)展示好中华文化独特魅力

习近平指出:"提高国家文化软实力,要努力展示中华文化独特魅力。在五千多年文明发展进程中,中华民族创造了博大精深的灿烂文化,要使中华民族最基本的文化基因与当代文化相适应、与现代社会相协调,以人们喜闻乐见、具有广泛参与性的方式推广开来,把跨越时空、超越国度、富有永恒魅力、具有当代价值的文化精神弘扬起来,把继承传统优秀文化又弘扬时代精神、立足本国又面向世界的当代中国文化创新成果传播出去。要系统梳理传统文化资源,让收藏在禁宫里的文物、陈列在广阔大地上的遗产、书写在古籍里的文字都活起来。要以理服人,以文服人,以德服人,提高对外文化交流水平,完善人文交流机制,创新人文交流方式,综合运用大众传播、群体传播、人际传播等多种方式展示中华文化魅力。"这段精彩而深刻的论述,回答了中华文化为什么具有独特魅力,怎样才能使中华民族优秀传统文化"跨越时空、超越国度、富有永恒魅力、具有当代价值",怎样才能使当代中国文化创新成果传播出去。

(四) 塑造好当代中国的国家形象

习近平重点回答了塑造什么样的国家形象才有利于提高国家文化软实力。他指出:"要注重塑造我国的国家形象,重点展示中国历史底蕴深厚、各民族多元一体、文化多样和谐的文明大国形象,政治清明、经济发展、文化繁荣、社会稳定、人民团结、山河秀美的东方大国形象,坚持和平发展、促进共同发展、维护国际公平正义、为人类作出贡献的负责任大国形象,对外更加开放、更加具有亲和力、充满希望、充满活力的社会主义大国形象。"这段话强调了四种大国形象:一是从历史传统的角度界定的"文明大国形象";二是从现实全面发展的角度界定的"东方大国形象";三是从外交政策和国际关系的角度界定的"负责任大国形象";四是从坚持正确改革开放方向的角度界定的"社会主义大国形象"。果真能塑造起这四种"大国形象",中国文化软实力必然大大增强在世界的影响。

(五) 提升好中国国际话语权

习近平指出:"提高国家文化软实力,要努力提高国际话语权。要加强国际传播能力建设,精心构建对外话语体系,发挥好新兴媒体作用,增强对外话语的创造力、感召力、公信力,讲好中国故事,传播好中国声音,阐释好中国特色。对中国人民和中华民族的优秀文化和光荣历史,要加大正面宣传力度,通过学校教育、理论研究、历史研究、影视作品、文学作品等多种方式,加强爱国主义、集体主义、社会主义教育,引导我国人民树立和坚持正确的历史观、民族观、国家观、文化观,增强做中国人的骨气和底气。"这段话告诉我们,要提高国际话语权,必须通过构造话语体系、用好新兴媒体、讲好中国故事、开展多种教育,来引导国民树立和坚持"正确的历史观、民族观、国家观、文化观",以"增强做中国人的骨气和底气"。无论对内对外,"骨气和底气"都是国家文化软实力的最强大的文化基因。

习近平这一篇重要讲话,系统全面、要言不烦而深刻地阐述了为什么要提高国家文化软实力和如何提高国家文化软实力,提出了提高国家文化软实力的主要思路。这篇重要讲话发表后,理论界十分活跃,中央主流媒体很快推出一大批关于文化软实力的理论文章。甚至有人预言:"软实力"将是2014年中国的一个新热词。

六、关于进一步深化"文化软实力"研究的几点建议

提高国家文化软实力,已经上升到国家战略层面,已经成为综合国力竞争的一个举世关注的领域,已经成为实现中国梦不可或缺的条件。因此,深化文化软实力研究,已经成为理论界的一项长期任务。为此,应该在以下几个方面下工夫。

(一)必须着力构建中国特色的"软实力"思想理论话语体系

"软实力"概念提出之初,是源于国际战略权谋需求的对策研究。但它是为美国霸权主义强权政治服务的。中国借用"软实力"概念,必须进行改造,以我为主,为我所用,将其纳入中国的国家战略来考虑。必须立足中国国情,关注世界发展,着眼中国需求,在概念界定、范畴设定、目标确定、发展战略、运作举措、绩效评价等方面进行深入思考,逐步建立起具有中国特色的"文化软实力"思想理论话语体系。

(二)必须着力加强"文化软实力"发展战略和应用对策研究

当代中国文化软实力建设面临很多艰巨任务。例如,不少官员道德败坏、贪污腐败,损害党的形象;不少人除了金钱,什么信仰也没有,拜金主义盛行;不少人只谋私利,没有报效国家的理想信念;不少人深受历史虚无主义影响,缺乏正确的历史观;不少人听信网络谣言,对党和政府失去信心;不少人唯利是图、诚信全无;不少人缺少正直品格和勇气,不敢抵制歪风邪气;不少人盲目追捧西方政治体制和价值;等等。所有这些问题都在削弱中国文化软实力,都需要深化对策研究加以解决。

(三)必须着力深化社会主义核心价值体系建设和核心价值观培育研究

社会主义核心价值体系是兴国之魂,是社会主义先进文化的精髓,决定着中国特色社会主义道路的前进方向,也是中国文化软实力的基石。如何使马克思主义的指导地位和中国特色社会主义理想信念深入人心?如何使以爱国主义为核心的民族精神和以改革创新为核心的时代精神真正融入国民灵魂中?如何使"富强、民主、文明、和谐""自由、平等、公正、法治""爱国、敬业、诚信、友善"等体现社会主义核心价值体系精髓的核心价值观进一步精炼并为全民所自觉践行?只有到这些问题真正解决之时,才是中国文化软实力真正做大做强之日。

(四)必须着力细化对传统文化软实力要素的研究

中华民族传统文化博大精深,虽有糟粕夹杂其中,但瑕不掩瑜,其精华仍然灿烂夺目,蕴涵取之不尽的软实力要素。在中华传统文化中,关于人格修养、精神砥砺、意志磨炼、忠心报国、见义勇为、正直无畏、中和仁爱、道德礼仪、孝廉节俭、尊师重教、辩证哲理、经世致用、家国天下、无为而治、治军兵法、合纵连横等方面的论述广博而深刻,只要与当代文化相适应、与现代社会相协调,必然能跨越时空、

超越国度、富有永恒魅力。必然能改造成既能继承优秀传统又能弘扬时代精神、既立足本国又面向世界的、充满生机活力的文化创新成果,充分展示,而凝聚国人,征服世界。

（五）必须着力研究社会主义核心价值体系与文化产业的兼容性

文化产业具有意识形态和商品的双重属性。文化产品作为意识形态产品,可以承载思想文化观念;文化产品作为商品,则可以卖钱。因此,文化产品既可以成为创造财富的商品,也可以成为传播意识形态的工具、平台、载体。但当代中国文化产品要想大步走向世界,既不违背社会主义核心价值观体系,又能广受外国欢迎,就需要认真研究,如何使社会主义核心价值体系真正体现在精神文化产品创作、生产、传播的各个环节,与文化产品水乳交融地结合起来,且又能顺利开拓国际市场。这是个必须解决的难题。

（六）必须着力借鉴国外软实力研究的积极研究成果

文化是最为丰富多彩的。有人群就有文化,有历史就有文化。不同国家、不同民族、不同历史,必然具有不同特色和个性的文化。所共同的是,各个国家都把文化作为民族的血脉和精神的家园。各个国家为了维护文化安全、增强综合国力、提升国际影响,无不以各种方式提高自己的文化软实力,并越来越广泛地把软实力应用于政治、文化、外交、经济、军事等领域。尺有所短,寸有所长,不仅美国软实力研究成果可借鉴,俄罗斯、日本、英国、法国、韩国等国家的软实力研究都有可借鉴之处。只有充分借鉴别人优长,才能做大做强自己。当然,借鉴积极成果的同时,对其消极的、颓废的、错误的、低俗的、有害的教训,必须进行鉴别、清理和扬弃。

中国文化产业软实力发展报告

张 娜[*]

摘要：文化产业被公认为 21 世纪全球经济一体化时代的"朝阳产业"。世界上越来越多的国家将文化产业作为一种战略资源加以开发。文化产业在国与国之间综合国力的竞争中所占的比例越来越大，并为国家文化软实力的竞争提供越来越形式多样的载体和平台。从全球范围来看，一个基本的趋势即是：文化产业发达的国家，其文化软实力的扩张和渗透力都比较强；文化产业发展较为成熟的国家，其文化软实力都有着较大的优势。因此，要加强中国文化软实力建设，就必须把发展文化产业放在重要的战略地位。

本报告从文化产业的界定和其基本属性出发，论证了文化产业与文化软实力的关系；分析了文化产业具有双重属性、两个效应，指出商品属性和经济效益并非构成文化软实力的因素，只有文化产业当中的意识形态属性和它的社会效益才是影响文化软实力的因素；从文化产业的总体发展、分行业发展、区域发展、文化企业、文化产业园区、文化贸易等角度分析了我国文化产业的发展现状；梳理了现阶段我国文化产业发展中存在的问题；最后，在以上分析的基础上，结合美国、英国、日本、韩国、澳大利亚、俄罗斯等国文化产业的发展状况及其经验教训，对实现我国文化产业又快又好地发展提出了有针对性的对策与建议。

---

[*] 张娜，北京交通大学经济管理学院讲师，硕士生导师，北京产业安全与发展研究基地副主任。

在许多发达国家,文化产业不仅是该国文化的基本形态之一,而且越来越成为社会生产力的重要组成部分,并成为一个国家综合国力的最直观最具体的反映。谁占据了文化发展的制高点,谁就能在激烈的国际竞争中更好地掌握主动权。文化产业作为文化的有形载体,作为人类社会新的财富创造形态及其所产生的巨大倍数效应,正日益引起国际社会的普遍关注,成为世界各国竞相抢占的战略高地。

近年来,我国文化产业呈现良好的发展态势,已成为国民经济新的增长点,在保增长、扩内需、调结构、促发展中发挥着重要作用。但同西方发达国家相比,我国文化产业发展明显落后。我国政府越来越重视文化产业的发展。党的十七大报告明确提出"激发全民族文化创造活力,提高国家文化软实力"的发展战略;2009年9月,国务院颁布了《文化产业振兴规划》,文化产业开始成为国家重点扶持的战略性产业;2010年3月,国家九部委联合发布《关于金融支持文化产业振兴和发展繁荣的意见》,对文化产业进行具体扶持;"十二五"规划明确提出要推动文化产业成为国家支柱性产业,增强文化产业整体实力和竞争力;十七届六中全会提出,加快发展文化产业,推动文化产业成为国民经济支柱性产业;2012年2月,中央办公厅、文化部出台了《文化部"十二五"时期文化产业倍增计划》;2012年5月10日,《文化部"十二五"时期文化改革发展规划》正式发布,《规划》指出,将推动文化产业成为国民经济支柱性产业,并提出包括特色文化产业发展工程在内的九项重点产业工程;"十八大"强调指出,要使文化产业成为国民经济的支柱性产业;十八届三中全会进一步强调指出,建设社会主义文化强国,增强国家文化软实力。在此背景下,在总体利好政策的支持推动下,文化产业发展热潮进一步高涨。

一、文化产业的界定

文化产业被称为低碳工业、朝阳产业,不断被世界越来越多的国家定为支柱产业重点扶持发展。但国际上对文化产业的概念并没有统一的界定,鉴于不同的历史和文化背景,各个国家各自从不同的角度来理解和使用这一概念[①]。"联合国教科文组织"(UNESCO)从文化产品的工业标准化生产、流通、分配、消费的角度进行界定,将其定义为:"文化产业就是按照工业标准,生产、再生产、储存以及分配文化产品和服务的一系列活动。"按照该定义,"文化产业"是指生产有形/无形的艺术性和创意性产品的行业。通过对文化资产的开发利用,文化产业可以提供

---

① 其他国家对文化产业概念的界定见报告第五部分的"文化产业发展的国际比较"。

以知识为基础的产品/服务,从而创造财富,增加收入。

在我国,"文化产业"这一概念从产生到不断完善历经十年有余,首次使用"文化产业"这一概念的正式文件是2001年3月九届人大四次会议通过的全国"十五"规划纲要;2004年3月29日,国家统计局公开印发《文化及相关产业分类》,将"文化及相关产业"的概念界定为:"为社会公众提供文化、娱乐产品和服务的活动,以及与这些活动有关联的活动的集合。";党的十七届五中全会提出推动文化产业成为国民经济支柱性产业的战略目标后,党的十七届六中全会进一步强调推动文化产业跨越式发展的重要性,这就对文化产业统计工作提出了新的要求。同时,由于新的《国民经济行业分类》(GB/T4754_2011)颁布实施,联合国教科文组织《文化统计框架——2009》的发布,文化新业态的不断涌现,2012年,国家统计局对《文化及相关产业分类(2012)》做了进一步修订,修订后的"文化及相关产业"的定义完善为"为社会公众提供文化产品和文化相关产品的生产活动的集合",并在范围的表述上对文化产品的生产活动(从内涵)和文化相关产品的生产活动(从外延)做出解释。

根据这一定义,文化及相关产业包括了四个方面的内容:第一,文化产品的生产活动,即以文化为核心内容,为直接满足人们的精神需要而进行的创作、制造、传播、展示等文化产品(包括货物和服务)的生产活动;第二,文化产品的辅助生产活动,这是为实现文化产品生产所必需的;第三,作为文化产品实物载体或制作(使用、传播、展示)工具的文化用品的生产活动(包括制造和销售);第四,文化专用设备的生产活动,即为实现文化产品生产所需专用设备的生产活动(包括制造和销售)。其中文化产品的生产活动构成文化及相关产业的主体,其他三个方面是文化及相关产业的补充。具体到文化产业的分类,根据管理需要和文化生产活动的自身特点,修订后的《文化及相关产业分类》将文化产业分为10个大类,分别是:新闻出版发行服务、广播电视电影服务、文化艺术服务、文化信息传输服务、文化创意和设计服务、文化休闲娱乐服务、工艺美术品的生产、文化产品生产的辅助生产、文化用品的生产、文化专用设备的生产,具体内容如表1所示:这一分类以《国民经济行业分类》为基础,兼顾部门管理需要和可操作性,借鉴了联合国教科文组织的《文化统计框架——2009》的分类方法,在分类中更注重凸显文化产业的文化特征,将新生的文化业态和与文化产业定义较为符合的生产活动都纳入了分类。

表 1　我国文化及相关产业分类

文化产业		具体内容
新闻出版发行服务	新闻服务	新闻业
	出版服务	图书出版、报纸出版、期刊出版、音像制品出版、电子出版物出版、其他出版业
	发行服务	图书批发、报刊批发、音像制品及电子出版物批发、图书、报刊零售、音像制品及电子出版物零售
广播电视电影服务	广播电视服务	广播、电视
	电影和影视录音服务	电影和影视节目制作、电影和影视节目发行、电影放映、录音制作
文化艺术服务	文艺创作与表演服务	文化创作与表演、艺术表演场馆
	图书馆与档案馆服务	图书馆、档案馆
	文化遗产保护服务	文物及非物质文化遗产保护、博物馆、烈士陵园、纪念馆
	群众文化服务	群众文化活动
	文化研究和社团服务	社会人文科学研究，专业性团体（的服务）：学术理论社会团体的服务、文化团体的服务
	文化艺术培训服务	文化艺术培训，其他未列明教育：美术、舞蹈、音乐辅导服务
	其他文化艺术服务	其他文化艺术业
文化信息传输服务	互联网信息服务	互联网信息服务
	增值电信服务（文化部分）	其他电信服务：增值电信服务（文化部分）
	广播电视传输服务	有线广播电视传输服务，无线广播电视传输服务，卫星传输服务：传输、覆盖与接受服务，设计、安装、调试、测试、检测等服务
文化创意和设计服务	广告服务	广告业
	文化软件服务	软件开发：多媒体、动漫游戏软件开发，数字内容服务：数字动漫、游戏设计
	制作建筑设计服务	工程勘察设计：房屋建筑工程设计服务、室内装饰设计服务、风景园林工程专项服务设计
	专业设计服务	专业化设计服务
文化休闲娱乐服务	景区游览服务	公园管理，游览景区管理，野生动物保护：动物园和海洋馆、水族馆管理服务，野生植物保护：植物园管理服务
	娱乐休闲服务	歌舞厅娱乐活动、电子游艺厅娱乐活动、网吧活动、其他室内娱乐活动、游乐园、其他娱乐业
	摄影扩印服务	摄影扩印服务

(续表)

文化产业		具体内容
工艺美术品的生产	工艺美术品的制造	雕塑工艺品制造、金属工艺品制造、漆器工艺品制造、花画工艺品制造、天然植物纤维编制工艺品制造、抽纱刺绣工艺品制造、地毯挂毯制造、珠宝首饰及有关物品制造、其他工艺美术品制造
	园林、陈设艺术及其他陶瓷制品的制造	园林、陈设艺术及其他陶瓷制品制造:陈设艺术陶瓷制品制造
	工艺美术品的销售	首饰、工艺品及收藏品批发、珠宝首饰零售、工艺美术品及收藏品零售
文化产品生产的辅助生产	版权服务	知识产权服务:版权和文化软件服务
	印刷复制服务	书、报刊印刷、本册印制、包装装潢及其他印刷、装订及印刷相关服务、记录媒介复制
	文化经纪代理服务	文化娱乐经纪人、其他文化艺术经纪代理
	文化贸易代理与拍卖服务	贸易代理:文化贸易代理服务,拍卖:艺(美)术品、文物、古董、字画拍卖服务
	文化出租服务	娱乐及体育设备出租:视频设备、照相器材和娱乐设备的出租服务,图书出租,音像制品出租
	会展服务	会议及展览服务
	其他文化辅助生产	其他未列明商务服务业:公司礼仪和模特服务、大型活动组织服务、票务服务
文化用品的生产	办公用品的制造	文具制造、笔的制造、墨书/墨汁制造
	乐器的制造	中乐器制造、西乐器制造、电子乐器制造、其他乐器及零件制造
	玩具的制造	玩具制造
	游艺器材及娱乐用品的制造	露天娱乐场所游乐设备制造、游艺用品及室内游艺器材制造、其他娱乐用品制造
	视听设备的制造	电视机制造、音响设备制造、影视录放设备制造
	焰火、鞭炮产品的制造	焰火、鞭炮产品制造
	文化用纸的制造	机制纸及纸板制造:文化用机制纸及纸板制造,手工纸制造
	文化用油墨颜料的制造	油墨及类似产品制造,颜料制造:文化用颜料制造

(续表)

文化产业		具体内容
文化用品的生产	文化用化学品的制造	信息化学品制造:文化用信息化学品的制造
	其他文化用品的制造	照明灯具制造:装饰用灯和影视舞台灯制造,其他电子设备制造:电子快译通、电子记事本、电子词典等制造
	文具乐器照相器材的销售	文具用品批发、文具用品零售、乐器零售、照相器材零售
	文化用家电的销售	家用电器批发:文化用家用电器批发,家用视听设备零售
	其他文化用品的销售	其他文化用品批发、其他文化用品零售
文化专用设备的生产	印刷专用设备的制造	印刷专用设备制造
	广播电视电影专用设备的制造	广播电视节目制作及发射设备制造、广播电视接收设备及器材制造、应用电视设备及其他广播电视设备制造、电影机械制造
	其他文化专用设备的制造	幻灯及投影设备制造、照相机及器材制造、复印和胶印设备制造
	广播电视电影专用设备的批发	通讯及广播电视设备批发:广播电视电影专用设备批发
	舞台照明设备的批发	电气设备批发:舞台照明设备的批发

资料来源:根据国家统计局《文化及相关产业分类2012》整理。

二、文化产业与文化软实力

随着经济全球化进程的加速,国家与国家之间的竞争日趋激烈。文化产业作为新兴产业,一方面,其产品生产构成了社会生产的重要组成部分;另一方面,文化产品因其意识形态特征成为各国弘扬、传播本国文化价值观,并进而提升外国对本国物质产品的认同感的重要工具。因此,为了更好地在国际竞争中占据优势地位,越来越多的国家都把发展文化产业作为提升本国文化软实力的重要手段,予以高度重视。

(一)文化产业的双重属性和两个效益

文化产业具有双重属性,即商品属性和意识形态属性;具有两个效益,即经济效益和社会效益,如图1所示。从商品属性来看,文化产业是以文化作为资源来进行生产,向社会提供文化产品和文化服务的产业形态,以追求经济效益最大化为目的。从这个意义上来讲,文化产业的繁荣发展能够极大地增强一个国家的硬实力。从意识形态属性来看,文化产业以价值观念为灵魂,具有巨大的社会效益,会对社会经济产生反作用,与国家政治发生相互作用,是国家文化软实力的重要来源。

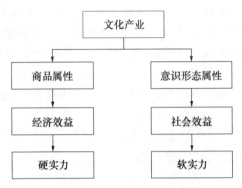

图1 文化产业的双重属性和两个效益

1. 意识形态属性和社会效益

"文化商品和服务的一个根本特征是,它们不像咖啡壶、汽车或银行卡那样只是具有一种实用功能,在本质上还是价值观的携带者。"[①]文化产业具有意识形态的特殊使命,属于上层建筑的范畴,能够反映社会的经济基础、体现社会的主体意志,对人们的思想、意识乃至行为产生潜移默化的教化功能;是传播文化诉求和政治诉求的有效载体,能够传承一个国家的价值观念和审美标准,附加着思想性、观念性的内容。通过文化产品的传播和交流,能够表达国家立场、价值主张、民族声音,展示国家形象、国民形象,开展文明对话,是推动国家文化软实力建设的、被广泛认同的重要途径。所以,美国学者约瑟夫·奈很早就认识到文化产品在实现国家意识形态方面的独特影响,他说:"流行文化中当然不无琐屑与凑热闹的成分,但一个占据着流行文化传播通道的国家有更多的机会传达自己的声音并影响他国的选择则是千真万确的。"[②]

美国、日本、欧洲等发达国家高度重视文化产业在实现国家话语和国家利益方面的独特功能,并把发展文化产业作为增强国家文化软实力的重要战略,充分用来推广自己的意识形态和价值体系。可以说,一个国家文化产业的发展水平对一个国家意识形态的安全有着直接的、重大的影响。从一般意义上来讲,一个国

---

① Harry Hillam Chartrand. "International Cultural Affairs: A Fourteen Century Survey", *The Journal of Arts Management, Law, and Society* 1992,22(2):134-155.

② 约瑟夫·奈:《注定领导世界:美国权力性质的变迁》,刘华译,中国人民大学出版社,2012年。

家文化产业实力越强,这个国家的意识形态相对就越安全;反之,文化产业实力弱,国家意识形态安全程度就越低。

2. 商品属性和经济效益

文化产业是文化走向市场的产物,是文化的产业化,必然受市场经济规律的约束,具有商品属性。文化的产业化决定了文化产业要生存发展,必然以利润、产品的价值补偿和增值为目标,即必须追求经济效益。如果没有利润、不重视经济效益,产业就无法实现投入——产出,再投入——再产出的良性循环,就无法保证基本的生存,最终要在市场竞争中被淘汰。此外,文化产业的发展也要遵循资本的本性,只有重视产业的经济效益,才能吸引资本的投入,这是文化产业生存发展的物质基础与保证。

文化产业的商品属性带来的经济效益可以增强一个国家和地区的硬实力,而其文化软实力主要依托其意识形态属性和社会效益,以发挥其吸引力、影响力和渗透力,但这些软力量的发挥,要以文化产业的商品属性和经济效益为基础。如果无法保证文化产业生存发展所要求的基本利润,产业就无法生存,也无法发展壮大,更无法释放其所蕴含的社会效益。在此需要强调的是,必须重视文化产业的意识形态属性,只有创作、生产和传播陶冶情操、激励进取、开阔视野、启迪智慧、观念先进、内容科学的文化产品,才能更好地教育人民、引领风尚、服务社会、推动人类文明的发展和进步;才能获得我们所需要的文化产业社会效益。先进文化产品的意识形态属性能否产生更大的社会效益,则取决于其商品属性如何。只有艺术性强、科技含量高、受众喜闻乐见、抓眼球、卖点大的先进文化产品,才能更多更广地得到传播,获得更大的经济效益,而在此过程中也能使其社会效益最大化。如果文化产业总赔钱,那就必然会使产品减少、市场萎缩,无论多么优秀的文化产品,也都会因为数量受限,而使其影响面大大缩减[①]。

(二)文化产业对提升国家文化软实力的重要意义

文化是一个国家凝聚力、创造力的重要来源,是国家文明、发展、进步的支撑力量,更是综合国力竞争的重要因素。文化产业是当今世界政治、经济、文化一体化浪潮的重要产物,又因其与政治、经济、文化的高度融合而形成了与经济、科技、军事力量等"硬实力"既相联系又相区别的文化软实力。文化产业是文化软实力的物质载体,"一个国家和民族的价值观念、思想意识、行为方式只有通过大规模的文化产业运作,才能向全世界传播和扩散,并且渗透到千百万人的生活中去"[②]。文化产业的意识形态性促进了经济效应与社会效应的融合,是一个国家软实力的

---

① 张国祚:《文化产业安全研究的着眼点和着力点》,《中国社会科学报》,2013年4月26日,第B02版。
② 塞曼·杜林:《全球化与后殖民主义》,佚名译,中央编译出版社,1998年,第31页。

真正体现[1];"一个国家文化产业的发展水平是该国主流意识形态吸引力和凝聚力的最直观表现"[2];同时,文化产业也是国家文化软实力与硬实力相互转化的重要中介[3]。

意识形态依托文化产业向全球扩张,形成国家软实力。这样,文化产业不再是手段,而是一种直接的目的,因此,对于文化产业的开发和市场争夺,也就成为当今世界文化发展和软实力竞争的重要内容和主要场域。而在这种竞争中,"思想体系、意识形态、社会制度之间的竞争力首当其冲"[4]。一个国家的软实力通过文化产业的意识形态的渗透和扩张表现出来,通过向他国输出自己的文化产品,传播自己的意识形态和价值观念,在当今国际社会斗争与较量中是常见的手段和途径。

三、我国文化产业发展现状

(一)文化产业发展总体概况

2012年我国文化及相关产业实现了快速地发展,文化产业法人单位实现增加值18071亿元,增加值占GDP的比值为3.48%,对当年经济总量增长的贡献为5.5%。按照《文化及相关产业分类(2012)》新标准,国家统计局对2011年文化及相关产业单位法人增加数据进行了相同口径的调整。调整后,2011年我国文化产业法人单位增加值由13479亿元修订为15516亿元,与当年GDP之比,由之前的2.85%修订为3.28%。通过比较,2012年文化产业增加值比2011增长16.50%,在国民经济中的份额也稳步提高,比上年增加0.2个百分点。

相对于文化产业的总体增长,文化产业构成相对稳定。2012年我国文化制造业法人单位实现增加值7253亿元,比上年增长17.4%;文化批发零售业实现增加值1187亿元,增长9.4%;文化服务业实现增加值9631亿元,增长16.7%。文化制造业、文化批零售业和文化服务业增加值占文化产业法人单位增加值的比重分别为40.1%、6.6%和53.3%,与2011年相比无明显变化。

---

① 禹建湘:《文化产业意识形态性是建构软实力的基点》,《社会科学战线》,2013年第2期,第153—158。

② 卢新德:《文化软实力建设与维护我国意识形态安全》,《山东大学学报(哲学社会科学版)》,2010年第3期,第132—137页。

③ 骆郁廷:《文化软实力:战略、结构与路径》,中国社会科学出版社,2012年,第163页。

④ 陈占彪:《大力发展文化产业战略竞争力》,《解放日报》,2007年12月31日,第7版。

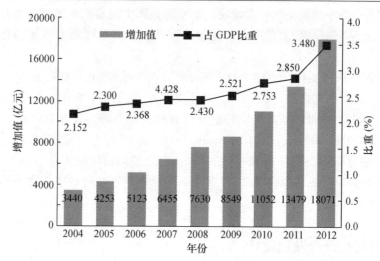

图 2 2004—2012 年我国文化产业增加值及其占 GDP 的比重变动情况
资料来源：新华网：http://news.xinhuanet.com/fortune/2013-08/26/c_125246253.htm
人民网：http://yn.people.com.cn/news/domestic/n/2012/1114/c228494-17716099.html

说明：2004—2011 年数据按照 2004 年修订的《文化及相关产业分类》标准统计；
2012 年数据按照新修订的《文化及相关产业分类(2012)》标准统计。

如图 2 所示，2004—2012 年我国文化及相关产业法人单位增加值年平均增长率为 20.19%，比同期 GDP 增长率高出 4 个百分点，法人单位增加占 GDP 的比重由 2004 的 2.152% 逐年提高到 2012 年的 3.480%。由图 1 可知，文化产业增加值及其占 GDP 比例在 2004—2012 年 9 年间稳步提升，平均增长率达到了 20% 以上。2004—2007 年，文化产业增加值增长率一直保持在较高水平，其中 2007 年增长率最高，突破 25% 达到了 26%；由于受到金融危机的影响，2008、2009 年文化产业增加值增长率有所降低，分别为 18.20% 和 12.63%，但到 2010 年又迅速回升，重回高增长率水平，达到 28.60%；2011 年文化产业产值增长率有所回落，为 21.96%，但仍保持在 20% 以上，这与我国整体经济增长速度的放缓有关；2012 年文化产业增加值增长较为迅速，但是需要注意的是这与新的文化产分类标准的实施有关。

（二）分行业发展比较

1. 新闻出版业

2012 年新闻出版产业增长较快。全国出版、印刷和发行服务实现营业收入 16635.3 亿元，较 2011 年增加 2066.7 亿元，增长 14.2%；增加值 4617.0 亿元，较 2011 年增加 595.3 亿元，增长 14.8%。

图书品种继续保持较快增长。2012 年全国共出版图书 41.4 万种，较 2011 年增加 4.4 万种，增长 12.0%。其中，初版新书增加 3.4 万种，增长 16.6%；文化、科学、教育和体育类图书增加2.6万种,增长19.6%(其中初版新书增加2.1万种,增长34.6%);文学类图书增加1.0万种,增长30.4%(其中初版新书增加0.7万种,增长31.9%);少年儿童读物增加0.9万种,增长40.4%(其中初版新书增加0.5万种,增长37.8%);天文学、地球科学类图书增长21.1%(其中初版新书增长24.6%),航空、航天类图书增长36.4%(其中初版新书增长32.8%)。

图书、报纸、期刊总印数增长趋缓。2012年全国图书总印数79.3亿册,较2011年增长2.9%;期刊总印数33.5亿册,增长1.9%;报纸总印数482.3亿份,增长3.2%;增长速度均低于2011年水平。

印刷复制收入超过万亿元。全国印刷复制实现营业收入10360.5亿元,较2011年增加1055.1亿元,增长11.3%,占全行业62.3%,减少1.6个百分点;增加值2679.5亿元,较2011年增加354.6亿元,增长15.3%,占全行业58.0%,提高0.2个百分点。虽然印刷复制营业收入在全行业所占比重有所下降,但仍是新闻出版业的支柱产业[①]。

出版物发行整体效益有所改善。出版物发行实现营业收入2418.7亿元,较2011年增加255.8亿元,增长11.8%;实现利润总额196.0亿元,增加10.89亿元,增长5.9%,实现重新增长。从事出版物发行的单位数量较2011年减少4900余家,其中个体经营户减少4100余家[②]。

2. 广播电视业

2012年广播电视业收入保持了较快的增长,由2011年的2717.32亿元增长到2012年的3268.79亿元,增长率达到20.29%,比2011年高出2.25个百分点。广播电视从业人员由2011年的78.64万人,增长到2012年的82.04万人,增长率为4.33%,较2011年有所回落,但仍保持快速的增长势头。

广播节目综合人口覆盖率由2011年的97.06%增加到2012年的97.51%,增长率达到0.464%,比2011年高出0.17个百分点。其中,广播节目套数由2011年的2590套增加到2012年的2634套,增长率为1.70%,比2011年高出0.21个百分点;广播节目制作时间由2011年的693.7万小时增加到2012年的718.8万小时,增长率为3.62%,较2011年增高率高出1.82个百分点,增长迅猛。

电视节目综合人口覆盖率由2011年的97.82%增加到2012年的98.20%,增长率为0.388%,较2012年高出0.184个百分点,增长速度基本持平;电视剧播出集数由2011年的663.63万集减少到662.20万集,这可能和广电总局对电视剧市

---

① 国家新闻出版广电总局:《2012年新闻出版产业分析报告》,《中国出版》,2013年第15期,第6—20页。

② 同上。

场的整治有关;电视节目制作时间由2011年的295.05万小时增加到343.63万小时,增长率为16.47%,较2011年高出8.90个百分点,增长势头迅猛;数字电视用户由2011年的11489万户增加到2012年的14303万户,增长率为24.50%,较2011年29.53%的增长率有所回落[①]。

3. 电影业

2012年中国电影票房收入再创新高,国内票房总收入全面超过日本达到170.73亿元,较2011年131.15亿元增长30.18%,较2011年增长率高出1.25个百分点,成为继美国之后的全球第二大电影市场。2012年电影故事片厂为31个,与2009—2011年保有数持平;全年生产故事影片745部(其中含电影频道出品的数字电影92部),较2011年558部增长33.51%,高出2011年增长率27.43个百分点,增长迅速;2012年生产动画片33部,较2011年24部增长37.5%,表现出强劲的增长势头;2012年生产科教片74部,较2011年76部有所回落;2012年生产纪录片15部,创2008年以来新低,但却涌现出如《故宫100》《春晚》《舌尖上的中国》《超级工程》《china瓷》等精品;2012年生产特种影片26部,较2011年增长了4倍多,超过2008—2011年的总和,增长较快。

但是需要注意的是,2012年上映的国产电影篇数占75%,单票房却未超过50%,只达到了48%,导致院线制改革以来国产票房首次低于50%。国产票房同比增长仅14%,远远低于总票房的28%,更低于前10年国产片票房30%的年复合增长率[②]。另外,国产电影海外发行再创新低,有75部电影销往海外,但总收入却只有10.63亿元,比2011年的20.24亿元下降近一半,甚至不及5年前的成绩。

4. 动漫产业

如图3所示,2012年国产电视动画片产量首次出现下滑,全国制作完成的国产电视动画片共395部,共计222938分钟,比2011年的435部和261224分钟减少40部和下降14.66%。2012年有24个省份以及中直有关单位制作国产电视动画片,其中创作生产数量排在前五位的是广东省、江苏省、浙江省、福建省、安徽省[③]。2012年,国内近百家动画电影制作企业制作并公映的影片有35部,较2011年的24部增加了11部。其中,《喜洋洋与灰太狼之开心闯龙年》总票房1.6亿,刷新了我国国产动画电影的票房记录[④]。

---

① 数据来源:《中国统计年鉴2013》(光盘版),中国统计出版社、北京数通电子出版社。
② 叶朗:《中国文化产业年度发展报告2013》,北京大学出版社,2013年,第65页。
③ 同上书,第96页。
④ 同上书,第97页。

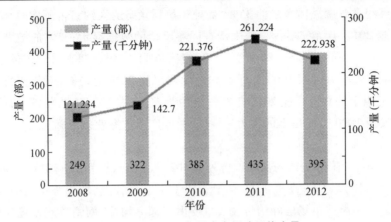

图3 2008—2012年国产电视动画片产量

资料来源:《国家广电总局关于2012年度全国电视动画片制作发行情况的通告》

5. 艺术品经营业

2012年艺术品拍卖市场全年成交金额达到616亿,同2011年相比缩减了约三分之一的交易规模,如图4所示。在经历2010年秋季以来持续三个交易季度的迅猛发展后,市场惯性作用正在递减,艺术品市场开始理性回归①。

图4 2009—2012年艺术品拍卖市场成交量变动情况

资料来源:雅昌艺术市场检测中心(AMMA)

欧洲艺术基金会报道显示:2012年我国约有画廊6000家,交易量高达42000笔,北京地区有605家,占40%,较为集中,上海地区有273家,占16%。中国画廊市场规模呈每年10%的增长,但主要集中在北京、上海、香港等几个城市,并且北京市场增长最为迅速②。2012年国内画廊市场中亏损并勉强处在维持及半歇业状

---

① 叶朗:《中国文化产业年度发展报告2013》,北京大学出版社,2013年,第147页。
② 同上书,第145页。

态的画廊约占画廊总体数量的35%,而处于盈利状态的大约只占画廊总体数量的7%①。据2012年《芭莎艺术》画廊调查问卷反馈的数据显示,33%的被调研画廊年销售总额在100万元至300万元区间,相比2011年同期调查有一定的攀升;年销售总额在500万元至1000万元区间的画廊占到22%的份额;而年销售总额在1000万元以上的画廊相比2011年有一定的收缩,占据了11%的份额。这说明我国急需发展1000万元以上的实力雄厚的、业务广泛的专业级画廊②。

6. 游戏业

2012年,中国游戏市场实际销售收入602.8亿元人民币,较2011年446.1亿元人民币增长35.1%,高出2011年增长率1.1个百分点,增长势头与2011年基本持平。中国游戏市场实际销售收入主要由三部分构成:网络游戏市场实际销售收入、移动游戏市场实际销售收入和单机游戏市场实际销售收入。其中,网络游戏市场实际销售收入569.6亿元,市场占有率为94.5%;移动游戏市场销售收入32.4亿元,市场占有率为5.4%;单机游戏市场销售收入0.75亿元,市场占有率为0.1%③。

2012年,中国网络游戏市场实际销售收入主要由客户端网络游戏市场实际销售收入451.2亿元、网页游戏市场实际销售收入81.1亿元和社交游戏市场实际销售收入37.3亿元构成。其中,2012年网页游戏市场的实际收入较2011年增长了46.4%,较2011年增长率高出14个百分点,增长率连续五年保持在30%以上,如图4。网页游戏用户量达27.1亿人,较2011年增长33.4%,增速有所放缓。相比较而言,移动游戏市场规模和用户增长率更为迅速,2012年中国移动游戏市场实际销售收入比2011年增长了90.6%,高出2011年将近14个百分点,增长迅速,如图6所示;移动游戏用户数达到0.89亿人,比2011年增加了73.7%,高出2011年3.5个百分点。网页游戏和移动游戏市场规模的迅速扩大及用户的大幅增长,带动了整个中国游戏产业在2012年的增长④。

---

① 叶朗:《中国文化产业年度发展报告2013》,北京大学出版社,2013年,第145页。
② 同上书,第146页。
③ 中国版协游戏工委(GPC)、国际数据公司(IDC)、中新游戏(伽马新媒CNG):《2012年中国游戏产业报告(摘要版)》,中华人民共和国新闻出版总署科技与数字出版司,第8—11页。
④ 同上文,第17页。

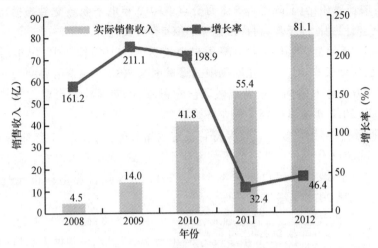

图5 2008—2012年中国网页游戏市场实际销售收入和增长率情况

资料来源:《2012年中国游戏产业报告(摘要版)》,新闻出版总署科技与数字出版司。

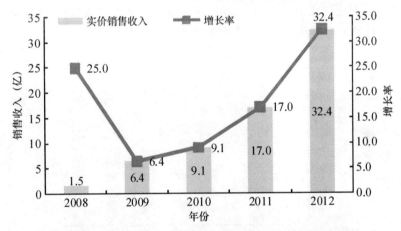

图6 2008—2012年中国移动游戏市场实际销售收入和增长率情况

资料来源:《2012年中国游戏产业报告(摘要版)》,新闻出版总署科技与数字出版司。

7. 网络新媒体业

截至2012年12月底,我国网民规模达5.64亿元,全年共计新增网民5090万人。互联网普及率为42.1%,较2011年底提升3.8个百分点,普及率的增长幅度相比2011年继续缩小[①]。

2012年中国电子商务市场整体交易规模达8.1亿元,增长27.9%,与2011年

---

① 中国互联网络信息中心:《2012年中国互联网络信息中心年度报告》,第42页。

32.8%的增长率相比,下降了近5个百分点。2012年电子商务交易规模市场格局中,B2B①合计占比81.6%,网购占比16.0%,有较大提升。

截至2012年底,我国搜索引擎用户规模达4.51亿,较2011年年底增长了4370万人,年增长率10.7%,在网民中的渗透率为80%。搜索引擎的收入主要来源于广告,2012年互联网广告营业收入已超过报纸,而在搜索引擎市场份额中百度仍然稳居2012年搜索市场广告业务第一名。

我国网络视频用户规模一直保持着稳定的增长势头,从2007年底的1.61亿逐步增长到2011年底的3.25亿,平均每年增长达到4000万人左右。截止到2012年12月,中国网络视频用户超过4.5亿。2012年视频行业整体市场规模达到92.5亿元,同比2011年增长47.6%。

2012年手机首次超过台式电脑成为第一大上网终端;截至12月底,我国手机网民规模将近4.2亿,较2011年增长约6440万人,手机网民规模占总体网民规模的比例由2011年的69.3%提升到74.5%。全国3G用户2012年增长1.06亿户,总数超2.33亿户,三大运营商移动、联通、电信3G用户分别为8792.8万、7645.6万、6905万。易观智库的数据显示,2012年我国移动市场规模达到1588亿元人民币,但用户付费意愿移动互联网广告转化率较低②。

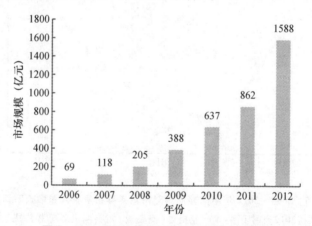

图7　2006—2012年中国移动互联网市场规模

资料来源:《中国文化产业年度发展报告2013》,第123页。

8. 广告业

2012年我国广告业营业额达4698亿元,较2011年增长50.32%,创造了我国

---

①　B2B是电子商务的一种模式,是英文Business-to-Business的缩写,即商业对商业,或者说是企业间的电子商务,即企业与企业之间通过互联网进行产品、服务及信息的交换。

②　叶朗:《中国文化产业年度发展报告2013》,北京大学出版社,2013年,第111—123页。

自广告业恢复以来的最大增幅。同时,广告业营业总额占 GDP 的比重也达到历年最高峰,首次突破 0.9%。从广告业业态看,2012 年全国广告经营单位达 377778 家,从业人员近 218 万人,无论是产业规模还是经营额都有较大幅度增长,并且广告经营额 50.32% 的增速超过了企业 27.41% 和从业人员数量 30.14% 的增速,说明广告业经营效率有所提升①。

2012 年中国广告花费超过 6528 亿元人民币,与 2011 年 6493 亿元基本持平。其中,电视媒体广告仍然占整体广告花费的 80% 以上,优势明显,但是由于资源、宏观政策等因素的影响,其增幅较小,增长率仅为 1.4%;相比之下,杂志和电台媒体增长较快,均达到了 9.4%;报纸同比下降 7.3%。从区域来看,华北、东北、中央地区广告花费较 2011 年同期花费明显下降,降幅达 7%、9%、5%;而华南、华中、西南则呈上升趋势,分别有 13%、10% 和 2% 的增长率,其中海南省增幅超过 50%②。

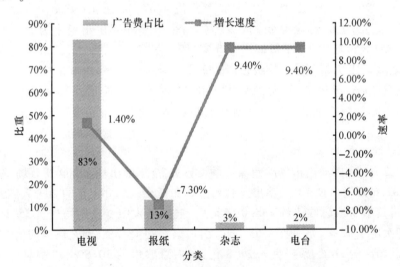

图 8 2012.1.1—2012.10.31 广告花费占比及各媒体增长速度
资料来源:尼尔森:《2012 年广告市场大盘点》,第 14 页。

9. 文化旅游业

2012 年国内旅游人次由 2011 年的 2641 百万人次增加到 2957 百万人次,增

---

① 《2012 中国广告业发展报告》,中国网:http://guoqing.china.com.cn/2013-06/25/content_29223482.htm。
② 尼尔森:《2012 年广告市场大盘点》,第 13—14 页;数据期限:2012.1.1—2012.10.31,http://wenku.baidu.com/link?url=J0-tYSgbnEXI_cx8-w9MRTXML____0g6oC00XbXyXIrxSvtwHm8j Ya1fUhc6sjgUgXbUf9Qi0NQ3ziXgSY0QGo1j-PxwK1xmZr1VAD4dIKmVe。

长率为 12.0%，较 2011 年增长率有所放缓；国内旅游总花费由 2011 年的 19305.4 亿元增加到 2012 年 22706.2 亿元，增长率为 17.6%，较 2011 年增长速度明显下降，下降近 36 个百分点；人均国内旅游花费由 2011 年的 731.0 元增加到 2012 年的 767.9 元，增长率为 5.0%，增长缓慢。国际旅游收入由 2011 年 484.64 亿美元增加到 2012 年的 500.28 亿美元，增长率达到 3.2%；出境旅游人次由 2011 年的 7025 万人次增加到 2012 年的 8318.17 万人次，增长率为 18.4%。2012 年入境外国游客 2719.16 万人次，与 2011 年 2711.20 万人次基本持平①。

国内游中，乡村旅游成为国内旅游主战场和居民消费重要领域，年接待游客 7.2 亿人次；红色旅游发展再上新台阶，年接待游客 6 亿人次，增长 15%。假日旅游持续火爆，中秋国庆长假接待游客增长 41%，收入增长 44%。国内旅游消费占居民消费总量达 9% 左右，新增旅游直接就业约 50 万人②。

星级酒店方面，到 2012 年末，全国共有 11367 家星级饭店，拥有客房 149.72 万间，床位 267.74 万张；拥有固定资产原值 4767.54 亿元；实现营业收入总额 2430.22 亿元；上缴营业税金 152.95 亿元；全年平均客房出租率为 59.5%。在 11367 家星级饭店中，五星级饭店 640 家，四星级饭店 2186 家，三星级饭店 5379 家，二星级饭店 3020 家，一星级饭店 142 家。全国 3315 家国有星级饭店 2012 年共实现营业收入 720.23 亿元，上缴营业税 42.06 亿元。全国外商和港澳台投资兴建的 467 家星级饭店，2012 年共实现营业收入 331.25 亿元；上缴营业税 18.31 亿元③。

10. 演出产业

2012 年，我国演出市场继续保持增长势头，全年演出场次 200.9 万场，较 2011 年的 182.6 万场增加 10%；演出总收入 355.9 亿元，比 2011 年的 203.2 亿元增长 75.1%，其中票房总收入约 135.0 亿元④。演出场次中专业剧场演出 35.1 万场，占总场次的 17.5%，票房收入 61.2 亿元，占票房的 45.3%；演艺场馆演出 52.3 万场，占总场次的 26%，票房收入 27.8 亿元，占总票房的 20.6%；旅游演出 8.9 万场，占总场次的 4.4%，票房收入 32.7 亿元，占总票房的 24.2%；乡村演出 95.1 万场，占总场次的 47.3%；公共服务演出 9.5 万场，占总场次的 4.7%；演唱会产出票

---

① 数据来源：《中国统计年鉴 2013》（光盘），中国统计出版社和北京数通电子出版社。
② 新华网：《2012 年我国旅游业总收入约 2.57 万亿元》，http://news.xinhuanet.com/fortune/2013-01/10/c_114326208.htm。
③ 国家旅游局政策法规司：《2012 年中国旅游业统计公报》，http://www.cnta.gov.cn/html/2013-9/2013-9-12-%7B@hur%7D-39-08306.html。
④ 中国演出行业协会：《2012 年中国演出市场年度报告》，2013.3.31。http://www.capa.com.cn/news/showDetail?id=60342。

房收入13.3亿元,占总票房的9.9%①。

2012年全国演出市场虽呈现整体发展态势,但是各地演出市场的发展和增长幅度有较大不同,表现出区域发展的不平衡,如表2所示。

表2 全国部分省份演出场次对比表

省份	人口数量(千万)	人均收入(万)	演出场次(万)
第一组　河南　山东			
河南	9.4	3.7	17.0
山东	9.7	4.2	3.6
第二组　浙江　江苏　四川			
浙江	8.0	5.2	16.9
江苏	8.0	5.2	10.8
四川	8.1	5.2	7.4
第三组　安徽　湖北　湖南			
安徽	6.0	4.5	17.0
湖北	5.8	4.2	4.9
湖南	6.7	3.9	3.2

资料来源:《2012年中国演出市场年度报告》,http://www.capa.com.cn/news/showDetail? id=60342。

(三)区域文化产业发展

1. 区域文化产业增加值比较

文化产业作为21世纪最具发展潜力的产业之一,其在区域经济增长和区域产业结构调整中的重要作用已为越来越多的人认识。从表3可获取的数据可知,2012年全国不同区域文化产业都有不同程度的增长,其中较快的省份有黑龙江、贵州、陕西、河北;从文化产业增加值来看,东部地区文化产业增加值普遍较高、其次为中部地区、西部地区和东北地区;从文化产业增加值占GDP的比重来看,2011年东部地区为4.47%,2012年平均为4.91%;中部地区2011年为2.90%,2012年为3.25%;西部地区2011年为2.63%,2012年为2.68%,;东北地区2011年为2.66%,2012年为2.94%。由此可见,一方面,相比于2011年,2012年各地区文化产业都有进一步的发展;另一方面,区域间文化产业发展水平差距较大,区域内部的发展水平也有显著差异,如东部地区,北京市2012年文化产业增加值占GDP的比重为8.20%,海南省只有3.01%;中部各地区文化产业发展相对较为均衡;西

---

① 数据来源:《2012年中国演出市场年度报告》,2013.3.31. http://www.capa.com.cn/news/showDetail? id=60342。

部地区,云南省发展势头较高,文化产业增加值占 GDP 的比重有 3.70%,而甘肃省只有 1.40%;东北三省文化产业发展相对也较为均衡。

表3 区域文化产业增加值占 GDP 的比重

地区	2012		2011		2012年较 2011年增长率
	增加值(亿元)	占 GDP 比重	增加值(亿元)	占 GDP 比重	
东部地区					
北京	1474.90	8.20%	1284.76	7.91%	14.80%
天津	—	—	392.70	3.50%	—
河北	726.30	2.73%	537.60	2.21%	35.10%
上海	1247.00	6.20%	1098.97	5.73%	13.47%
江苏	2330.00	4.30%	1792.68	3.69%	29.97%
浙江	1581.72	4.56%	—	—	—
福建	1000.00	5.00%	802.32	4.6%	24.64%
山东	2720.00	5.44%	2300.00	5.07%	18.26%
广东	2706.50	4.74%	2529	4.8%①	7.02%
海南	85.91	3.01%	69.52	2.76%	23.57%
中部地区					
山西	420.00	3.50%	380.00	3.40%	10.53%
安徽	—	—	613.4	3.94%	—
江西	407.30	3.15%	335.93	2.90%	21.25%
河南	—	—	454.40	1.70%	—
湖北	601.40	2.70%	504.88	2.58%	19.12%
湖南	804.40	3.63%	—	—	—
西部地区					
内蒙古	—	—	—	—	—
广西	356.67	2.74%	293.24	2.50%	21.63%
重庆	365.89	3.20%	309.48	3.09%	18.23%
四川	839.50	3.52%	775.09	3.69%	8.31%
贵州	152.03	2.22%	111.18	1.95%	36.74%
云南	380.27	3.70%	312.62	3.57%	21.64%
西藏	—	—	—	—	—
陕西	500.70	3.47%	381.05	3.08%	31.40%
甘肃	78.17	1.40%	62.03	1.24%	26.02%
青海	29.45	1.56%	—	—	—

① 相关统计资料显示,该数值为约数。

(续表)

地区	2012年		2011年		2012年较2011年增长率
	增加值（亿元）	占GDP比重	增加值（亿元）	占GDP比重	
西部地区					
宁夏	54.55	2.34%	39.55	1.88%	37.93%
新疆	—	—	—	—	—
东北地区					
辽宁	262.00	—	688.1	3.10%	31.00%
吉林	352.20	2.95%	274.13	2.59%	28.48%
黑龙江	400.00	2.92%	285.10	2.28%	40.30%

资料来源：由于《中国文化文物统计年鉴》自2011年不再统计2010年及以后各年文化产业增加值，故以上数据来源于各省人民政府网站、文化厅网站、统计局网站年报、通告等。

说明：(1) 区域划分采用国家统计局划分方法；

(2) —代表该项数据缺失。

2. 各省市文化产业发展指数比较

中国省市文化产业发展指数由中国人民大学文化产业研究院发布，2013年11月9日，"文化中国：中国文化产业指数发布会"发布了2013年的指数，对2012年中国各省、市、自治区的文化产业发展情况进行了排名，公布了综合指数、生产力指数、影响力指数、驱动力指数排名前十的省市，具体数据如图9—12所示。

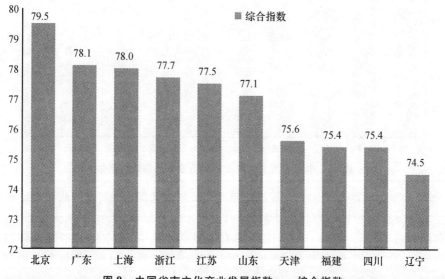

图9 中国省市文化产业发展指数——综合指数

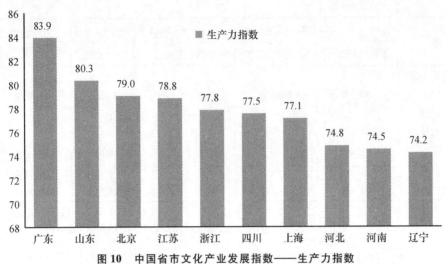

图10 中国省市文化产业发展指数——生产力指数

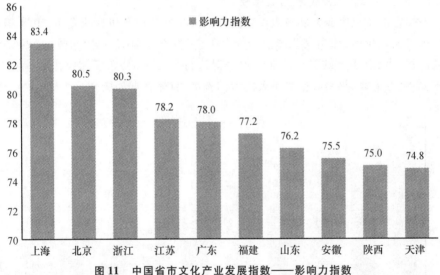

图11 中国省市文化产业发展指数——影响力指数

2013年中国省市文化产业发展指数结果表明,我国区域文化产业综合发展格局基本未变。全国各省市综合指数(综合发展水平)排序与去年相比变化不大,前十名的省市名单与去年一致,排名次序有所微调。其中,北京综合指数连续四年保持第一,广东、上海、浙江、江苏位列第二到第五位;除四川外,其余省市均位于东部地区;广东、山东进步较大,分别由去年的第四位上升至第二位、第八位上升至第六位。生产力指数方面,全国排名变化较小,东部地区凭借丰富的文化资源

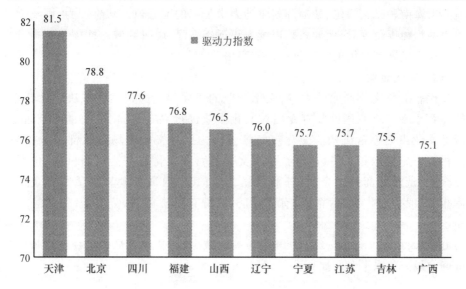

图 12　中国省市文化产业发展指数——驱动力指数

和文化资本、文化人才资源投入,在前十中占据七席位。其中,广东由去年的第二位跃至第一位;山东较去年进步四位,排名第二位;四川较去年进步四位,排名第六位;河南、河北进步较大,今年跃进前十名。影响力指数方面,整体排名和去年相比有一定浮动,内蒙古、江西和湖北上升幅度达八位。其中,上海凭借产业发展良好的经济效益和社会效益连续三年排名第一;除了安徽和陕西,前十位的省市均来自东部沿海较发达地区;山东和陕西由于在经济影响和社会影响方面均有较好的表现,进步较大,进入前十名。驱动力指数方面,总体排名有一定浮动,广西、湖南、福建、辽宁、安徽等地排名上升超过五位。排名前十的省市中,有将近一半出自中西部地区,可见在产业发展环境方面,中西部地区由于政府高度重视与支持,在迅速优化;其中,天津由于政府支持力度较大,连续三年的驱动力指数排名第一。

从 2013 年中国省市文化产业发展指数的整体态势来看,我国各省市文化产业发展指数平均值基本呈现正增长的态势,年平均增长率为 1.09%。在增长最快的 10 个省市中,有 6 个省市位于中西部地区。反映了中西部各省市进一步提高了对文化产业的重视程度,文化产业发展成效显著。具体而言,生产力指数平均值比去年有所提高,有四分之三的省市指数有所上升,其中河南、河北、四川、山东、广东、湖南得分增长最快;影响力指数平均值与去年相比增长幅度不大,有近六成的省市指数有所上升,其中内蒙古、陕西、山东、福建、江西分列影响力增长率前五名;驱动力指数平均值和去年相比稍有增长,七成以上的省市指数有所上升,其中，甘肃、海南、安徽、福建、湖南分列驱动力增长率的前五位。从生产力、影响力、驱动力的均衡度角度看，变异系数连续3年逐年下降，说明区域均衡度稳步提升，但一些省市发展不均衡的情况仍然比较突出。

（四）文化企业

文化企业是文化产业的主体，文化产业的发展程度归根结底取决于文化企业的发育水平。在我国并没有专门对文化企业进行界定，文化企业也就是通常所指的文化市场经营机构。文化市场经营机构指经文化市场行政部门审批或已申报登记并领取相关许可证的、从事文化经营和文化服务活动的机构，包括：内资企业，港澳台商投资企业，外商投资企业；其中内资企业又包括国有企业，集体企业，股份合作、联营企业，有效责任、股份有限公司，私营企业，个体经济，其他。

近年来，全国文化市场经营机构总量持续减少，而从业人员数量稳步增长，文化市场的规模化水平有所提高。

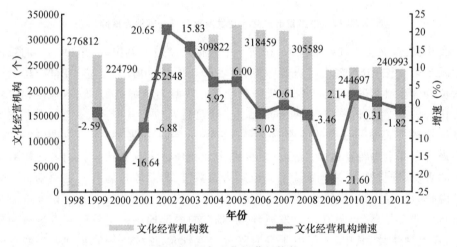

图13 历年文化经营机构数

资料来源：历年《中国文化文物统计年鉴》。

2012年，全国文化经营机构数达到240993个，比上年减少4459个。2012年我国文化经营机构基本情况如表4所示。

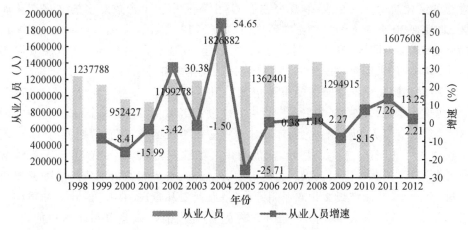

图 14 文化经营机构从业人员数

资料来源:历年《中国文化文物统计年鉴》。

表 4 2012 年全国文化经营机构基本情况

2012 年	文化市场经营机构（个）	从业人员（人）	资产总计（千元）	营业收入（千元）	利润总额（千元）
总计	240993	1607608	367477041	203387785	63510905
按城乡分					
城市	100178	913293	272663342	149763373	41284044
县城	89254	479615	57759619	40939141	17517766
县以下	51561	194100	21219338	12685280	4709095

资料来源:《2013 中国文化文物统计年鉴》。

（五）文化产业园区

根据文化部发布的《国家级文化产业示范园区管理办法（试行）》的定义,文化产业园区是"进行文化产业资源开发、文化企业和行业集聚及相关产业链汇聚,对区域文化及相关产业发展起示范、带动作用,发挥园区的经济、社会效益的特定区域"。

1. 我国文化产业园区发展概况

文化产业园区是文化产业发展的重要平台和载体,有利于发挥政府在文化产业发展方面的引导作用,对于促进文化产业更快更好地发展、完善文化产业区域布局、提升文化产业的竞争力有重大的意义,体现在:示范引导、理念创新、促进资源整合、促进当地经济发展、发挥产业集群等方面。

自 2004 年开始截至目前,文化部先后命名了 1 批 4 家国家级文化产业试验园区、3 批 6 家国家级文化产业示范园区和 4 批 204 家国家文化产业示范基地。成规模的文化产业园区至少 2000 家左右,其中各省市建了为数众多的文化产业园区,北京有 30 个文化创意产业集聚区,江苏有 214 个各级文化产业园区(基地),浙江有 70 多个园区(基地),湖北有 68 个已建、在建和拟建园区。园区主要涵盖演艺、动漫、艺术创意与设计、文化休闲娱乐、文化旅游等领域。

根据我国文化产业园区的整体情况,可以分为如下六大区域分布:一是以北京为中心,北京、天津、河北三省市组成的环渤海区域,共有 30 个国家文化产业园区;二是以上海为中心,上海、浙江和江苏三省市组成的长三角区域,共有 31 个国家级文化产业园区;三是以广州、深圳为中心的珠三角区域,共有 21 个国家级文化产业园区;四是以昆明、成都、大理为中心,云南、贵州和四川三省组成的云贵川区域,共有 19 个国家级文化产业园区;五是以西安和重庆为中心的陕西和重庆二省市组成的陕渝区域,共有 13 个国家级文化产业园区;六是以郑州、开封、武汉、长沙为中心,河南、湖北和湖南三省组成的中部区域。

2. 文化产业园区的类型

文化产业园区在我国的发展还处于萌芽期,因而对其的分类很少。结合我国的实际情况,借鉴国外发达国家的经验,可以划分为科技和文化有机结合型、产业型、艺术型、休闲娱乐型、地方特色型和文化地产型等六种。

(1) 科技和文化有机结合型。这种类型的产业园区实现了高科技产业和文化产业的有机结合,用高科技来改造和完善传统文化产业,用文化赋予科技产业以灵魂和提升科技产业。北京的清华科技园和中关村科技园等是这方面的典型代表,谷歌中国总部、网易和搜狐都落户在清华科技园,而新浪和腾讯落户在中关村科技园。

(2) 产业型。这种类型的产业园区具备相对完善的产业链条,产业集群效应明显。产业型园区又可以分为独立产业型和依托产业型。独立产业型的文化产业园区,文化产业集群相对成熟和完善,原创能力强,具备较为完整的产业链,协同效应和规模效应明显。如占地面积 60 多万平方米的北京 798 艺术区,形成了包括设计、出版、展示、演出、艺术家工作室等相对完善的产业链,并在此基础上,聚集了包括精品家居、时装、酒吧、餐饮、蛋糕等延伸性服务业链条。产业型文化产业园区主要依托高校或科研院所,形成了相对完善的文化产业链条。如依托于清华大学的清华科技园,依托于上海师范大学的上海虹漕南路创意产业园,依托于同济大学的现代设计产业园区等等。

(3) 艺术型。这种类型的园区的本质是创作型,具备很强的原创能力,但是产业化运作能力相对较弱。如北京的宋庄小堡画家村,其领域已经由原来单纯的架上油画艺术,发展到如今的雕塑艺术、观念艺术、新媒体艺术、摄影艺术、独立制片人、自由音乐人、自由作家等等。青岛的达尼画家村等也属于此类型。

(4)休闲娱乐型。这类文化产业园区把消费者的文化和休闲旅游需求进行有机结合,能够有效地满足当地居民及外来游客的文化消费需求。深圳华侨城、北京长安街文化演艺集聚区都是这方面的典范。

(5)地方特色型。这类文化产业园区建立在当地独特的、稀缺的、独有的文化资源之上,如河南省开封的宋都古城文化产业园区、北京市的潘家园古玩艺术品交易区、高碑店传统民俗文化创意产业园等。

(6)文化地产和文化商业区型。这类文化产业园区把文化产业和地产、商业等传统产业相结合,赋予这些传统产业以文化的灵魂,用文化来提升传统地产业和传统商业。典型代表是万达广场把影院和商业结合,凤凰文化广场把文化和商业进行结合。

3. 文化产业园区建设存在的问题

(1)运营状况不佳。统计数据显示,全国超过 2500 家的文化产业园区中,目前有 70% 以上处于亏损状态,真正盈利的不超过 10%。对于造成此种运营现状的原因,北京大学文化产业研究院常务副院长陈少峰在"2014 年第十一届中国文化产业新年论坛"上说:"我国目前的文化产业园区难以盈利的真正原因在于,文化产业园区运营商没有真正把园区定位为文化产业的集聚区,并没有明确做文化产业园的目标,只是利用利好政策来做事。比如先行圈地,然后尽快地把地卖掉、把房子出租等。最后,文化产业园区有的成了普通物业,有的成了普通商业,有的成了艺术家的工作室,有的成了文化交流的活动场所。"此外,不恰当的商业模式也是运营不佳的重要原因。

(2)名实不符。我国文化产业园区的建设不仅同质化严重,而且很多都名不符实,具体表现为:一是以文化产业园区之名行圈地之实,如中国三峡·世界非遗文化城占地就多达 5300 多亩。部分文化产业园区名实不符,借机炒地产。很多园区在目的规划上没有体现文化产业集聚,或者在实践过程中与初衷渐行渐远,实际上是以圈地来盈利的。据《经济参考报》报导,"'文化产业项目我全赔了也无所谓,反正地拿到手了;地现在都不批了,借文化产业我还能最便宜地拿到地,以后地的增值,都能让我赚够。'一位投资打造文化产业园区的企业负责人如是说。于是,众多的投机分子,借文化的名义,开始了新一轮的圈地运动"①。二是片面追求短期 GDP,而忽视长期性战略和园区文化功能的建设;三是唯园区而园区,很多地方的园区就是几栋楼,而缺乏相关的服务等支撑体系建设;四是很多园区管理方变成了"房东",园区也沦落为办公楼。

---

① 文婧、梁倩:《全国万家文化园区超九成名不副实借机圈地牟利》,《经济参考报》,2011 年 11 月 14 日。

（3）定位与园区特色问题。文化产业园区的定位问题,包括功能定位和产业定位两个方面。目前我国普遍存在混淆文化园区和文化集聚园区的现象。在产业定位方面,许多园区未能根据区域经济的特点和园区所在地的历史、地理、社会、文化条件来确定产业类别,未能形成良好的产业链,更谈不上产业链之间的良性循环。

（4）人才和资金的问题。文化产业园区的人才需要有较高的综合素质,他们既需要一般的文化企业人才所需具备的素质,又要有园区管理的整体观念和产业集聚的战略眼光。我国文化产业园区的文化企业人才总体而言数量不足、结构失衡,尤其是缺乏高层次、具有创新思维的高级管理人才。

文化产业园区从建设到运营都离不开资金的支持。许多文化产业园区不是没有良好的规划,甚至不缺乏优秀的商业模式,而是因为缺乏足够的资金,导致迟迟不能运营。目前,我国文化产业园区尚未形成类似于项目池和资金池之类的平台,项目和资金之间缺乏有效的对接。这就导致有些优秀的项目缺乏资金的支持,有些大资金和文化产业投资资金又找不到良好的、安全的投放点。

（5）扶持引导政策措施不到位的问题。对于文化产业园区,在税收减免、土地使用、市政配套、基础设施建设等方面,缺乏具体扶持政策。部分园区和基地还存在多头管理、恶性竞争等问题。这些倾向和问题已影响到文化产业的健康、科学发展,需要引起高度重视并及时加以解决[①]。

（六）文化贸易

现阶段,文化贸易已成为国际贸易的重要组成部分。通过文化贸易不仅可以获得丰厚的利润,而且借此能够巩固和提升本国文化的影响力。伴随着中国经济的快速发展,中国文化贸易也保持了持续快速的发展。

2002年我国文化产品出口额为122.4亿美元,到2011年出口额增长到377.9亿美元,年均增长率为23.2%。从我国核心文化产品出口情况看,新闻出版业在图书、期刊、报纸和音像制品、电子出版物的实体出版方面得到发展,出口额从2009年的3498.8万美元增长到2010年的3758.2万美元,2011年增长到7396.5万美元。而在版权出口方面,2009年输出4205项,2011年输出7783项,引进输出比也由2003年的15∶1缩小到2011年的2.1∶1。电视产业,2009年电视节目出口总额1343.1万美元,2010年、2011年增长到3103.4万美元和3508.1万美元[②]。电影产业作为我国海外销售额最大的文化产品,2009年国产片海外销售业绩达43281万美元,2010年获得25.9%的增长,销售额为54953万美元,2011年受欧洲

---

① 郭全中:《我国文化产业园区研究》,《新闻界》,2012年第18期,第62—67页。
② 根据《中国统计年鉴2010—2012》公布的"文化和体育"数据整理计算得出。

经济衰退影响,很多海外买家谨慎挑选华语影片,致使销售额有所下降,为31625万美元。2009—2011年网游产业的出口势头可谓强劲,出口收入由2009年的10600万美元一跃至2010年的22900万美元,2011年出口规模进一步扩大,收入达40300万美元,同比增长76%。动漫产业在财政资金的大力支持下,出口规模稳步增长,2009年全国动漫产品出口收入为4984万美元,2010年增长为7968.8万美元,2011年较2010年出口收入增长40%,为11156.3万美元①。其中,视觉艺术品出口所占比重最大,占我国核心文化产品出口总额的54.9%,出口金额为142.14亿美元,与上年相比增长52.4%,主要出口市场为美国、德国和英国;新型媒介产品出口72.51亿美元,占我国核心文化产品出口总额的28%,与上年相比增长42.5%,主要出口市场为美国和日本;印刷品出口28.48亿美元,同比增长7%,占比为11%,其中图书出口17.83亿美元,同比增长7%,占比为6.9%,主要出口市场为中国香港和美国②。

2009年我国文化产品核心内容的对外贸易额为67.8亿美元,2010年增长为135.1亿美元,到2011年贸易额再增长7.5%,为186.9亿美元,2012年达到217.3亿美元③。尽管我国文化产品核心内容的进出口总额整体处于上升趋势,但仍存在一些问题:

1. 产品贸易结构不均衡,缺少国际竞争力。视觉艺术品作为低附加值的劳动密集型企业,是我国核心文化出口的主要部分,占到出口总额的54.9%;而知识密集型的文化产品如新型媒介产品、印刷品等出口额虽有所增长,但占总出口的比重仍然较少,与发达国家相差甚远,并且均以加工贸易为主要生产方式。联合国贸发会议《创意产业2010报告》显示,2008年,中国超越美国成为世界上最大的文化产品(不包括文化服务)贸易出口国,出口额达848.07亿美元,占全球市场20.8%的份额。由于文化产品出口的大幅上涨,2008年中国成为世界上文化产业顺差最大的国家,达790亿美元。④ 但出口结构不合理,一是高科技、高附加值文化产品所占份额较少,二是文化服务出口比例偏小,2008年的文化服务出口额仅为26.2亿美元,文化贸易产品结构较不均衡⑤。

2. 我国核心文化产品出口额占出口总额的比重远远落后于发达国家。2012年我国核心文化产品进出口额占我国贸易总额的0.11%,出口额仅占总出口额的

---

① 根据《中国对外文化贸易年度报告(2012)》公布数据整理计算得出。
② 国际服务贸易处:《2012年我国核心文化产品进出口情况简析》,http://www.qdbofcom.gov.cn:8080/jjgl6ywdt/108642.htm。
③ 联合国贸易数据库:http://comtrade.un.org/db/dqBasicQuery.aspx。
④ United Nations Conference on Trade and Development:creative economy report 2010。
⑤ 《我国文化产业贸易额十年增长2.7倍》,中情网,http://www.askci.com/news/201211/23/111821_08.shtml。

0.21%。从发达国家的发展情况来看,近年来美国文化产品出口规模已超越航天工业,跃居其出口贸易的首位;而韩国的文化产品出口贸易额早在2004年就与其汽车的出口额相当,日本的动漫及周边产品出口也已成为日本一个重要的文化品牌并占领绝大部分的世界动漫市场。说明我国文化产品贸易,尤其是文化产品出口份额亟待提高,发展潜力巨大①。

3. 文化贸易中文化的含量较低。当前,随着经济全球化的不断深入,特别是国际文化贸易的发展,国与国之间的文化往来日趋频繁。通过文化产品的国际贸易与往来将自身蕴含的价值观念、文化传统展示给世界,有助于提高国家文化软实力,展示国家的良好形象。但是,我国的文化产品中文化的含量还比较低,美国一著名专家曾评论说:"中国的软实力中文化的吸引力还相对较弱。相比较于美国的电影、音乐和其他文化产品,中国没有一个突出的享誉世界的文化品牌。世界许多国家对中国的印象还很模糊并充满错觉。"不仅如此,我国的文化产品为了得到国际社会的认可或为了国际评奖的需要,在文化产品的制作中采用了"民族寓言"的策略,出现了矫揉造作的风格、部分展现了崇洋媚外的姿态。这样的做法,不仅不能把真实的中国文化展示给世界,甚至容易引起国际社会对中国的误解,这与提高我国文化软实力的目标和价值取向可谓南辕北辙②。

四、我国文化产业发展中存在的问题

(一) 文化产业发展宏观导向不明确,过分注重经济利益

随着我国文化产业体制改革的不断深入,文化产业市场化程度不断提高,能否提供健康积极、符合公众消费需求和审美的文化消费品是值得深思的问题。目前,一些企业和生产者为了获取利润而提供一些低俗的文化产品的现象并不少见。由于我国文化产业发展宏观导向不够明确,在文化产业发展过程中,不可避免地导致了文化产品供给的市场价值导向与文化产品的社会价值之间发生冲突,具体体现在以下一些现象中:

一是文化繁荣在低俗的娱乐业当中。文化产业从总体而言,是伴随着一个国家、民族的精神面貌、文化水平程度提高而愈加繁荣的,这是由文化本身的特点所决定的。但是,在一个特定的历史时期,特定的条件下,在文化水平不高的情况下也会出现一定的繁荣。但从一定意义上讲,这种繁荣会带有一些瑕疵③。例如,在

---

① 《我国文化产业贸易额十年增长2.7倍》,中情网,http://www.askci.com/news/201211/23/111821_08.shtml。
② 陆静:《文化产品实现社会主义核心价值体系的科学机理》,《理论月刊》,2012年第9期,第172—178页。
③ 韩震:《关于现代性与后现代性的论争》,《新华文摘》,2002年第4期,第43—48页。

我国文化产业发展的过程中,在人们的文化整体水平不够高的情况下,也出现了文化的繁荣,但这种繁荣是建立在低俗的娱乐业的基础上的,其之所以繁荣,是迎合了经济利益的需求,以经济利益为导向和最终目标而形成的。

二是浅薄的仿古剧过于泛滥。文化产业的发展,以服务大众,迎合大众的口味为宗旨是不错的,同时为了使作品具有艺术性进行一定的改编和加工也是不错的。但必须有一定的限度,不能过度地、超越阶段地改编篡改历史。这样会有两种不良的后果出现:一是使青少年对历史出现错误认识而影响正常的教学活动。因为当被篡改的历史作为作品的形式出现在青少年面前的时候,其影响力和感召力远大于教材所带给他的冲击。二是在历史剧的改编过程中,为了起到一定的效果,往往将历史已经定性的一些人物颠倒黑白,从而使我们的认知发生了错误,这是对历史的不尊重,对英雄的亵渎,也是对我们自身信仰的侮辱[1]。

三是缺乏独创性,多是主流文化的陈旧因袭和重复,照抄外国现象严重。文化产业展示给人们的应是人们所没有接受过的内容,是新鲜的信息,是人们所渴求的知识,只有如此才会赢得观众,获得经济效益[2],以实现文化产业的生产、销售、再生产的资本良性循环。在文化产业的发展过程中,我国落后于发达国家,向西方借鉴与学习是我们赶追发达国家的一种和主要手段,但这并不意味着文化产品的创作就要一味地照抄先进的国家,应当清醒地认识到,走独立自主的道路是我们文化产业的首要任务,是我国文化产业安全的保证,是我国文化产业强大的必经之路。但从我国文化产业发展现状来看,我国主流社会的文化还是注重于重复旧有的成功模式,创新性依然不强,这当中既有体制、观念的问题,又有经济、市场的高额成本问题。

(二) 文化产业发展结构不合理,产业竞争力不强,缺乏国际市场开拓能力

从国内市场来看,我国文化产业结构不合理主要表现以下几个方面:

第一,文化产业规模结构偏小,条块分割和市场壁垒问题日益凸显。当前,我国文化产业领域普遍存在"小、弱、散"状况,整体缺乏骨干文化企业和知名文化产业品牌。文化产业方面的大企业大都在做媒体和平台,中小企业却在做内容,由于不注重挖掘时代的闪光点和人性的内涵,作品缺乏打动人灵魂的力量,所以文化产业内知名文化品牌较少,缺乏市场竞争力。同时,我国文化企事业单位受传统计划体制束缚影响,对文化市场的重视和调研不够,市场开拓意识不强,营销能力普遍较低,尚未形成与市场经济体制相适应的营销模式,导致文化产品市场占

---

[1] 时统宇:《电视批评理论研究》,中国广播电视出版社,2003年。
[2] 曾庆瑞:《艺术事业、文化产业与大众文化的混沌和迷失》,北京大学出版社,2004年。

有率低,即使是优质产品也难以形成产业链,产品附加值未能得到有效挖掘。① 我国在文化产业发展中缺少自己的优势项目,未形成像美国的好莱坞、迪斯尼,日本的索尼等规模的龙头企业。此外,我国的历史文化积淀十分深厚,是文化产业纵深发展的关键,但是由于地域的分割和差距,导致文化产业的模式零散,无法发挥规模优势,抑制了产业规模和规模效益。

第二,区域发展不平衡,产业发展同质化趋势明显。一方面,从总体来看,我国区域文化产业发展格局与区域经济发展基本相同,呈现一种从东到西、从城市到农村逐步展开的分梯度、非均衡发展态势。东部沿海地区、大城市不论是从文化原创、技术水平、产品包装和市场营销已经基本与国际接轨,发展较快、水平较高;而广阔的中西部农村地区的文化产业发展相对较为滞后,文化产业在地区经济中所占比例亟待提高。我国农村人口众多,具有广阔的消费市场前景,然而文化产品的供给却很贫乏,如何开拓农村文化产品和服务消费市场是一个具有重大意义的问题。另一方面,由于各地政府都把文化产业作为破解地区发展难题的钥匙,自觉充当文化经济发展的主角,纷纷制定文化经济发展规划,设立文化产业发展专项基金,建立文化产业园区,制定各种优惠政策招商引资、吸引人才,政府成了文化产业的"大老板"。地方政府之间竞争日趋激烈,"文化立市""文化强省"等几乎成为所有地方的发展路径,一些地方政府以数量、以速度为标准,一哄而上、重复建设、浪费资源;一些地方、一些项目在造假文物的同时破坏真文物;一些地方各自为政,恶性竞争,地方保护主义盛行。

第三,文化产业发展中的技术力量薄弱,运用现代高科技手段开发文化资源、改造传统文化产业、创新文化表现形式的能力不足,导致低技术含量文化产业比重偏大,技术投入产出的附加值不高。以电影业为例,与美国相比照,不仅中国电影业、演出业在制作、加工、欣赏都还停留在传统技术的基础上,与发达国家存在着很大的技术差距,而且这一差距也广泛体现在文化产业的各个部门,以至于中国部分文化产品在生产、制作过程中,使用仍然是发达国家已淘汰下来的生产设备②。

第四,文化产业生产结构与市场需求结构不相适应。供求平衡是市场存在和发展的原则,文化产品作为商品在市场中流通,受到需求变化的影响。虽然文化产业在我国市场中所占的比重越来越大,但其发展仍然赶不上文化精神需求的增长速度。随着我国人均 GDP 的不断攀升,居民对文化产品的消费能力呈现出多层次、多形式、多样性的特点。但是,在我国目前的文化产品市场中,质优价廉的大

---

① 梅文庆:《我国文化产业发展中存在的问题及对策》,《经济纵横》,2009 年第 2 期,第 81—83 页。
② 马彪、卢华、王芸:《我国文化产业发展问题研究》,《宏观经济研究》,2007 年第 8 期,第 38—44 页。

众文化产品无论是数量上还是质量上,都还不能很好地满足人民群众日益增长的精神文化需求。这也表明了中国文化产业的市场专业化程度不高,对群众需求把握不到位①。

从国际市场来看,我国文化产业与国际市场接轨力度不够,文化产品缺乏国际竞争力,文化产业对外贸易一直处于逆差。在经济全球一体化下,文化与经济已紧密结合在一起。但是,我国自加入 WTO 以后,文化产业政策并没有完全与 WTO 的协定接轨,在文化产业的开放方面采取保守和谨慎的态度,这使得在保护本国文化产业安全的同时也丧失了一些发展的机遇。目前,我国文化经济总体上处于低端产业、外围产业发展较快,而高端产业、核心产业并不理想的阶段;文化产业的平台建设、渠道建设成绩很大,但内容创新、意义增生还远远不够;中国文化产品确实已经走到国外,但真正为境外消费者接受和欣赏的,主要还是以传统文化为要素、风格和载体的产品,而反映当代中国生活和经验的故事、文本、影像和符号,却并未获得广泛认同,跨国之旅仍步履维艰。

(三) 文化市场体系尚不完善,主要生产要素的供给、利用效率不高

文化市场是文化产业不可或缺的重要组成部分,而完善的文化市场体系是文化产业迅速发展的必备条件。任何产品的生产都离不开要素的投入即资源、资本、人才、技术等。文化产业作为一个产业,主要生产文化产品和提供文化服务,因而也离不开这些要素的投入。健全的文化市场能够促进各类文化产品和文化要素的自由流动,实现文化资源的优化配置,提高人民群众文化消费水平,拓展文化产业的发展空间。当前我国人民群众的文化消费还处在很低的水平,文化市场发育不完善是一个主要制约因素。

第一,丰富的文化资源未得到有效利用。我国有极为丰富的文化资源。历史文化资源方面,重要历史人物、重大历史事件不胜枚举;民族文化资源方面,56 个民族的民族文化资源多姿多彩,极为丰富;现代文化资源方面,各种社会思潮、思想流派异彩纷呈。中国文化不仅仅只有功夫、剪纸、方块字、唐装汉服,更应该包括中华文明能够绵延数千年的生命力以及现代中国蒸蒸日上的活力。我国是文化资源大国却不是文化产业强国,在发展文化产业的过程中对文化资源的开发保护却不够,也没有有效地将文化资源向产业化转化。例如韩国向联合国教科文组织成功申报"江陵端午祭"为"人类传说及无形遗产著作",而端午节纪念屈原本是中国的传统节日。对流传久远的《花木兰》的故事,许多中国人熟视无睹,但在被好莱坞加工成动画片后,在世界范围内取得了票房丰收;国宝大熊猫和中国功夫

---

① 杜智民、雷晓康:《我国文化产业发展的困境分析及战略应对》,《中国行政管理》,2010 年第 6 期,第 52—55 页。

被好莱坞善加利用,制作成动画片《功夫熊猫》,反而出口到中国赚得盆满钵满。至于已经被市场开发利用的文化资源,也大部分是"产业"多于"文化"、"资源"多于"资本",文化附加值和经济附加值不够。中华民族五千年来形成的深厚文化积累、多样文化形态,是怎么估计也不过分的宝贵文化资源,如何通过发展文化产业等途径,把我国令人称羡的文化资源优势转变为文化产业优势,是一个亟待解决的现实课题。

第二,文化产业投融资机制有待进一步完善。文化产业投资是文化产业资本形成的重要途径和长足发展的根本动力,而我国文化产业的投融资制度尚不完善,制约了我国文化产业的发展。资本具有逐利性,投资主体除了受主观意愿的影响外,会考虑投资的风险收益特征而进行投资决策,而文化产业投资较大以及收益的不确定性等因素都会使很多投资机构望而却步。比如一个电影大片的投入动辄几亿,但其收益却具有不确定性。北京银行开创性地为华谊兄弟公司提供了1.8亿元的版权质押贷款,就是对文化企业提供资本支持的创新之举。但众多的中小文化企业很难得到自身发展所需的资本,这就需要进一步完善相关的投融资机制。同时,文化投融资体制落后,未突破投资主体单一的政策桎梏,多元化、市场化、社会化的文化投融资渠道严重不畅,导致外资及民间资本难以进入,缺乏必要的法律保障。虽然国家对文化产业投资进行了部分改革试点,但同时也规定了很多的限制条件,如非国有资本不得投资广播、电视业等。对于大部分地区来说,由于在文化企业产权、经营、利润分配等问题上,国家还没有相应的政策规定,资本市场对文化企业的投资还持观望态度。对于上市的文化企业来说,上市融资成为企业募集社会资本的最有效的方式,但国有股份不能在资本市场上流通,企业不重视股票的股息和红利,在这种情况下股民的收益得不到保障,社会资本的积极性受到压制。

第三,文化产业专业人才匮乏。文化产业作为一个知识密集型产业,其健康稳定的发展一定程度上取决于人才。文化产业的特殊性使得文化产业需要的人才也具有特殊性,既需要大量的艺术家,也需要熟悉市场经济与文化经营两门学科的文化经营者。目前,我国文化产业的大多数经营者中存在知识面狭隘、年龄结构不合理、跨学科人才少的特点,在实际工作中,他们仍以传统的文化管理手段来经营,知识更新慢,缺乏现代企业管理和资本运作方面的知识和实践经验。在文化产业中,文化投资者和经营者的素质是十分重要的,文化经营者自身的品格和素质都能够直接影响经营的成败,也影响着为社会提供的文化产品的质量。近年来我国文化产业吸纳的就业人数不断增加,但人才队伍还不强、专业拔尖的人才不足、文化管理和市场营销人才不多、创新型人才比重更低。我国文化产业不但存在人才缺乏的现象,而且还存在文化经营者观念滞后的现象。由于传统体制的影响,许多的文化经营者对待文化产业的观念还很落后,没有认清文化产业发展的必然性,总是纠缠于能否产业化等文化产业的合法性问题上,严重影响了文化产业的发展。

第四,技术支撑力量落后。文化产业是现代工业文明的产物,科学技术的进步会给文化产业带来深刻的变化。我国文化产业生产技术和生产方式落后,拥有自主知识产权的技术很少,并没有形成自身独立的制造技术体系,这样就很难实现这些技术向文化产业领域的扩散。例如,我国文化传播手段落后,演出业、影视业、出版业等诸多文化产品的传播,仍停留在传统技术基础上,运用高新技术创新不够,与发达国家存在较大差距,文化产品缺乏吸引力和竞争力。又比如,我国拥有很庞大的网络游戏市场,也有世界规模最大的网络游戏运营商,但是具备自主知识产权技术和市场竞争力的网络游戏却很少,很大程度上依赖进口。在文化产业的发展中,具备有吸引力的内涵是根本,而与时代同步的技术是手段。离开了雄厚的技术力量支撑,文化产业不可能得到快速、高效发展。

(四) 文化管理体制弊端逐渐显现,有待进一步深化改革

由于文化产业是一个集政治、经济、文化诸属性于一身的特殊产业,以及我国文化产业的发展是建立在数十年来计划配置资源的文化事业基础之上等原因,政府行为在文化产业发展中仍然必不可少:一方面,文化产业的经济效益和社会效益的平衡统一需要政府进行管理调控。另一方面,文化产业的发展需要政府进行指导和干预。但是,伴随文化体制改革的深入,原有的文化管理体制弊端逐渐显现出来。

一是在对文化企业管理上政企不分、产权混淆,文化企业难以成为真正的市场主体。由于历史原因,我国的文化产业单位基本上是政府部门的附属组织。近年来,虽然剥离了许多文化产业组织与政府的依附关系,但是政府"管""办"不分、统包统揽现象依然存在。表现为:在文化管理上,政府与文化经营单位之间责、权、利尚未理清,难以形成真正的市场主体和法人实体。部分国有事业单位在资产管理和运营机制上仍存漏洞,相应的改革工作受到诸多外部因素干预,改制后难以摆脱事业性质的烙印,市场主体地位不明确,无法实现文化资源的有效配置。如深圳市作为文化体制改革综合试点城市,2003年将原属事业单位的深圳市新华书店改制为深圳发行集团,属国有一类企业。新上任的集团总经理既是企业的法人代表,同时在行政级别上又与政府一致,企业在市场竞争中可以享受事业单位的待遇,没有真正实现企业化经营。

二是在文化产业宏观管理方面缺乏统一性、协调性,"多头领导、条块分割"现

象严重。在文化产业运营上,政府职责与市场作用划分不明确,导致文化产业行政化或非产业化。一方面,我国政府对文化产业的宏观管理缺乏科学的指导和相关经验,进而违背了文化产业科学发展的规律和特点。在经历了前一个阶段文化产业高速发展的积累,地方政府主导的发展模式开始显现出大量低水平建设和泡沫化的不良倾向,各地区文化市场分割明显,各自为政。另一方面,目前多数地区尚未建立统一高效的文化产业管理体制,文化、广电、出版、旅游等相关部门管理分散,文化市场多头执法,行业壁垒森严,行业之间无法交流和资源共享,甚至于出现部门垄断和行业分割的现象。由此,我国文化产业发展难以形成合力,没有形成"大文化,大产业"的发展趋势,产业集约化程度偏低。

(五)文化产业政策、法规体系有待进一步完善

缺乏完整的文化产业政策体系,这是我国文化产业发展面临的重要问题之一。科学合理的文化政策体系应该包括市场准入、退出、资本市场、投融资、财税、对外贸易、土地、"走出去"等等各项内容。事实证明,20世纪90年代以来,英国、法国、加拿大、澳大利亚等西方各国陆续制定本国的文化政策和文化发展战略,有力促进了本国文化产业快速发展和国际竞争力的迅速提升。尽管我国高度重视文化产业的发展,密集出台了《文化产业振兴计划》《中共中央关于深化文化体制改革推动文化大发展大繁荣的决定》《国家"十二五"时期文化产业倍增计划》等一系列方针、政策与规划。但从整体上看,我国文化产业政策尚缺乏顶层设计和系统设计,很多文化产业政策内容缺失或者不规范,政策之间缺乏稳定协调性,尚未建立一整套完整而又切合实际的文化产业配套政策,对文化产业的发展支持力度不够,具体表现在:

首先,我国目前的文化产业政策就像文化管理体制一样,政出多门,在很大程度上阻碍了我国文化产业的进一步发展。同时,我国的文化产业在宏观和微观上虽都有一定的政策,但缺乏从产业角度考虑的政策。其次,相关产业政策缺乏稳定性和连续性。政策的稳定性和连续性能保证相关市场主体稳定的政策预期,从而有利于其长期发展。再次,产业政策缺乏前瞻性。在文化产业这样一个发展瞬息万变的新兴产业里,实践中的新问题、新情况的出现要求产业政策一定要有前瞻性,否则将不能适应实践的变化,造成产业发展中的问题,甚至成为产业发展的阻力。例如在艺术产业中,社会上已经出现了民营的非盈利艺术机构,而相关的政策条款中却没有此类机构的应有的地位,这必然导致微观主体的无所适从。① 最后,文化产业政策的决策和执行过程中科学化、民主化和法制化程度不高,亟须改进和加强。在我国文化产业政策制定过程中,较少运用先进科学技术方法,经常采用"试错"方式,即选择一个方案执行,若发现错误再重新选择另一个方案,缺乏实地调查、数据分析等实证研究;政策制定和实施的公开性、透明度不足,缺少社会公众的广泛参与;文化产业政策过程缺乏合理程序,法制监督机制不够健全。

我国文化产业发展所需的法规体系建设相对滞后。长期以来,我国对文化产业的管理主要依靠行政措施,自2002年党的十六大首次将文化划分为文化事业和文化产业以来,国家对文化产业的管理制订了一系列法律法规,并采取积极有效的产业政策扶持文化产业的发展。但是,我国文化立法仍然比较薄弱,立法涵盖面依然不够,文化产业发展缺乏强有力的法制保障,许多政策条例和部门规章不能适应市场发展中出现的新情况、新问题,不能完全适应未来文化产业化需要。例如,我国缺乏一部大力促进文化产业发展的基本大法,以及一些诸如出版法、电影法、文艺演出法等文化产业领域内的基本法律,使得地方文化立法受到诸多限制。另外,在相关法律法规的缺失下,文化资源分配的公共性和公平性问题凸显,由于政策法规的不完善以及市场管理力量的不足,我国文化市场出现管理失控,产生负面效应等问题时有发生。② 现有法律法规不能完全适应未来文化产业发展的需求,相对滞后的法律法规建设导致国家出台的相关文化产业政策难以彻底执行,具体项目的开展、实施和监督无法与国际标准接轨。例如,在音像制品方面,虽然国家下大力气治理音像业的盗版,但据统计,我国盗版音像制品占整个音像制品市场的90%左右。主要原因包括:一是有关法律法规对非法音像制品经营行为处罚力度不够,在一定程度上给不法分子以可乘之机;二是音像市场执法力度不够,管理体制不顺,非法音像制品仍然充斥市场,知识产权受到侵害;三是互联网的出现和发展,给文化产业的知识产权保护,特别是版权保护,提出了许多新的课题。未来产业发展将对现有政策法规提出新的要求,对传统法规进行修订以及出台适应时代要求的新政策,加快法律法规的统一部署和规划对促进文化产业健康、有序地发展不无裨益。③

---

① 杜智民、雷晓康:《我国文化产业发展的困境分析及战略应对》,《中国行政管理》,2010年第6期,第52—55页。
② 同上。
③ 熊正德:《我国文化产业发展战略思考:基于文化软实力视角》,《湖南大学学报》,2013年第5期,第73—77页。

五、文化产业发展的国际比较

（一）世界文化产业发展概况

韩国文化振兴院的数据显示，2012年全球文化产业市场规模①达到15762亿美元，比2011年增长5.3%。2008—2012年之间（除2009年外），世界文化产业市场规模基本都保持了较快的增长速度，均高于同期全球GDP增速，显示了文化产业强劲的增长势头和潜力。韩国文化振兴院预测，到2015年，全球文化市场总产值将达到18705亿美元，2011—2015年的世界文化产业年均增速将达到5.7%②。

图15　2008—2012年世界文化产业市场规模（单位：十亿美元）

资料来源：한국문화 체육 관광부：2011 콘텐츠 산업 백서（韩国文化体育观光部：《2011文化产业白皮书》）

从区域发展看，文化产业在世界各国间发展很不平衡。韩国文化振兴院的数据预测，2012年，北美地区在世界文化市场上占有最大的份额，达到了33.47%，其中又以美国的文化产业为首，对世界文化产业的发展走向具有很强的影响力。其次是欧洲、中东和非洲地区，占比达33.24%，以英国的创意产业为代表。中国、韩国和日本文化产业的发展带动亚洲占据了28.08%的世界文化市场份额。而中南美地区的文化产业发展不充分，仅占世界文化市场约5%③。2012年9月颁布的国际文化产业领军企业50强榜单显示，在世界文化企业前50强中，美国占22席，

---

① 韩国《文化产业振兴基本法》将文化产业界定为与文化商品生产、流通、消费有关的产业。具体的行业包括：影视、广播、音像、游戏、动画、卡通形象、演出、文物、美术、广告、出版印刷、创意性设计、传统工艺品、传统服装、传统食品、多媒体影像软件、网络以及与其相关的产业。

② 한국문화 체육 관광부：2011 콘텐츠 산업 백서。韩国文化体育观光部：《2011文化产业白皮书》。

③ 同上。

日本占据 18 席,剩下的 10 家企业由中、德、法、韩、西班牙等国分享。

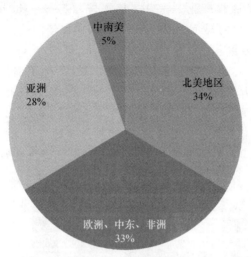

图 16　按区域划分的 2012 年世界文化产业份额

资料来源:한국문화 체육 관광부:2011 콘텐츠 산업 백서(韩国文化体育观光部:《2011 文化产业白皮书》)。

说明:该数据为韩国文化体育观光部 2011 年所做的预测值。

(二) 美国文化产业

1. 美国文化产业的界定

美国是文化产业大国,更是世界文化产业头号强国。在美国,文化产业被称作版权产业(Copyright Industry)。根据世界知识产权组织相关界定,美国的版权产业可以分为四类:核心版权产业、部分版权行业、边缘版权产业、交叉版权产业。

表 5　美国文化产业划分

名称	范围
核心版权产业 (core copyright industries)	计算机软件,电子游戏,书籍,报纸,期刊,电影,音乐,广播和电视
部分版权行业 (Partial copyright industries)	珠宝首饰,家具,玩具和游戏
边缘版权产业 (Non-dedicated support industries)	交通运输,服务,电信,版权产品的批发和零售贸易
交叉版权产业 (Interdependent industries)	制造商,电视机批发和零售商,个人电脑及耗材

资料来源:Stephen E Siwek, "Copyright industries in the US economy", *International Intellectual Property Alliance*, 2013。

2. 文化产业在美国国民经济中的地位和作用

《美国经济中的版权产业——2013年报告》("copyright industry in the US economy the 2013 report")显示,版权经济是美国国民经济的重要组成部分,有力地促进了美国经济的发展。

(1)版权业成为美经济发展的重要引擎。2012年,美国核心版权产业增加值首次突破万亿美元大关,达到1.0156万亿美元。全部版权产业增加值也从2009年的1.397万亿美元上涨到了2012年的1.568万亿美元。2009—2012年,美国核心版权产业年均增长率为4.73%,全部版权产业的年均增速为4.99%,双双超过同期美国经济年均2.14%的增长率,成为拉动美国经济发展的重要引擎①。

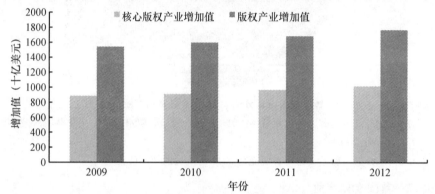

图17 2009—2012年美国核心版权产业和版权产业增加值(单位:十亿美元)

资料来源:Stephen E Siwek,"Copyright industries in the US economy", *International Intellectual Property Alliance*, 2013。

(2)版权业在国民经济中占有重要地位。美国版权产业在整个国民经济中占有重要地位,占GDP的比重稳中有升。其中,核心版权产业占GDP的比重稳定在6%以上,2012年达到了6.48%。全部版权产业占GDP的比重稳定在11%左右,2012年达到了11.28%。版权产业的地位还体现在这一产业创造了大量的就业机会。2012年,核心版权产业吸纳了近540万劳动者,占到美国当年全部劳动者人数的4.04%。全部版权产业共吸纳1110万劳动者,占美国当年全部劳动者人数的8.35%②。

---

① Stephen E Siwek, "Copyright industries in the US economy", *International Intellectual Property Alliance*, 2013.

② Ibid.

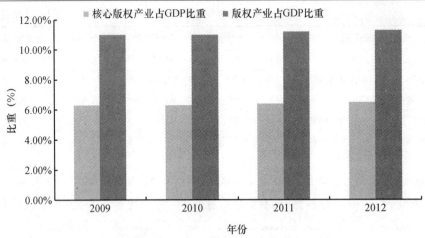

图18 核心版权产业和版权产业产值占GDP的比重

资料来源:Stephen E Siwek. "Copyright industries in the US economy", *International Intellectual Property Alliance*, 2013。

(3) 美国版权产业的出口扩大了其全球影响力。2009—2012年,美国版权产业中电脑游戏、电影、电视和视频、录制音乐以及报纸、图书和报刊业的出口总额不断上升。其中,出口额最多的是电脑软件,显示了美国版权产业的技术优势。2012年,核心版权产业的出口额达到了1420亿美元,超过航空、农业、医疗器械等产业的出口额[①]。随着美国版权产业产品出口额的进一步提高,美国文化的国际影响力进一步增强,也进一步刺激了美国版权产业自身的发展。

综上所述,从年均增长率和对美国经济增长的贡献率上看,美国版权产业的表现优于其他产业。版权产业不仅占据了美国GDP的重要组成部分,也吸纳了数以百万计的就业。这种持续上涨的趋势巩固了版权产业作为美国经济发展重要引擎的地位,新技术的发展将会进一步促进美国版权产业在未来继续发展。

3. 美国文化产业发展现状

20世纪30年代到40年代,美国文化产业的基础逐步形成。从20世纪中期开始,美国文化产业进入飞速发展时期;特别是进入80年代以后,依靠在经济、科技以及政治方面的优势,美国文化产业走出国门,开始深刻影响整个世界。进入90年代,随着经济全球化的发展,美国逐步形成了具有世界影响力的文化品牌和大型文化公司,引领着世界文化发展的潮流和方向。

---

① Stephen E Siwek, "Copyright industries in the US economy", *International Intellectual Property Alliance*, 2013。

表6 2009—2012年部分版权产业产品出口额 （单位:十亿美元）

版权产业	2009	2010	2011	2012
电脑软件出口额	94	98.5	105.2	106.4
电影、电视、视频出口额	23.25	23.89	24.56	24.78
录制音乐出口额	7.07	6.56	6.44	6.39
报纸、图书、期刊出口额	4.91	4.82	4.68	4.42

资料来源:Stephen E Siwek, "Copyright industries in the US economy", International Intellectual Property Alliance, 2013。

截至2010年,美国有1500多家日报、8000余家周报和小报、1.22万种杂志、1965家电台、1440家电视台,拥有美国广播公司、哥伦比亚广播公司、全国广播公司三大电视网。好莱坞是世界上最大的电影生产基地,多年来垄断世界电影市场。音像也成为美国最有影响的行业之一①。2012年全球电影票房达到347亿美元,美国电影票房就有108亿美元,占到全球票房的近三分之一。美国文化产业的竞争力表现在各个文化领域均有一批世界级龙头企业,市场集中度非常高。以电影业为例,派拉蒙、华纳兄弟、索尼哥伦比亚、迪斯尼、环球、福克斯六家公司就占据了2011年81.7%的票房份额②。

为了促进文化产业的发展,美国政府出台了一系列的法案。早在1790年,美国就颁布了第一部《版权法》,用以保护作者的知识产权。随后,《专利法》《优化知识产权法案》《跨世纪数字版权法》《电子盗版禁止法》等一系列法案的相继出台,有力地促进了美国版权产业的发展。

(三)英国文化产业

1. 英国文化产业的界定

在英国,文化产业被称为创意产业。根据英国《创意产业纲领文件》(Creative Industries Mapping Document 2001),英国的创意产业定义为:那些源自于个人创造力、技能与才能的活动,这些活动通过对知识产权的形成和开发,拥有创造就业和财富的潜力的行业,主要包括:广告、建筑、艺术品和古董市场、手工艺品、设计、时尚设计(Designer fashion)、电影和视频、互动休闲软件、音乐、表演艺术、出版软件和电脑服务、电视和广播等13项③。英国文化、媒体和体育部在《英国创意产业比较分析》研究报告中将上述13个创意产业门类进一步划分为产品(Production)、服务(Services)、艺术和工艺(Arts and crafts)三个大类。

① 亚太总裁协会郑雄伟:《全球文化产业发展报告》,中国经济网:http://www.ce.cn/culture/gd/201202/06/t20120206_23048110.shtml,2012.2.1。
② 程江茹、周煊:《美国文化产业发展融资特点研究》,《人民论坛》,2013年第33期,第238—239页。
③ Department for Culture, Media & Sport of UK, "Creative Industries Mapping Document 2001".

英国在世界上第一个提出了创意产业的概念,并于 1997 年成立了专门的文化、媒体和体育部(Department for Culture, Media and Sport),下设的创意产业工作小组专门负责推进英国文化产业的发展。这一小组两次发表了创意产业纲领文件(Creative Industries Mapping Document),成为指导英国创意产业发展的重要指导文件。

2. 英国文化产业发展基本情况

2009 年,英国创意产业实现增加值 362.90 亿英镑,占英国当年全部产业增加值的 2.89%,略高于 2008 年的 2.82%。其中,出版业和广告业的增加值比重最大,分别占英国 2009 年全部产业增加值的 0.92% 和 0.48%①。

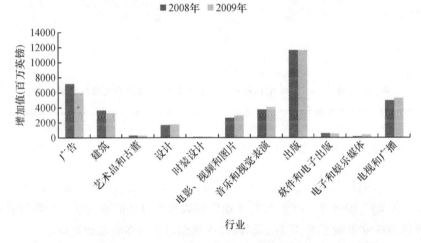

图 19　2008 年和 2009 年英国创意产业年度增加值(单位:百万英镑)

资料来源:Department for Culture, Media & Sport of UK, Creative Industries Economic Estimates Full Statistical Release。

说明:由于英国文化传媒和体育部按照标准产业代码采集统计数据,创意产业的分类略有不同。

在创意产业的出口方面,2009 年,英国创意文化服务(不包括实物:艺术品和古董、手工艺品)出口额达到 89 亿英镑,占英国当年出口总额的 10.6%,创意产业成为拉动英国出口的重要因素。其中,出版业的出口额最大,达到了 28 亿英镑,占当年英国出口总额的 3.1%②。

---

①　Department for Culture, Media & Sport of UK, "Creative Industries Economic Estimates Full Statistical Release"。

②　Ibid.

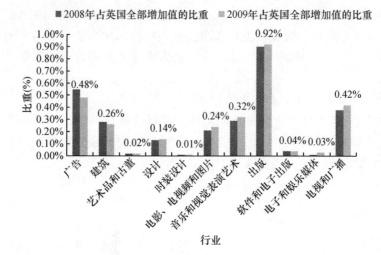

图 20　2008 年和 2009 年英国创意产业增加值占英国全部增加值的比重

资料来源：Department for Culture, Media & Sport of UK, "Creative Industries Economic Estimates Full Statistical Release"。

说明：数据标签所示数据为 2009 年数据。

2010 年，英国创意产业创造了 150 万个就业岗位，占英国全部劳动岗位的 5.1%。这是自 2008 年以来实现的就业绝对数和相对数的首次增长。在创意产业中，音乐和视觉表演艺术、广告、出版、设计业创造了最多的就业岗位。

2011 年，英国共有创意产业企业 106700 家，占英国全部企业总数的 5.1%，比 2009 年略有上升。2011 年，音乐和表演艺术企业数量最多，达 30500 家。2009—2011 年期间，广告企业的数量增长最快，增幅为 0.12%。出版业成为唯一一个企业数量减少的行业，企业数量从 10820 减少到 9700 家[①]。

[①] Department for Culture, Media & Sport of UK, "Creative Industries Economic Estimates Full Statistical Release"。

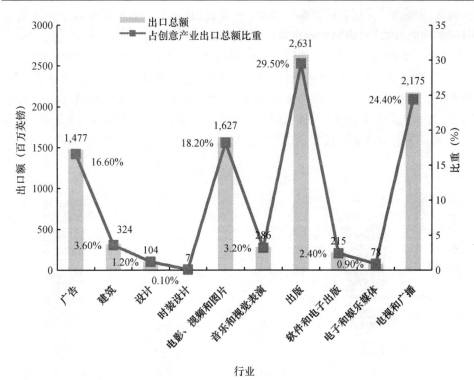

图 21　2009 年英国创意产业服务出口情况（百万英镑 %）

资料来源：Department for Culture, Media & Sport of UK, Creative Industries Economic Estimates Full Statistical Release。

（四）日本文化产业

1. 日本文化产业的界定

文化产业在日本被称为内容产业，日本经济产业省对内容产业做出了定义，它是指所有与电影、动画、游戏、书籍和音乐等的制作和流通有关的产业。日本相关法律规定："内容是指电影、音乐、戏剧、文学、摄影、漫画、动画、电脑游戏及其他字符、图形、色彩声音、动作或组合上述内容又或通过电子计算机提供上述信息的程序等事物，既是由人的创造活动所产生的事物，同时又属于娱乐或教育的范畴。"①

2. 日本文化产业发展现状

日本政府非常重视内容产业的发展。1970 年，日本通过了《著作权法》，并将之发展完善为《著作权管理法》，用以保护和支持内容产业的发展，还先后出台了《振兴文化艺术基本法》《知识产权基本法》等一系列法案。1995 年，日本确立了

---

①　日本《内容振兴法》第二条，http://law.e-gov.go.jp/htmldata/H16/H16HO081.html。

面向21世纪的"文化立国方略"。2004年发表的《内容产业振兴政策——软实力时代的国家战略》将内容产业定位于重要支柱产业。

日本《数码内容白皮书2012》显示,2011年,日本内容产业总产值为11.9兆日元,占当年日本实际国内生产总值的2.34%。这是继2007年以来,日本内容产业产值连续第四年出现下降。尽管如此,日本在动漫、游戏等领域具有很强的实力①。日本有"动漫王国"之称,2012年的《日本动漫市场分析报告》显示,日本2011年动漫行业市场规模高达2197亿日元,与2010年相比增加4.1%②。

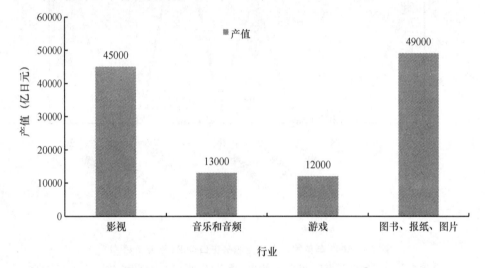

图22 2011年日本内容产业产值(单位:亿日元)③

资料来源:デジタルコンテンツ協会「デジタルコンテンツ白書2012」(日本数字协会:《数字内容白皮书2012》)

数据显示,2011年,日本娱乐和媒体市场总额达到1930亿美元,占亚太地区的42%,紧随美国之后位居世界第二位。

进出口方面,受日本大地震等因素影响,2011年,日本动画制作企业的出口额为85.51亿日元,较2010年下降7.7%。这一数字仅为2005年最高峰时出口额的一半。2011年,家用游戏海外销售额不足1.5万亿日元,连续四年下滑④。日本内容产业的出口率较低,因此,促进内容产业产品走向世界,进一步扩展海外市场

---

① デジタルコンテンツ協会「デジタルコンテンツ白書2012」(日本数字协会:《数字内容白皮书2012》)。
② 日本2011年度国内动漫市场规模开发综研报告发布,中国动漫产业网:http://www.cccnews.com.cn/2012/1019/13790.shtml,2012.10.19。
③ デジタルコンテンツ協会「デジタルコンテンツ白書2012」(日本数字协会:《数字内容白皮书2012》)。
④ 同上。

是今后发展日本内容产业的重要方向。

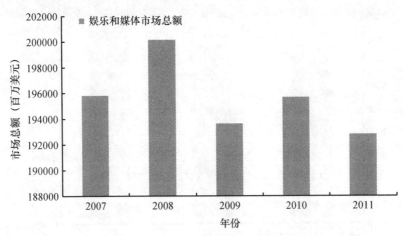

图 23　2007—2011 年日本娱乐和媒体市场总额(单位:百万美元)①

资料来源:PricewaterhouseCoopers,"Global Entertainment and Media Outlook:2012—2016 Industry Overview"。

(五)韩国文化产业

1. 韩国文化产业的界定

韩国《文化产业振兴基本法》将文化产业界定为与文化商品生产、流通、消费有关的产业。具体的行业包括:影视、广播、音像、游戏、动画、卡通形象、演出、文物、美术、广告、出版印刷、创意性设计、传统工艺品、传统服装、传统食品、多媒体影像软件、网络以及与其相关的产业②。

2. 韩国文化产业发展现状

韩国文化产业的发展离不开政府的大力支持。1998 年,韩国提出了"文化立国"的战略,确定将文化产业作为重点扶持的产业。韩国政府又相继出台了《文化产业发展五年规划》《文化产业促进法》等政策法规,并于 2001 年成立了文化产业振兴院,推动"文化立国"政策的实施。

2012 年,韩国文化产业实现销售额 886700 亿韩元,比 2011 年增长 6.9%,但增速较上一年放缓。2012 年文化产业销售额占当年韩国 GDP 的 8.3%,比 2011 年提高 0.8 个百分点。2010—2012 年,韩国文化产业增速均高于 GDP 增速③。

---

① PricewaterhouseCoopers,"Global Entertainment and Media Outlook:2012—2016 Industry Overview"。
② 杜冰:《韩国文化产业发展现状》,《国际资料信息》,2005 年第 10 期,第 25—28 页。
③ 한국콘텐츠진흥원 2013 년 콘텐츠산업 전망 Ⅱ(세부산업편) — 2012 년 결산과 2013 년 전망(韩国创意内容署:《2013 内容产业展望Ⅱ(行业分类) — 2012 结算和 2013 年展望》)。

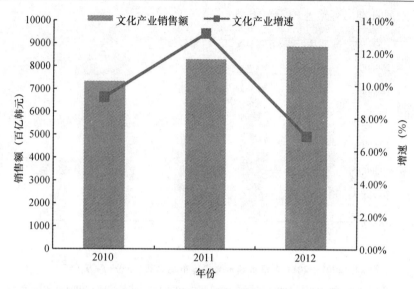

图22　2010年—2012年韩国文化产业销售额及增速(单位:百亿韩元,%)

资料来源:한국콘텐츠진흥원 2013 년 콘텐츠산업 전망 Ⅱ（세부산업편）— 2012 년 결산과 2013 년 전망(韩国创意内容署:《2013 内容产业展望Ⅱ（行业分类）— 2012 结算和 2013 年展望》)。

2012年,韩国文化产业实现出口额达48.03亿美元,比2011年增长11.6%。2010—2012年,韩国文化产业出口均实现了两位数的增长,其中2011年增长34.9%,反映出韩国文化产品正加速走向世界。

根据韩国文化振兴院的预测,2013年,韩国文化产业将实现销售额970548亿韩元,同比增长9.5%。文化产业出口额将达到52.43亿美元,同比增长约8.9%[1]。

韩国游戏产业、电视剧、动漫等产业发展迅猛。《2013韩国游戏白皮书》显示,2012年韩国国内游戏市场规模达到9.7525万亿韩元,同比增长10.8%。据估计,2013年游戏市场规模将有望突破10万亿韩元,2015年达到12万亿韩元。以2011年为基准,韩国国内游戏销售额占据全世界游戏市场的5.9%。韩国文化体育观光部对2011—2012年文化产业发展情况进行的调查统计显示,韩国游戏产业的海外出口以24.7亿美元的总额占据了总出口额的50.8%。韩国电视剧和动漫出口超过一百个国家和地区。韩国文化产业的发展也带动了韩国对外贸易的发

---

[1]　한국문화 체육 관광부:2011 콘텐츠 산업 백서(韩国文化体育观光部:《2011 文化产业白皮书》)。

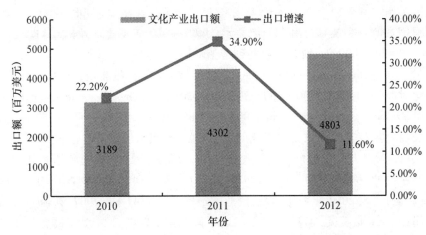

图 23　2010—2012 年韩国文化产业出口额及增速（单位：百万美元，%）

资料来源：한국콘텐츠진흥원 2013 년 콘텐츠산업 전망 Ⅱ（세부산업편）— 2012 년 결산과 2013 년 전망（韩国创意内容署：《2013 内容产业展望Ⅱ（行业分类）— 2012 结算和 2013 年展望》）。

展①。根据相关统计，文化商品每输出 100 美元，就会有 412 美元的附加消费产生，51.9% 的企业销售额都受到韩流在海外走红的影响。电子、汽车和信息产业等领域的企业纷纷表示，受韩国文化产业发展的影响，企业在海外的贸易额有了明显的提高②。

（六）澳大利亚文化产业

澳大利亚称文化产业为"创意产业"。澳大利亚文化部划定的创意产业的范围包括：音乐和表演艺术，电影、电视和广播、广告和营销、软件开发和互动内容，写作、出版和印刷媒体，建筑、设计和视觉艺术③。

1994 年，澳大利亚政府提出了把澳大利亚建设成为"创意国家"（creative nation）的目标，通过税收优惠、培养创意人才、培育创意企业等方式不断发展文化产业。

由于澳大利亚并没有测算创意经济的标准方法，因此不同的测算方法和研究报告就其文化产业的发展得出了不同的结论。

2011 年，澳大利亚政府颁布了《创意产业，澳大利亚 21 世纪战略》（creative industries, a strategy for 21st century Australia），分析了澳大利亚创意产业发展的现状，

---

① 《韩 2012 年游戏市场同比增长近 11%》，中华人民共和国商务部网站：http://domestictrade.mofcom.gov.cn/article/i/jyjl/j/201310/20131000363583.shtml，2013-10-24。
② 宋佳烜：《2017 年韩文化产业出口额破百亿美元》，《中国文化报》，2013 年 10 月 1 日第 10 版。
③ Cultural Ministers Council, "Building a Creative Innovation Economy".

并规划了澳大利亚创意产业的未来发展方向。该报告显示,2008—2009年间,澳大利亚创意产业实现总产出311亿美元,1999—2009年创意产业的年均增长率为3.9%。2008—2009年,创意产业共创造劳动岗位438000万个①。

另一方面,PricewaterhouseCoopers应澳大利亚版权委员会发布的《澳大利亚版权产业对经济的贡献1996—1997到2010—2011》("The economic contribution of Australia's copyright industries from 1997—97 to 2010—11")得出了不同的结论。该报告按照世界版权组织对创意产业的定义和划分,得出以下的结论:

2011年,澳大利亚版权产业实现增加值931.93亿美元,比上年增长0.7%,是澳大利亚增加值第七高的产业。1997—2011年,澳大利亚创意产业年均增长率为2.2%。但是,与2007年相比,版权产业增加值下降7.47%。2007年,版权产业增加值超过1000亿美元,但随后几年呈现下降趋势。2007—2011年的年均增长率则为-1.8%②。

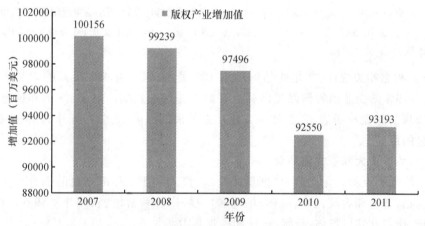

图24　2007—2011年澳大利亚版权产业增加值(单位:百万美元)

资料来源:PricewaterhouseCoopers,"The economic contribution of Australia's copyright industries Australia government 1996-97 to 2010-11"。

从版权产业占GDP的比重来看,澳大利亚版权产业在国民经济中的比重处于下降趋势,从2007年的8.2%下降到2011年的6.6%。

---

① Australia government, "creative industries, a strategy for 21st century Australia".
② PricewaterhouseCoopers, "The economic contribution of Australia's copyright industries 1996—97 to 2010—11".

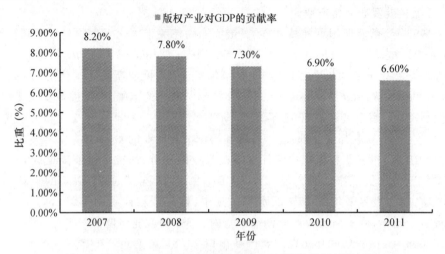

图 25 2007—2011 年澳大利亚版权产业对 GDP 的贡献率(%)

资料来源:PricewaterhouseCoopers,"The economic contribution of Australia's copyright industries Australia government 1996-97 to 2010-11"。

2007—2011 年期间,澳大利亚版权产业出口额在 2007 年达到最高,突破 80 亿美元。2010 年下降到不足 70 亿美元。2011 年版权产出口额为 70.25 亿美元。

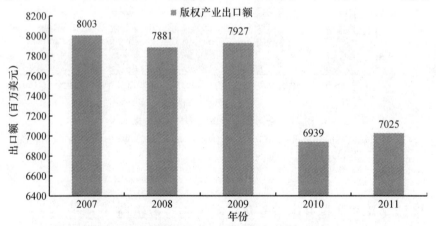

图 26 2007—2011 年澳大利亚版权产业出口额(单位:百万美元)

资料来源:PricewaterhouseCoopers,"The economic contribution of Australia's copyright industries Australia government 1996-97 to 2010-11"。

从长期来看,澳大利亚版权产业出现了增加值绝对数上涨但对 GDP 的贡献率下降的状况。但是,这并不能证明澳大利亚创意产业正走向衰弱。澳大利亚的非版权产业(如采矿业)等在同时期也出现了同样的状况。

(七) 俄罗斯文化产业

1992年,俄罗斯国家杜马颁布了《俄罗斯联邦关于文化立法的基本准则》(the law on the Basic Principles of the Russian Federation Legislation on Culture),赋予公民平等参与文化活动的机会。2010年,俄罗斯完善了《俄罗斯联邦文化法》(Law on Culture in the Russian Federation),进一步扩到了文化的范围,为促进俄罗斯文化产业发展奠定了法律基础。2008年,俄罗斯联邦政府将俄罗斯联邦文化与大众传媒部改组为俄罗斯联邦文化部,统一管理和协调文化产业的发展。

2010年,世界版权组织按照其对版权产业的划分,研究了俄罗斯文化产业对GDP和就业的贡献率。研究显示,2004年,俄罗斯版权产业对GDP的贡献率为6.06%,超过世界平均5.26%的水平。其中,核心版权产业对GDP的贡献率为2.39%。同年,俄罗斯版权产业创造了全国7.3%的就业岗位[①]。

2008年,俄罗斯联邦实现创意产品出口14.81亿美元。2003—2008年,俄创意产品出口实现了年均13.69%的增速[②]。

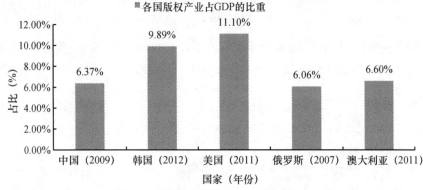

图27 各国版权产业对GDP的贡献率

资料来源:World Intellectual Property Organization,2013 WIPO Studies on The Economic Contribution of the Copyright Industries Overview。

六、发展文化产业提升国家文化软实力的对策建议

(一) 坚持正确导向,始终把社会效益放在第一位

文化产业不仅具有经济属性,更具有意识形态属性,文化产业的兴盛和文化形态的转型密切相关,改变着人们的审美趣味和价值观念。在发展文化产业的过

---

① World Intellectual Property Organization,2013 WIPO Studies on The Economic Contribution of the Copyright Industries Overview.

② Ibid.

程中,必须正确处理文化产业的经济效益与社会效益的关系,始终把社会效益放在首位,注重社会责任和文化使命的承担,力争实现社会效益和经济效益俱佳。社会效益和经济效益的有机结合是文化产业持续繁荣发展的关键。

经济效益服从社会效益,决不能为追求经济效益而放弃社会责任、损害社会效益。当然,把社会效益放在首位,并不是说可以降低对经济效益的要求,而是说在追求经济效益的最大化时,决不能偏离社会效益这个根本方向和目标,要最大限度地实现经济效益和社会效益的良性互动,切实保证文化产业科学发展。因此,在文化产业经营过程中要注意把握好以下几个方面的因素:第一,文化产业所开发的是文化产品,它与物质产品的形态不一样,不能忽视文化产品的文化层面的社会效益;第二,再开发文化产品时,要同时考虑社会效益和经济效益,也就是不能忽视其文化属性的层面及其所体现的社会效益;第三,当经济效益与社会效益发生冲突时,就需要解决如何才不会导致冲突,由此也就需要优先在产品的文化内涵上进行提升,而不是只考虑经济上的效益。总之,把社会效益放在首位,是对文化产业做出通盘考虑时首先关切文化产品的社会影响,而不是拿社会效益来与经济效益进行比重大小的对比问题。社会效益的优先性,是指对文化内涵的思考应当优先于追求经济结果的实践①。

为使文化产业确保社会效益第一、社会效益和经济效益俱佳,必须使社会主义核心价值体系体现在文化产品创作、生产、传播的各个环节。社会主义核心价值体系是当代中国社会思想领域的主流价值观念,是意识形态的本质体现,是中国社会主义基本政治制度的灵魂,是一种积极向上的主旋律思想,是社会主义核心价值体系,是兴国之魂,是社会主义先进文化的精髓,决定着中国特色社会主义前进的方向。这一价值体系的四层含义②对当代中国针对性非常强,对于维护文化产业的安全发展和提升国家文化软实力非常重要③。因此,在文化产品的生产创作中,应坚持以社会主义核心价值体系为指导,并将这种思想贯穿于文化产品创作、生产、传播的各个环节,创作更多体现社会主义核心价值体系的主旋律作品。

---

① 陈少峰、周立波:《文化产业商业模式》,北京大学出版社,2011年,第114—115页。
② 社会主义核心价值体系是党的十六届六中全会首次明确提出的一个科学命题。社会主义核心价值体系在中国整体社会价值体系中居于核心地位,发挥着主导作用,决定着整个价值体系的基本特征和基本方向。社会主义核心价值体系包括四个方面的基本内容,即马克思主义指导思想、中国特色社会主义共同理想、以爱国主义为核心的民族精神和以改革创新为核心的时代精神、以"八荣八耻"为主要内容的社会主义荣辱观。
③ 张国祚:《文化产业安全研究的着眼点和着力点》,《中国社会科学报》,2013年4月26日,第B02版。

（二）加快文化产业结构调整，提高文化产业国际竞争能力

要调整和优化文化产业结构，应按照构建结构合理、门类齐全、科技含量高、富有创意、竞争力强的现代文化产业体系的要求，改造提升传统文化产业，加快发展新兴文化产业，鼓励企业兼并重组，培育产业集群，构建区域文化产业集聚优势，推出适销对路的文化产品和服务，着力打造知名品牌，促进文化产业更多地参与国际市场竞争。

一是调整文化产业规模结构，提高集约化经营程度，加快文化产业从单纯依赖数量、规模扩张的粗放型增长方式向更多依靠质量、效益提高的集约型发展方式转变。走规模化、集约化之路是文化产业做大做强的根本途径，这已为发达国家发展文化产业的具体实践所证实。一方面，要鼓励规模经营和专业化协作，促进文化产业各行业形成适合自身特点的组织结构。另一方面，组建文化产业集团要注重资源的有效整合，加强优势互补，要按照市场配置资源的原则来实现文化产业集团的内在整合重组。要善于研究和借鉴发达国家文化产业集团发展的成功经验和运营模式，来不断改进和优化我国文化产业集团的发展模式。同时，要支持"专、精、特、新"中小文化企业发展，构建富有活力的优势企业群体和协作配套体系，提高产业整体效益。

二是在发展文化产业时凸显区域特色，采取差异化发展战略，优化文化产业区域结构，促进文化经济资源在全国合理配置，形成东中西部优势互补、良性互动的文化产业发展格局。我国人口多、底子薄，地区之间、城乡之间发展不平衡，在发展文化产业时要考虑到我国的国情。一方面我国农村人口占总人口的大部分，他们对文化产品及服务的需求将形成广阔的市场，而另一方面是我国对农村的文化产品供给不足。因而需要进行精细化的目标市场的定位，要以差异化的战略来进行文化产品的研发、生产和拓展。此外，我国东西部经济发展水平和资源禀赋不同，要根据具体情况充分发挥比较优势发展特色文化产业：东部地区经济发展水平在全国最好，要充分运用市场机制在促进文化产业发展中的作用，注重文化创意；中部地区要充分利用丰富的历史文化资源推动文化产业的发展；西部地区要利用政府的扶持政策和富有特色的民族文化资源发展文化旅游业。

三是充分利用先进技术和现代生产方式，提升文化产业技术结构，促进传统文化生产和传播模式改造，推进产业升级，延伸产业链，拓展新型文化产品和服务，提高文化产业整体技术水平和竞争实力。

四是依托我国悠久的历史文化资源，积极推动我国文化产业"走出去"，提升参与国际市场竞争的能力。世界文化的多样性和信息传播的全球性，要求我国在进行文化发展的时候要突出自己的个性，形成本国文化的独特的竞争优势。我国文化产业发展应顺应这一趋势，推动中华文化"走出去"，实现由注重国内市场向

注重国内和国际两个市场转变,提高产业外向度和文化产品输出能力。一方面,要科学谋划,制定长期规划,有计划、有步骤、有重点地开展文化传播和交流,提高我国文化产业的国际竞争力、文化产品的国际影响力。另一方面,要遵循市场规律和文化传播规律,研究如何克服文化差异、思维差异、语言差异,以其他国家民众乐于接受的方式、能够理解的语言、喜闻乐见的媒介开展文化传播,积极推进文化产品和思想观念的对外传播。

(三)建立、健全现代文化市场体系,推动生产要素的流动和有效利用

一是完善文化市场准入和退出机制,鼓励各类市场主体公平竞争、优胜劣汰,积极有序开放文化市场。继续推进国有经营性文化单位转企改制,加快公司制、股份制改造,对按规定转制的重要国有传媒企业探索实行特殊管理股制度。鼓励非公有制文化企业发展,降低社会资本进入门槛,允许参与对外出版、网络出版,允许以控股形式参与国有影视制作机构、文艺院团改制经营。支持各种形式小、微文化企业发展。在坚持出版权、播出权特许经营前提下,允许制作和出版、制作和播出分开。

二是构建多层次文化产品和要素市场,促进文化资源在全国范围内流动,完善市场的规范化管理。一方面鼓励金融资本、社会资本、文化资源相结合,促进统一市场建设,逐步消除行业垄断和地区分割。另一方面,进一步加强文化市场的规范管理,主要措施包括:完善文化中介机构管理办法,规范中介行为;加强文化市场管理,在全国大中城市组建文化市场综合执法机构,实行统一执法;完善文化经济政策,扩大政府文化资助和文化采购,加强版权保护等。

三是持续完善市场化的文化产业投融资机制。要建立和完善多渠道投资文化产业的体制和有效的筹资机制,形成国家、集体、社会、个人广泛参与的综合性的投融资格局。鼓励社会力量以参股、购股、合伙经营等方式投资兴办中小型的文化企业;鼓励和支持符合条件的中小文化企业在创业板上市;鼓励外资投资我国文化产业。通过投融资机制的建立和完善,争取实现投资主体的多元化、融资渠道的社会化、投资方式的多元化、项目建设的市场化,为文化产业的发展提供资金支持。

四是实施人才强国策略,培育大量的文化产业专门人才。这可以从以下几个方面努力:第一,实施人才引进工程,制定完善的人才引进机制。重视引进的人才,完善各项政策和待遇以吸引和聘用一些国外的人才来中国工作。不断地优化国内的文化建设与研究环境,为引进的人才提供良好的学习、生活和工作环境。第二,加强高等院校对文化产业专门人才的培养。国家要对文化产业的人才培养给予专项的政策和资金支持,确保文化产业教育的发展。建立文化产业培训基地,利用高校的教学资源优势为社会和企业培养各方面的文化和管理人才。学校

通过开设文化事业管理、文化艺术管理等专业,运用多种方式的教学手段,培养具有现代产业理念及工作技能的复合型文化人才,为文化产业可持续发展提供源源不断的人才。第三,重视文化产业工作者的培养和培训。文化企业要加大对员工的培训和投入,支持和鼓励创新,加强与国外的交流学习:比如人才的输出学习和优秀人才的引进、积极学习国外先进的人才管理经验等。

五是加大对于文化产业的科技投入,使得文化产业能够借助新科技手段实现创作生产数字化、娱乐活动信息传播化,造就生产需求的不断平衡、不断创新。随着通信技术和互联网技术集成化在文化生产、运作和营销中的普遍运用,人们对于消费品质量和产量方面的日益增长需求促使文化产业不断地进行创新,从而生产出更多的满足人们需要的文化产品。首先,政府应不断加大科技投入,关注和支持高科技、新媒体及其相关产业的发展,及时地对这些技术进行更新和创新,使科技创新和文化生产紧密结合在一起,不断地提高文化产品的技术含量,开发出技术含量高、市场占有率高、应用性强的文化产品,确保在文化产品生产和发展中,我国的文化产业能够在技术水平上具有较大的竞争力。其次,要发挥本国科技人才的才智,在引进国外先进技术的同时也要提高本国的自主研发能力,研制出属于自己的高科技技术,进而使本国的文化产品拥有较高的科技含量,在市场竞争中处于有利地位。

(四)深化文化管理体制改革,构建现代公共文化服务体系

我国文化产业政策存在的诸多问题根源在于文化管理体制。因此,如何在文化不同行业之间实现统一管理、统一执法,形成各政策主体相互协调的机制,已成为我国文化产业健康发展的重要条件。深化文化管理体制改革应从以下几个方面展开:

一是树立科学合理的文化产业管理理念。正确的思想认识关系到文化产业管理体制优化构建能否成功。首先,需要划分好政府在文化产业中地位和职能,保证政府在文化产业发展过程中起到积极作用,这是文化产业体制改革的重点问题,政府在文化产业发展过程中应保证其管理权利,做好市场监管、文化产品质量监督等工作,协调好文化企业与各单位之间的关系,处理好文化市场上的纠纷,保证文化产业的健康发展。其次,企业应充分认识到市场的作用,积极融入市场,在市场中接受挑战并保证自身独立的经营权。最后,确立在党的领导和政府的管理下自律地发展文化事业的方针。从管理体制到经营模式都需要进行优化与变革,思想变革将会更好地引领文化企业的进步[①]。

二是正视新技术发展的融合趋势与文化政策的部门化分割的矛盾,推动建立

---

① 卢宁:《浅谈我国文化产业管理体制优化构建》,《经济与管理》,2013年第10期,第110—111页。

统一的文化管理体制。文化产业发展不但受到经济、社会、政治和意识形态等方面影响,也与科技进步直接相关。不同于以往的技术革命,数字技术具有消解差异、重构存在、融合各种技术和产业的巨大潜能。然而,我国文化管理的主体,却是政府的不同部门,如文化部、新闻出版广电总局、工业与信息化部、体育总局和旅游局分别管理文化演出业、新闻出版广播电影电视业、互联网通信业、体育与旅游业。在分行业垂直管理的体制下,行业政策的区隔非常明显。行政区隔无法处理文化产业的外溢效应,大量相关产业、外围产业可能处于文化产业政策之外。可以说,分行业纵向垂直管理,是计划经济体制的管理方式,十多年来国家已经开始改革。数字技术在文化领域的广泛应用,再次提出了建立统一的文化管理体制、制定统一的文化产业政策的要求。要加强关于文化行政管理部门大部制改革的理论研究,继续探索深化文化行政管理体制改革的实践路径,优化文化产业主体的横向协调机制,统筹产业规划和产业政策的制定和实施,减少政策协调成本,提高政策实施效率。

三是建立完善的公共文化服务体系,从全局上调控我国文化产业的发展方向。主要措施包括:建立公共文化服务体系建设协调机制,统筹服务设施网络建设,促进基本公共文化服务标准化、均等化;建立群众评价和反馈机制,推动文化惠民项目与群众文化需求有效对接;整合基层宣传文化、党员教育、科学普及、体育健身等设施,建设综合性文化服务中心;明确不同文化事业单位功能定位,建立法人治理结构,完善绩效考核机制;推动公共图书馆、博物馆、文化馆、科技馆等组建理事会,吸纳有关方面代表、专业人士、各界群众参与管理;引入竞争机制,推动公共文化服务社会化发展。

(五)加强文化产业立法,进一步完善产业政策体系

第一,加快文化产业的立法,完善相关的法律、法规。美国、日本、韩国等国家的文化产业之所以发达,得益于一套比较科学合理完善的有关文化或文化产业的法律法规。我们完全可以借鉴发达国家的经验,研究制定适合我国国情的《文化产业法》或《文化产业促进法》,为文化产业的发展提供法律保障,建立一个公平、公正的环境。

一是要建立相关的法律法规保护我国的文化资源,一方面确保文化资源规范有序的开发,另一方面要注重对文化遗产及自主知识产权等方面的保护。二是要根据文化产业发展要求,结合应对国外文化扩张及世贸规则,制定文化产业法律法规,营造有利于文化产业发展的法制氛围。三是建立健全知识产权保护体系,加大知识产权的保护和宣传力度,形成尊重创新、保护创新的发展环境。四是要充分认识文化的经济属性,从法律上确立文化的经济属性,理顺文化产业的管理体制,推动文化行政审批制度的改革,从而打破目前文化产业条块分割、职能交

叉、管理分散的管理模式,用法律、法规来明确、约束、规范部门与部门之间的边界行为,更好地节省国家资源,实现文化资源的共享,维护人民群众的文化权益。

第二,进一步完善文化产业政策体系。首先,文化产业相关管理部门要完整透彻地理解文化产业政策制定和运作的基本规律,使文化产业政策既在总体上符合社会主义市场经济的原则宗旨和体制走向,又要着眼产业幼稚性特征和文化安全需要(甚至是意识形态的需要)。通过政策调控、引导市场主体的文化导向,限制其把利润作为文化产业发展的最高原则,使文化产业以大众传媒的形式,以产业运作方式表现当代中国主流文化精神。要充分发挥政府在文化产业政策体系中的支撑作用,用政策手段调整、规范和建立合理的政府与市场关系,进一步发挥市场在资源配置汇总中的主导性作用。其次,文化产业政策的制定要考虑文化产业的群体特征。文化产业实质上包含了多个细分行业群体,它们的发展具有文化产业的共性,遵循文化产业发展的一般规律,但每一个行业都有自己的特殊规律。而且,每个行业所处的发展阶段又不尽相同:有的处在产业形成阶段;有的处在产业成长阶段;有的发展已经比较成熟。因此,需要根据不同细分行业的特点,制定行业性政策,体现行业发展的特殊要求。政府需要根据产业结构演变规律,精心选择主导产业,合理安排产业发展序列,对主导产业实施扶持政策,对弱质产业实施保护政策,对投资过热的产业采取一定的限制政策,对衰退产业采取调整和援助政策,以促进文化产业各行业的协调发展。再次,要不断完善文化产业政策内容体系。文化产业的幼稚性和经济转轨特征等决定了我国当前的产业政策包括三大板块:结构政策、产业组织政策和产业发展政策。结构政策包括产业结构高级化的目标、主导产业的选择和产业发展的序列等;产业组织政策应允许社会市场主体进入若干意识形态属性较强的产业领域,并支持在文化产业领域提高市场集中度;产业发展政策包括产业技术政策和产业布局政策等[1]。最后,要构建文化产业政策评价体系。由于产业和产业之间存在着各种投入产出关系,某一文化产业政策有若干项子政策,各种不同的文化产业之间会有各不相同的政策,甚至在同一行业里,不同的市场主体享受不同的产业政策,而如何理清子政策和各文化产业政策之间相互促进或者相互制约的关系,进而对整个文化产业政策体系进行客观评价,就成为完善和创新文化产业政策体系的关键所在。

---

[1] 迟树功:《将文化产业培育成支柱性产业的政策体系研究》,《理论学刊》,2011年第1期。

网络舆情与中国文化软实力发展报告

彭祝斌　莫梅锋*

摘要：网络舆情是国家文化软实力的重要组成部分。网络舆情与国家文化软实力的发展具有密切的关系：文化软实力对一国网络舆情的产生发展具有导向和支撑作用；网络舆情对国家文化软实力的发展也具有促进或阻碍作用，因而提升文化软实力必须加强对网络舆情的正确引导。正面网络舆情对于强化人们对社会主义核心价值观的理解和认同，增强民族自信心自豪感等具有积极作用；负面网络舆情则在影响公民对文化的认同、对政府执政能力的质疑、对现行政治体制的忧虑等方面，表现出明显的相关性。

我国党和政府高度重视网络舆情工作，工作内容已从原则性要求向明确制度安排和落实管理责任方向深化，工作目标也从简单的"应对、回应"向"综合管理""提升软实力"更高层次提升，工作重点也将逐步转向对舆情的综合分析和管理预测，以及网络环境建设和网络内容建设。国外网络舆情在涉华经济、文化、科技方面往往给予正面反应；而涉华政治、环境以及民族、宗教问题则多为负面反应。国外网络涉华舆情的信息源多以西方国际主流媒体的报道为主，文化差异使之带有明显的政治偏见。

网络舆情的形成是多个系统互动的结果。社会环境、网络信息、网民、媒介、政府等相互关联的系统在网络舆情的形成过程中具有不同的作用。网络舆情常常以集体围观、群体压力、内化传播、价值强化以及沟通机制、联动机制等途径和方式，对文化软实力产生重要影响。

---

* 彭祝斌：中国文化软实力研究中心研究员，湖南大学新闻传播与影视艺术学院院长、教授、博士生导师。莫梅锋：中国文化软实力研究中心研究员，湖南大学新闻传播与影视艺术学院广告系主任、副教授。

当前综合国力竞争的一个显著特点,就是文化的地位和作用日益凸显,提升文化软实力已被越来越多的国家作为重要发展战略。影响一国文化软实力的因素有很多,在网络时代,网络舆情因对社会公众具有广泛深远的影响而对国家文化软实力的发展产生重要影响。因此,我们必须从战略高度来认识网络舆情对文化软实力的重要影响与作用。

一、网络舆情与国家文化软实力的关系

一般认为,"软实力"由两部分构成:一是内部软实力,包括文化、价值观念、民族精神、政府能力与公民素质等,常常表现为内部的凝聚力;二是外部软实力,包括国家形象、国际事务参与能力、发展模式、对外政策等,常常表现为外部的国际认可度。网络舆情与国家文化软实力的发展具有密切的关系:一方面,文化软实力对一国网络舆情的产生发展具有导向和支撑作用;另一方面,网络舆情对国家文化软实力的发展也具有促进或阻碍作用。

(一)网络舆情是科技与文明进步的产物

网络舆情的产生与科技进步密不可分。没有科技进步创造的互联网平台,及其所带来的信息传播方式和传播环境等一系列的变化,网络舆情便无从产生。在传统媒体主导的旧舆论场环境中,大众传播由专业人员把关,流程封闭,传播单向,整个传播过程难以受到外部因素的干扰,具有相对容易控制和把握的特点。互联网改变了传统的大众传播模式,使传播内容、传播环境、传播效应复杂化,构成了开放、交互、复杂的新的舆论场。可以说,互联网不仅改变了大众传播格局,而且改变了整个社会舆论环境。[1]

中国接入国际互联网始于1994年。从1995年出现商用互联网服务至今,中国互联网在网民规模的不断增加、创新应用的涌现、网络媒体的演进等各种因素的共同作用下经历了从Web1.0到Web2.0两个发展阶段。在Web2.0阶段,网民完成了从单纯用户向内容创造者的转变。在当下的即时网络时代,网络传播环境呈现出"大规模同时在线""实时互动"等特点。[2] 这样一来,群体和个人便拥有了流动性较强的信息发布空间,网上论坛、聊天室、新闻跟帖、贴吧、微博等等,为公众提供了表达意见的场所。群体与群体之间的交流对于传统媒体的依赖减弱,使传统媒体作为信息发出者的作用也在减弱。同时,受者信息反馈对于传者的控制在逐步增强,受者在传播链条上的地位在逐步提高。

互联网正在以自身的开放性、交互性、便捷性,鼓励人们说出自己的声音,发

---

[1] 刘正荣:《网上舆论引导中的"议程设置"》,《新闻战线》,2007年第5期。
[2] 熊澄宇、金兼斌:《新媒体研究前沿》,清华大学出版社,2012年。

表自己的看法。随着社会文明的进步与发展,大众的公民意识、权利意识逐渐被唤醒并不断增强,在互联网提供的便利条件下,意见表达越来越自觉和频繁。同一时间内知晓同一新闻事件的人越来越多,对同一新闻事件的不同看法亦不断涌现,观点、思想的争论与交锋便会随时产生。"传者受者共生,两者之间角色不断变换;传播与反馈共生,反馈可以转化为主动的传播,进而再生出反馈。"①在这种舆论环境下,意见的表达与交流,便会引发更多的人参与到话题中来从而激发出更多的意见和观点,在这种循环往复的过程中,网络舆情便开始产生、发展与扩散。1999年5月8日,中国驻南斯拉夫使馆被炸,引起中国民众强烈愤慨。5月9日晚,《人民日报》网络版趁势开通"强烈抗议北约暴行BBS论坛",聚集了一大批关心中国时政的网民,被誉为"天下第一坛"。由此,网络成为在传统媒体之外使民意下情上达的又一个功能更为全面、强大和便捷的渠道。②

在网络这个私人化、平民化、自主化的媒体环境中,受众不再是被动的角色,而是信息传播的参与者甚至是发起者。网络作为一个公开的、全球范围内的信息传播平台的特点使受众的主体意识不断增强,从而越来越主动地参与信息的收集、报道、分析和传播过程。网络已变成大众表达政治意愿、释放个人和群体对社会问题看法的手段和平台。网络成为承载社会舆情的重要媒介形式,不仅使得海量舆情得以记录、保存及呈现,网络传播具备的开放性、自由性、互动性、即时性等特征也让舆情传播的速度、规模得到了空前的提升。

(二)网络舆情是国家文化软实力的重要组成部分

以网络技术为依托、网络媒介为载体的网络舆情属于文化软实力中最具活力的网络文化范畴。首先,网络舆情是一种观念形态的文化。舆情是一种人类精神现象,属于精神层面上的观念形态文化,本质上是对网民的思想、心理和价值观等的反映。网络舆情传播作为一种内容活动,是一种精神交往和文化创造活动。网络舆情的传播意味着不同观点、意见的传播与交流,意味着思想的多元化和价值观的碰撞。网络媒体不受时空局限的特点,能将这种交流扩大到互联网能够延伸到的每一个角落,使相隔千里、风俗迥异的人们可以进行面对面般的交流;而泛中心化的传播特征又赋予了网民们相对均等的话语权,使得各自的观点和意见得以充分的表达,并激发人们发表看法的积极性,促进"观点的公开市场"的形成。网络舆情的传播可以使人们接触到大量关于同一件事却大相径庭的观点,视野得到开阔,之前的观念也会受到冲击。如此大范围而自由的思想碰撞,自然能够对文化的发展产生巨大的推动作用。可以这样说,网络舆情的传播就是文化的传播,

---

① 段鹏、韩运龙、田智辉:《传播学在世界》,中国传媒大学出版社,2005年,第49页。
② 人民网舆情监测室:《如何应对网络舆情——网络舆情分析师手册》,新华出版社,2011年。

网络舆情的发展无疑促进了文化的发展。

其次,作为网络舆情传播载体和介质的互联网络,已形成了当下最前沿的文化产业门类——网络文化产业。网络文化产业发展势头之劲,从网络购物(电子商务)的兴盛便可见一斑。据CNNIC发布的《第32次中国互联网络发展状况统计报告》,截至2013年6月底,我国网络购物网民规模达2.71亿人,网络购物使用率达45.9%。与2012年12月底相比,2013年上半年网民增长2889万人,半年度增长率为11.9%(见图1)。

数目庞大的网民群体所蕴涵的商业价值,刺激着商家找寻开采这个"金矿"的方法,各式各样的商业噱头被制造出来以引导大众进行更多的消费;同时,商家们的开采又反过来促进了网民消费能力的增长。来自于阿里巴巴无线事业部的数据显示,2013年"双十一节"开场第1分钟,有超过200万用户涌入手机淘宝客户端参与集体狂欢,一个小时中有超过1400万的用户通过手机完成购买,仅用1小时10秒钟,通过手机淘宝完成的成交额就超过10亿元,打破了2012年11月11日全天手机淘宝9.6亿元的成交总额。①

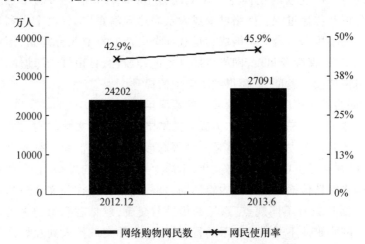

图1　2012年12月—2013年6月网络购物网民数及使用率

数据来源:CNNIC中国互联网络发展状况统计调查:2013

线上虚拟经济的影响已延伸到线下的现实世界。2013年12月14日的《广州日报》报道了广东省内第一个有据可证的"电商村"——揭阳市揭东区锡场镇军埔村。军埔村本是一个"食品专业村",近年来食品加工厂生存艰难,村人也多出外

---

① 《手机购物井喷　手机淘宝1小时成交超10亿》,环球网:http://tech.huanqiu.com/net/2013-11/4550574.html。

谋生,村中一些在外做服装生意的青年开始回乡创办淘宝店。这个村6月进入官方视线后,揭阳市提出要打造"电子商务第一村"。不到半年的时间,这个村庄很快就发展成"淘宝村"——490户、2690人的小村,近一半人开办了超过1000家网店,在不到半年的时间里交易额翻了数番。2013年"双十一节"过后,这个村创造了超过一亿元的网购销售记录。①

2010年,波士顿咨询集团(Boston Consulting Group)曾通过互联网数据计算出部分国家互联网产值占国民经济的百分比(见图2)。从图2可以看到,排在前两位的英国和韩国分别是8.3和7.3,中国位居第三,达到了5.5。虽然美国和日本都是4.7,但考虑到其庞大的国民经济总量,这一数值所代表的经济效益已相当可观,估算下来,美国的4.7也为国内生产总值贡献了6840亿美元。艾瑞咨询数据显示,2013年第三季度中国移动互联网市场规模达到278.7亿元,同比增速达66.7%。据推测,到2016年,发展中国家的互联网产值将占到GDP的8个百分点,2016年世界将会有30亿互联网用户G20国家的网络经济会达到4.2万亿美元。②

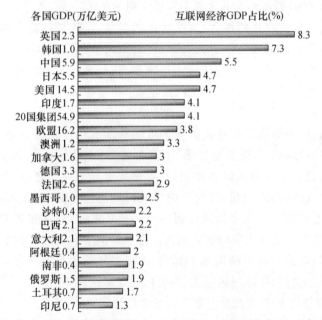

图2 部分国家互联网产值占国民经济的百分比

资料来源:Boston Consulting Group

最后,作为网络舆情依托的网络传播技术是科技创新的产物,能为文化传播

---

① 陈正新、崔宁宁:《记者探访广东首个"电商村"》,《广州日报》,2013年12月14日。
② Boston Consulting Group:"G20网络经济占GDP的比例",http://jandan.net/2012/03/21/boston-consulting-group.html。

力的形成和提升创造条件。文化在观念层面(而不是物质和制度层面)实际上就是人对自然、社会及其自身的认识。① 而传播科技在很大程度上决定着人们认识世界的范围以及方式,进而潜移默化地影响人们的观念和思想,并衍生出新的文化。传播技术的每一次创新都带来了文化传播的大革命,每一次革命都给人类的政治、经济、文化和社会生活带来不可估量的影响,推动着人类的文明与文化不断向更高层次迈进。②

(三)网络舆情深刻影响中国文化软实力的发展

网络舆情对社会公众的影响广泛而深远,网络舆情传播对中国文化软实力的发展具有重要而深刻的影响。网络舆情的产生和发展及其演变过程,不论是在考量公民的民族精神、对核心价值观的认同、参与公共事务的素养等方面,还是在考量政府的执政能力、制度安排等方面,无疑都能体现并影响一个国家凝聚力的强弱。

1. 网络舆情深刻影响民族文化和人类文明的传承

网络舆情对价值观念的树立、道德风尚的形成、民族精神的弘扬和人类文明的传承等具有深远的影响。一方面,网络舆情中内含的正向文化能量,是传递人文精神的重要媒介与平台,也是传播人类文明、进行文化创新的重要力量。网络舆情中积极向上的正能量的广泛传播,是建设"和谐社会"文化、构建中国国家形象的一种很好的途径和方式。

另一方面,网络舆情中的消极因素亦可能从线上转移到线下,对现实中的社会风气产生不良影响。一度被热炒的"扶老人被讹事件"发生后,先是有媒体报道老人被路人扶起后反诬路人将其撞到,并对路人进行讹诈。之后,类似的报道频繁出现在各种媒体,网络论坛、微博上的相关讨论逐渐升温,老年人的形象受损。而一篇题为《北京街头外国小伙扶摔倒中年女子疑遭讹诈》的报道将舆情再次升温,并将批判箭头由老年人扩散至中国人。在所谓的"国民素质批判"即将形成规模时,有关该报道的一段视频揭示了真相:外国青年的确撞倒中年女子在先。于是,批判的目标又转为媒体跟风报道、网民标签式解读等等。

2. 网络舆情深刻影响政府形象和国家形象的构建

网络舆情是网民思想和观念的反映,一定程度上体现了社会整体的精神和心理状态。在涉官舆情事件中,由于信息不对称,官民沟通不畅,网民对官员容易形成刻板印象。心理学上的"近因效应"对这种刻板成见起推动作用,人们对特定事物所持有的最近印象的好坏,和在一定时期内固定化、简单化的观念和印象,直接

---

① 李庆林:《传播技术塑造文化形态——一种传播学的视野》,《经济与社会发展》,2005 年第 7 期。
② 杨征:《传播技术对大众文化传播的影响》,《安徽文学》,2009 年第 2 期。

影响对该事物的价值评价和好恶的感情。例如,广州越秀区宣传部就方大国打人事件进行了调查并做出了回应,但调查内容与第三方证人证词有矛盾,网友疑是广州越秀区护短,宣传部长帮方大国撒谎。①

目前,质疑已成为弥漫网络的普遍性态度,尤其是对于政府。一方面是相关信息公布迟缓,另一方面是各种猜测谣言不断传播;一方面是公民意识觉醒、要求知情权的大众,另一方面是仍未转变观念的部分官员,一旦有负面舆情出现,第一反应不是删帖就是封号。这些错误的认识和做法极大地削减了民众对政府的信任度。公信力的削弱和丧失容易导致"塔西陀困境",无论你做什么、说什么,老百姓都"老不信"。"总往坏处想"的现象正影响着我国社会的舆论生态,影响政府形象和国家形象的构建。曾有人这样形容我国的微博和网络舆论生态现象:"听一半,理解四分之一,零思考,双倍反映","塔西佗困境"正逐渐陷入这样的舆论怪圈,而网络新闻的"标题党"和微博的"碎片化"正加速推进这种舆论怪圈的形成。这从一个侧面反映出了网络舆情对国家文化软实力建设的深刻和重要影响。

3. 网络舆情深刻影响网络意识形态和国家文化安全

舆情的传播与扩散是思想与观念的交流与传播,对网络意识形态产生重要影响。负面网络舆情的传播甚至会动摇大众传统的价值观与信仰体系,造成思想混乱,进而动摇执政根基。中国在广播、电视、报纸等传统媒体领域由于有相关政策的严格限制和把关,西方敌对势力很难随心所欲地通过资金技术优势占领传统媒介的舆论市场,网络便成了其渗透价值观、影响力的主要场所。国外敌对势力对中国的偏见传播可以借助网络的公开性、快速性及复杂性达到其目的,还可以通过从背后支持个别发言者或意见领袖等,对中国进行网络意识形态的强力渗透和颠覆。在2013年12月7日举行的《环球时报》2014年会上,原解放军副总参谋长张黎上将认为"西方敌对势力也在党政军特别是80后的人群当中培养所谓的'魅力领袖',利用互联网进行蛊惑,使各种危害国家安全的信息大量充斥在网络平台,既容易搞乱人民思想,也会分裂社会共识,稍有不慎就会掀起巨大的危害国家安全的风波"。②

互联网已越来越成为各国竞相争夺的重要战略阵地,被视为维系一国政治、经济、军事和社会秩序正常运转的重要手段,成为无处不在的"新战场"。"制网权"将变得与制海权、制空权、制天权同等重要,成为影响国家安全、决定战争胜负的一个重要战略制高点。习近平总书记指出,网络和信息安全牵涉到国家安全和

---

① 沈阳:《2012年3季度网络舆情报告》,武汉大学互联网科学研究中心,2012年12月13日。
② 《上将:敌对势力在中国党政军中培养"魅力领袖"》,新华网:http://news.xinhuanet.com/mil/2013-12/09/c_125827293.htm。

社会稳定,是我们面临的新的综合性挑战。西方敌对势力利用信息技术优势,既搞网上意识形态渗透,又竭力窃取和刺探他国军政、经济情报,严重威胁我国社会稳定和国家安全。西方的文化产品,如美国大片、美剧、脱口秀节目等,通过网络得以绕过其当初试图从电视渠道进入中国时所遇到的阻碍,拥有了大量的受众群。这些产品中所蕴涵的文化意识和价值观念,正在影响国内观众的思想意识和价值观,催生出一批赞同美国价值观、向往美式生活的群体。

由此可见,要提升国家文化软实力,必须强化网络安全意识,加强网络舆情引导,净化网络舆论环境,从外部层面构建、维护国家的良好形象。党的十八届三中全会审议通过的《中共中央关于全面深化改革若干重大问题的决定》明确提出,要加快完善互联网管理领导体制,确保国家网络和信息安全,这对于建设社会主义网络文化,提升国家文化软实力,无疑具有重大指导意义。

二、国内网络舆情对我国文化软实力影响的实态考察

随着互联网技术的发展,我国网民数量的不断增多,网络作为日益拓展的公共空间,对民意和舆论的形成发展起着越来越重要的作用,网络舆情和文化软实力发展之间的联系也日益紧密。

(一)网民和网络媒体规模及影响力增长状况

根据中国互联网络信息中心(CNNIC)发布的第32次《中国互联网络发展状况统计报告》提供的数据,截至2013年6月底,中国的网民数已达到5.91亿,手机网民数量为4.64亿,新增网民2700万人,普及率超过42%。我国的网站数经过近几年的发展,也在呈现上涨趋势(见图3)。2009年6月到2009年年底,我国的网站数从306.1万个增至323万个,短短半年,网站数量出现惊人的增长。从图

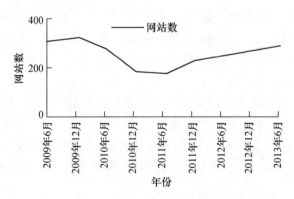

图3 我国网站数量变化统计

资料来源:CNNIC 中国互联网络发展状况统计调查:2013

3可以看出,虽然之后出现过一段时间的下滑趋势,但从2011年6月到2013年6月,我国的网站数量又整体呈现出上涨的趋势。网民和网站数量的不断增加表明,网络的影响力在日渐提高。

从2003年的孙志刚事件,到2004年的"富人原罪论"事件、2006年的"炮打茅于轼"事件、2007年的"黑砖窑"事件以及陕西"华南虎"事件、2008年的海事局高官猥亵女童事件、2009年河南灵宝跨省抓捕事件等,我国网络舆情事件以稳步的增长态势逐年上升。根据中国人民大学舆论研究所发布的《中国社会舆情年度报告(2012)》提供的数据:2009年,我国热点舆情事件共248件,2010年为274件,2011年为349件。

随着网络舆情事件数量一同增长的是网络舆情的影响力在不断增强。以2010年的网络事件"六·九圣战"为例,维基百科对该事件的描述是:2010年6月9日,某些中国网民在一些知名网络论坛社区攻击明星官网、贴吧等相关论坛、社区,由此造成了相关网站不能正常访问。某些网民们将这次攻击的行为称之为"六·九圣战"。其活动口号为:"脑残不死,圣战不休。"此次活动主要是对当时网络上"哈韩"的群体展开大规模的言论攻击,被认为属于"网络暴力事件"。在该舆情事件中,百度贴吧一度停止服务,相关SJ明星贴吧被刷帖至瘫痪。事件发生之后,央视、凤凰网均进行了简短的报道,网易则推出了专题报道。在线下,组织者们发动了万人签名活动,部分高校内还出现了学生集会游行等。"六·九圣战"事件本由几位贴吧吧主发起,却得到了以学生为主的大量网民的响应,网络将关注共同议题的网民联系到一起,并衍生到线下的实际生活中去,发展成强大的社会舆情,可见网络对于青少年网民的影响力之大。同样,近年来的"微博公益""网络反腐"等活动,都体现了线上线下两个世界的密切互动,显示了网络的巨大影响力。

(二)网络舆情传播特征及其对文化软实力发展的影响状况

网络舆情的传播有其自身的特点和规律。根据网络舆情的特点和规律对网络舆情进行引导和利用,对提升我国文化软实力具有十分重要的意义。

1. 网络舆情的传播特征

网络舆情的传播具有以下几个突出的特点:

一是匿名性与低门槛。网络媒介打破了线下公民信息传播的时空限制,使得全民参与政治、经济、社会事务成为可能。网络的匿名性,使得公民敢于对公共事件及政策等发表意见、评论,聚少成多产生一定的影响后形成网络舆情,迫使执政者关注并采取措施合理解决。重视吸纳网络民意正成为当今中国的执政潮流,同时这也调动了公民参与社会公共事务的积极性,使个人成为推动网络文化发展的重要力量。因此,要善于利用网络媒介的特殊性,发挥公民的个人力量,推动网络文化的健康发展。

二是即时性与互动性。与传统舆情相比,网络舆情因其以网络为载体,能以更快的速度得到传播,具备较高的时效性,同时公民之间的在线即时互动,关注并推进了舆情的发展走势。根据这一特点,对网络舆情进行合理有效的导控是非常必要的。对正面舆情加以积极传播,对弘扬优秀文化和提升国家文化软实力产生积极的推动作用;对负面舆情合理导控则可避免事态向恶性不良事件发展,将负面作用最小化。

三是多元性与丰富性。得益于互联网的开放性,信息实现自由流通,所有人的信息、观点和评论等都能出现在网络中,因此,网络舆情涉及的社会事务及热点问题包罗万象。不同地域、不同民族的人对待同一事物发表的意见、态度通过网络论坛等形式进行交锋或同化,网络中各种社会思潮、意识形态等随意蔓延,时空阻隔被网络技术所打破。

四是爆发性与不可知性。网络舆情一般由某一事件引起,经过网络"大V"(大V是指在新浪、腾讯、网易等微博平台上获得个人认证,拥有众多粉丝的微博用户。由于经过认证的微博用户在微博注册昵称后都会附有类似于大写英语字母"V"的图标,因此,网民将这种经过个人认证并拥有众多粉丝的微博用户称为"大V"。)等意见领袖的关注和传播扩散开来,加之网民空前活跃的意见表达使得事件发酵成为众人关注的热点议题,并很快形成网络舆论,产生巨大的舆论压力而对事件的发展产生影响。同时,网络舆情爆发的时间往往异常迅速且不可预知。

上述网络舆情传播特点的存在,一方面有利于网络舆情的自身发展,另一方面使得网络舆情的发展演变呈现出复杂性和多变性,给文化软实力的建设带来极大的挑战。

2. 网络舆情传播对我国文化软实力发展的影响状况

从行业分布情况来看,近年全国性重大网络舆情总体上呈现出所涉行业众多的局面,而以公共事业管理类网络舆情事件所占份额最大。2007—2013年10月,公共事业管理类网络舆情事件在国内引起广泛关注的个案总计153起,占比达28%;社会民生类事件118起,占比21%;司法类舆情事件与文化科教类舆情事件分别发生83起和61起,占15%与11%(见表1、图4)。

表1 网络舆情行业分类与年度事件统计

行业分类	2007	2008	2009	2010	2011	2012	2013
经济生活	4	14	9	5	18	5	3
社会民生	2	37	27	14	16	14	8
公共管理	2	59	33	4	10	24	21

（续表）

行业分类	2007	2008	2009	2010	2011	2012	2013
司法事件	5	38	15	9	4	7	5
文化科教	5	44	11	0	1	0	0
群体事件	0	4	0	0	1	3	1
港台国际	0	4	3	1	0	0	0
地方形象	0	32	12	0	1	5	0
企业形象	0	5	0	8	0	0	0

资料来源：人民网网络舆情频道

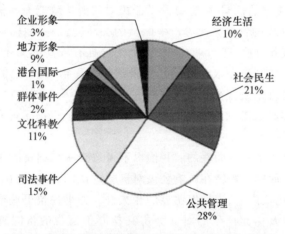

图4　2007—2013年我国网络舆情重大事件分类统计
资料来源：人民网网络舆情频道

从事件分类统计数据可以看出，公共管理事件与社会民生事件是网络舆情的高发领域，而公共管理能力与社会民生情况则反映了我国文化软实力当中的政府执政能力、文化凝聚力、民族自信力等核心要素的重要作用。

正面事件的网络舆情在发生和演变过程中，对于强化人们对社会主义核心价值观的理解和认同，增强民族自信心自豪感等产生积极的作用，如奥运会、世博会、十八大等事件网络舆情的发展。以"中国梦"话题所引起的网络传播为例，中国梦"的提法早就存在，但演变成网络热词的起点则是习近平同志在2012年11月29日参观复兴之路展览发表的讲话。随后，网络上的各大论坛、贴吧、BBS展开了对于"中国梦"的大讨论。在此舆情的演变过程中，前期对于中国梦相关概念的探讨在一定程度上结合了中华民族的发展和演变的历史，是中华民族的中国梦与现实的中国梦的有效结合，这在很大程度上提高了人们对于中国文化的认同，如有学者将不同时期的中国梦与当下的中国梦相结合进行阐述，不仅对于回顾历史有裨益,同时还有利于人们更好地了解中华民族的发展进程。了解一个民族的历史坐标和发展进程,对于增强民族自尊心、自信心,提升民族凝聚力,加强民族文化认同均有重要意义。

追溯关于"中国梦"的网络舆情传播议题可以发现,有开始的对于"中国梦"的理论阐释,也有后来将"中国梦"与民生问题相结合的讨论,如医疗中国梦、教育中国梦、住房中国梦等等,从而使"中国梦"越来越具体化、生动化。在这一过程中,公众尤其是年青一代通过自媒体如微博、QQ等发布与"中国梦"相关话题的讨论,强化了他们对于现实生活的信心和对未来生活的憧憬。民众普遍拥护中央提出的关于实现"中国梦"的各种举措,认可中央关于提高公民生活质量的承诺,这无疑提高了对中国文化的认同感,也提升了公民对政府执政能力的信心。相关统计数据显示,20—29岁的青年男性对于中国梦的关注度最高,他们目前多在教育行业、政府和公共服务行业、IT行业任职,这个人群拥有较高的文化素养,取得了本科及以上的学历,或是正在求学当中。未来的5—10年当中,他们将成为社会的中坚,是承担社会改革发展重任的主力军,亦是打造国家文化软实力的生力军。毫无疑问,"中国梦"议题网络舆情的发展在很大程度上有助于提升我国的文化软实力。

当然,任何事都是有两面性的。我们也不可忽视网络舆情对于文化软实力发展的消极作用,负面网络舆情在影响公民对文化的认同、对政府执政能力的质疑、对现行政治体制的忧虑上,表现出明显的相关性。如小悦悦事件透视出的公民道德意识的淡薄,以及由此产生的对社会主义核心价值观的认同感有明显的副作用;而表哥事件、温州动车事件这一类的负面事件的网络舆情在其发展和演变过程中,使人们对政治制度的认同感下降乃至产生怀疑。

温州动车事故是一个非常典型的案例。最先出现的关于温州动车事件的消息是网民用手机发出的一条微博,随后才有媒体对其进行证实和报道。网络将整个救援事件过程所出现的问题,暴露于公众之前。网友主要关注的议题在于对死亡人员的现场掩埋和救援的不及时所造成的不必要的损失以及人员伤亡情况。铁道部新闻发言人在该事件中的不当发言,也成为网友热烈讨论的话题。"这是个奇迹""不管你信不信,反正我是信了"等不当言论更是被众多网友拿来调侃,成为年度网络热词。而政府执政能力、危机处理能力、政府制度安排、对死者的同情、对救援的关心等问题,恰恰都是软实力的最好体现。但在温州动车事故的舆情处理中却没有很好地体现出来,相反,抢埋车头、救援现场混乱等消息引起了网民对政府部门和动车系统的广泛质疑。这对展示作为承载软实力的政府执政能力的强弱和政治制度的完善程度是极为不利的。由此看来,网络舆情对文化软实力的影响是把双刃剑,如何趋利避害、正确引导值得深思。

（三）我国网络舆情工作的制度安排与政策导向

我国党和政府对网络舆情工作高度重视，舆情工作内容已从原则性要求向明确制度安排和落实管理责任方向深化，工作目标也从简单的"应对、回应"向"综合管理""提升软实力"更高层次提升。2011年5月，我国成立了国家互联网信息管理办公室，初步建立起在中央统一领导下，以互联网信息内容、互联网行业发展、打击网络违法犯罪部门为主，其他相关部门各司其职共同参与的互联网管理体系。

近年来，中央领导同志对舆情工作多次做出重要指示并部署。2011年2月19日，时任中共中央总书记胡锦涛在中央党校举办的省部级主要领导干部社会管理及其创新专题研讨班开班仪式上强调："要进一步加强和完善信息网络管理，提高对虚拟社会的管理水平，健全网上舆论引导机制。"2012年3月26日，时任国务院总理温家宝在国务院召开的第五次廉政工作会议上指出，要进一步加强民主监督，对群众举报、社会舆论和新闻媒体反映的问题，要及时回应，认真调查核实，依法处理，结果要反馈或向社会公布。2012年7月，国务院下发《关于大力推进信息化发展和切实保障信息安全的若干意见》，意见明确要求："要建设公众诉求信息管理平台，改进信访工作方式，加强网络舆情分析，健全网上舆论动态引导管理机制。"2012年11月8日，时任总书记胡锦涛在十八大报告中指出："要畅通和规范群众诉求表达、利益协调、权益保障渠道，积极建立健全重大决策社会稳定风险评估机制。"

2013年7月，国务院办公厅印发了《当前政府信息公开重点工作安排》，对我国政府信息公开重点工作做出部署。2013年9月19日，国务院总理李克强主持召开国务院常务工作会议，会议指出，依法实施政府信息公开是人民政府密切联系人民群众、转变政风的内在要求，是建设现代政府、提高政府公信力和保障公众知情权、参与权、监督权的重要举措。要积极采取和实施配套措施，加强相关制度和平台建设，使政府经济社会政策透明、权力运行透明，让群众看得到、听得懂、能监督，这也有利于稳定市场预期，改变一些地方和政府部门在信息公开上不主动、不及时，以及面对公众关切不回应、不发声的现象。

国务院明确要求，一要完善政府部门新闻发言人制度，使之成为政务信息公开的重要制度安排。2013年10月15日，国务院办公厅又印发了《关于进一步加强政府信息公开回应社会关切提升政府公信力的意见》，提出"国务院各部门要建立健全例行新闻发布制度"，各地区各部门一要采取多种形式，加强新闻发布，了解民情民意，对社会密切关注的宏观经济、民生等重要信息，要增加发布频次。二要主动回应社会关切。重要政策、法规出台后，要通过多种方式做好科学解读，让公众更好地知晓、理解政府经济社会发展政策和改革举措。对重要舆情和社会热点问题,要积极回应、解疑释惑,并注意把人民群众的期盼融入政府决策和工作之中。三要强化责任,抓好落实。要把政务信息公开作为依法行政的重要内容,加强督查问责,着力提高实效。要发挥好各级政府网站及时、权威、全面、准确发布政务信息的平台作用,努力建设开放透明的政府,增强提升政府公信力、社会凝聚力的"软实力"。据统计,中国政务微博账号数量2012年已经超过17万个,较2011年增长近2.5倍,各级政府网站的政府文件等栏目及时更新率超过80%。

中央政府对网络舆情工作制度安排的重视,意味着我国对网络舆情工作的要求从原来的设编制、配人员提升到制度内涵建设层面。据统计,2012年,中央各部门和各省区市举行的新闻发布会多达2237场,比2005年的1088场翻了一倍多。随着网络舆情工作的不断推进,我国舆情管理的目标任务也愈加明确,从"加强网络舆论引导"到"加强网络舆情分析",从"健全网上舆论引导机制"到"健全网上舆论动态引导管理机制",从"加强和完善互联网管理"到"加快完善互联网管理领导体制",从"加强网络设施建设"到"加强网络文化建设""加强网络内容建设",意味着以维稳、删帖为主要标志的粗放式舆情管理方式已无法满足日益复杂的网络舆情发展要求,网络舆情工作的重点将逐步转向对舆情的综合分析和管理预测,转向网络环境建设和网络内容建设。

三、国际涉华舆情对我国文化软实力影响的实态考察

随着国际交流和合作的日益增加,网络作为一种无国界、全球通的迅捷媒体,已经成为了传播和塑造一国国家形象、亲和力、影响力等主要软实力因素的重要渠道,是国际社会了解、认识中国的主要途径之一。

国际电联(ITU)发布的最新年报显示,全球使用固线上网或移动上网的网民总数已经达到27亿(见图5);发展中国家拥有上网服务的家庭比例已由2008年的12%上升到2013年的28%,期间的混合年增长率达到了惊人的18%。[①] 此外,全球网络媒体的种类日渐丰富,从最初由供应商提供内容的门户网站,到用户生产内容的各类Web2.0网站,如博客(Blog)、Youtube、播客(Pod casting)等,再到现阶段注重人际交往的社交媒体,如网络论坛(BBS)、即时通讯(如QQ、MSN)、社交网络(SNS)、微博(Twitter)等。人们用来自由表达观点和态度的渠道越来越多,参与公共事务的积极性也越来越高。因此,国际涉华舆情的舆论影响力不容小觑。

---

① 国际电信联盟:"全球网民年底将达27亿",http://it.enorth.com.cn/system/2013/10/08/011353774.shtml。

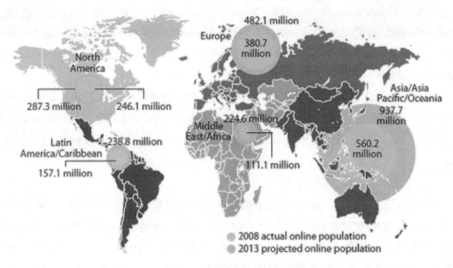

图 5 2013 年全球网民数量统计图

资料来源：Forrester Research。

(一) 国外网络舆情对我国文化软实力的积极影响

1. 推进树立良好的国家形象

网络在国家形象传播和塑造方面显示了巨大优势，是国家对外展示文化和形象的一个重要平台。事实证明，善于开展舆论宣传、善于自我"包装"、能对外展示良好形象的政府对内可以产生强大的向心力和凝聚力，对外可以产生强大的吸引力和感召力。[①] 在当代社会，网络作为主要的社会舆论场所之一，完全有能力通过自身强大的舆论宣传，对国家形象传播产生直接影响。

目前，随着我国综合国力的增强，中国在国际上的地位显著提高，国际影响日渐增大。一方面，中国的经济实力有了大幅提升，已从 2005 年的世界第八大经济体跃升世界第二，外汇储备居世界第一，中国对世界经济的贡献越来越大；另一方面，中华文化在世界范围内的影响力也在日益提高，全世界掀起了学汉语的热潮。孔子学院在世界各地的开办，奥运会、世博会在中国的成功举办等就是很好的明证。这一切，都使得中国成为世界各国关注的焦点。

国外网民往往通过互联网了解中国的发展近况，获知中国新近发生的重大事件，同时也通过网络不断传播对中国国家形象的看法和态度。比如国外网络舆情一般都对中国经济发展速度、发展成绩持肯定的态度。整体来说，中国经济发展提升了中国国家形象。网络上"领先"（Leading）、"最大"（Largest, biggest）、"榜

---

① 王俊银：《浅议政府形象及其领导者的形象塑造》，《赤峰学院学报》，2006 年第 11 期。

样、模范"(Model、example)、"崛起"(Rising、emerging)、"顶级"(Top)等词汇成为定义中国经济的主要关键词,塑造了中国"崛起的巨龙"(Rising Dragon)、"经济强国"(a rising economic power)、"世界发展中国家的典范"(a model for developing countries in the world)等良好的国家形象。

当然,国际涉华网络舆情议题种类颇为丰富,包含了政治、经济、文化和科技等诸多方面。据相关研究显示,国外网络舆情在涉华经济、文化、科技方面往往给予正面反映;而涉华政治、环境以及民族、宗教问题则多为负面反映;且国外网络涉华舆情的信息源,多以西方国际主流媒体的报道为主。①

2. 增强中国文化的感召力

文化是文明的基石,是一种无形的软实力,它以精神财富的形式,以对别国进行文化辐射的影响力来显示综合国力。② 在信息网络迅猛发展的今天,网络媒体在宣传领域已经发展到和传统主流媒体同等重要的地位,作为"第四媒体"的网络,已经初步完成了从配角到主角的身份转换。网络对于国家文化、价值观、政治理念在国际社会的广泛传播,增强国家文化的吸引力和感召力,推进国家文化走出国门,走向世界,具有不可替代的作用。

以 Web2.0 为代表的网络平台具备受传合一、碎片化、多节点情感互动等特点,在最大限度上实现了双向沟通,为更"个性化"地传达国家的文化和价值观念提供了便捷的渠道。比如说"中国梦"概念的提出,可以借助社交网络媒体如微博(twitter)、Facebook 等,以"个人化"实现组织化发言,将国家的文化、价值理念用更"柔和"的形式呈现,这样较易获得对方的认同与信任。国外网络涉华文化舆情的主题包括聚焦中国七大奇观、"中国达人秀"节目、音乐、电影、卡通片、古筝表演、中国功夫、古代十大兵器、中国古代历史、各地美食、各地风景人物、千手观音表演、兵马俑、中国对西方的文化渗透等。③ 中国文化作为一种独特的异域文化,对西方民众有着格外的魅力,国外网络涉华文化舆情正面言论也相对较多。"故事"(story)、"神秘"(mystery)、"谜"(puzzle)是用来定性中国文化的热点词汇,而"吸引人的"(fascinating)、"激动人心的"(exciting)、"令人惊奇的"(fantastic)这些形容词则表达了网民对中国文化的期待和体验。

3. 提升国家的外交亲和力

随着互联网信息技术的普及,网络越来越成为公众获取信息、表达看法的重要渠道;同时,随着公众文化素质的提高、政治参与意识的增强,外交政策上的网

---

① 王俊银:《浅议政府形象及其领导者的形象塑造》,《赤峰学院学报》,2006 年第 11 期。
② 于佳任:《网络传媒助力国家文化软实力》,《华章》,2012 年第 31 期。
③ 相德宝:《国际自媒体涉华舆情现状、传播特征及引导策略》,《新闻与传播研究》,2012 年第 1 期。

络舆论表达日渐丰富,舆论导向和公众参与对一国外交政策有着深刻的影响。一方面网络舆论成为公众对别国外交策略表达想法的重要通路;另一方面,网络舆论也为政府解公众态度和观点提供了重要路径。在一般情况下,政府施行外交政策时都要尽可能地兼顾公众舆论,这是因为公众舆论与民意息息相关,体现了人心的向背。公众舆论是民心、民意的风向标,国家在实施外交政策的过程中,若能充分顾及公众舆论,就会得到公众的广泛支持,取得成功;但若违背了民心、民意,政府就有可能遭受巨大的舆论压力,面临危机。

2013年3月国家主席习近平对俄罗斯、坦桑尼亚、南非和刚果共和国进行国事访问并出席金砖国家领导人第五次会晤,这是我国新一届中央领导集体的外交开局之旅。习近平主席共出席了66场活动,与32位国家元首及政要举行了会谈和会见,发表了20多次演讲和重要讲话,多角度、深层次阐述了我国的外交政策和重大主张,出席了10多场人文和公共外交活动。国际舆论对此访高度关注,"中国热""中俄热""中非热"的议题讨论,一浪接着一浪。习主席此次访问获得了国外网民和媒体的高度评价,赢得了民心,充分凸显了我国外交政策上的亲和力。

(二)国际涉华网络舆情对我国文化软实力的消极影响

1. 削减我国政府公信力

公信力是政府的影响力与号召力。政府公信力是检验社会和谐程度、廉政水准、社会氛围的重要标尺,是维护社会公平正义的主要力量之一,是社会文明进步的主要推动力,它是社会主义市场经济秩序的基础,是政府治理社会的基本要求,是社会稳定与发展的前提条件。① 网络舆情不仅提高了现代公众的政治参与程度,也对政府产生监督作用,并直接考量着政府的公信力。

一方面,网络舆情的一些具体特性对政府公信力能产生较大的冲击,如网络舆情具有的偏差性和易操控性,使网络推手、网络水军随着网络政治的发展而产生,加上网民的易情绪化,常常对政府的公信力产生较严重的冲击。另一方面,网络舆情也能很好地发挥舆论监督功能,网络舆情因其开放性、自由性、互动性等先天优势,而成为强有力的监督力量,推动政府妥善有效处置舆情。如果处理网络舆情事件不当,政府的公信力就会下降。国外敌对势力常常利用涉华政治、环境、人权以及民族、宗教等舆情事件,诋毁中国政府形象,企图削弱中国政府的公信力。因此,中国政府应充分利用网络这种互动平台,及时与公众进行沟通,积极回应公众疑问,向民众提供最新最快最全的真实信息,掌握舆论主动权,正确引导舆论,及时消除误解、击破谣言,维护和树立政府的公信力。

---

① 黎少青:《网络舆情与政府公信力》,《社科纵横》(新理论版),2012年第6期。

2. 引发"中国威胁论"

国外网络上某些舆情经常倾向于强调中国软实力发展带给世界的冲击和威胁，或是质疑甚至攻击中国软实力对外传播的合法性，渲染所谓的"中国影响力威胁论"，热炒中国崛起将带来恐慌，会对现有格局进行重新洗牌，瓜分英美等西方大国的既得利益，因而有关中国能否和平崛起的问题，国际社会争论颇多。英国《金融时报》网站亚洲版主编戴维·皮林撰文称，多年来中国政府一直奉行"韬光养晦"的外交政策，而如今似乎更愿意炫耀实力和成就。[①] 国外诸如此类负面舆情的出现，原因很多也很复杂，而中国能否和平发展是国际社会产生质疑的核心问题，中国崛起后是否会成为新的霸权国家也是各国最为担忧的问题。

中国经济的持续飞速发展，从2005年的世界第八大经济体一跃而升至世界第二，对于处在经济复苏前景不明阶段的美国和深陷主权债务危机的欧洲国家来说，无疑是巨大的威胁和挑战。中国崛起会对现存世界利益格局带来怎样的影响，引起国际社会各种各样的忧虑和怀疑：一方面西方发达国家担心其既得利益和优势地位的丧失；另一方面发展中国家则忧虑中国重蹈西方殖民主义的老路，担心中国产品对其民族产业的冲击。因此，出于自我保护和防范与遏制中国的目的，有关中国影响力威胁的言论和观点随之产生并通过网络广泛传播。

3. 阻碍我国的稳定发展

冲突是叙述文学的一个重要因素，也是国际新闻报道中的重要元素。西方的新闻价值理念与中国存在着很大的差异，西方新闻更为喜欢冲突性的负面报道，更为重视揭黑、揭丑新闻的社会价值。国外网络舆情关于中国冲突问题的讨论主要集中在两个方面：一是中国与国际社会的冲突；二是中国政府与民间社会的冲突。

人权问题一直都是西方媒体诟病中国政治的焦点，且网络舆论的主要信息源还是来自传统主流媒体有关人权问题的报道。新时期，互联网自由也成为美国对华攻击的新武器，常常批判中国政府限制网络自由。这些言论在网络上的散播，会影响公众对中国的正确认识，并威胁到国家的长治久安和稳定发展。西方舆论对中国的负面看法主要是中西意识形态差异所造成的，同时也与西方民众和媒体长期不了解或误解中国政治发展的实际情况有关。西方舆论往往出于自身价值观念的优越感，用自己的思维方式来看待中国的事情，自然会导致对具有中国特色的民主政治的难以认同，这是政治偏见。

[①] 雷向晴：《近期国际舆论对中国软实力的认知》，《管理观察》，2011年第11期。

四、网络舆情对文化软实力影响的演进机理

网络舆情是个动态互动的系统,它的形成发展是社会环境系统、网络信息系统、网民系统、媒介系统、控制系统和政府力量系统共同作用的结果。网络舆情往往通过一定的方式和路径对国家的文化软实力实施影响。

(一)网络舆情的形成机制

网络舆情的形成是多个系统互动的结果。网络舆情从产生、发展到高峰、平复,每个阶段的侧重点不同,在网络舆情的形成过程中,社会环境系统、网络信息系统、网民系统、媒介系统、控制系统、政府力量系统等子系统相互关联、共同参与、密切互动,不同的系统在网络舆情形成的不同阶段发挥关键性作用。网络舆情系统各子系统的相互关系与相互作用,如图6所示。

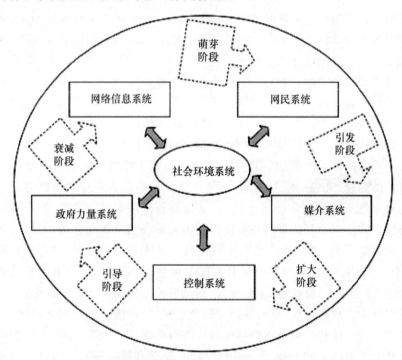

图6 网络舆情形成机制示意图

社会环境系统是网络舆情形成的原动力,是一切社会"热点""焦点"、社会现象、社会问题的来源。社会环境系统既包括社会物质也包括社会文化,直接或间接地影响着舆论形成的其他系统,影响着个人差异性与统一性共存的价值观、态度及意见的形成。在社会环境系统中,既有突发性的网络舆情,又有常规化的网络舆情,在螺旋式发展中推动社会舆论的前行。

网络信息是庞杂的、多样的、无规律的,但是却蕴藏着一定的民众关注度和共识度,民众的情绪、态度和意见在其中有所体现。对网络信息的收集、分类、挖掘、分析是发现、研判网络舆情的重要条件,网络信息系统的功能在于,提醒舆情机构在网络舆情的萌芽阶段对其进行合理引导并制定预案,使舆情朝着有利于国家凝聚力和社会和谐的方向发展。在舆论引导的构成要素中,舆情分析是基础性要素,因为引导者要有效引导舆情,就必须时刻把握舆情走向。而公众舆论表达的灵活性和变动性等特点决定了社会舆情始终处在不断的发展变化之中,因此舆论引导者在有效引导舆情之前,就需要及时把握舆情信息,并在此基础上准确分析舆情。

网民是网络舆情系统的核心力量,是引发网络舆情的主体。网民与网民之间组成一个人际传播网络,由于网民的活跃性,该传播网络具备传播速度快、传播内容极具感染力等特点。有学者指出,该网络是一个非常典型的复杂网络,具有小世界效应和无标度性。① 网民的参与数量越大,网络舆情的发展速度就越快。

网络舆情发布的载体越来越多样化,源于媒介系统的不断发展。早期的网络舆情主要发布于网络的论坛,而今天更增加了博客、即时通讯、微博、SNS网站等社会化网络平台,特别是微博,因得益于它的低门槛、灵活性、及时性、自媒体等特征而成为舆情发布的主要阵地。此外,传统媒体的参与能继续扩大舆情,传统媒体与新兴媒体可以实现优势互补,它们的联动传播能迅速将网络舆情推向高潮。

控制系统对网络舆情的引导具有关键性作用。控制系统既包括相关部门对网络舆情的监管,又包括意见领袖、网络推手公司的介入。对网络舆情的适当监管能有效地把握舆情发展的各个阶段,从而赢得网络舆情主动权,引导网络舆情良性发展。网络推手是随着网络舆情影响力的发展而发展起来的,对网络舆情具有推波助澜的作用,能对网络热点进行演进式扩大、对网民情绪进行非理性的引导②。意见领袖在网络舆情中扮演着重要的角色,在舆情发展的不同阶段可充当"把关人""扩散者""引导者"等角色,在意见领袖的作用下,"沉默的螺旋"效应会在网络舆情中表现得更加明显,甚至可能会出现"一边倒"或者"群体极化"现象。

一定社会问题和社会矛盾的存在是网络舆情爆发的重要原因,而社会问题的解决和社会矛盾的调和有赖于一定的方式。政府力量系统的作用就在于通过快速反应、发现问题、分析问题等途径和方式有效地解决问题,尤其在危机网络舆情和突发事件网络舆情的平复中,政府力量能发挥重大作用。与过去相比,今天的政府力量能更加主动地参与到网络舆情的发展中,采用舆情预警、政务微博、网络

---

① 刘小波:《基于人际关系网络的舆情演化建模研究》,《情报理论与实践》,2011年34(9)。
② 王子文、马静:《网络舆情中的"网络推手"问题研究》,《政治学研究》,2011年第2期。

论政等多种方式与网民进行沟通和互动,对网络舆情的良性发展具有积极的促进作用。

综上所述,网络舆情的形成与发展是多个社会子系统相互作用的结果,各个子系统在网络舆情发展的不同阶段具有不同的作用。网络信息系统是网络舆情的内容来源;网民系统和媒介系统的作用主要是引爆话题,将网络舆情推向高潮;控制系统主要是起网络舆情的引导和管理作用;政府力量系统则着眼于社会问题的解决和网络舆情的平复,各个系统的联动构成了网络舆情的发展全过程。

(二)网络舆情对文化软实力的影响方式和路径

网络舆情对文化软实力的影响方式和路径多种多样,常见的有通过集体围观方式影响公民意识,通过群体压力方式影响社会和谐,通过内化传播方式影响价值观和文化安全,通过价值强化方式影响民族精神,通过沟通机制影响政府执政能力,通过联动机制影响国家形象等。

1. 网络舆情通过集体围观方式影响公民意识

网络舆情的集体围观,主要是网络围观,它是一种新型的"网络舆论",其本质是公共权力与民意之间的一种平等的互动过程。① 近年来网络围观作为一种网络监督现象,其发生的频率和程度都有所提升。不少社交网站如人人网的"人人围"、微信的"朋友圈"、天涯的"天涯观光团"等,都是具有围观性质的网站。2013年集体围观的事件依旧不断,"中国式过马路引发史上最严交规出台""赵红霞引领情妇反腐""李天一轮流发生性关系""不回家看父母违法""雅安地震""长春盗车杀婴案""海南校长女生开房""斯诺登泄密事件"等都引发了热烈的网络讨论,登上了新浪微博的热门话题。

网络舆情具有一定的开放性和即时性,作为传达社情民意的重要方式,体现了公民的各种利益诉求。网民通过集体围观的方式,参与到社会话题的讨论中,对公共事务、国家政策、政府行为、伦理道德、文化传播等事件发表自己的观点和意见,在公共议题上传达出自己的声音,切实感受到与时代同进退,从而提升主人公的责任感,并行使公民权利,强化公民意识。网络舆情影响公民意识的实施路径如图7所示:

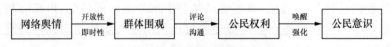

图7 网络舆情影响公民意识的路径

---

① 乔莉萍、刘慧卿:《如何使网络围观现象发挥积极作用》,《传媒观察》,2011年第8期。

2. 网络舆情通过群体压力方式影响社会和谐和政策完善

群体压力指的是群体中的个体为了遵守群体规范,以使自己的态度、观点、行为等与群体保持一致而产生的心理压力。网络舆情中倾向性的观点、诱导性的意见及压倒性的言论等,能形成整体性的社会评价。一方面,这种情况会造成"沉默的螺旋"和"群体极化"现象,这种想象一旦被他人恶意操纵则会阻碍社会公平公正,不利于和谐社会建设,如图8所示。2012年的"抵制日货"事件,不法分子打着"爱国旗号"肆意刺激民愤,致使网络舆情出现"群体极化"现象,论坛中、微博中只要出现不一致的观点就被看做是"异端分子",而遭到言论攻击。这种非理性的情绪表达造成了线下的"打抢砸"事件,影响恶劣,破坏了安定和谐的发展环境,伤害了同胞情谊,不利于国家国际形象的构建,是对国家软实力的一种损害。

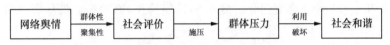

图8 网络舆情通过群体压力影响社会和谐的路径

另一方面,网络舆情形成过程中,在社会环境中因社会问题而产生的热点事件,经过不同利益集团的博弈,在网民的集体讨论中,公平、正义、公正、平等等价值观念会在透明、动态的网络舆情中得以彰显。如果是政府作为不当,引发突发事件或造成巨大的社会问题,网络舆情就能起到舆论监督作用,网民系统、媒介系统、控制系统等会产生巨大的群体压力,对政府进行施压,从而促使政府新政策的出台,或对原有政策进行调整和完善,从而使社会问题得到平复或解决,如图9所示,这能在很大程度上提升政府的执政能力和决策公信力。

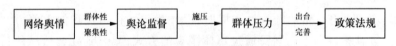

图9 网络舆情通过群体压力完善政策法规的路径

3. 网络舆情通过内化传播方式影响价值观和文化安全

内化是一个心理学概念,心理学把内化定义为"主体把现实的或想象中的他与其所处环境间有规则的相互联系,以及现实的或现象的环境特性转化为内在的规则和特性的过程"①。内化,顾名思义是一个从外至内的转化,内化在传播学意义上经历了一个大众传播到自我传播的过程。经过大众传播获知的信息和价值观念,只有通过内化的自我传播才真正对自我起作用。

网络舆情具有多样性和高关注性,网络舆情传播是一种介于大众传播和人际传播之间的传播形式,个体根据自身的利益或兴趣选择关注,并表达自身的情绪、

---

① 李维等:《心理学百科全书》,浙江教育出版社,1995年。

意见和观点。网民在这个过程中与别人的观点进行碰撞和摩擦,就会出现意见分歧或意见一致。如果与主流意见一致,通过对观点的提炼,个体就会在网络舆情中加深对自我的认知;如果自己的意见与主流意见不一致,个体就会进行自我价值观念的反思和剖析,进行自我说服或自我坚守,并在这个过程中内化为自我的价值观认知,如图10所示。

图10　网络舆情通过内化传播影响价值观念的路径

此外,网络舆情还具有一定的隐匿性和潜在性。一方面,网络舆论传播作为文化传播的重要组成部分,会影响文化的表层氛围,对文化的发展产生能动作用。如果网络舆情是具有深度的、民族性的,那么它的内化传播就有利于文化的健康发展。如2013年网络上关于"中国梦""正能量"等的讨论热度恒久,广大网民积极参与探讨中国梦,描绘自己的梦想,发现身边蕴涵正能量的案例,整个社会洋溢着积极、向上、奋发、进取的文化氛围,有效地推动中国文化的发展。但与此同时,网络舆情也可能对文化产生负面作用,如果它纯粹是哗众取宠、吸引眼球、博人一乐,通过长期的沉浸会内化传播为一种浮躁、功利性的文化氛围,这样就会不利于文化的健康发展。如网络娱乐热点作为明星炒作的一种方式,能在短时间内吸引网民眼球成为热门话题,助长八卦之风、三俗之态,长此以往会造就一种娱乐至上、肤浅庸俗的文化氛围,不利于我国文化软实力的良性发展。

另一方面,网络舆情的隐匿性和潜在性,更有可能深深触动文化的深层结构——意识形态,从而对国家文化安全提出挑战,①如图11所示。网络舆情加速了文化传播的全球化,在网络舆情的传播过程中,个体可能会受到潜移默化的影响,并受其观念的影响将之内化为自我的一种行为习惯或生活方式,如盲目接受美国的价值观念和意识形态,对西方的思维方式无意识的认同等。

图11　网络舆情通过内化传播影响文化安全的路径

4. 网络舆情通过价值强化方式影响民族精神

民族精神作为国家软实力的重要表现,在地震、洪水等突发性自然灾害或者重大的国民性事件如奥运会、世博会等面前容易被自发式地激发出来。互联网时代的来临特别是移动互联网的发展,使爱国主义、自强不息、团结奋进等民族精神

---

① 张丽红:《试论网络舆情传播对文化的影响》,《前沿》,2008年第4期。

得以集体表达和网络聚集,第一时间形成网络舆情,在媒介系统的关注下,形成强有力的议程设置,不断强化关于国家荣誉、一方有难八方支援、风雨同舟、众志成城等的品质和美德,进而形成了强大的民族凝聚力和向心力(见图12)。

图12　网络舆情通过价值加强方式影响民族精神的路径

2013年4月,雅安发生地震,顿时成为全国上下关注的焦点,"雅安加油!"成为社会各界发自内心的共同呼喊。地震立刻成为各大论坛、微博、网站的热门关注对象,正面舆论信息最多,救援信息最受关注,网民围绕着意见领袖形成了"抢救同胞、齐心协力"的共识,微博上滚动的"死亡数字"击打每个网民的心,民族精神的火焰被极大地点燃。①

5. 网络舆情通过沟通机制影响政府执政能力

政府能力是评价政府执政优劣的重要标准之一,是一国社会、经济稳定发展的关键因素,是"政府有效地采取并促进集体性行动的能力,从产出来看,政府能力就是政府提供公共产品和公共服务的能力"②。网络舆情作为社情民意的体现,在很大程度上反映着公民需求、社会问题、公共服务弊端等内容。政府要勇于面对问题,包括刚露出端倪的问题,并对这些问题进行分析,挖掘问题的关键所在,通过对舆情的分析,采用沟通机制与网民进行深度沟通,及时提出解决方案,切不可采取不作为或者掩盖、无视、打击报复等损害政府形象的方式。同时,对于公共服务的建设和公共政策的出台,政府要善于听取网民的意见,利用网民的力量对公共政策进行测试和民意调查,通过网民的反馈做进一步的调整和改进,从而提升执政能力和公共服务水平(见图13)。

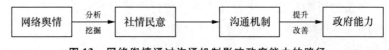

图13　网络舆情通过沟通机制影响政府能力的路径

6. 网络舆情通过联动机制影响国家形象

网络舆情的发展是若干相互联系的系统共同作用的结果。网络舆情联动机制就是指的网络信息系统、网民系统、媒介系统、控制系统和政府力量系统的良性动态互动。在对外传播过程中,正面的网络舆情对国家形象具有推动作用,负面的网络舆情损害国家形象。所以,网络舆情的联动效应对国家形象的传播具有更

---

① 《盘古舆情》,《雅安地震舆情传播分析报告》,2013年4月24日。
② 孙硕:《优化信息化管理机制促进政府能力建设》,《中国行政管理》,2013年第4期。

加重要的作用。

网络舆情联动机制的产生,首先要对网络信息系统进行检测和数据挖掘,对舆情进行初步判定和筛选;其次要调动媒介系统和控制系统,通过媒体资源对舆情进行扩大和宣传,利用意见领袖进行舆论引导,使其朝着有利于国家形象构建的方向发展;同时,在网络舆情发展过程中,通过与网民系统的评价和反馈进行互动,舆情不断得到修正和改善,从而尽最大可能向外界传达和而不同之声,在传播中树立和谐统一的国家形象,反之则会传递出不和谐的国家形象,如图14所示。

图14　网络舆情通过联动机制影响国家形象的路径

五、提升文化软实力必须加强对网络舆情的正确引导

网络作为一个覆盖面广、影响力大、具有无限发展前景的传播载体,已逐渐成为国家对内对外展示自身"软实力"的重要平台,其本身所具有的网络文化力量亦成为文化软实力的重要组成部分,因此,我们要站在提升文化软实力的战略高度来充分认识加强网络舆情和网络舆论引导的重要意义,网络舆情是社会舆论的一种表现形式,同时也是网络文化的重要内容之一,提升文化软实力必须加强网络文化建设,加强对网络舆情的正确引导。

(一) 坚持网络舆情的正确导向

党的十八大报告明确指出:"文化是民族的血脉,是人民的精神家园。全面建成小康社会,实现中华民族伟大复兴,必须推动社会主义文化大发展大繁荣,提高国家文化软实力。"[①]网络文化是社会文化的重要组成部分,发展中国特色的社会主义网络文化对当前文化软实力的提升具有重要意义,这就要求用中国特色社会主义精神来引导网络舆情,发挥网络舆情的正面力量。

1. 着眼于增强内部凝聚力正确引导网络舆情

上文提到过,一般认为"软实力"分为内部和外部两个方面,表现为内部的凝聚力和外部的国际认可度。从内部凝聚力方面来看,主要是要提升政府能力与公民素质等,保障文化建设力量、思想观念,以及国家与人民利益的和谐等。随着互联网信息传播技术的迅猛发展,网络舆情在保障社会各方和谐方面发挥的作用越来越显著。

要加强人民的内部凝聚力,一方面要构建健康和谐的适宜于人民群众安居乐

---

① 胡锦涛:"在党的十八次全国代表大会上的报告"。http://news.xinhuanet.com/18cpcnc/2012-11/17/c_113711665.htm。

业的社会环境,防止社会的不安、失序和动乱,优化网络舆情产生的环境,对网络舆情中反映出的社会问题进行积极应对和解决;另一方面要保障人民群众通过网络自由表达自己的思想、观念的权利,在网络舆情事件的思想交流及碰撞中形成向心力和凝聚力。

2. 着眼于提升国际认可度正确引导网络舆情

提升国家的国际认可度,可以从多个方面着手:通过向他国传达本国具有普世性的价值观,传播先进性的本国文化和精神,善待其他国家及民族文化,建立具有强大魅力的国家形象等,提升本国在国际上的吸引力和影响力。

网络的全球覆盖性及突破时空限制的特性使其成为每个国家向他国传递信息的重要载体。除政府的网络传播行为外,网络的普及也催生了大批具有独立人格和自由意志及思想的网民,他们在互联网上的传播行为同样是向外传达我国社会发展情况及民族精神文明的重要方面,因此对参与网络舆情事件的网民加强社会主义价值观等意识形态方面的正面引导,对网络舆情走向及国家形象的建设都具有十分重要的意义。

(二) 构建网络舆情的正面语境

网络舆情和社会舆情都是社会存在和社会发展状况的反映。[①] 网络舆情与社会舆情一样,它的形成往往起源于社会中某个事件或热点问题的发生,如涉及政府人员违法违纪问题、应对灾难抢险救灾事件、体现社会道德伦理及冲突的事件、关系国家民生民族利益的事件及社会贫富差距就业公平等问题。这些问题经过传统媒体或网络媒体的关注及报道后,通常都很容易引起网民的热烈讨论,通过跟帖、回帖、发起话题、即时聊天等方式进行看法和意见的交流和汇总,并在网络上广泛传播出去,从而形成网络舆情。正确引导网络舆情必须净化网络传播环境,构建舆情正面语境。

1. 提高经济发展水平,保障社会公平正义

我国正在经历社会转型期,社会矛盾逐步凸显,各类复杂而尖锐的问题层出不穷,社会成员的身份地位及财产收入等差距在不断拉大,各阶层的贫富差距也在快速扩大,富裕阶层与贫困阶层的矛盾日益凸显。同时,少数政府部门及官员并未站在人民群众的立场执政,对经济市场中的民间资本支持较少甚至进行打压,造成不正当的竞争状态;此外,公民的权利得不到充分保障,官商勾结等现象的存在使得社会公平正义得不到维护。这种种不良因素让普通民众尤其是经济、政治、文化等方面的弱势群体容易产生质疑情绪:对社会环境的质疑、对政府执政能力的质疑、对国家发展的质疑等都是网络舆情产生的根源。这些群体需要找到

---

① 姜胜洪:《网络舆情的内涵及主要特点》,《媒体与传播》,2010 年第 3 期。

一个能够让自己毫无顾忌地表达思想观念和心声期盼的自由平台,网络媒介恰好提供了他们这样一种途径,网络舆情的形成因而总是能够产生强大的社会影响力。

基于质疑情绪形成的网络舆情的影响力,一方面可能提升政府决策的民主性和科学性,另一方面也可能引起负面情绪的爆发,导致众多网民的"同仇敌忾",爆发群众与政府或者公众与社会的冲突。为避免这种冲突,最好的办法是提升社会经济发展水平,保障群众利益,确保社会公平正义得到彰显,消解群众的质疑情绪,把质疑转换成认同感,以确保网络舆情的正向发展。

2. 传播核心价值理念,加强精神文明建设

网路舆情要为提升文化软实力做出贡献,其所反映的精神内涵、价值理念等必须符合我国社会发展要求,能够促进社会与人的发展。网络舆情是网民对社会事件表达的言论和观点,其初始倾向性很大程度上是由网民自主把握的,网民的价值观倾向及精神文明程度对网络舆情走向的正确与否具有至关重要的作用。

因此,要在全社会内推进核心价值观念的传播,加强精神文明建设,提升社会主义核心价值体系在群众中的影响力,大力弘扬民族精神和时代精神,发扬先进主流思想,让这些民族文化的精髓在潜移默化中渗透到亿万群众和网民的心灵深处,让传播先进文化成为群众的本能。就网络舆情形成的具体环境而言,应着重加强网络文明和网络道德建设,为网络舆情的正确走向奠定基础。

3. 净化网络传播环境,完善信息网络立法

网络舆情是在网络环境中产生的,借助新闻跟帖、贴吧、邮件、论坛、博客、微博、即时通讯工具、搜索引擎等途径表达出来。要秉承文明办网的理念,加大网络道德宣传,坚持正确的网络舆论导向,制定规章制度,规范网民的发帖、跟帖渠道及方式,加强网民常用表达载体的技术管制及管理水平,遏制有害信息、腐朽文化、观念等意识形态内容的传播,营造良好的网络舆论氛围,推进与社会主义和谐社会相适应的网络环境建设。

根据十八届三中全会决定精神,完善信息网络立法势在必行。应在坚持维护国家安全和社会秩序、保障公民合法权益、促进网络发展、净化网络环境的前提下,在前期各项立法的基础上,加强互联网法制建设,加快信息网络传播法和网络安全法的立法研究和已有法律规范的整理工作,提高网络管理和信息安全法规的法律位阶,强化各项法律规范之间的衔接和配合,推动建立一个层次合理、内容严密、权威性高、执行力强的信息网络法律体系,提高网络管理的法治化水平。

4. 提高网络传播能力,增强网络传播效度

网络舆情是网民公开表达和传播的自己的态度、意见、观念和看法。没有经过公开表达和传播的态度、意见、观念和看法等不能形成网络舆情,网络舆情正是

通过公开传播来聚集和影响广大受众。网络舆情的产生、形成并发挥作用的载体是网络,网民的情绪、态度和意见等都是在网络中进行表达和传播的。有研究指出,先进文化只有在有效的传播过程中,才能彰显和体现出文化软实力。而这种文化的先进性主要体现在四个方面,分别是价值观层面的先进性、思维方式层面的先进性、文化载体层面的先进性以及文化传播媒介与方法层面的先进性。[①] 网络传播媒介的传播能力和传播效度建设,建立在对传播媒介先进性的重视的基础上。传播媒介层面的先进性,主要是指传播工具能充分利用现代科技成果,并运用科学的传播方法,最大限度地扩大文化精神、观念等内容的传播面和覆盖面,提高文化的现实影响力和感染力。[②] 网络舆情的传播主要是利用网络技术,综合运用网络环境中的资讯社交、即时通信等传播工具,因此,网络传播能力及其传播效度是网络舆情得以具有足够大的影响范围和现实作用力的基石。

(三) 完善网络舆情的引导体系

网络舆情是民众通过互联网这个平台对政府管理以及现实社会中各种现象和问题所表达的政治信念、意见、态度和情绪的总和。它在形成、传播、发挥影响及接受反馈的过程中,总是伴随着不同群体之间的互动,[③]包括政府主体,网络舆情主体即参与网络讨论、交流的网民等,网络舆情客体即受到关注的热点、焦点事件或人物,网络媒体以及传统媒体五个群体的互动。因此,对网络舆情的引导也应注重从这五个群体出发,对不同的群体有不同的要求,促使这五个群体在网络舆情的引导中发挥互动作用,建构完善的网络舆情引导体系。

1. 主动发挥政府主体的疏导作用

在传统的政府执政理念中,政府对网络舆情所爆发的危机采取的措施一般是对传播源头进行控制。但是,由于网络传播容量的无限性、物质载体的无形性、信息传播的自由性等,这种控制对于网络传播来说几乎是不可能的。[④] 因此,要实现政府对网络舆情的有效引导,首先必须转变政府机构应对网络舆情的观念,从片面的以"堵压"为主的控制思想,转变为科学的以"疏导"为主的引导观念。在这种理念的指导下,采取多渠道、多措施的方式方法,才能保证政府对网络舆情的适度和有效引导。

加强政府网站建设,充分发挥政府网站的权威作用。网络舆论的大范围爆发并产生重大影响,很多是由于没有权威的声音讲述事实,导致群众产生质疑,于是网络媒体就为大众提供了一种非正式的、非官方的、民间的方式传递自己对事件

---

① 吴桂韩:《文化软实力基础问题与发展战略新探》,《天府新论》,2011 年第 2 期。
② 同上。
③ 张婷:《和谐社会与民主政府视野下网络舆情回应机制研究》,中国地质大学,2010 年。
④ 匡文波:《论网络传播学》,《国际新闻界》,2001 年第 2 期。

或人物的褒贬态度。这就要求政府要加强自身的网站建设,在网络上塑造自身的权威形象,并通过网站公开、透明执政等方式,对引发网络舆论的事件及事实进行公示和解析,形成透明的舆论环境,增强人们对政府网站的信任度和支持度,避免模棱两可的态度或者偏差的执政行为引发网民暴动。

建立专业化的网络队伍,对网络舆情做出快速回应或正面宣传。通过建立专业化的网络队伍来争夺政府的网络话语权,这样能够有效避免一些投机分子或不良企图者的吹嘘鼓噪。专业化的网络队伍对网络舆情事件做出快速回应或正面舆论宣传时,要注意四点:一是在宣传及回应的措辞上要有缓和的余地,避免未经调查而与网民产生争论,以更好地获得网民的支持;二是在宣传及回应的时间上做出选择,可以在第一时间对网民的过激言论及行为进行引导,但是应避免第一时间对事件的定性及回应,因为短时间内很难对整个事件的发生发展有完整的把握,这容易引起网民的质疑;三是在宣传及回应的内容上要避免一味地歌功颂德,对事件中表现出来的负面信息要有反省意识,这样才能避免群众产生心理抵触;四是在宣传及回应的程度上要避免过度承诺,否则将更难取信于民众。

联合有影响力的网络媒体,设置议程引导舆论。传播学中的"议题设置"理论就是解决"通过什么内容来引导舆论"的问题,政府网站,包括一些有名的网站论坛作为信息传播者,以其接触的受众数量多、辐射广、信息来源渠道多元、信息接受快速高效、影响力强等特点,具备了强大的议题设置潜力,理应在现代社会发挥着重要的信息传播和舆论引导作用。要主动联合各类有影响力的网络媒体,如各类新闻门户网站等,利用政府及网站设置的新的议程来引导舆论走向。政府在引导网络舆情的过程中,可以通过在有影响力的网络媒体中设置与网络舆情时间相关的新议程,并发起投票或讨论,在有可能的情况下邀请现实或网络中的权威人士对该事件进行关注和探讨,从而实现网民对网络舆情时间关注度的转移或是引导网民对该网络舆情事件的态度往政府希望看到的方向转变,形成健康的网络舆论。

加强对搜索引擎的控制,促进舆情信息的有效传递。要利用该技术实现政府信息向网民的有效传递。当前,网民对搜索引擎的使用程度越来越高,网络舆情一旦形成之后,社会公众经常通过搜索引擎来了解更详细的信息及反馈。政府可以加强对搜索引擎的控制,将自身具有权威性及正面影响性的论调在搜索引擎中置顶,引起使用者的注意。这种方式实质上是利用网民的网络使用习惯对搜索引擎的新闻及信息的布局进行重新调整和安排,使政府想让公众了解的信息能够顺利到达公众的视野,这是引导网络舆情的一种合理而有效的手段。

2. 充分发挥媒介主体的桥梁作用

在网络舆情事件中,政府必须主动借助媒体,用事实说话,确保在传播事实的基础上对社会舆论进行正确引导。传统媒体是政府主体、网络媒体、舆情主体和舆情客体间沟通的桥梁,在网络舆情的引导中发挥着十分重要的作用。传统媒体较之网络媒体更具权威性,是党和政府宣传社会主义文化与价值观念的主阵地,同时也是社会公众获取最新、最权威信息的重要渠道。得益于传统媒体的权威性,其刊载的信息、评论等对网络舆情的发展有着明显的导向作用。网络媒体是舆情主体、舆情客体和传统媒体三者试图干预网络舆情走向的主要舞台。在网络舆情的引导中,网络媒体起着关键作用。网络舆情的产生、传播及发展的过程中,网络媒体作为一个巨大的信息库,多方的信息都在网络媒体中汇聚,各种观念在这个舞台中汇聚形成具有巨大影响力的网络舆情。网络媒体对网络舆情的态度以及它们的媒介责任感与网络舆情的引导息息相关。因此,不论是传统媒体或是网络媒体的从业人员都必须坚守自己的媒体责任,以社会主义核心价值体系及先进文化指导自身的宣传、传播活动,为网络舆情指引正确的方向。

在网络舆情的引导方面,要注重传统媒体与网络媒体二者间作用的相辅相成和互相促进。网络媒体传播的缺陷与不足,需要得到传统媒体的修正与补偿。① 网络媒体引爆网络议题,传统媒体利用权威身份解决问题;网络媒体提供大量信息,传统媒体为解决问题提供专业、具体的信息和措施。网络媒体所引爆的议题要产生巨大的社会影响力必须取得传统媒体的权威信息支持,而传统媒体的舆论引导作用也需要网络媒体的大量参与及热情讨论。在网络舆情的引导方面,缺乏传统媒体和网络媒体其中的任何一个,对网络舆情的引导都很难取得成效,必须注重发挥二者间的相互关系,引导网络舆情正向发展。

3. 善于发挥意见领袖的推手作用

意见领袖是在网络舆情的形成发展过程中,经常为他人提供信息、观点和建议并对他人施加个人影响的人物。在网络舆情的引导过程中,意见领袖的作用同样不可忽视。

网络舆情中的意见领袖分为两种,一种是作为网络舆情主体的社会公众中具有影响力及说服力的个人。如果说社会公众是网络舆情生成的基础,那么社会公众中的意见领袖就是其发展的推手。意见领袖相对于其他的社会公众,往往掌握着更为丰富的信息源,他们在网络环境中不仅能利用网络聊天室、论坛、博客、微博、微信等网络平台发送多样化的信息,还会组织发动具有共同兴趣爱好或是共同关注的话题、事件、人物等的网民进行交流讨论,他们通过这种网络传播行为推动网络舆情的发展并使其在社会中发挥着巨大的影响力。另一种意见领袖存在于网络舆情客体之中,是涉及网络舆情事件中的人物,他们是事件的直接参与者,

---

① 朱清河、时潇锐:《社会转型期网络舆情的正向选择》,《当代传播》,2010年第4期。

对事件的发生、发展等最具发言权。因此,在网络舆情的引导过程中,要重视网络舆情客体的作用。他们对事实的阐述、表达的观点、立场或是对自身不良行为的反省、对他人过度行为的谅解等等都会为正面引导网络舆情的走向提供帮助。

除了意见领袖的作用外,在网络舆情的引导过程中同样不能忽视普通社会公众的作用。在网络舆情形成之后,大量社会公众的参与增强了该网络舆情事件的影响力及感召力。因此,在对网络舆情的引导中,普通社会公众的作用也不可忽视。社会公众要在参与网络舆情的过程中发挥积极性、主动性,自觉养成网络自律精神,反对低俗化,积极抵制和积极举报具有反动性质或是煽动违法违纪的网络信息,共同营造和谐网络环境,引导网络舆情正向发展。

站在提升文化软实力的高度来引导网络舆情的正确走向,必须充分了解和重视网络舆情发生、发展过程中所有参与者及应对者的角色与作用。集政府、传统媒体、网络媒体、舆情主体和舆情客体的互动关系为一体,正确协调彼此间的行动,是引导网络舆情的必由之路。

(硕士研究生赵添喜、王浩、袁明珍、张艺伟、江心培、郑梅钦等参与了本篇报告的资料收集和初稿的撰写)

我国文化典籍对外翻译出版
国际影响力发展报告

李伟荣[*]

摘要：我国文化典籍对外翻译出版从1990年代至今，已经二十多年了，其在国际上的影响力越来越大，当然也存在着有待进一步完善的问题。本文主要由导言、正文和结语构成。导言部分简述了中国文化典籍的翻译出版的基本状况和政策意义，界定了中国文化典籍的内涵与外延；正文部分主要拟从四个方面对我国文化典籍对外翻译出版的国际影响力进行探讨。一、西方对中国文化典籍的译介：简要介绍西方传教士、汉学家对我国文化典籍的译介，指出这些译介中可能存在的问题。二、中国文化典籍翻译的缘起、发展、高潮及中国文化典籍翻译出版的国际影响力：主要以具体的翻译出版形式，将我国新时代所进行的文化典籍翻译出版活动进行总结，并用具体的数据说明我国文化典籍翻译出版在国际上的影响力。三、中国文化典籍对外翻译出版的反思：一方面指出，我国大部分文化典籍，尤其是能代表中国传统文化精髓的文化典籍，在西方均已有较为权威的译本，有一些还有多个译本，另一方面是将这一状态跟国内文化典籍翻译出版的现状进行比较，找到目前我国文化典籍翻译出版的问题等。四、中国文化典籍翻译出版对提升中国文化软实力的意义：从"中国文化"与"文化软实力"的视角出发，旨在找到一条较为有效的"中国文化走出去"的途径，确立"文化输出"的生态意义，即坚持可持续地输出中国文化，向世界说明中国的真实情况，从而让中国文化成为他国文化借鉴的真正"他者"，使得世界文化具有多样性。结语部分则对全文进行了某种程度的总结，并且针对如何利用中国文化典籍的翻译出版来提高国家文化软实力提出了一些对策。

---

[*] 李伟荣，湖南大学外国语学院副教授，博士。
本文是国家社科基金一般项目"英语世界的《易经》研究"（项目编号：12BWW011）、湖南省社科基金一般项目"英语世界的《周易》研究"（项目编号：2010YBA052）、"湖南大学青年教师成长计划"以及2014—2016年度"湖南省普通高校青年骨干教师培养对象"的阶段性成果之一。

一、导言

随着改革开放的不断深入,中国文化正以有史以来从未有过的规模、广度与深度走出国门,而中国文化典籍的翻译出版为世界了解中国悠久灿烂的历史文化搭建了沟通的桥梁。从 17 世纪到现在,中国典籍的英译经历了从选译到全译,从零星翻译到结集成套翻译,从随意翻译到系统翻译的历史过程,翻译质量也由低到高,日臻完善。

而改革开放以来,尤其是到了新世纪,我国有识之士认识到了文化输出对国家文化软实力、文化竞争力和文化强国战略的积极意义。① 1990 年以来,我国各行各业对中国文化如何成功"走出去"给予了较为热切而深入的关注。我们党和政府以及各界都在不断探索中国文化的世界之路,探索如何增强中国文化国际竞争力和提升国家软实力,例如 2007 年党的十七大报告中指出:"要坚持社会主义先进文化前进方向,兴起社会主义文化建设新高潮,激发全民族文化创造活力,提高国家文化软实力""加强对外文化交流,吸收各国优秀文明成果,增强中华文化国际影响力";2009 年"两会"期间对如何继续向外推广中国文化的热烈探讨;2011 年"两会"期间"十二五"规划纲要明确提出要创新文化"走出去"模式,增强中华文化国际竞争力和影响力,提升国家软实力;2013 年党的十八届三中全会《公报》提出要提高文化开放水平,其举措是坚持政府主导、企业主体、市场运作、社会参与,扩大对外文化交流,加强国际传播能力和对外话语体系建设,推动中华文化走向世界,并且明确提出建设社会主义文化强国,增强国家文化软实力;2011 年 3 月 5 日,全国政协十一届四次会议举行记者会,邀请 7 位政协委员就公共外交问题回答中外记者提问,委员们都认为为了争取良好的国际环境,有必要向世界说明中国的真实情况;我国民主党派如民进中央也把文化走出去作为重点调研专题,副主席朱永新于 2011 年 1 月 26 日就"推进文化走出去战略"做客人民网强国论坛,跟广大网友现场互动,内容涉及解读"走出去"战略、目前取得的成绩、存在的问题及解决办法、国内的文化建设等方面;再加上 2008 年北京奥运会和 2010 年上海世博会的成功举办等,这些都促使各行各业重新思考"中国走出去"战略。

我国多家出版社则直接着手中国文化典籍的翻译出版工作。自《熊猫丛书》从 1981 年开始推出部分中国文化典籍和湖南(人民)出版社 1992 年出版《汉英对照中国古典(学术)名著丛书》以来,我国各大出版社开始以丛书的形式集团化地

---

① 近些年,王岳川在不遗余力地力倡"文化输出"与"文化战略"之间的关系,详见王岳川的相关论著,如《文化战略》,复旦大学出版社,2010 年;《发现东方》,北京大学出版社,2011 年;《文化输出》,北京大学出版社,2011 年。

出版中国文化典籍的翻译作品。目前国内大约有近三十家出版社涉足中国文化典籍的翻译出版,而集结成套出版的版本则有上海外语教育出版社的《外教社中国文化汉外对照丛书》、湖南(人民)出版社的《汉英对照中国古典(学术)名著丛书》、外语教学与研究出版社的《大师经典文库》、山东友谊出版社的《儒学经典译丛》和外文出版社的《汉英经典文库》等。由国务院新闻办公室、国家新闻出版总署等部门组织30多家出版社编选翻译的《大中华文库》规模最大,从1995年开始到目前,汉英对照的出版110种,而汉法、汉德、汉日、汉韩、汉西等多语种也已出版35种,第二批70多种也在陆续推出。

不过,在中国文化典籍的翻译出版过程中,也凸显出了诸多问题。本文拟从西方对中国文化典籍的译介和中国文化典籍翻译出版的缘起、发展、高潮等方面勾勒出其发展轨迹,兼及讨论其在国际上的影响力,并对我国文化典籍对外翻译出版进行反思,旨在找到一条较为有效的"中国文化走出去"的途径,让中国传统文化的精髓汇入到世界文化的大流中去,从而切实提高我国在国际上的文化软实力。

根据国内的权威汉语词典,典籍大致有如下两个含义:1."记载古代法制的图书,泛指古代图书。"[①];2."国家重要的文献,亦统称各种典册、书籍。"[②]本文所说的"中国文化典籍"主要指后者,即"国家重要的文献"。

关于中国文化典籍的分类还有多种说法。比较一致的认识是将中国文化典籍分为"经史子集"四类,其中"经"主要指儒家典籍(如儒学十三经),"史"是各种体裁的历史著作,"子"是诸子百家及释道宗教著作,"集"是收历代作家一人或多人的散文、骈文、诗、词、散曲等的集子和文学评论、戏曲等著作。

这大体将我国汉文化的重要典籍涵括进去了。不过,问题是我国是一个多民族国家;而"五四运动"以降,我们日常使用的语言从古体文(文言文)演化为白话文,新中国成立后又对繁体汉字进行了简化。而在此期间,也有作家和学者继续用文言文进行写作,如鲁迅的《摩罗诗力说》和钱锺书的《管锥编》《谈艺录》等,这些无疑都已成为经典。而事实上,现当代作家的很多作品也逐渐成为了经典。因此,本文力倡广义的典籍之说,认为典籍应该是一个相对的概念,而不应该有绝对的界限。随着时间的流逝,近人或现代人的作品对后来者而言,可能就成了经典。另外,典籍范畴应更广,不仅指文史哲或经史子集,而应该包括所有的人类文化产品;不仅指汉民族的作品,也要包括其他少数民族的作品。这些作品无疑也是我们应该翻译的对象,比如,莫言等现当代作家的作品和少数民族的史诗如《格萨尔

[①] 中国社会科学院语言研究所词典编辑室编:《现代汉语词典》,商务印书馆,2005年,第303页。
[②] 夏征农主编:《辞海》(缩印本),上海辞书出版社,1999年,第831页。

王》就值得向国外推介,以推动中外文化的交流,加强我国的文化输出,扭转文化逆差的现状。

本文讨论的"中国文化典籍"不单包括古代经典,也包括近现代能体现中国核心价值观的优秀作品;既包括主要以书籍为载体的有形典籍,也包括中医、中药、饮食、服饰、武术、气功、京剧、戏曲等无形载体;既包括汉语文化典籍,也包括少数民族文化典籍。

如此一来,有待翻译的中国文化典籍似乎是浩瀚无边的。因此,我们在具体操作的时候,得按照一定的原则进行筛选,多角度多层次地向外翻译并传播集中体现我国文化特质的文化典籍,向世界说明中国的真实情况,让中西不同的文化间能够互相了解、互相欣赏,以提升我国文化软实力,树立文化强国的良好国际形象,加强我国的文化安全。

二、西方对中国文化典籍的译介

中国文化典籍的外译可谓源远流长。以儒学为代表的中国文化典籍在很早的时候就已传播至我国周边的国家,包括日本、朝鲜(现在分为韩国和朝鲜两国)、越南、泰国等东南亚国家,后来因为传教士而远播至欧洲、美洲、大洋洲甚至非洲等地。据朱仁夫、邱绍雄考察,儒学走向周边(主要是东亚、南亚),首先是通过秦汉时代的博士传经,首传朝鲜,经朝鲜而传至日本;儒学南传主要是依靠博学的儒士、名臣取道越南、缅甸等地。①

众所周知,随着西方传教士于 16 世纪末进入中国,他们除了从事传教活动之外,对于中西文化的交流之功是不可抹杀的。一般而言,学界公认传教士在西学东渐的过程中扮演了举足轻重的作用。李奭学称之为西学东渐的号角先锋。② 这也是学界的通识。不过,本文认为,传教士在传教和西学东渐之余,也在积极地阅读中国古典文献,尤其是中国儒家经典,借此寻找中国典籍中"蕴藏"的基督教因素,例如利玛窦为了能在中国顺利传教并推广天主教教义,他一方面通过改穿儒服、习汉语来接近当时的知识分子阶层,另一方面则利用科学来传教并积极研读中国典籍,目的旨在从《中庸》《诗经》《周易》《尚书》等中国典籍中寻找"上帝"的教义,以宣扬天主、传播教义。

随之,西方传教士展开了对我国典籍的译介,并将其传播至西欧各国。这可以称之为"前汉学时期"。在"前汉学时期",主要的译介者就是传教士,其目的不

---

① 朱仁夫、邱绍雄:"前言",见朱仁夫、邱绍雄编著:《儒学走向世界文献索引》(上、下),齐鲁书社,2003 年。

② 李奭学:《中国晚明与欧洲文学:明末耶稣会古典型证道故事考诠》,台北联经出版事业股份有限公司,2005 年,第 1 页。

是为了翻译中国文化典籍,而是为了传教的便利,为了能够让中国人改信基督教。他们之翻译中国文化典籍并使其得以在西方传播,完全是一种副产品,是他们自己意想不到的。

从"前汉学时期"到"汉学时期",理雅各(James Legge)、卫礼贤(Richard Wilhelm)均为其过渡人物。理雅各虽然对传教事业兢兢业业,但是他在接触到中国文化典籍之后,由衷地为其所折服,于是穷毕生精力翻译中国文化典籍。卫礼贤的情形与此类似。在晚年,卫礼贤曾提到,自己作为传教士没有使一个中国人皈依基督教,这让他颇感安慰。①

20世纪前后两位翻译"中国经典"的巨擘理雅各和卫礼贤②均从18、19世纪西方对"中国经典"的翻译和研究中受益匪浅。再者,19世纪的"中国经典"的翻译和研究,从属于西方的汉学系统。尽管这一时期几乎所有的"中国经典"翻译者都是神职人员,可他们对"中国经典"所发生的浓厚兴趣和研究动机不完全出于神学的目的,而逐渐带有较浓的学术性。与前一阶段耶稣会会士的"中国经典"研究者一样,他们也会基于论证基督教教义与儒家思想一致性而阐释"中国经典",但是他们开始注意到了"中国经典"某些显然独特的方面,这与西方思想很不一样,这些研究者和翻译者开始试图从中国文化传统的形成和发展的历史背景上来加以分析和推论,这从他们大量征引中国典籍来进行翻译和研究这一点可以得到印证。

如果说理雅各和卫礼贤还是身为传教士的话,那么翟理斯(Herbert A. Giles,1845-1935)和韦利(Arthur Waley,1889-1966)等人则是纯粹的学者了。从他们开始,西方学者开始不只是关注《十三经》等中国古代经典,也开始关注其他中国典籍形式,如哲学、诗歌和散文等。

翟理斯的主要贡献集中在两个方面:工具书和翻译。在翻译方面,他自费印刷过一部《古文选珍》(*Gems of Chinese Literature*,1883年),翻译了不同时期中国著名散文作家的"优雅的"散文"片断";1889年,出版《古今诗选》(*Chinese Poetry in English Verse*),选译了大量中国古诗;他的《庄子》译本分为三大部分:引言、庄子哲学札记、译文,通过自己的传神妙笔,他将庄子哲学之精华传递给英国读者,让他们感受到了中国哲学的神秘魅力;他也选译过《聊斋志异》(*Strange Stories from a Chinese Studio*,1878),至今依然能让人感觉到其译笔的优雅与准确,尤其是他在译

---

① 卫礼贤(Richard Wilhelm)著,王宇洁等译,《中国心灵》,国际文化出版公司,1998年。
② 费乐仁著,陈京英译,《攀登汉学中喜马拉雅山的巨擘——从比较理雅各(1815—1897)和尉礼贤(1873—1930)翻译及诠释儒教古典经文中所得之启迪》,《中国文哲研究通讯》,第15卷第2期,第21—57页。

文中的注释显示他对中国古籍的广泛涉猎[①],予人良多启发。

韦利一生致力于中、日古代典籍的翻译与研究。就翻译而论,他译过《诗经》《论语》《道德经》《一百七十首中国诗》(A Hundred and Seventy Chinese Poems)、《中国诗歌增集》(More Translations from the Chinese)和《九歌》(The Nine Songs: A Study of Shamanism in Ancient China)等,译笔流畅。更为可贵的是,他撰写了多部关于中国思想史的研究著作,如《道与力:道德经及其在中国思想中地位的研究》(The Way and Its Power: A Study of the Tao Te Ching and Its Place in Chinese Thought)和《中国古代思想的三种方式》,对《道德经》、庄子、炼金术等方面进行了较为深入的研究;他节译过《西游记》,分别为王际真翻译的《红楼梦》和伯纳德·米奥尔根据德国著名汉学家库恩德文节译本《西门及其六妻妾奇情史》转译的英译本《金瓶梅》(Chin Ping Mei: The adventurous history of Hsi Men and his Six Wives)撰写过序言等。这些译作和论著大大增进了英语世界对中国历史文化的理解,为中西文化交流作出了巨大的贡献。

对于韦利的贡献,美国当代著名的中国史专家史景迁(Jonathan D. Spence)曾经评论说:"阿瑟·韦利(Arthur Waley)精心地从中国及日本文学中采集瑰宝,然后悄悄地把它们别在自己的胸前。在他之前,没有人这么做过,而在他之后,也不会有人再这么做了。"[②]尽管西方有很多人比韦利更了解中国和日本,也精通汉语或日语,但他们却都非诗人,而比韦利更有才华的诗人中却无人精通汉语或日语,韦利带给人们的震撼无人可及,因为他译介的大部分中国或日本作品都是西方世界所陌生的,也正因为如此,这些译作才更加凸现出超凡的影响力。[③]

随后,汉学步入高速发展期,由欧洲汉学过渡到美国中国学(Chinese Studies),全球的汉学中心也就从欧洲转到了美国。费正清(John King Fairbank,1907-1991)提出的"冲击—回应"模式("Impact-Response" Approach)就是美国中国学达至高潮的一个表现。这一阶段延至现在,西方关于中国的研究已拓宽到方方面面。关于中国文化典籍的翻译只是其中一部分,许多汉学家均能说汉语,至少能够用汉语进行阅读。即便如此,翻译依然显得很必要。单德兴在采访张敬珏时,便涉及了这一点。张敬珏说:"也许我有能力在自己的学术著作里引用那些中文撰写的批评作品,却没办法在课堂上指定学生阅读,原因很简单:我的学生里能阅

---

① 例如他在翻译《贾凤雄》一篇时,有一个注释来自《太平御览》卷七百五十四中的工艺部十一"樗蒲":(《异苑》又曰:昔有人乘马山行,于岫里见二老公相对樗蒲。遂下马,以策拄地而观之。自谓:俄顷,望视其马鞭,漼然已烂;顾瞻其马鞍,亦枯朽。既还,无复识,一恸而绝。

② 史景迁:"阿瑟·韦利",见史景迁著,夏俊霞等译,《一个汉学家的学术探索之旅》,上海远东出版社,2005年,第381页。

③ 同上。

读中文的不到百分之五。"①

三、中国文化典籍对外翻译出版的肇始、发展与高潮及其国际影响

从上面的论述可知,中国文化典籍在海外的流传渊源深远,不过晚清之前大都是零星的翻译和介绍,而非通过国家机构大规模、成系统地向外推介。

据耿强介绍,主动对外翻译中国文学的活动自晚清时期便已经开始。② 1949年中华人民共和国建国之前,个人翻译方式成为中国文学"走向世界"的主导模式。③ 之后,由中国国家对外宣传机构主持的对外翻译项目开始大规模、有系统地主动对外译介中国文学。

(一)中国文化典籍对外翻译出版的肇始

通过国家机构大规模、有系统地翻译出版中国文化对外典籍肇始于1980年代初期。据耿强分析,从1981年开始中国外文出版发行事业局(外文局)下属中国文学杂志社负责翻译出版《熊猫丛书》,旨在通过翻译将中国文学和文化译介至西方主要国家,以扩大中国文学在世界的影响。至此,国家机构对外译介成为中国文学"走向世界"的主要渠道和方式。④

因为《熊猫丛书》主要想通过翻译将中国现当代文学和文化译介至西方主要国家,所以所涉及的古籍并不多,详见表1。

表1 《熊猫丛书》(古籍部分)出版(重印)书名⑤

	中文书名	英文书名	作者	译者	出版社	出版年	备注
1	三部古典小说选	Excerpts from Three Classical Chinese Novels	李汝珍、罗贯中、吴承恩	杨宪益、戴乃迭	Chinese Literature⑥ (CL)	1981	
2	聊斋志异选	Selected Tales of Liaozhai	蒲松龄	杨宪益、戴乃迭	CL	1981	
3	老残游记	The Travels of Lao Can	刘鹗	杨宪益、戴乃迭	CL	1981	

---

① 单德兴:《对话与交流:当代中外作家、批评家访谈录》,(台湾)麦田出版社,2001年,第219页。
② 耿强:《文学译介与中国文学"走向世界"——"熊猫丛书"英译中国文学研究》,上海外国语大学博士论文,2010年,第12—13页。
③ 同上文,第13—16页。
④ 同上文,第16—17页。
⑤ 本表根据耿强博士论文《文学译介与中国文学"走向世界"——"熊猫丛书"英译中国文学研究》中的附录一制作而成,有所补充。详见第153—169页。因《熊猫丛书》的一些译本笔者并未查出译者,所以标示"不详"。
⑥ 即中国文学杂志社。

（续表）

	中文书名	英文书名	作者	译者	出版社	出版年	备注
4	聊斋志异选	Selected Tales of Liaozhai	蒲松龄	杨宪益、戴乃迭	CL	1982	重印
5	老残游记	The Travels of Lao Can	刘鹗	杨宪益、戴乃迭	CL	1983	重印
6	诗经选	Selections from the Book of Songs	不详	杨宪益、戴乃迭、Hu Shiguang	CL	1983	
7	聊斋志异选	Selected Tales of Liaozhai	蒲松龄	杨宪益、戴乃迭	CL	1984	重印
8	三部古典小说选	Excerpts from Three Classical Chinese Novels	李汝珍、罗贯中、吴承恩	杨宪益、戴乃迭	CL	1984	重印
9	唐宋诗文选	Poetry and Prose of the Tang and Song	李白等	杨宪益、戴乃迭	CL	1984	
10	明清诗文选	Poetry and Prose of the Ming and Qing	不详	杨宪益	CL	1986	
11	唐代传奇选	Tang Dynasty Stories	不详	杨宪益、戴乃迭	CL	1986	
12	汉魏六朝诗文选	Poetry and Prose of the Han, Wei and Six Dynasties	不详	杨宪益、戴乃迭	CL	1986	
13	历代笑话选	Wit and Humor from Old Cathay	廖静文	Jon Eugene Kowallis	CL	1986	
14	三部古典小说选	Excerpts from Three Classical Chinese Novels	李汝珍、罗贯中、吴承恩	杨宪益、戴乃迭	CL	1987	重印
15	唐宋诗文选	Poetry and Prose of the Tang and Song	李白等	杨宪益、戴乃迭	CL	1990	重印
16	历代笑话选	Wit and Humor from Old Cathay	廖静文	Jon Eugene Kowallis	Chinese Literature Press①（CLP）	1990	重印
17	王维诗选	Laughing Lost in the Mountains—Selected Poems of Wang Wei	王维	不详	CLP	1990	
18	陶渊明诗选	Selected Poems by Tao Yuanming	陶渊明	不详	CLP	1993	

---

① 即中国文学出版社。

（续表）

	中文书名	英文书名	作者	译者	出版社	出版年	备注
19	诗经选	Selected from the Book of Songs	不详	许渊冲	CLP	1994	
20	唐宋诗文选	Poetry and Prose of the Tang and Song	李白等	杨宪益、戴乃迭	CLP	1994	重印
21	《孙子兵法》与述评（英汉对照）	Sun Zi: The Art of War with Commentaries	谢国良评注	张惠民	CLP	1995	
22	明清文言小说选	Short Tales of the Ming & Qing	蒲松龄等	张西蒙等	CLP	1996	
23	中国文学集锦：从明代到毛泽东时代	A Sample of Chinese Literature: from the Ming Dynasty to Mao Zedong	沙博理编译	沙博理编译	CLP	1996	
24	寒山诗选	Encounters with Cold Mountain—Poems by Han Shan	寒山子	不详	CLP	1996	
25	唐宋诗文选	Poetry and Prose of the Tang and Song	李白等	杨宪益、戴乃迭	CLP	1996	重印
26	七侠五义	The Seven Heroes and Five Gallents	石玉昆、俞樾	宋绶权等	CLP	1997	
27	初刻拍案惊奇	Amazing Tales—First Series	凌濛初	温晋根	CLP & Foreign Language Teaching and Research Press①(FLTRP)	1998	
28	二刻拍案惊奇	Amazing Tales—Second Series	凌濛初	马文谦	CLP & FLTRP	1998	
29	朝花夕拾——古代散文卷（汉英对照）	不详	中国文学出版社编	不详	CLP & FLTRP	1998	
30	朝花夕拾——古代小说卷（汉英对照）	不详	中国文学出版社编	不详	CLP & FLTRP	1998	

---

① 即外语教学与研究出版社。

(续表)

	中文书名	英文书名	作者	译者	出版社	出版年	备注
31	朝花夕拾——古代诗歌卷（汉英对照）	不详	曾国泰、陈立万	不详	CLP & FLTRP	1999	
32	唐宋散文选（英汉对照）	Selected Prose from the Tang and Song Dynasties	不详	不详	CLP & FLTRP	1999	
33	诗经选	Selections from the Book of Songs	不详	杨宪益、戴乃迭、Hu Shiguang	FLTRP	2004	重印
34	初刻拍案惊奇	Amazing Tales—First Series	凌濛初	温晋根	FLTRP	2005	重印
35	二刻拍案惊奇	Amazing Tales—Second Series	凌濛初	马文谦	FLTRP	2005	重印
36	七侠五义	The Seven Heroes and Five Gallents	石玉昆、俞樾	宋绶权等	FLTRP	2005	重印
37	汉魏六朝诗文选	Poetry and Prose of the Han, Wei and Six Dynasties	陶渊明等	杨宪益、戴乃迭	FLTRP	2005	重印
38	唐宋诗文选	Poetry and Prose of the Tang and Song	李白等	杨宪益、戴乃迭	FLTRP	2005	重印
39	老残游记	The Travels of Lao Can	刘鹗	杨宪益、戴乃迭	FLTRP	2005	重印
40	唐宋诗文选	Poetry and Prose of the Tang and Song	李白等	杨宪益、戴乃迭	FLTRP	2006	重印
41	唐宋诗文选	Poetry and Prose of the Tang and Song	李白等	杨宪益、戴乃迭	FLTRP	2007	重印

从表1可以看出，《熊猫丛书》翻译出版古籍从1981年就开始了。事实上，《熊猫丛书》是与中国著名翻译家杨宪益密不可分的。据徐慎贵介绍，《中国文学》新任主编杨宪益于1981年倡议出版《熊猫丛书》，丛书以国宝熊猫为标记。在此之前，《中国文学》上译载的作品有部分已编入外文图书出版社（今外文出版社）的书籍里。《熊猫丛书》则先将杂志上已译载过的但还没有出过书的作品结集出版。随着丛书的发展，又增加了新译的作品。丛书主要用英、法两种文字出版中国当代、现代和古代的优秀作品，也出版了少量的德、日等语种版本。丛书受到国外读者欢迎和好评，许多书重印或再版。由于丛书日益显得重要，1986年正式成立了

中国文学出版社,承担出版《中国文学》杂志、《熊猫丛书》和中文文学书籍的任务。① 1981年以来,《熊猫丛书》发行到150多个国家和地区,有190多种。1998—2000年,中国文学出版社与外语教学与研究出版社合作出版中英、中法两种文字对照本《中国文学》杂志和书籍,供外销,兼及对内销售。②

从表1还可以看出,《熊猫丛书》翻译出版了共23种古籍(不包括重印本),约占全部丛书的10%多一点。这些作品的翻译出版并发行到海外,当然对中国文化典籍的对外传播起到了一定作品。同时,湖南(人民)出版社的"汉英对照中国古典(学术)名著丛书"也产生了较大的影响,翻译出版的作品详见表2。

表2　湖南(人民)出版社"汉英对照中国古典(学术)名著丛书"③

	书名	译者	今译	校注	时间
1	汉英四书	James Legge	杨伯峻	刘重德、罗志野	1992
2	诗经	许渊冲	程俊英、蒋见元	姜胜章	1993
3	周易	James Legge	秦颖、秦穗		1993
4	孙子兵法	Herbert Giles		程郁、张和生	1993
5	老子	Arthur Waley	傅惠生		1994
6	楚辞	许渊冲	杨逢彬		1994
7	尚书	罗志野	周秉钧		1996
8	坛经	黄茂林	顾瑞荣		1996
9	宋词三百首	许渊冲	张秋红、杨光治		1996
10	左传	胡志挥	陈克炯		1997
11	儒林外史	杨宪益、戴乃迭			1997
12	庄子	汪榕培、任秀桦	秦旭卿、孙雍长		1997
13	唐诗三百首	吴钧陶			1997
14	西厢记	汪榕培			1997
15	汉魏六朝诗三百首	汪榕培	弘征、熊治祁		1998

该套丛书肇始于理雅各(James Legge)翻译的《华英对照四书》。据秦旭卿回忆,他很早就阅读过该译本,当他儿子秦颖1987年从华东师范大学西方史硕士毕业到湖南出版社④的社科译文编辑室工作时,便建议秦颖出版此书。经过一番努

---

① 徐慎贵:《〈中国文学〉对外传播的历史贡献》,《对外大传播》,2007年第8期,第46页。
② 同上文,第47页。
③ 文献均表明该丛书已出版著作16种或17种,如秦旭卿在《关于〈汉英四书〉的回忆》一文中即指出已出版16种,不过笔者只找到15种。
④ 湖南人民出版社成立于1951年,1990年代初曾重新登记为湖南出版社,后又更名为湖南人民出版社。

力,该书于1992年出版;出版后在社会上获得较大反响。据秦旭卿介绍,该书第一版印了八千册,发行以后,很快售罄。湖南出版社便再接再厉,根据读者反馈的情况,对该书作了修订,将丛书名"汉英对照中国古典学术名著丛书"删掉"学术"二字;全书内容加了白话译文:不仅是汉英对照,还有文白对照。《汉英四书》的封面就改为"汉英对照、文白对照《四书》",1994年出了第二版。于是这套丛书的出版样式成了中外古今四合一的形式了,开创了图书出版的一种新的形式。① 《汉英四书》第二版获得社会各界的广泛支持。秦旭卿指出第二版《汉英四书》出版后,《光明日报》和《文汇报》发了消息,《中华读书报》《英语世界》发文推荐,香港浸会大学(Hong Kong Baptist University)费乐仁博士来信索购、中央文史研究馆馆长萧乾先生来信赞扬,《走向世界丛书》的主编钟叔河先生给汉英《四书》作序,这样就促使这套丛书的成长和发展。②

这一套丛书后来又与《大中华文库》接续上了联系。秦旭卿回忆道,1995年春湖南新闻出版局副局长张光华、湖南出版社副社长尹飞舟、编辑室副主任秦颖到北京调研时,杨牧之先生特别约请他们座谈。当秦颖汇报了《汉英对照古典名著丛书》的出版情况后,杨牧之先生很惊异,并表现出浓厚兴趣,因为这与他正酝酿中的《大中华文库》不谋而合,于是正式邀请湖南出版社参加中国国家新闻出版署的《大中华文库》工作,同时希望原丛书停止出版。③

从表2可以看出,1998年湖南出版社出完最后一本《汉魏六朝诗三百首》(汉英对照本)之后,该丛书便正式停止了,转而投入了1999年开始的《大中华文库》翻译出版工作。

(二) 中国文化典籍对外翻译出版的发展

除了中国文学出版社和湖南(人民)出版社外,国内同时有多家出版社在翻译出版中国文化典籍。这可以视为中国文化典籍对外翻译出版的发展期。当然,我们无法从时间上截然让这几个时期分开,因为有些出版社翻译出版的中国文化典籍跨越的时间段比较长。

据笔者所知,大致有如下出版社积极翻译(编译)出版了如下丛书:外文出版社《汉英对照经典读本》(19种)、外文出版社《古诗苑汉英译丛》(共5种)、外语教学与研究出版社《大师经典文库》、北京大学出版社《汉英对照古典名著丛书》(4种)、中国对外翻译出版公司《一百丛书》(汉英对照)、山东友谊出版社的《儒学经典译丛》(汉英对照,共10种)。

---

① 秦旭卿:《关于〈汉英四书〉的回忆》,《书屋》,2013年第10期,第31—32页。
② 同上文,第32页。
③ 同上文,第35页。

表3　外文出版社《汉英对照经典读本》(19种)

	书名	译者	时间
1	西游记	詹纳尔(W. J. F. Jenner)	1999
2	儒林外史	杨宪益、戴乃迭(Gladys Yang)	1999
3	红楼梦	杨宪益、戴乃迭(Gladys Yang)	1999
4	水浒传	沙博理(Sidney Shapiro)	1999
5	三国演义	罗慕士(Robert Moss)	1999
6	孙子兵法·孙膑兵法	林戊荪	2000
7	长生殿	杨宪益、戴乃迭(Gladys Yang)	2001
8	关汉卿杂剧选	杨宪益、戴乃迭(Gladys Yang)	2001
9	楚辞选	杨宪益、戴乃迭(Gladys Yang)	2001
10	唐代传奇选	杨宪益、戴乃迭(Gladys Yang)	2001
11	中国古代寓言选	杨宪益、戴乃迭(Gladys Yang)等	2001
12	宋明平话选	杨宪益、戴乃迭(Gladys Yang)	2001
13	汉魏六朝小说选	杨宪益、戴乃迭(Gladys Yang)	2001
14	史记选	杨宪益、戴乃迭(Gladys Yang)	2001
15	聊斋志异选	黄友义、张庆年、Denis C. Mair(梅丹理)、梅维恒(Victor H. Mair)等	2001
16	杜甫诗选	路易·艾黎(Rewi Alley)	2001
17	中国古代短篇小说选	颜惠庆	2001
18	太平广记选	张光前	2001
19	夷坚志选	阿历斯特·英格尔斯(Alister D. Inglis)	2010

外文出版社《汉英对照经典读本》于1999年开始出版,译者大都为原中国文学杂志社(中国文学出版社)或外文出版社的资深翻译家,如杨宪益及其夫人戴乃迭(Gladys Yang)、美籍专家沙博理(Sidney Shapiro)、英籍专家詹纳尔(W. J. F. Jenner)和林戊荪等;当然也有其他一些国外资深汉学家,如梅维恒(Victor H. Mair)、路易·艾黎(Rewi Alley)、罗慕士(Robert Moss)等。而且翻译的都是中国古典著作中的名著如《西游记》《三国演义》《水浒传》《红楼梦》《儒林外史》《楚辞选》《史记选》和《聊斋志异选》等。这一切保证了该丛书的质量,也更加有利于中国传统文化的对外传播。除此之外,外文出版社还翻译出版了《古诗苑汉英译丛》。

表 4　外文出版社《古诗苑汉英译丛》(共 5 种)

序号	书名	英译者	汉语今译者	时间
1	诗经	杨宪益、戴乃迭(Gladys Yang)等	野莽	2001
2	楚辞	杨宪益、戴乃迭(Gladys Yang)	杨书案	2001
3	乐府	杨宪益、戴乃迭(Gladys Yang)等	林希	2001
4	唐诗	杨宪益、戴乃迭(Gladys Yang)	阿成	2001
5	宋词	杨宪益、戴乃迭(Gladys Yang)等	聂鑫森	2001

　　外文出版社《古诗苑汉英译丛》共 5 种,由作家野莽主编,他组织了同为作家的阿成、林希、聂鑫森和杨书案分别将他编选的《诗经》《楚辞》《乐府》《唐诗》和《宋词》先进行韵文汉语今译,然后再将杨宪益、戴乃迭(Gladys Yang)等已翻译的英文译文镶嵌进去,从而为该丛书增添了异样的特色。按主编野莽的说法,该丛书每本书均包括六个品种,即古诗、译诗、题析、注释、图画、英译,每一种又都是一门学问,读了它除了可做诗人,还可做学者、画家和翻译,甚至于兼各科为一的大文士。① 他对各位进行汉语今译的译者的要求是"古诗中的每一个字词,都准确而优美地翻译在新的诗中,并且句数相等,尤其也要有着韵律"②。之所以选中这几位作家来进行汉语今译是因为野莽认为这些作家的"涉猎之广,学识之博,修养之深,品位之高,足可以担纲译古为今的重任"。特别难得的是,"他们都是诗人出身的小说家"③。

表 5　外语教学与研究出版社《大师经典文库》

序号	书名	译者	出版时间
1	孙子兵法	袁士槟	1997
2	论语	Arthur Waley	1997
3	道德经	Arthur Waley	1997
4	中庸	James Legge	2011
5	孟子	James Legge	2011
6	诗经	James Legge	2011
7	大学	James Legge	2011
8	庄子	冯友兰	2012

　　外语教学与研究出版社在出版《大师经典文库》之前便已涉足中国文化典籍

---

① 野莽:《把三千年的过去译给未来——古诗苑汉英译丛总序》,见野莽主编,阿成今译,杨宪益、戴乃迭英译,《唐诗:汉英对照》(古诗苑译丛),外文出版社,2001 年,第 1 页。
② 同上书,第 1 页。
③ 同上书,第 2 页。

的翻译出版,那就是由中国文学杂志社(中国文学出版社)所翻译出版的《熊猫丛书》。这一套丛书于1998—2000年由中国文学出版社和外语教学与研究出版社共同出版,后来外语教学与研究出版社还联合中国文学出版社出版了"大学生读书计划"五十种。其中包括"当代文学系列"(Gems of Chinese Literature Contemporary,20本):《王安忆小说选》《王蒙小说选》《冯骥才小说选》《谌容小说选》《张洁小说选》《史铁生小说选》《刘恒小说选》《刘震云小说选》《邓友梅小说选》《刘绍棠小说选》《蒋子龙小说选》《阿城小说选》《陆文夫小说选》《铁凝小说选》《张承志小说选》《高晓声小说选》《扎西达娃小说选》《林希小说选》《贾平凹小说选》《汪曾祺小说选》;"现代文学系列"(Gems of Chinese Literature Modern,20本):《萧红小说选》《郁达夫小说选》《艾芜小说选》《孙犁小说选》《鲁迅小说选》《端木蕻良小说选》《施蛰存小说选》《叶紫小说选》《吴组缃小说选》《茅盾小说选》《巴金小说选》《老舍小说选》《丁玲小说选》《沙汀小说选》《沈从文小说选》《叶圣陶小说散文选》《冰心小说散文选》《李广田散文选》《闻一多诗文选》《艾青诗选》;以及"古代文学系列"(Gems of Chinese Literature Classical,10本):《诗经选》《唐诗选》《宋词选》《史记选》《魏晋笔记选》《唐代传奇选》《唐宋散文选》《明清散文选》《古代笑话选》《古代寓言选》。这里的"古代文学系列"除《魏晋笔记选》外全部都是《熊猫丛书》中已出版译本的重印本,详见表1。

而外语教学与研究出版社出版的《大师经典文库》收集了英文版的哲学、社会科学类著作,系列地推出一套世界著名的思想家、哲学家、历史学家、心理学家的经典学术著作,既包括外国学者的著作,也包括中国文化典籍,如《中国的文艺复兴》《论语》《人类的故事》《孙子兵法》《梦的解析》《忏悔录》《乌托邦》《马可波罗游记》《培根论说文集》《宽容》《中国人的精神》《理想国》《君主论》《菊与刀》《社会契约论》《沉思录》《新工具》《马克·吐温自传》《富兰克林自传》,涵盖了经典哲学著作、名人传记等内容,旨在为广大英语爱好者提供阅读资料,同时也为社会科学研究者提供学术研究资料。

从表5可以看出,该丛书自1997年出版了《孙子兵法》《论语》《道德经》以来一直没有间断,于2011年和2012年又分别出版《中庸》《孟子》《诗经》《大学》和《庄子》。由此可知,这是一个开放式的丛书,以后还将继续翻译出版中外典籍。

从1995—1997年,北京大学出版社出版了《汉英对照古典名著丛书》(4种),包括辜正坤翻译的《老子道德经》以及许渊冲翻译的《唐宋诗一百五十首》《汉魏六朝诗一百五十首》和《元明清诗一百五十首》。许渊冲翻译的这几部作品后来在其他一些出版社反复出版过。

表6　中国对外翻译出版公司《一百丛书》(汉英对照)

序号	书名	选(编)译者	时间
1	中国历代笑话一百篇	卢允中	1991
2	中国成语故事一百篇	杨立义	1991
3	中国神话及志怪小说一百篇	丁往道	1991
4	唐诗一百首	张廷琛、魏博思	1991
5	唐宋词一百首	许渊冲	1991
6	中国古代寓言一百篇	乔车洁玲	1993
7	中国古代案例一百则	乔车洁玲	1996
8	中国历代散文一百篇	谢百魁	1996
9	孙子兵法一百则	罗志野	1996
10	中国历代散文一百篇	谢百魁	1996
11	中国古代风俗一百则	姚红	1999
12	禅宗语录一百则	黎翠珍、张佩瑶	1999
13	京剧名唱一百段	彭阜民、彭工	2000
14	一生必读唐诗三百首鉴赏	谢真元主编	2006
15	孙子兵法	罗志野	2007
16	一生必读宋词三百首鉴赏	谢真元主编	2007
17	桃花扇	许渊冲、许明	2009
18	孝经·二十四孝·弟子规	顾丹柯	2010

中国对外翻译出版公司也于1991年开始翻译出版《一百丛书》，一直到2010年还在出版顾丹柯翻译的《孝经·二十四孝·弟子规》。

表7　山东友谊出版社《儒学经典译丛》(共10种)

序号	书名	英译者	汉语今译者	时间
1	中庸	何百华	徐超	1992
2	大学	何百华	贺友龄	1992
3	论语	老安	鲍时祥	1992
4	尚书	杜瑞清	王世舜	1993
5	孟子	赵甄陶等	郑训佐	1993
6	孝经	刘瑞祥、林之鹤	傅根清	1993
7	左传	胡志挥、郑爱芳	李士彪	2000
8	礼记	树人	徐超	2000
9	诗经	安增才	唐子恒、廖群	2000
10	周易	傅惠生	傅惠生	2000

自1992年开始到2000年,山东友谊出版社翻译出版了《儒学经典译丛》共十种。这十种书中,傅惠生翻译的《周易》后来又入选《大中华文库》,由湖南人民出版社于2008年出版。

从这一节我们可以看出,一方面很多出版社都看到中国文化典籍的翻译出版是国家大力支持的事业,另一方面也间接推动了中国传统文化的对外传播,尽管这些译本有各种各样的问题,但依然在向外推介着中国传统文化。同时也让英(外)语爱好者有了一些可资借鉴和学习的汉英(外)对照的材料,这是不是有悖将这些作品翻译出版的初衷?有学者就批评说,国内出版界对国际市场的需求把握不准,明明是要面向世界,却大搞今译、英译对照,迎合的对象分明是国内的英语学习者。①《大中华文库》则掀起了中国文化典籍对外翻译出版的高潮。

(三)中国文化典籍对外翻译出版的高潮

《大中华文库》工程是我国历史上首次系统、全面地向世界推出外文版中国文化典籍的国家重大出版工程,工程于1995年正式立项。《大中华文库》所选是从我国先秦至近代文化、历史、哲学、经济、军事、科技等领域最具代表性的经典著作,几乎涵盖了中国五千年文化的精华。丛书由专家对选题和版本详细校勘、整理,由古文译成白话文,再从白话文译成英、法、德、西等外文。该套丛书得到了党和国家领导人的充分肯定。胡锦涛主席2006年4月访美时,向耶鲁大学赠送该套丛书中的《论语》《礼记》等图书。前国务院总理温家宝也曾在2004年和2005年两次给《大中华文库》的学术顾问和工作人员写信慰勉问候。丛书也得到了季羡林②、任继愈等著名学者的高度评价。

表8 《大中华文库》第一期工程(汉英对照版)③

序号	书名	英译者	汉语今译者	出版社	时间
1	黄帝四经	张纯、冯禹	余明光	岳麓书社	2005
2	喻世明言(4卷)	杨曙辉、杨韵琴		岳麓书社	2007
3	警世通言(4卷)	杨曙辉、杨韵琴		岳麓书社	2009
4	醒世恒言(5卷)	杨曙辉、杨韵琴		岳麓书社	2011
5	周易参同契	坦尼·L.戴维斯(Tenney L. Davis)	吴鲁强	岳麓书社	2012
6	唐诗三百首	许渊冲		高等教育出版社	2000

---

① 王辉:《从〈论语〉三个译本看古籍英译的出版工作——兼与刘重德教授商榷》,《广东外语外贸大学学报》,2003年第3期,第16页。
② 季羡林:《从〈大中华文库〉谈起》,第34—35页。
③ 该丛书共110种,因为还有些翻译未出版,而笔者又无法获取到相关信息,而且笔者并未获取所有的版本,无法一一查验其英译者、今译者信息,而网络上又无法获得相关信息,所以只好付诸阙如了。

（续表）

序号	书名	英译者	汉语今译者	出版社	时间
7	宋词三百首（2卷）	许渊冲		高等教育出版社	2000
8	元曲三百首	许渊冲		高等教育出版社	2000
9	二刻拍案惊奇	李子亮		高等教育出版社	2008
10	封神演义	顾执中		新世界出版社	2000
11	儿女英雄传（2卷）	费致德		新世界出版社	2003
12	菜根谭	怀特（Paul White）	姜汉忠	新世界出版社	2003
13	伤寒论	罗希文		新世界出版社	2007
14	金匮要略	罗希文		新世界出版社	2007
15	桃花扇（2卷）	尚荣光		新世界出版社	2009
16	金瓶梅	克莱门特·厄杰顿（Clement Egerton）①		人民文学出版社	2008
17	紫钗记	汪榕培等		花城出版社	2009
18	梦溪笔谈（2卷）	王宏、赵峥	胡道静、金良年、胡小静	四川人民出版社	2009
19	明清小品文	王宏	周啸天等	四川人民出版社	2011
20	管子（4卷）		翟江月	广西师范大学出版社	2005
21	吕氏春秋	翟江月	翟江月	广西师范大学出版社	2005
22	战国策	翟江月	翟江月	广西师范大学出版社	2008
23	淮南子	翟江月、牟爱鹏	翟江月	广西师范大学出版社	2010
24	邯郸记	汪榕培		外语教学与研究出版社	2003
25	汉魏六朝文选	谢百魁等		外语教学与研究出版社	2012
26	唐宋文选	谢百魁	石云涛	外语教学与研究出版社	2012
27	明清文选	不详	石云涛	外语教学与研究出版社	2013
28	文心雕龙	杨国斌	周振甫	外语教学与研究出版社	2013
29	天工开物	王义静等	潘吉星	广东教育出版社	2011
30	镜花缘	林太乙		译林出版社	2005
31	浮生六记	白伦（Leonard Pratt）、江素惠	汪洋海	译林出版社	2006

---

① 在老舍的帮助下，克莱门特·厄杰顿（Clement Egerton）将《金瓶梅》译成了英文，是英语世界的第一部译本。埃杰顿在"译者说明"中说："没有他（老舍）不懈而慷慨的帮助，我永远也不敢进行这项工作。我永远感谢他。"不过，英语世界更权威的《金瓶梅》译本应该是芝加哥大学教授芮效卫（David Roy）所译的，这里选择克莱门特·厄杰顿的译本也许是基于版权的考虑。

（续表）

序号	书名	英译者	汉语今译者	出版社	时间
32	文赋·二十四诗品	哈米尔	张宗友	译林出版社	2012
33	商君书	戴闻达(J. J. L. Duyvendak)	高亨	商务印书馆	2006
34	红楼梦(6卷)	杨宪益、戴乃迭		外文出版社	1999①
35	三国演义(5卷)	罗慕士(R. Moss)		外文出版社	2000
36	西游记(6卷)	詹纳尔(W. J. F. Jenner)		外文出版社	2000
37	孙子兵法	林戊荪	吴如嵩、吴显林	外文出版社	2003
38	搜神记(2卷)	丁往道	黄涤明	外文出版社	2004
39	水浒传(5卷)	沙博理(Sidney Shapiro)		外文出版社	2004
40	颜氏家训	宗福常		外文出版社	2004
41	关汉卿杂剧选	杨宪益、戴乃迭		外文出版社	2004
42	长生殿	杨宪益、戴乃迭		外文出版社	2004
43	初刻拍案惊奇(4卷)	杨宪益、戴乃迭		外文出版社	2005
44	汉魏六朝小说选	杨宪益、戴乃迭	汪龙麟	外文出版社	2005
45	南柯记	张光前		外文出版社	2006
46	聊斋志异选(共4卷)	黄友义等		外文出版社	2007
47	宋明评话选	杨宪益、戴乃迭		外文出版社	2007
48	太平广记选(2卷)	张光前		外文出版社	2007
49	史记选(3卷)	杨宪益、戴乃迭	安平秋	外文出版社	2008
50	中国古代寓言选	杨宪益、戴乃迭	滕—岚	外文出版社	2008
51	夷坚志选	阿历斯特·英格尔斯 A. D. Inglis		外文出版社	2010
52	七侠五义(3卷)	宋绶荃		外文出版社	2010
53	本草纲目选(6卷)	罗希文等	杨牧之	外文出版社	2012
54	列子	梁晓鹏	李建国	中华书局	2005

---

① 据李林介绍，《大中华文库》第一辑共十一种图书，其中《庄子》《老子》《论语》《孟子》《荀子》和《儒林外史》由湖南人民出版社编辑出版；《红楼梦》《水浒传》《西游记》《孙子兵法》和《封神演义》由外文出版社编辑出版，上述图书均由两社共同署名。因本文篇幅原因，不在这些译著后并列两个出版社社名。详见李林，《汉英对照版〈大中华文库〉第一辑出版》，《中国文化研究》，2000年夏之卷（总第28期），第97页。

(续表)

序号	书名	英译者	汉语今译者	出版社	时间
55	阮籍诗选	格林鹿山① 吴伏生	吴伏生	中华书局	2006
56	新编千家诗	许渊冲	徐放、韩珊	中华书局	2006
57	世说新语(2卷)	马瑞志(Richard B. Mather)②	张万起、刘尚慈	中华书局	2007
58	洛阳伽蓝记	王伊同③	曹虹	中华书局	2007
59	人物志	罗应换	伏俊琏	中华书局	2007
60	孟子	赵甄陶等	杨伯峻	湖南人民出版社	1999
61	牡丹亭(2卷)	汪榕培		湖南人民出版社	2000
62	荀子(2卷)	诺布洛克(John Knoblock)④	张觉	湖南人民出版社	2003
63	陶渊明集	汪榕培	熊治祁	湖南人民出版社	2003
64	庄子	汪榕培	秦旭卿 孙雍长	湖南人民出版社	2003
65	孟子	赵甄陶	杨伯峻	湖南人民出版社	2003
66	老子	韦利(Arthur Waley)	陈鼓应 傅惠生	湖南人民出版社	2003
67	汉魏六朝诗三百首(2卷)	汪榕培	弘征、熊治祁	湖南人民出版社	2006
68	墨子(2卷)	汪榕培、王宏	周才珠、齐瑞瑞	湖南人民出版社	2006
69	楚辞	卓振英	陈器之、李奕	湖南人民出版社	2006

① 格林鹿山,本名 Graham Hartill,英国知名汉学家,现任伦敦大学教授。

② 与王伊同同辈的美国学者、在六朝研究方面与王伊同齐名美国汉学界的是马瑞志(Richard B. Mather,1913—)。他一生专注于六朝文史的研究,出版了许多值得称道、至今仍为人称引的论文,在六朝宗教文化与文学、永明文学尤其是沈约、王融、谢朓等人诗歌的研究中,堪称功力深湛。他特别关注佛教对六朝文学艺术的影响,他关于谢灵运诗歌与佛教风景、孙绰《游天台山赋》以及王巾《头陀寺碑文》的论文,都在学术界产生了相当大的影响。但他最负盛名的研究成果却是英译本《世说新语》(Shi-Shuo Hsin-yu: A New Account of Tales of the World, University of Minnesoda, 1976)。此书不仅翻译了《世说新语》原文,还翻译了刘孝标注,洋洋洒洒,密行小字,达700多页,可以称为美国六朝文学研究的一部巨著。详见程章灿:《欧美六朝文学研究管窥》,《南京理工大学学报》(社会科学版),2008年第1期,第2页。

③ 王伊同(1914—),字斯大,江苏江阴人。早年就读于辅延小学、江阴南菁书院、金陵大学、燕京大学,1942年受聘于金陵大学。1944年留学哈佛大学东方语文系,获哲学博士学位。后去芝加哥大学、威斯康星大学、哈佛大学、哥伦比亚大学、匹兹堡大学等校执教。终为匹兹堡大学荣誉退休教授。

④ 全名 John Henry Knoblock,汉文名为王志民,是美国的《荀子》研究专家。

(续表)

序号	书名	英译者	汉语今译者	出版社	时间
70	苏轼诗词选	许渊冲		湖南人民出版社	2007
71	诗经(2卷)	汪榕培	陈俊英、蒋见元	湖南人民出版社	2008
72	周易(2卷)	傅惠生	张善文	湖南人民出版社	2008
73	论语	韦利(Arthur Waley)	杨伯峻	湖南人民出版社	2008
74	李白诗选	许渊冲		湖南人民出版社	2008
75	西厢记	许渊冲		湖南人民出版社	2009
76	杜甫诗选	华兹生(B. Watson)		湖南人民出版社	2009
77	茶经·续茶经(2卷)	姜欣、姜怡	姜欣、姜怡	湖南人民出版社	2009
78	山海经	王宏、赵峥		湖南人民出版社	2010
79	儒林外史(3卷)	杨宪益、戴乃迭		湖南人民出版社	2011
80	国语	王宏等	尚学锋	湖南人民出版社	2012
81	坛经	蒋坚松	顾瑞荣	湖南人民出版社	2012
82	尚书	理雅各(James Legge)	周秉钧 李伟荣	湖南人民出版社	2013
83	徐霞客游记	卢长怀等	朱惠荣、李伟荣	湖南人民出版社	待出
84	左传	胡志挥	陈克炯	湖南人民出版社	待出
85	老残游记(2卷)	哈洛德·谢迪克(Harold Shadick)①		译林出版社	2005
86	人间词话	李又安(A. Austin Richett)	张徐芳	译林出版社	2009
87	花间集	傅恩(Lois Fusek)	张宗友	译林出版社	2012
88	黄帝内经—素问(2卷)	李照国	刘希茹	世界图书出版公司	2005
89	黄帝内经—灵枢(2卷)	李照国	刘希茹	世界图书出版公司	2008
90	六韬	聂送来	孔德骐	军事科学出版社	2004
	吴子·司马法·尉缭子	潘嘉玢	王式金、黄朴民、任力	军事科学出版社	2005

---

① 谢迪克作为汉学家,曾和毕乃德(Knight Biggerstaff)教授以及 Lauriston Sharp 教授一起,于 20 世纪 30 年代在康奈尔大学开设了与亚洲有关的课程,并于 1947 年组建了远东研究系,是康奈尔大学中国学的奠基人之一。谢迪克先生曾在燕京大学英文系任教,主讲美学和文学批评,与中国结下了不解之缘。

(续表)

序号	书名	英译者	汉语今译者	出版社	时间
91	黄石公三略·唐太宗李卫公问对	何小东	黄朴民、萧大维	军事科学出版社	2005
92	四元玉鉴	陈在新	郭书春	辽宁教育出版社	2006
93	太白阴经	朱世达	刘先廷	军事科学出版社	2007

《大中华文库》缘起于1993年,时任新闻出版署图书司司长的杨牧之同志提出了该选题,得到了新闻出版署领导的重视和支持,季羡林、任继愈、金开诚、杨宪益和叶水夫等宿儒也为文库的工作出谋划策,包括时任图书司副司长、后任新闻出版总署副署长阎晓宏,外文局副局长、总编辑黄友义,外文出版社总编辑徐明强,以及湖南省新闻出版局的几任领导均认同和支持文库工作;1994年7月22日,新闻出版署批准了《大中华文库》的立项报告;随后《大中华文库》工作委员会开始具体组织实施文库的翻译出版工作,由杨牧之任总编辑、工委会主任,阎晓宏、黄友义、马欣来、尹飞舟任副主任、副总编辑,并聘请任继愈、汤博文、李学勤、杨宪益、沙博理、季羡林、叶水夫、金开诚、袁行霈、林戊荪和梁良兴等专家学者组成学术顾问委员会。① 总编辑委员会负责版本选择、译者确定、内容审查。在翻译质量上,出版社进行一、二、三审,总编委会进行四审和五审。四审主要请外文局的一大批外文专家以及中华书局的中文专家论证审稿,五审由总编委会总编辑和副总编辑进行,如果不合格就要退回去重新做编辑加工。考虑到中外阅读和语言习惯的不同,尽量争取请国外汉学家翻译、审订,或购买国外翻译的版权之后再审读、加工。此外,《文库》还按照国际惯例,编制了词目索引,撰写"导言",以满足现代读者的需要。②

从表8可以看到,《周易参同契》由坦尼·L.戴维斯(Tenney L. Davis)翻译,三言(《喻世明言》《警世通言》和《醒世恒言》)均由杨曙辉、杨韵琴③翻译,《菜根谭》由怀特英翻译,《金瓶梅》由克莱门特·厄杰顿(Clement Egerton)翻译,《镜花缘》由林太乙翻译,《浮生六记》由白伦、江素惠翻译,《文赋·二十四诗品》由哈米尔翻译,《商君书》由戴闻达(J. J. L. Duyvendak)翻译,《红楼梦》(6卷)、《关汉卿杂剧选》《长生殿》《初刻拍案惊奇》(4卷)、《汉魏六朝小说选》《宋明评话选》《史记选》(3卷)、《中国古代寓言选》《儒林外史》(3卷)均由杨宪益、戴乃迭(Gladys

---

① 详见《大中华文库》工作委员会:《向世界传播中国的灿烂文化》,见新闻出版总署对外交流与合作司编:《〈大中华文库〉出版工程暨新闻出版"走出去"先进单位表彰会大会书面交流材料汇编》,2011年12月22日,第1—2页。

② 详见《大中华文库》工作委员会:《向世界传播中国的灿烂文化》,第5页。

③ 杨曙辉现为美国贝茨大学中文教授,杨韵琴为纽约联合国秘书处同声翻译。

Yang)翻译,《三国演义》(5卷)由罗慕士(Roberts Moss)翻译,《西游记》(6卷)由詹纳尔(W. J. F. Jenner)翻译,《水浒传》(5卷)由美籍专家沙博理(Sidney Shapiro)翻译,《夷坚志选》由阿历斯特·英格尔斯(A. D. Inglis)翻译,《阮籍诗选》由格林鹿山(Graham Hartill)、吴伏生翻译,《世说新语》(2卷)由马瑞志(Richard B. Mather)翻译,《洛阳伽蓝记》由王伊同翻译,《荀子》(2卷)由诺布洛克(John Knoblock)翻译,《老子》和《论语》均由韦利(Arthur Waley)翻译,《杜甫诗选》由华兹生(Burton Watson)翻译,《尚书》由理雅各(James Legge)翻译,《老残游记》(2卷)由哈洛德·谢迪克翻译,《人间词话》由李又安(A. Austin Richett)翻译,《花间集》由傅恩(Lois Fusek)翻译。

从上面列举的名单可知,有34部译本是由国外专家或由国外专家与中国专家合作翻译的,约占《大中华文库》全部汉英对照译本的31%,而且其中多数专家都是研究专家,例如《世说新语》的译者马瑞志(Richard B. Mather)便是美国《世说新语》的知名研究者,《商君书》的译者荷兰汉学家戴闻达(J. J. L. Duyvendak)也是《商君书》的相关研究者,《人间词话》的译者李又安(A. Austin Richett)也是美国《人间词话》的知名研究者等。这完全符合《文库》的初衷,只有这样的译本才能更好地"走出去",让世界人民充分认识中国传统文化,使中国文化与世界文化协调地交融在一起,正如杨牧之在《大中华文库》的总序中所说的"西学仍在东渐,中学也将西传。各国人民的优秀文化正日益迅速地为中国文化所汲取,而无论西方还是东方,也都需要从中国文化中汲取养分。正是基于这一认识,我们组织出版汉英对照版《大中华文库》,全面系统地翻译介绍中国传统文化典籍"①。

表9 《大中华文库》第二期工程(多语种对照版)②

序号	书名	英译者	汉语今译者	出版社	时间
1	红楼梦(汉西对照)(7卷)			外文出版社	2010
2	红楼梦(汉法对照)(8卷)			人民文学出版社	2012
3	三国演义(汉法对照)(6卷)	严全等		人民文学出版社	2012
4	三国演义(汉西对照)(6卷)	玛尔塔 奥特加西		外文出版社	2012
5	水浒传(汉西对照)	艾尤布		外文出版社	2010
6	水浒传(汉德对照)	赫茨费尔德		岳麓书社	2010
7	水浒传(汉法对照)	达尔(Dars, J.)		人民文学出版社	2011

① 杨牧之:《〈大中华文库〉总序》,见理雅各(James Legge)译、周秉钧今译、李伟荣校注,《尚书》(汉英对照),湖南人民出版社,2013年,第8页。
② 笔者主要通过互联网查阅这些译著的信息,有一部分译著信息无法查到,故付诸阙如。

(续表)

序号	书名	英译者	汉语今译者	出版社	时间
8	水浒传(汉阿对照)	艾尤布		外文出版社	2010
9	西游记(汉西对照)(8卷)	玛丽娅·莱赛阿、卡洛斯·特里戈索·桑切斯		外文出版社	2010
10	西游记(汉法对照)(6卷)	安德烈·勒维		人民文学出版社	2010
11	西游记(汉德对照)(4卷)	赫茨费尔德		岳麓书社	2012
12	庄子(汉俄对照)(2卷)	马利亚文		外文出版社	2009
13	庄子(汉日对照)	森三树三郎	秦旭卿 孙雍长	湖南人民出版社	2010
14	庄子(汉韩对照)	金东辉	秦旭卿 孙雍长	延边人民出版社	2010
15	庄子(汉西对照)	姜风光西	秦旭卿 孙雍长	广东教育出版社	2011
16	庄子(汉德对照)		秦旭卿 孙雍长	岳麓书社	2012
17	庄子(汉法对照)	刘家槐	孙通海	中华书局	2009
18	周易(汉法对照)	菲拉斯特	张善文	岳麓书社	2009
19	周易(汉韩对照)	金声宇	张善文	延边人民出版社	2011
20	周易(汉阿对照)	穆罕默德·艾布·杰拉德阿	张善文	外文出版社	2012
21	周易(汉西对照)	玛娅西	张善文	外文出版社	2012
22	周易(汉日对照)		张善文	外文出版社	2013
23	周易(汉德对照)	卫礼贤 R. Wilhelm	张善文	岳麓书社	2013
24	孙子兵法(汉德对照)	钟英杰 & Gregor Kneussel	吴如嵩 吴显林	军事科学出版社	2009
25	孙子兵法(汉西对照)	图西	吴如嵩 吴显林	军事科学出版社	2009
26	孙子兵法(汉法对照)	徐晓军 贾晓宁	吴如嵩 吴显林	军事科学出版社	2009
27	孙子兵法(汉日对照)	江新凤	吴如嵩 吴显林	军事科学出版社	2009
28	孙子兵法(汉阿对照)	周玉珠	吴如嵩 吴显林	军事科学出版社	2009
29	孟子(汉阿对照)	伊斯梅尔		外文出版社	
30	孟子(汉韩对照)	金得顺		延边人民出版社	2008

(续表)

序号	书名	英译者	汉语今译者	出版社	时间
31	孟子(汉德对照)	卫礼贤 R. Wilhelm		外文出版社	2009
32	孟子(汉法对照)			岳麓书社	2009
33	孟子(汉西对照)	霍尔格·洛佩斯(Jorge L. L. López)		外文出版社	2012
34	老子(汉日对照)	小川环树	陈鼓应	湖南人民出版社	2009
35	老子(汉俄对照)	马良文 李英男	陈鼓应	外语教学与研究出版社	2009
36	老子(汉阿对照)	萨瓦赫 薛庆国阿	陈鼓应	外语教学与研究出版社	2009
37	老子(汉西对照)	汤铭新等	陈鼓应	外语教学与研究出版社	2009
38	老子(汉韩对照)	金得顺	陈鼓应	湖南人民出版社 延边人民出版社	2007
39	论语(汉俄对照)	贝列洛莫夫	杨伯峻	外语教学与研究出版社	2009
40	论语(汉西对照)	常世儒	杨伯峻	外语教学与研究出版社	2009
41	论语(汉德对照)	卫礼贤(Richard Wilhelm)	杨伯峻	外语教学与研究出版社	2010
42	论语(汉法对照)	董强	杨伯峻	外语教学与研究出版社	2010
43	论语(汉阿对照)	马坚阿	陈蒲清	花城出版社	2010
44	儒林外史(汉韩对照)	金宽雄 金晶银		湖南人民出版社	2008
45	文心雕龙(汉韩对照)	金宽雄 金晶银	周振甫	湖南人民出版社	2007

多语种版是《大中华文库》的第二期工程,是继《大中华文库》(汉英对照版)基本完成后的又一重大项目。作为《大中华文库》(汉英对照版)的有力补充,促进世界文化交流与合作,全面提升中华民族文化的国际影响力,《大中华文库》工委会经过多方论证,于2007年决定启动联合国通用的另外四种文字(法文、西班牙文、阿拉伯文和俄文)及德文、日文、韩文总计七种文字的《大中华文库》多语种对照版的翻译出版工作。定为《大中华文库》的第二期工程。①

第一批10种选目包括:《周易》《老子》《论语》《庄子》《孟子》《孙子兵法》《三

---

① 详见《大中华文库》工作委员会:《向世界传播中国的灿烂文化》,第6页。

国演义》《水浒传》《西游记》《红楼梦》。第二批项目的 10 个选目分别是:《荀子》《史记选》《唐诗选》《唐宋文选》《西厢记》《牡丹亭》《金瓶梅》《儒林外史》《老残游记》《聊斋志异选》。届时将有 20 种中国古代典籍同时用 9 种语言出版。①

国家新闻出版总署柳斌杰署长在给《大中华文库》工委会的信中特别强调:"我很赞成除编纂汉英对照本外,继续开展汉法、汉西、汉阿、汉俄、汉德、汉日、汉韩等双语种的编纂出版工作,进一步扩大与世界各民族之间的交流与合作。"②

与此同时,除前面提到的外文出版社、中国对外翻译出版公司、外语教学与研究出版社等在继续翻译出版中国文化典籍外,国内还有多家出版社也在以多种方式翻译出版中国文化典籍,如中华书局、上海外语教育出版社、现代出版社、湖北教育出版社、中国书籍出版社、武汉大学出版社、四川辞书出版社、新世界出版社、上海社会科学院出版、中国人民大学出版社等。

表 10　上海外语教育出版社《外教社中国文化汉外对照丛书》

序号	书名	译者	时间
1	《英译屈原诗选》	孙大雨	2007
2	《英译中国文化寓言故事》	朱一飞等	2007
3	《英译唐诗选》	孙大雨	2007
4	《英译易经》	汪榕培、任秀桦	2007
5	《英译乐府诗精华》	汪榕培	2008
6	《英译〈诗经·国风〉》	汪榕榕、潘智丹	2008
7	《英译宋词集萃》	卓振英	2008
8	《英译三字经、千字文》	王宝童、李黎	2008
9	《德译中国古代短文选》	张佳珏	2009
10	《德译中国成语故事》	虞龙发等	2011
11	《英译墨经》	汪榕培、王宏	2011
12	《英译唐宋八大家散文精选》	徐英才	2011
13	《英译徐霞客游记》	卢长怀、贾秀海	2011
14	《英译老子》	陈乃扬	2012
15	《英译南柯记》	汪榕培	2012
16	《英译紫箫记》	汪榕培、张玲、顾薇	2013
17	《西译宋代诗词 300 首》	王怀祖	2013

上海外语教育出版社《外教社中国文化汉外对照丛书》是一个开放式的丛书,2007 年开始出版,每年出版几部。除中国文化典籍的翻译外,也翻译出版其他的

---

① 详见《大中华文库》工作委员会:《向世界传播中国的灿烂文化》,第 6 页。
② 同上书,第 7 页。

著作,例如张培基译注的《英译中国现代散文选》(一、二)和黄俊雄选编并翻译的《英译中国小小说选集》(一、二)。不过,这一套丛书有几个较为明显的缺陷。其一是体例不一,有些译著基本上没有任何注释,只是将汉字对应地翻译为英语,这丝毫无助于中西文化的交流与合作。谢天振就认为,由于不重视"如何让翻译成外文的中国文学、文化典籍在译入语环境中被接受、被传播、并产生影响"的问题,我们的外译行为未能取得预期的成功。① 这些译著中,笔者认为孙大雨先生翻译出版的《英译屈原诗选》和《英译唐诗选》的质量比较高,例如《英译屈原诗选》中中文导论就占了156页,中英文导论总长度是306页,足够出单行本的分量,而其注释则长达106页,前面既有柳无忌先生的序,概述了屈原诗赋英译的状况和孙大雨先生的夙缘,也有其女婿孙近仁和女儿孙佳始的前言缕述孙大雨先生翻译《屈原诗选》的经过,更有后记中吴钧陶先生的跋详述该译著的出版过程,这些应该都是读者所喜闻乐见的。正如吴钧陶先生在跋中所说,"孙大雨先生的这部译本以其文辞优美精当、信而有征为特点,同时包含富有学术性的研究,附带非常详尽地讲解和注释,将不会被取代或淘汰;它将永远闪射出它独特的光辉"②。窃以为,如果上海外语教育出版社和其他出版社都能按这一体例进行中国文化典籍的翻译,那么这些译著的接受面将会更广,而在中国文化"走出去"的强国战略中所起的作用将会更大、更好。其二是译者太集中,《大中华文库》中的译者也有类似的问题。

表11 现代出版社《蔡志忠漫画中国传统文化经典》(中英文对照)

序号	书名	译者	时间
1	菜根谭·心经	布雅、拉思杰	2013
2	孔子说·孙子说	布雅	2013
3	列子说·韩非子说	布雅	2013
4	庄子说	布雅	2013
5	大学·中庸·论语·孟子说	布雅	2013
6	漫画三国·水浒英雄传	布雅	2013
7	史记·世说新语	布雅	2013
8	老子说	布雅	2013
9	佛陀说·法句经	拉思杰等	2013
10	禅说·六祖坛经	布雅	2013
11	封神榜	吴靖宇	2014
12	西游记	丛阿兰	2014
13	白蛇传·雷公传·少林寺	李乔思、吴靖宇	2014
14	聊斋志异·六朝怪谈	布雅	2014

① 谢天振:《中国文学"走出去"不只是一个翻译问题》,《中国社会科学报》,2014年1月24日。
② 吴钧陶,"跋",详见孙大雨译《英译屈原诗选》,上海外语教育出版社,2007年,第568页。

而现代出版社则另辟蹊径,它不直接翻译中国文化典籍,而是翻译出版蔡志忠的《中国传统文化经典》漫画系列。截至到目前,该出版社已出版这一系列中的14部著作,英译的工作主要由美国人布雅(Brian Bruya)[①]担任,相对可以保证译文的可读性。不直接翻译著作,而是翻译改编或改写的作品,在对外传播、交流与合作的初级阶段,其作用是非常显著的。谢天振就直言中西文化交流尚存在"时间差"[②]和"语言差"[③]。他认为,因为"时间差",所以我们在积极推进中国文学、文化"走出去"时,现阶段勿贪大求全,编译一本诸如《先秦诸子百家寓言故事选》,也许比花大力气翻译出版一大套诸子百家的全集更受当代西方读者的欢迎;而因为"语言差",我们必须关注如何在海外培育中国文学、文化的接受群体,如何扩大国外汉学家、翻译家队伍,以及如何从项目资金到专家咨询、配备翻译合作者等方面为他们提供帮助等。[④]

表12 中国对外翻译出版公司《中译经典文库·中华传统文化精粹》

书名	编选者	(编)译者	汉语今译者	时间
孙子兵法		罗志野		2007
唐宋词一百首		许渊冲		2007
中国民间风俗	厉振仪	姚红英		2007
中国成语故事选		杨立义		2007
中国古代寓言选		乔车洁玲		2007
中国幽默故事选		卢允中、周晓宇		
禅经语录	江蓝生	黎翠珍、张佩瑶		2008
佛经故事	张庆年	张庆年	齐澧	2008
中国神话及志怪小说选		丁往道		2008
中国历代微型小说选		马家驹		2008
楚辞		许渊冲		2009
汉魏六朝诗		许渊冲、周晓宇		2009
千家诗		许渊冲、许明		2009

---

① 布雅(Brian Bruya)是此系列书美国版的译者,拥有夏威夷大学比较哲学的博士学位。他是中国早期哲学研究领域的专家和翻译,同时还是一个关于中国哲学研究的网站书海文苑的总编。

② 所谓"时间差",是指从清末民初算起,中国人认识西方文学、文化迄今已有一百多年的历史,而西方国家开始有较多人积极主动地关注和了解中国文学、文化则是最近二三十年的事。这种时间上的差别,使得西方缺乏能轻松阅读和理解译自中国的文学、文化作品的读者群。详见谢天振,2014年1月24日。另外,李泽厚认为要有层次地推广中国文化:形而下(浅层次)和形而上(深层次)分开来进行,与谢天振的意见比较类似,详见王岳川:《大国文化与正大气象——与李泽厚先生的对话》,见王岳川:《文化输出——王岳川访谈录》,北京大学出版社,2011年,第45页。

③ 所谓"语言差",是指中国人学习、掌握英语等现代西方语言并理解与之相关的文化方面,比西方人学习、掌握汉语要容易。详见谢天振,2014年1月24日。

④ 详见谢天振,2014年1月24日。

(续表)

书名	编选者	（编）译者	汉语今译者	时间
西厢记		许渊冲、许明		2009
桃花扇（舞台本汉英对照）		许渊冲、许明		2009
元曲三百首		许渊冲		2009
元明清诗		许渊冲		2009
孝经·二十四孝·弟子规		顾丹柯		2010

中国对外翻译出版公司《中译经典文库》既包括《中译经典文库·中华传统文化精粹》（汉英对照），如表12所示；又包括《中译经典文库·西方文化精粹》（英汉对照）。《中译经典文库·中华传统文化精粹》（汉英对照）脱胎于中国对外翻译出版公司出版的20世纪八九十年代中国最负盛名的双语读物《英汉汉英对照一百丛书》。这套丛书最初由中国对外翻译出版公司于20世纪八九十年代同香港商务印书馆合作陆续推出，丛书的编者和译者都是在各自领域做出贡献的学者、教授，使得该套丛书在读者中获得了很好的口碑，创造了良好的社会效益和经济效益。为了将这一品牌发扬光大，中国对外翻译出版公司对丛书进行了修订、重组，聘请了享誉海内外的中国翻译界专家组成阵容强大的顾问团。在题材、选篇、译文、栏目设置等方面进行了严谨的论证、精心的编辑，打造出适应新时代读者需求以及提升中国文化新形象的精品图书——《中华传统文化精粹》。《中华传统文化精粹》秉承以中外读者为本的宗旨，我们增加了白话翻译、中文注释、汉语拼音、经典名句等栏目，删除了晦涩、冗长的篇目，使丛书更加通俗、实用。

除此之外，中华书局分别于2008年和2012年出版了中英文对照版的《论语》和《孙子兵法》，前者的英译由刘殿爵（D. C. Lau）完成，而白话文则配了杨伯峻的今译，后者的英译由美国知名汉学家安乐哲完成，而白话文则配了李零的今译；外语教学与研究出版社于2005年分别出版了罗经国翻译的《古文观止精选》（英汉对照），马晓东著，陈海燕、张韶宁翻译的《风骚国度》（《中国100话题丛书》）[1]（汉英双语）和李家真著，章思英翻译的《兴亡的足迹》（《中国100话题丛书》）（汉英双语）；人民卫生出版社2011年出版了李照国主编的《简明汉英黄帝内经词典》；湖北教育出版社《汉英对照中国古典诗歌配画选读》（4种）则于2004年编译出版了《古意新声》，分初级本、中级本、高级本和品赏本四种；中国书籍出版社《中国名

---

[1] 这套《中国100话题丛书（汉英双语）》，涉及文学、历史、艺术、语言文字、国情、名胜等领域，每个领域选择有代表性的100个话题，力求通过"趣话"的形式，以浅显易懂、轻松活泼的文字介绍中国文化的基本概貌。

著海外译丛》则于 2008 年出版了宋德利①翻译的《聊斋志异》和《西游记》;2003 年上海社会科学院出版社出版裘小龙翻译的《中国古典爱情诗词》(汉英对照);2001 年新世界出版社出版陈家宁编译的《中国古典小说精选》(上、下卷)(汉英对照版);2011 年四川辞书出版社出版莫汀编译的《且行且吟——汉英对照中国古典诗词名句集锦》;2004—2010 年,武汉大学出版社分别出版了由郭著章等翻译的《中国传统蒙学精品系列》:《汉英对照蒙学精品》(第一分册,包括《朱子家训》《小儿语》和《神童诗》)、《汉英对照蒙学精品》(第二分册,包括《三字经》《醒世要言》《千字文》《童蒙须知》和《弟子规》)、《汉英对照蒙学精品》(第三分册,包括《名贤集》《增广贤文》)和《唐诗精品百首英译》(修订版);2012 年五洲传播出版社出版了许渊冲的《许译中国经典诗文集》,包括《长生殿》《桃花扇》《牡丹亭》《唐五代词选》和《道德经》;2013 年海豚出版社出版了许渊冲的《许渊冲文集》(汉英对照)(套装共 27 本),其中中国文化典籍的翻译就包括《论语》(第一卷)、《道德经》(第二卷)、《诗经》(第三卷)、《楚辞》(第四卷)、《汉魏六朝诗选》(第五卷)、《唐诗三百首》(第六卷)、《唐五代词选》(第七卷)、《宋词三百首》(第八卷)、《元曲三百首》(第九卷)、《宋元明清诗选》(第十卷)、《西厢记》(第十一卷)、《牡丹亭》(第十二卷)、《长生殿》(第十三卷)、《桃花扇》(第十四卷)共十四卷,另有法汉对照的《中国古诗词选》(第十五卷)一卷;许渊冲翻译的《牡丹亭》《长生殿》和《桃花扇》均为节译本等等。

(四)中国文化典籍对外翻译出版的国际影响力

笔者检索了美国几个有着良好的东亚藏书的图书馆②,其收藏情况如下:哈佛大学图书馆共藏有六十种《大中华文库》译本,斯坦福大学藏有十八种《大中华文库》译本,而加州大学伯克利分校图书馆藏有五十九种,而芝加哥大学图书馆则只藏有五种《大中华文库》译本;亚利桑那大学图书馆藏有所有《大中华文库》的译本,包括汉英、汉法、汉德、汉日等九种双语语种。③

这些译本约 70% 为中国学者所译。为了了解这些译本在美国或海外的接受情况,笔者分别去了斯坦福大学图书馆和加州大学伯克利分校图书馆,暂时没有看到这些译本的借阅情况。

---

① 宋德利,1944 年生于天津。著名翻译家、作家,译审(教授)。1968 年毕业于南开大学外文系英语专业。先后在军事、外贸等领域担任翻译工作。1997 年移居美国,在纽约美国中文电视台任电视新闻编辑。现为南开大学及天津外国语学院客座教授,研究生导师;中国翻译工作者协会会员;天津作家协会会员。

② 笔者检索时,正值笔者在加州大学圣塔克鲁兹分校(University of California, Santa Cruz)进行为期一年的访学。笔者检索这些数据约在 2013 年 3 月份左右。当笔者从美国回国后,就无法登陆大部分的美国高校图书馆进行检索了,而 WorldCat 也无法登陆,所以无法对这些情况进行追踪和更新。

③ 在美国时,这些情况均可以直接登陆这些图书馆的网站查阅,检索时用中文"大中华文库"检索即可。

笔者在 JSTOR 上以"Library of Chinese Classics"为主题,没查阅到任何对《大中华文库》的评论,以译者的名字进行检索,也没有发现任何评论。不过,检索到了杨宪益及其夫人戴乃迭(Gladys Yang)译文的评论,不过那都是对他们以前译作的评论。

而《大中华文库》中的西方译者,首先均为西方研究中国汉学的宿儒,如戴闻达(J. J. L. Duyvendak)、马瑞志(Richard B. Mather)、韦利(Arthur Waley)、詹纳尔(W. J. F. Jenner)、罗慕士(Moss Roberts)和华兹生(Burton Watson)等。在 JSTOR 和美国各大图书馆,如果以"作者"和"主题"对他们进行检索的话,大都能找到与他们相关的学术论文。一方面当然是因为他们作为某一方面的专家已为西方汉学界所公认,另一方面也是因为他们翻译得较为专业。这与西方学者的学术训练是分不开的,如西方很多研究汉学的博士,其博士论文即是翻译我们中国的古代典籍:杜希德(Denis Twitchett)的博士论文是把《旧唐书·食货志》翻译成英文,然后写一篇很长的"Introduction"(导论),详论唐代财政制度的种种问题;杨联升在哈佛所写的博士论文,选《晋书·食货志》;何丙郁呈给马来亚大学的博士论文,选《晋书·天文志》;1960 年代末,萧启庆的哈佛博士论文选《元史·兵志》。甚至到了 1990 年代,仍有学者在从事这种工作,如钱立方的哈佛博士论文,选《宋史·食货志》榷盐的部分;法国学者戴何都(Robert des Rotours)以法文翻译《新唐书》的《选举志》《百官志》和《兵志》,也属于这一类。

其次,中国学者的译本逐渐开始在海外出版了,如王宏和赵峥翻译的《梦溪笔谈》于 2011 年 12 月在英国帕斯国际出版社(Paths International Ltd.)出版[①],王宏和张顺生翻译的《明清小品文》于 2013 年 1 月在英国帕斯国际出版社(Paths International Ltd.)出版[②]。

出版方面,笔者认为中国文化典籍译品更应该由国外具相当影响力的出版社如企鹅出版社(Penguin)、美国诺顿出版社(W. W. Norton)等出版才更有利于中国文化典籍在国外的传播,而且我们应该多途径、多方位、多角度、多层次地进行,到了高级层次可以考虑整理出版词汇集,例如蓝诗玲(Julia Lovell)借刘殿爵(D. C. Lau)所编撰的《鲁迅小说集词汇》[③]之助而翻译了《鲁迅小说全集》(The Real Story of Ah-Q and Other Tales of China)[④],该译本因由企鹅出版社出版而在英语世

---

① Wang Hong & Zhao Zheng trans., Brush Talks from Dream Brook, Paths International Ltd., 2011.
② Wang Hong & Zhang Shunsheng trans., The Short Essays of the Ming and Qing Dynasties, Paths International Ltd., 2013.
③ 刘殿爵编:《鲁迅小说集词汇》,香港中文大学出版社,1987 年。
④ 汪宝荣:《鲁迅小说英译面面观:蓝诗玲访谈录》,《编译论丛》,第 6 卷第 1 期,2013 年 3 月,第 151 页。蓝诗玲提到刘殿爵编的《鲁迅小说集词汇》每页中一边是鲁迅小说原文,另一边列出疑难词汇,配有注音和(英文)释义。

界影响更大,读者更多。① 翻译之前的选择也很重要,必须慎之又慎! 葛浩文曾在一次访谈中说:"重要的还是选择……中国每年不知道要出多少小说,我们只能选三五本,要是选错了的话,就错上加错了。美国人对中国不了解的地方已经够多了,还要加上对文学的误解,那就更麻烦了。"② 从先秦到现在,代表中国文化典籍那就更是汗牛充栋了,我们更应该慎重对待翻译的典籍,以真正代表中国性为根本前提。

出版方面,还需考虑中国文化典籍英译期刊的发行。台湾 1972 年创刊《中华民国笔会季刊》(Chinese Pen),香港自 1973 年起开始发行《译丛》(Renditions),中国大陆则自 1951 年开始发行《中国文学》(Chinese Literature),这三份刊物自创刊以来均发挥着对外传播中国文学的功能。《译丛》不仅出版期刊,而且还出版了《译丛》丛书;《中国文学》也于 1981 年开始出版《熊猫丛书》。二者均在海外取得了相当大的影响。可惜的是,大陆的《中国文学》期刊于 2001 年停刊;不过,《中国文学》50 年出版了 590 期,介绍作家、艺术家二千多人次,译载文学作品 3200 篇,确实是国外了解、研究中国文学最重要的窗口之一。应该考虑重新出版类似的外文版期刊③,面向国外读者,及时、系统地翻译、介绍并评价中国文化典籍。

在国家社科基金中华学术外译项目以及国家的其他资助下,应该会有越来越多由我国学者翻译的中国文化典籍在国外出版社出版。关键问题是,我们应该进入国际主流的出版社或出版集团,这样才更有利于中国文化典籍的传播,才能更有利于我们向世界说明中国的具体情况。

笔者以为,更有效的一个办法是设立"中国国际学术交流基金会"(China Foundation for International Scholarly Exchange),资助全球学人对中国文化典籍的

---

① 汪宝荣,2013 年,第 149 页。"2009 年 11 月,企鹅出版社推出蓝诗玲独译的《鲁迅小说全集》(The Real Story of Ah-Q and Other Tales of China),并将其收入著名的《企鹅经典文库》(Penguin Classics)。该文库在英语世界很有影响,'现代中国文学之父'鲁迅因而更容易走进普通英语读者的视线。"
② 季进:《我译故我在——葛浩文访谈录》,《当代作家评论》,2009 年第 6 期,第 46 页。
③ 北京师范大学文学院与俄克拉荷马大学孔子学院共同申请的"中国文学海外传播工程"拟在美国创办 Chinese Literature Today (《今日中国文学》) 英文学术杂志。详见 http://www.cmr.com.cn/SubjectChannel/literaturestudy/timespace/10/wtkd02.htm。2010 年 10 月 21 日,由北京师范大学文学院和俄克拉荷马大学《当代世界文学》联合主办的英文学术期刊《今日中国文学》创刊发行仪式在俄克拉荷马大学隆重举行。《当代世界文学》(World Literature Today) 主编戴维斯先生在致辞中表示,《今日中国文学》的出版将严格按照《当代世界文学》的学术标准,邀请中外专家学者参与到学术期刊编、审、写的工作,通过对外国读者多年的调研,重点选取那些便于翻译、外国读者容易接受的当代优秀的中国小说、诗歌、戏剧作品以及文学评论,把它们翻译成英文,借助《当代世界文学》的影响力及发行渠道向全世界推广发行。我们的目标是通过中外双方的共同努力,打造出另外一份世界知名的学术期刊。详见 http://www.hanban.org/article/2010-11/01/content_186477.htm。

翻译出版或中国问题的研究。日本的"日本国际交流基金会"(Japan Foundation)[①]和台湾的"蒋经国国际学术交流基金会"(Chiang Ching-kuo Foundation for International Scholarly Exchange)对于将日本文化和中国台湾地区的文化以及中华文化推向世界发挥着非常重要的作用。

四、中国文化典籍对外翻译出版的反思

对于中国文化典籍的对外翻译传播，我们必须进行反思。目前，国外的情况比较复杂，一方面在大量重译或重印中国古代典籍，一方面也在不断翻译中国现当代文学作品。当然，也有学者在翻译以前未译过的古代典籍，如康达维(David Knechtges)翻译的《昭明文选》。

重译有多重原因，一是以前的译本语言过时了，二是以前的译本存在错误，三是新译本依据的是新材料，如夏含夷(Edward L. Shaughnessy)翻译的《易经》便是依据马王堆新出土的《易经》而翻译的，林理彰(Richard John Lynn)则翻译了王弼的《周易注》。这无疑推动了西方易学的发展。而重印则更多是基于赢利的目的，史嘉柏(David Schaberg)有篇书评，是介绍西方的《论语》译本的，文章的题目是《"沽(贾)之哉！沽(贾)之哉！》，便是讨论这方面的问题[②]。西方不断重印理雅各和卫礼贤的译作也出于同样的原因。这跟国内不断重印中国古代典籍的情况类似。

不过，我们同样要看到的是，国外有一批有识之士确确实实在为中国文化进入西方不懈努力。据笔者从全球人文社科最大的收录中心 Journal Storage (JSTOR)上搜索到的信息是，与中国研究直接相关的学术期刊有近三十种。更有学者编选"中国文学选集"或"中国文学西译书目索引"等书，极大地方便了普通读者和学者的检索。

如果整理一份中国文化典籍外译和汉学著作书目[③]的话，可以看到我国重要

---

① 日本国际交流基金会的活动，以对国际文化交流项目的综合、有效的开发为目标，由以下三个大类构成：文化艺术交流、日本语教育、日本研究与知识交流。详情见该会网站 http://www.jpf.go.jp/cn/index.html。

② David Schaberg, "'Sell it! Sell it!': Recent Translations of *Lunyu*", *Chinese Literature: Essays, Articles and Reviews* (*CLEAR*), Vol. 23 (Dec., 2001), pp.115-139.

③ 可喜的是，由四川大学曹顺庆先生主持的教育部哲学社会科学研究重大课题攻关项目"英语世界中国文学的译介与研究"已经开始整理"英语世界中国文学译介与研究"目录，主要包括先秦文学、魏晋南北朝文学、隋唐五代文学、宋代文学、元明文学、清代文学、近现代文学和古代、近代、现代及当代女作家及作品等类别。北京外国语大学中国海外汉学研究中心张西平、李雪涛教授领衔的"中国文化海外传播动态数据库"获批为国家社科基金特别委托项目。该项目旨在通过对中国文化学术海外传播数据进行收集和分析，总结中国文化向世界传播的基本情况、基本规律、基本经验、基本方法，为国家制定文化发展战略、推动文化学术"走出去"提供数据支撑和政策咨询。该项目的首批三个重点建设子数据库"新中国出版外文图书目录数据库""中国主题外文出版物目录数据库""国外中国主题出版机构数据库"已建成并正式投入使用。

的文化典籍均有译本,而且相当一部分典籍有重译本。美国多数大学均设有"中国研究"(Chinese Studies)或东亚系,出版了大量的汉学开放式丛书和中国文化典籍译作,例如哈佛大学出版两套丛书 *Harvard-Yenching Institute Monograph Series* 和 *Harvard East Asian Monographs*,加州大学伯克利分校出版丛书 *China Research Monographs*,密西根大学出版丛书 *Michigan Monographs in Chinese Studies*,印第安纳大学出版丛书 *Chinese Literature in Translation*(主持者为华裔学者 Irving Yucheng Lo[罗郁正]、Joseph S. M. Lau[刘绍铭]、Leo Ou-fan Lee[李欧梵]和 Eugene Chen Ouyang[欧阳桢]),哥伦比亚大学主持两套丛书 *Translations from the Asian Classics*(主持者中有华裔学者商伟)和 *Weatherhead on Asia*(主持文学部分的是华裔学者王德威),剑桥大学出版 *Cambridge Studies in Chinese History*,*Literature and Institutions*(总编辑为 Denis Twitchett[杜希德]),纽约州立大学出版 *SUNY Series in Chinese Philosophy and Culture*(由 Roger T. Ames[安乐哲]主编),此外还有丹麦的 Scandinavian Institute of Asian Studies 出版 *Scandinavian Institute of Asian Studies Monograph Series*,香港中文大学出版宋淇(Stephen C. Soong)和乔志高(George Kao)主编的 *Renditions Books* 等①。另外,葛浩文(Howard Goldblatt)也在主编相关现当代中国文学的英译,葛浩文自己已独译或与人合译五十多部中国现当代小说②。

　　据笔者所见,目前关于中国文学的英文选集有 *A Treasury of Chinese Literature*:*A New Prose Anthology*,*Including Fiction and Drama*(1965,翟楚和翟文伯编著并翻译,Appleton-Century),*Anthology of Chinese Literature*(1965—1972,Cyril Birch[白芝]主编,Grove Press),*Sunflower Splendor*:*Three Thousand Years of Chinese Poetry*?(1975,柳无忌和罗郁正编著,Anchor Books),*An Anthology of Contemporary Chinese Literature*:*Taiwan*,*1949—1974*(1975,台湾"国立"编译局),*Trees on the Mountain*:*An Anthology of New Chinese Writing*(1984,Stephen C. Soong[宋淇]和 John Minford[闵福德]编著,香港中文大学),*Contemporary Chinese Literature*:*An Anthology of Post-Mao Fiction and Poetry*(1985,Michael S. Duke 编著,M. E. Sharpe);由哥伦比亚大学出版社出版的有 *The Columbia Book of Chinese Poetry*:*From Early Times to the Thirteenth Century*(1984,Burton Watson[华兹生]编辑并翻译),*Scenes for Man-*

---

① 不过,2013 年 7 月 25 日下午 3 点左右笔者与加州大学圣塔克鲁兹分校(UC Santa Cruz)文学系教授老康(Christopher Connery)讨论"中国文化典籍在英语世界的传播"时,他认为一般而言人们不大会阅读翻译过来的作品,像 *Renditions Books* 等美国阅读者并不多,可能就几百人。不过后来与该校前历史系主任、美国历史学年会主席和美国亚洲研究会(Association for Asian Studies,AAS)副主席贺萧(Gail Hershatter)教授讨论时,她则认为其读者数量要稍多一些,不过人数还是非常稀少。他们都认为这也许是非常精英化的行为。

② Liu Jun, "'Midwife' of Chinese literature prized for his work on woman author", *China Daily*, June 17, 2011, p.19.

darins: The Elite Theater of the Ming (1995, Cyril Birch 著), The Columbia Anthology of Modern Chinese Literature (1995 年出版,2007 年重印,由 Joseph S. M. Lau [刘绍铭] 和 Howard Goldblatt [葛浩文] 主编), The Columbia Anthology of Traditional Chinese Literature (1996, Victor H. Mair [梅维恒] 主编), The Literature of China in the Twentieth Century (1997, 由 Bonnie S. McDougall 和 Kam Louie 著), Writing Women in Modern China: An Anthology of Women's Literature from the Early Twentieth Century (1998, Amy D. Dooling 和 Kristina M. Torgeson 编著), Sources of Chinese Tradition (1999 年第二版,由 Wm. Theodore de Bary [狄百瑞] 和 Irene Bloom [华霭仁] 主编), The Shorter Columbia Anthology of Traditional Chinese Literature (2000, Victor H. Mair [梅维恒] 主编), Classical Chinese Literature: An Anthology of Translations (2000, 与香港中文大学联合出版,由闵福德和刘绍铭主编), Frontier Taiwan: An Anthology of Modern Chinese Poetry (2001, Michelle Yeh [奚密] 和 N. G. D. Malmqvist [马悦然] 编著), The Columbia Companion to Modern East Asian Literature (2004, 由 Joshua Mostow 编), Indigenous Writers of Taiwan: An Anthology of Stories, Essays, & Poems (2005, John and Yingtsih Balcom 编著), The Columbia Anthology of Modern Chinese Drama (2010, Xiaomei Chen [陈小媚] 编), The Columbia Anthology of Chinese Folk and Popular Literature (2011, 梅维恒和 Mark Bender 编著)。此外还有 An Oxford Anthology of Contemporary Chinese Drama (1997, Martha P. Y. Chang [张佩瑶] 和 Jane C. C. Lai [黎翠珍], 牛津大学出版社); An Anthology of Chinese Literature: Beginnings to 1911 (1996, Stephen Owen [宇文所安] 编辑并翻译, W. W. Norton), Women Writers of Traditional China: An Anthology of Poetry and Criticism (1999, 孙康宜和 Haun Saussy [苏源熙] 主编,斯坦福大学出版社) 等。

英文中国文学史著作分别有 A History of Chinese Literature (1909, Arthur Waley 著, D. Appleton and Company 出版), An Introduction to Chinese Literature (1966, 柳无忌著, Indiana UP), A History of Modern Chinese Fiction (1961 年由耶鲁大学初版, 1999 年由印地安那大学出版第三版), The Columbia History of Chinese Literature (2002, 梅维恒主编, 哥伦比亚大学出版社), The Cambridge History of Chinese Literature (2010, 宇文所安和华裔学者孙康宜主编, 剑桥大学出版社), Chinese Literature: A Very Short Introduction (2012, Sabina Knight, 牛津大学出版社) 等。

另有一些书目可供读者查阅,如考狄 (Henri Cordier) 的《中国书目》(The Bibliotheca Sinica)、王尔敏的《中国文献西译书目》、魏根生 (Endymion Wilkinson) 的《中国历史新手册》(*Chinese History: A New Manual*)①,艾尔曼(Benjamin A. Elman)编的《中国经典文献工具书录》(*Classical Historiography for Chinese History*)②。

  与国内译者率尔翻译中国典籍不同,国外汉学家则对中国经典特别慎重,反复研究作品多年才将作品译完,例如杜德桥(Glen Dudbridge)的《后汉书·食货志》、理雅各的《周易》、霍克思(David Hawkes)的《红楼梦》、康达维的《昭明文选》等。康达维翻译《文选》每天只能翻译400字,他自称自己可能是世上译得最慢的译者。康达维是西雅图华盛顿大学东亚语文系主任,美国东方学会会长,1970年便已开始翻译附有详细注解的英文本《昭明文选》(*Wen Xuan, or Selections of Refined Literature*),全集六十卷,预计共有八册,由普林斯顿大学出版社出版,第一册于1982年出版(包括第一到第六卷),第二册于1987年出版(包括第七到第十二卷),第三册1996年出版(包括第十三到第十九卷:赋的最后部分,诗的第一部分)。

  而反观国内,则发现目前国内对中国文化典籍的翻译总体上存在快、滥和无序的状况。快是指译得过快,滥是指没有精心挑选,更没有从向国外传播中国文化和思想、达到文化输出的目的出发,无序则是指出版社因自身的经济利益而重复出版同一译者的译品。另一个非常严重的问题是,复合型翻译人才严重匮乏,多数译者须借助其他专家来进行中国古代文化典籍的解读,或更差的是直接借助白话文译本来进行翻译,这样译出的作品,其质量就可想而知了。而国内目前规模最大、由国务院新闻出版办公室和中国外文局联合国内三十多家出版社推出的《大中华文科》也存在较多较大的问题,后文将详细讨论,在此不赘。第三个问题是,国内不管是《大中华文库》,还是外教社(上海外语教育出版社)、外研社(外语教学与研究出版社)出版的典籍翻译作品,均无必要的注释。说实在的,如果不借助必要的注释,有些典籍我们中国人自己也不一定能完全看懂,遑论对中国、中文知之不多或几乎不知的外国人了。

  从《大中华文库》的构成,我们大体会发现,目前《大中华文库》的做法其初衷肯定是好的,但结果却不一定理想。《大中华文库》由"导论"、中文原文、中文译文和外文译文构成。其中,对于中文原文,没有任何注释;译文则选择了国内在这一领域的专家所编撰的白话文译本,然后再配上英文译文。多数时候,尤其是选用西方学者的译本时,其白话文与外文译本有脱节的现象。而且,其中的外文译文中鲜见注释。每一个译本均有一个"导论",但字数不能超过一万字,有经验或负

---

① 该书最初出版于1973年,1998年出新版,2000年修订并增订,然后于2012年再推出新版,非常畅销。

② 见 http://www.princeton.edu/~classbib/。

责人的译者肯定无法在这么短的"导论"中将自己如何翻译这一著作、借助了哪些参考书等等问题在文中完全展开。这一体例,也许在《大中华文库》再版或修订时,要进行必要的修改,才能真正达到向西方传播中国优秀文化典籍的目的,达到输出中华文化,增强文化竞争力的目的。

有学者对这类现象也有过较为激烈的批评,王辉以《论语》的英译为例,认为"国内译本都是今译、英译对照,鲜见注释和导读。汉学家的译本,则详加评注、辅以导言、索引,学术气象十足。国内学术界、出版界要想在国际汉学研究和汉文化的传播中占据主导地位,就有必要出版、研究这些风行西方世界的译本,而不是闭门造车,或是偶有出版,又将原作特色(译注、引言等)删削殆尽。"因此,《大中华文库》中的《论语》"除了装帧精美外,实在是乏善可陈"。①

2013年中国作家莫言获得诺贝尔文学奖,成为中国官方承认的国内获"诺奖"的第一人。这一事件让人振奋不已,大家都对此纷纷发表看法,其共识就是中国文学获得了"世界性关注"。

莫言获奖是能予人很多启示的。首先,莫言的作品很早就得到西方译者的注意。1986年,莫言《红高粱家族》的出版奠定了他在中国当代文坛的地位。张艺谋将其作品拍成了电影,让西方观众首先从视觉上接受莫言,引起了西方学者对莫言的关注。这部作品1990年即被翻译成法文,1993年同时推出英文版和德文版。根据刘江凯的统计,我们知道,莫言的作品有15部被译成法文、14部译为越南文、7部译为英文、6部译为韩文、11部译为日文、1部译为希伯来文、1部译为意大利文、2部译为波兰文、1部译为西班牙文、1部译为德文、2部译为瑞典文、1部译为挪威文。②

我们还从报刊上得知,瑞典的陈安娜(瑞典著名汉学家马悦然的学生)已翻译出版3部莫言作品。而葛浩文的学生陈娜(Shelley Chan)也已于2011年出版社自己讨论莫言创作的博士论文。葛浩文还在继续翻译莫言的作品。

其次,莫言是主动与西方译者进行合作的,以使自己的作品在西方得到很好的传播与接受。莫言曾自己坦陈,葛浩文翻译的莫言作品与莫言的原著是有一些不一样的,如性描写,他同意葛浩文根据美国读者(或英语读者)的喜欢来翻译其作品中性描写的内容。这就是葛浩文译出的莫言作品与莫言原著有些地方不一

---

① 王辉:《盛名之下其实难副——〈大中华文库·论语〉编辑出版中的若干问题》,《华中科技大学学报》(社会科学版),2003年第1期,第37页。

② 详见刘江凯:《本土性、民族性的世界写作——莫言的海外传播与接受》,《当代作家评论》,2011年第4期,第21—24页。

致的原因。①

　　截至到目前,如果我们对中国文化典籍的外译本进行全面检索的话,可以发现许多作品均有外译本,不管是古代典籍,还是近现代优秀作品,当然主要限于汉语文化典籍。

　　即便如此,我国的文化软实力依然不尽如人意。② 例如 2007 年英国国家广播公司委托环球扫描公司进行的 27 个国家的国家形象排名中,中国排名第 5,低于排名第一的日本。③ 其根本原因就在于我们缺乏加强我国文化软实力的文化战略:从 1970 年代的"政治中国",到八九十年代的"经济中国",直到现在我们才慢慢关注文化软实力的建设而开始步入"文化中国"的时代。有专家指出自上世纪 90 年代以来,文化产业已经成为未来世界经济新的重要增长点。例如美国是世界上第一文化产业大国,其文化产业年产值占国内 GDP 的 1/4。1995 年,英国文化创意产业产值约占国内生产总值的 4%,超过任何一项传统制造业的产值;1997—2001 年,英国文化创意产业的增长率平均为 5%,而整体经济的增长率仅为 2.8%;英国文化创意产业的出口额每年增长 15%,而同期英国所有产业的出口增长率平均只有 4%。日本文化产业的许多领域在全球范围居于领先地位,尤其是动漫、游戏这些新兴文化产业行业,给日本带来了巨大收益。2007 年,韩国文化产业产值约为 650 亿美元,同比增长 7.4%,连续 5 年年均增长达到 9% 以上,是同期经济增长率的近 2 倍,文化产业占 GDP 的比重近 7%,韩文化产品出口达 100 亿美元,占世界文化市场 5% 的份额,成为世界前 5 强。④ 直到 2010 年,中共中央 17 届六中全会上才通过《中共中央关于深化文化体制改革推动社会主义文化大发展大繁荣若干重大问题的决定》,明确提出"增强国家文化软实力,弘扬中华文化,努力建设社会主义文化强国"。⑤ 而且,我国的文化输出存在的一个大问题是,我们输出的主要是形式或实物而不是无形而更具实质性、影响深远的思想。⑥ 王岳川一直主张,"文化输出"绝不能停留在实用文化、民俗民情的一般层次,只有思想层面的交流才能深入文明的内部神经。⑦

---

　　① Mo Yan and Sylvia Li-chun Lin, "My 3 American Books," *World Literature Today*, Vol. 74, No. 3 (Summer, 2000), p.473.
　　② Joseph S. Nye, Jr., "Why China Is Weak on Soft Power," http://www.nytimes.com/2012/01/18/opinion/why-china-is-weak-on-soft-power.html.
　　③ http://www.china.com.cn/city/txt/2007-03/27/content_8020732.htm。
　　④ 刘国强:《世界有关国家文化产业发展策略》,《中国党政干部论坛》,2010 年第 1 期,第 19—20 页。
　　⑤ 见《中共中央关于深化文化体制改革推动社会主义文化大发展大繁荣若干重大问题的决定》。
　　⑥ 英国前首相撒切尔夫人说:"中国没有那种可以用来推进自己的权力,进而削弱我们西方国家的具有'传染性'的学说。今天中国出口的是电视机,而不是思想观念。"(《凤凰周刊》,2006 年第 16 期)
　　⑦ 王岳川:《大国崛起需要"大文化"守正创新——〈北京大学研究生学志〉主编胡森森博士的访谈》,见王岳川:《文化输出——王岳川访谈录》,北京大学出版社,2011 年,第 81 页。

而我国目前的文化典籍的翻译出版包括《大中华文库》则凸显出了一些问题。有学者在梳理并研究这些问题。例如王辉曾以《论语》的三个译本（分别收入《汉英四书》《大师经典文库》《大中华文库》）为例，指出中国大陆出版界编选西方汉学家译文时不注意保全译本特色，对译者注释、引言、附录等任意删削却不加说明，既有损于原译价值，又误导读者和研究者。① 而王晓农认为，《大中华文库》项目取得了巨大成就，但也存在着一些问题。以《大中华文库·二十四诗品》为案例，他主要分析了其英译本存在的翻译和编辑方面的不足，并借此简要探讨了如何提高典籍英译出版质量，促进中国文化输出的问题；他认为这一译本在正文和副文本方面都存在一些可改进之处，主要涉及译文选择、译文本身和译本编辑，一定程度上妨碍了典籍英译目的实现；他认为《大中华文库》版典籍英译应主要由中国翻译家和学者担当，面向西方知识界，全面准确地介绍中华文化，以减少误读；而且他提出针对性的翻译批评应得到鼓励和加强，以进一步提高典籍英译、出版和传播质量。②

当然，这些文化典籍的翻译出版，也对我们提出了新的挑战，例如傅惠生教授对《大中华文库》（汉英对照版）英译文语言进行了研究。他认为，《大中华文库》（汉英对照版）英语译文语言表达至少有两重历史任务：很好地表达中国文化的思想内涵、情感、风俗等等，推介中国传统文化经典；建构中国英语的语言表达相对规范的形式和确立中国英语独立地位的基础。他认为巩固这个基础还需要做更多细致的调查和研究工作，这一工作对于今天我国对外交流和中国文化传播的意义是不言而喻的。他提出，从对当今中国英语使用现状案例的观察和分析，以英国英语、美国英语、其他多种英语和中国英语发生成长的历史过程为参照，可以相信以《文库》为基础的中国英语建构是可行的，有利于集中确立中国英语的基础词汇和表达方式、展示基本传统语言文化特性等等以确立整体中国英语特征和形象的基础。同时这也为汉译英理论和实践发展的研究提供了一种新思路。③

有识之士认识到，很多典籍有了英译本却"走不出去"，例如介绍中国现当代文学作品外文版的《熊猫丛书》以及出版长达半个世纪的《中国文学》杂志英文、法文版在海外的传播影响力都不理想，《中国文学》杂志1951年创刊后，于2000年底停刊；《熊猫丛书》上世纪80年代推出，一共翻译出版了190多部作品。根据世界各地的销售情况统计，这套丛书有时候可以卖出两三本，有时候一本也卖不出

---

① 王辉：《从〈论语〉三个译本看古籍英译的出版工作——兼与刘重德教授商榷》，《广东外语外贸大学学报》，2003年第3期。
② 王晓农：《中国文化典籍英译出版存在的问题——以〈大中华文库·二十四诗品〉为例》，《当代外语研究》，2013年第11期。
③ 傅惠生：《〈汉英对照大中华文库〉英译文语言研究》，《外语教学理论与实践》，2012年第3期。

去。除了个别译本获得成功外,大部分译本没有产生任何反响。① 谢天振也认为,中国文学"走出去"不只是一个翻译问题,中国文学、文化要切实有效地"走出去",有三个问题和两个特殊现象必须引起我们的重视。首先是对翻译的认识有失偏颇,以为只要翻译成外文,中国文学、文化就"走出去"了。其次是未能认清"译入"(in-coming translation)与"译出"(out-going translation)两种翻译行为之间的差别。只看到它们都是两种语言文字之间的转换,却看不到"译入"是建立在一个国家、一个民族内在的对异族他国文学、文化的强烈需求基础上的翻译行为,而"译出"在多数情况下是一个国家、一个民族对外译介自己的文学和文化,对方对此却未必有内在的需求。再次是对文学、文化跨语言传播的译介规律缺乏应有的认识。一般情况下,文化往往从强势文化向弱势文化译介,而且往往由弱势文化国家的译者主动把强势文化译介给自己的国家。在今天的世界文化格局中,西方文化仍处于强势,要让中国文学、文化"走出去"(首先是希望走进英语世界),实际上是一种由弱势文化向强势文化的"逆势"译介行为,那就更不能仅仅停留在把中国文学、文化典籍翻译成外文,而必须从译介学规律的高度全面审时度势,并采取合适的译介方式。就中西文化交流而言,还有两个特殊现象必须引起我们的重视,即"时间差"(time gap)和"语言差"(language gap)。因为"时间差",所以在积极推进中国文学、文化"走出去"时,现阶段勿贪大求全,编译一本诸如《先秦诸子百家寓言故事选》,也许比花大力气翻译出版一大套诸子百家的全集更受当代西方读者的欢迎。而因为"语言差",我们必须关注如何在国外培育中国文学、文化的接受群体,如何扩大国外汉学家、翻译家队伍,以及如何从项目资金到专家咨询、配备翻译合作者等方面为外国人提供帮助等。②

还需要反思的是,我们对于中国文化典籍的翻译出版应该建立良好的评论和评价机制,要积极地促进翻译的进一步完善。译评方面,笔者觉得可借鉴周一良等对马瑞志翻译的《世说新语》进行翻译评论,而马瑞志则在第二版时将这些误译商兑之处进行处理而使译文得到完善的做法。③ 周一良与王伊同指出马译误译达448条④,张永言认为周一良与王伊同"抉发马译得失,至此大端已具"⑤。一些汉

---

① 樊丽萍:《"抠字眼"的翻译理念该更新了》,《文汇报》,2013年9月11日。
② 谢天振:《中国文学"走出去"不只是一个翻译问题》,《中国社会科学报》,2014年1月24日。
③ Richard B. Mather, "Foreword to the Second Edition", in Richard B. Mather, trans., *Shih-shuo Hsin-yü: A New Account of Tales of the World* (2nd ed), Ann Arbor: Center for Chinese Studies, University of Michigan, 2002, p. viii. 马瑞志提到周一良、王伊同、张永言、程章灿、范子烨、钱南秀等对其译文完善之功。
④ 周一良、王伊同:《马译〈世说新语〉商兑》,《清华学报》新二十卷第2期;周一良,《马译〈世说新语〉商兑之余》,《国学研究》,1993年,第1卷,第535—544页。
⑤ 张永言:《马译〈世说新语〉商兑续貂(一)——为纪念吕叔湘先生九十寿辰作》,《古汉语学报》,1994年第10卷,第2页。

学家也对其进行指瑕,例如《文选》专家及其英译者康达维(David R. Knechtges)在其书评中仅指出两条①,最多的是马恩斯(J. B. Mansvelt Beck),共讨论了31条②。

五、中国文化典籍翻译出版对提升中国文化软实力的意义

中国文化典籍集中体现了中国文化的特质。什么是中国文化?许倬云认为,"在中国,枢轴时代之后期,即是秦汉大帝国。秦汉的普世性秩序,事实上包括政治、经济、社会、文化各方面。……在文化上,这是儒、道、法、阴阳家综合的中国型思想,所表现的现象是《吕氏春秋》《淮南子》,甚至《春秋繁露》《法言》《太玄经》诸种大著作,无不企图整合成一套放之六合而皆准的思想体系。"③简言之,中国文化典籍就集中体现了"一个共同的思想体系,这就是以儒家为主流,再加上道家、释家的中国型思想体系"④。有序、合理而准确地将中国文化典籍翻译出来并有效地传播到国外去,无疑对于提升中国文化软实力具有非常重要的意义。这也完全符合社会主义核心价值体系的四层含义:一是坚持马克思主义指导地位;二是坚定中国特色社会主义的共同理想;三是弘扬以爱国主义为核心的民族精神和以改革创新为核心的时代精神;四是树立和践行社会主义荣辱观。⑤

"软实力"(Soft Power)首先是由哈佛大学教授约瑟夫·奈(Joseph S. Nye, Jr.)1990年在《外交政策》(Foreign Policy)上的同名文章中提出的,他提出的"软实力"是与"硬实力"相对的。"软实力"指除国家、边界、民族、领土等"硬实力"之外的思想文化、生活方式、意识形态等,也就是通过文化的凝聚力、吸引力、感染力等来实现自身对外界的影响,从而具有达到理想结果的素质。⑥ 后来他在此基础上明确指出,"什么是软实力?软实力就是通过吸引而非强迫或收买的手段来达己所愿的能力,它源于一个国家的文化(culture)、政治理念(political ideals)和政策

---

① David R. Knechtges, A Review on *Shih-shuo Hsin-yü*, *A New Account of Tales of the World* by Richard B. Mather, Liu I-Ch'ing, *Journal of Asian Studies*, vol. 37, no. 2, (Feb, 1978), pp. 344-346.
② J. B. Mansvelt Beck, A Review on *Shih-shuo Hsin-yü*, *A New Account of Tales of the World* by Richard B. Mather, Liu I-Ch'ing, *T'oung Pao* (2nd series), vol. 64, Livr. 4-5, 1978, pp. 282-298.
③ 许倬云:《序:中国史与世界史的若干省思》,见许倬云:《中国文化的发展过程》,香港中文大学出版社,1992年,第22页。
④ 许倬云:《中国文化的发展过程》,香港中文大学出版社,1992年,第23页。
⑤ 《中共中央关于深化文化体制改革、推动社会主义文化大发展大繁荣若干重大问题的决定》(2011年10月18日中国共产党第十七届中央委员会第六次全体会议通过)。
⑥ Joseph S. Nye, Jr., "Soft Power", *Foreign Policy*, p.154.

(policies)的吸引力"。① 于此,约瑟夫·奈首次明确提出文化软实力的概念,并且明确指出一个国家软实力的三个来源:文化、政治理念和政策;同时他指出,"当我国的政策在别国人眼里被视为合法时,那么我国的软实力就得到了提升。"②他更是直接指出,凭借软实力"一个国家在国际政治上可能获得它想要的结果,因为别的国家想学它的样,羡慕其价值观,仿效其模式,并渴望达到其繁荣和开放程度"③。

张国祚指出,国家繁荣富强"主要靠两种力:一种是硬实力,一种是软实力。一切可以表现为物质力量的实力都是硬实力,一切可以内化为精神力量的实力都是软实力。硬实力主要体现为经济力量、军事力量和科技力量等看得见、摸得着的物质力量。软实力主要体现为文化感染、价值认同、民族精神、时代精神、理论思维、舆论引导、战略策略、制度设计、政策法规、国民形象等影响力、吸引力和说服力。在国际较量中,一个国家硬实力不行,可能一打就败;一个国家软实力不行,可能不打自败。而贯穿软实力经纬、维系软实力灵魂的,就是文化。因此,文化软实力从根本上和长远上看,关系民族兴衰,国家强弱,人民贫富"④。

季正钜等则从广狭义两方面分析了文化软实力的重要性。从广义视角分析,国家文化软实力与国家软实力可以等同。从狭义视角分析,国家文化软实力侧重指的是以文化为中心的国家软实力。它采用文化沟通、文化生产、文化交流和文化传播等手段,使本国所倡导的价值理念获得世界人民的普遍认可,让它具有一定的普适价值,并进而赢得国际影响力和感召力。⑤

赵可金、彭萍萍更是指出:"在全球化时代,软实力对国家的兴衰更加重要。一个国家的强弱,不在于船坚炮利,而取决于其政治制度、社会精神、核心价值观及其国际吸引力。全球化解放了资本、技术、人才、信息等生产要素,哪里对生产要素具有吸引力,它们就会往哪里聚集,哪里就会实现国力的迅速增长。在全球化时代,'国富论'的逻辑已经从自我积累式的规模膨胀为要素集中式的内涵优化,国力的成长越来越依赖于一个国家'软实力'的建设。"⑥

---

① Joseph S. Nye, Jr., "Soft Power and American Foreign Policy", *Political Science Quarterly*, Vol. 119, No. 2 (Summer, 2004) 256. Also see Joseph S. Nye, Jr., "Preface", in Joseph S. Nye, Jr., *Soft Power: The Means to Success in World Politics*, NY: PublicAffairs, 2004, p. x.
② Joseph S. Nye, Jr., "Soft Power and American Foreign Policy", *Political Science Quarterly*, Vol. 119, No. 2 (Summer, 2004) 256.
③ Ibid.
④ 张国祚:《中国文化软实力研究大有可为》,《光明日报》,2009年12月15日第11版。
⑤ 季正钜等:《热话题与冷思考——关于新时期中国文化软实力提升研究的对话》,《当代世界与社会主义》,2012年第3期,第4页。
⑥ 赵可金、彭萍萍:《中国文化软实力面临的困境及其解决路径》,《当代世界与社会主义》,2012年第3期,第23页。

王岳川认为一个大国的文化形象是构成其国家形象的重要组成部分,因为"一个大国形象包含四重形象,经济形象,政治形象,军事形象,文化形象。中国形象中的经济形象是辉煌的,政治形象正在赢得越来越多的国家的信任,军事形象也正在崛起和获得认同,但是文化形象却处于不利之境。可以说,大幅提升中国文化软实力,建立中国文化战略和国家话语,迫在眉睫"①。

为此我们要选择一批能够集中体现中国文化特质的典籍进行翻译。什么典籍能够集中体现中国文化特质呢?许倬云认为:"中国有一个共同的思想体系,这就是以儒家为主流,再加上道家、释家的中国型思想体系。"②基于此,我们可以首先翻译以儒、道、释为中心的中国文化典籍。王岳川提到,日本1985年以来整体性向海外翻译输出了500本重要著作,而中国在这方面极其欠缺;因此他提出积极组织向海外翻译输出300本书:第一个100本是中国古代从先秦开始到清末的思想著作,第二个100本是清末学者如梁启超、康有为、章太炎等人的学术和思想著作,第三个100本是20世纪到21世纪之间的100本文化生态书,让西方重视当代中国学者的最新思想和中国文化的最新进程,以及对中国发展有影响力的中国思想家。③

王岳川提出的300本当然只是个数字而已,关键的是我们要组织相关专家,成立专门机构,通过反复论证,首先选定有待翻译的能集中体现中国文化特质的著作(这些著作可以是原著,也可以重新编著,关键是能够突出中国文化特质);之后组织合适的专家对这些作品进行精审而恰当的翻译(可以考虑邀请国外对这些作品素有研究的专家加盟);然后通过强有力的国际发行渠道,将这些译本有效地传播到国外去。

不过,对国家文化软实力的树立与提升,对外传播当然是重要的一面,而对自身文化资源的认识和创新则是另一面,两者缺一不可。赵可金等就指出:"从根本上来说,作为一种社会关系,一国软实力是一个由内而外的释放过程,既取决于中国文化资源自身的特性,也取决于中国文化在国际社会中的传播,片面强调任一方面都不利于软实力的提升。"④

为了有效地将这些集中体现中国文化特质的著作传播到国外去,我们还可以选择更多其他的途径来配合传播,例如影视、卡通和音乐等。在《大中华文库》全球首发式上许嘉璐曾提出,真正要让中华文化走出去,应该把中国典籍有选择的,

---

① 王岳川:"序言",《发现东方》(修订版),北京大学出版社,2011年,第1页。
② 许倬云:《中国文化的发展过程》,香港中文大学出版社,1992年,第23页。
③ 王岳川:《大国文化创新与国家文化安全》,《社会科学战线》,2008年第2期,第225页。
④ 赵可金、彭萍萍:《中国文化软实力面临的困境及其解决路径》,《当代世界与社会主义》,2012年第3期,第24页。

用不同层次、不同方式、不同手段把它简要化、通俗化、趣味化。①

　　这也许是中国文化典籍真正走向西方、达到有效文化输出的一条必由之路。我们从几个例子便能看到这么做的积极效果。一是好莱坞电影《功夫熊猫》系列的成功运用中国元素;二是蔡志忠的《蔡志忠中国古籍经典漫画》(包括老子说、孔子说、庄子说、论语、孟子说、大学、中庸、韩非子、孙子说、列子说、史记、世说新语、六朝怪谈、六祖坛经、禅说、唐诗说、宋词说、三国志、水浒传、西游记、佛学思想、道家思想、聊斋志异、白蛇传、心经、少林寺、菜根谭、法句经、金刚经、佛教圣典、中国思想、封神榜)在 31 个国家和地区出版,总销量逾 3000 万册;三是 Esther Tyldesley 以意译的方式、流畅生动的表达,将《于丹讲〈论语〉》介绍给西方世界,是一本极好的介绍中国文化的英文普及读物,以普及的方式将中国儒家典籍《论语》推向世界,首版即印刷 50 万册。四是李燕的《易经画传》分别以汉英、汉法和汉德对照的形式出版发行,取得了很好的成绩。

　　基于上面的讨论,我们认为通过翻译中国文化典籍来提升国家的文化软实力,必须统筹考虑如下几方面的因素:

　　1. 政策与法律的支持。综观国际文化软实力的局势,没有哪个国家的文化软实力的提升没有得到国家政治与法律的支持与保护,美国、法国、英国、日本和韩国均是如此。我们现在已经认识到"文化立国"的重要性,更在中共中央十七届六中全会上确定了"增强国家文化软实力,弘扬中华文化,努力建设社会主义文化强国"。②

　　2. 积极进行文化输出,改变文化贸易"逆差"。文化输出关涉到一个大国的文化形象的确立,也影响到国家的文化产业,进而直接影响到国民生产总值。基于此,我们首先要输出集中体现中国文化特质的中国文化典籍,能够体现我国的核心文化思想;其次,让饮食、医学(中医)等走向外国,达到传播中国文化的目的;再次,通过多种渠道以立体方式向外国传播中国文化。不能再扁平化地理解中国文化典籍的对外传播,因为传播不只是通过书本而传输"精英化"的思想,要让中国文化典籍走出少数社会精英的圈子,也就是不只是让汉学家阅读和了解中国文化典籍,同时必须让外国大众都能欣赏中国文化典籍,这必然就要求改变传播策略和方式;可以考虑推出精英化译本、普及型译本(或改编本),以电影、卡通、音乐、舞蹈、绘画、书法、武术(中国功夫)、服装乃至游戏等方式向外传播,美国的好莱坞大片、日本的卡通和游戏无疑值得我们借鉴。

---

① 许嘉璐:《在〈大中华文库〉全球首发式讲话》,见 http://www.china.com.cn/news/txt/2007-01/12/content_7646740.htm。
② 《中共中央关于深化文化体制改革、推动社会主义文化大发展大繁荣若干重大问题的决定》(2011 年 10 月 18 日中国共产党第十七届中央委员会第六次全体会议通过)。

3. 设立专门机构对中国文化软实力对中国文化典籍在国外的影响进行跟踪,定期提交分析报告,以便于改善传播途径与策略,从而达到有效传播中华文化核心价值观的目的。关世杰通过问卷调查,分析了中国文化软实力在美国的现状,指出"应重视在国外做民意调查,掌握国际调查的话语权。没有调查就没有发言权,特别是在如何采取措施增强我国软实力方面尤为如此。提高软实力,需要了解国外民众的真实情况"。① 我们必须通过这样的调查,得知外国大众需要了解中国的哪些方面,然后有针对性地翻译中国文化典籍并有效地输出。

4. 选择合格的译者并注重培养中国文化典籍的翻译和传播人才。关于谁才是合格的译者的问题,也许罗素对胡适《先秦名学史》的评论对我们有些启示。1923 年罗素为美国著名的杂志 Nation 写了《先秦名学史》的评论,开始便说:

> 对于想掌握中国思想的欧洲读者而言,这本书完全是一个新的开端。欧洲人很难同时是第一流的汉学家,又是合格的(competent)哲学家,这是不足惊异的……一个人不通中文而想知道中国哲学,面对着这一情况简直只好绝望。好了,现在我们终于有了胡适博士,他对西方哲学的精熟好像是一个欧洲人,英文写作之佳则和多数美国的教授没有分别,至于翻译古代中国文本的精确可靠,我想任何外国人都很难赶得上。具有这样独特的条件,他所取得的成果是十分引人入胜的,正符合我们的期待。听说这本书不过是他已出版的一部更大的中文著述的一个纲要,据读过的人说,原著(按:指《中国哲学史大纲》上册)比本书还要好,这就更使人向往了。②

罗素评论胡适的《先秦名学史》时承认胡适胜任翻译中国哲学。这予我们的启示是要将中国文化典籍翻译出去,其译者可以是中国学者。不过,这一学者必须是这一方面的专家,而且中外文均擅长。潘文国有类似的思想,他提倡进行中国文化典籍翻译的工作者要求研究意识,理想的典籍译者应该是典籍的研究者;翻译一部典籍就应该成为这一典籍的专家。③ 就是因为"(胡适)对西方哲学的精熟好像是一个欧洲人,英文写作之佳则和多数美国的教授没有分别",所以罗素认为"(胡适)翻译古代中国文本的精确可靠,任何外国人都很难赶得上"。

---

① 关世杰:《中国文化软实力:在美国的现状与思考》,《国外社会科学》,2012 年第 5 期,第 80 页。
② 余英时:《重寻胡适历程——胡适生平与思想认识》,台北联经出版公司,2004 年,第 13—14 页。英文原评见《胡适日记》1923 年 11 月 4 日条。(胡适著,曹伯言整理,《胡适日记全编》(第四卷),安徽教育出版社,2001 年,第 92 页)
③ 潘文国,"'第七届全国典籍翻译学术研讨会'致辞",见王宏印、朱健平、李伟荣主编:《典籍翻译研究》(第 6 辑),北京:外语教学与研究出版社,2013 年,ii。

对于谁是合格的译者,笔者认为如下三点可供参考:

1. 典籍翻译人员的构成:古文字学家、翻译工作者、外国专家;

2. 典籍翻译模式:翻译工作者和古文字学家研究典籍,解决字、词、句、段、篇理解方面的问题;翻译工作者进行翻译并与古文字学家进行沟通;由外国专家、翻译工作者和古文字学家共同审校译品,进行必要的修缮;

3. 最理想的典籍翻译工作者是这三种角色集于一身,例如陈寅恪、钱锺书、林语堂和杨宪益等便是如此。不过,这种人才比较缺乏,如果能将国内外精通双语的研究者整合起来翻译中国文化典籍,无疑也是非常理想的,比较突出的例子有杨宪益与戴乃迭(Gladys Yang)、理雅各(James Legge)与王韬、卫礼贤(Richard Wilhelm)与劳乃宣以及王世襄与其作品的译者①等等均是如此。

我们必须在这方面注重培养中国文化典籍的翻译和传播人才,因为人才无疑是这一场文化战略的关键所在,如果缺乏这种具有双语(多语)能力的人才,那么在未来的文化战略中,我们便会处于弱势地位,而根本谈不上中国文化的伟大复兴。

六、结语

在这一以对话取代对抗的时代,以"软实力"取代"硬实力"的时代,以中国文化典籍为代表的中国文化软实力必须得到进一步提升,如此一来我们文化强国的国际形象才能得以确立。

基于以上讨论,我们可以归结如下几点:

1. 中国文化典籍不但包括我国的古代经典,也包括近现代的优秀作品;不仅包括以书籍为载体的文化形式,也包括中医、中药、饮食、服饰、武术、气功、京剧、戏曲等社会文化资源,集中体现了我国的核心价值观。

2. 我国目前的文化软实力还比较弱,因此亟须加强,从而提升我国文化强国的国际形象。

3. 从文化战略的高度,为了提升我国文化软实力,我们必须处理好如下几点:1)政策与法律的支持;2)积极进行文化输出,改变文化贸易"逆差";3)设立专门机构对中国文化软实力对中国文化典籍在国外的影响进行跟踪,定期提交分析报告,以便于改善传播途径与策略,从而达到有效传播中华文化核心价值观的目的;4)选择合格的译者并注重培养中国文化典籍的翻译和传播人才;5)在国外培育

---

① 王世襄先生的《明式家具珍赏》(Ming Furniture in the Light of Chinese Architecture)与《明式家具研究》两书英文本的翻译,王先生都亲自参与了,由他用英文口授书中内容给《明式家具珍赏》的译者韩德乐女士(Sara Handler)和《明式家具研究》的译者梅先生,再由他们最终整理撰写。

中国文学、文化的接受群体,如何扩大国外汉学家、翻译家队伍,以及如何从项目资金到专家咨询、配备翻译合作者等方面为外国人提供帮助等;6)统计国外汉学家及其汉学著作或中国典籍翻译的译本并对其进行编目,避免重复翻译或选择更好的译本在国内出版。

我们必须认识到,中国文化要在整体创新中崛起,整合知识精英文化资本和民间文化资本,把思想、文化、艺术等领域整合起来,有目的地向海外推出,使得中国成为受国际社会重视的"文化强国"。中国文化输出将使得中国现代经验逐渐成为世界的经验,中国文化的世界化将使得东西方共同形成"世界新秩序",不仅能优化全球性的资源配置,而且正在取代以前的民族国家体制中的话语运作结构。在恐怖主义、分裂主义、种族主义、原教旨主义、霸权主义、单边主义等阴云笼罩的世界上,中国文化散发出一种清新刚正之气以使世界增添可资选择的和睦、和谐、和平的新方案。时代赋予中国的最大使命就是重构中国文化艺术精神和在国际社会重塑中国的文化强国形象。①

无论如何,我们应该对中国文化强国的目标保持信心,史景迁(Jonathan Spence)曾明确表示:"一个国家之所以伟大,条件之一就是既能够吸引别人的注意力,又能够持续保有这种吸引力。当西方刚刚接触到中国时,中国就明显地表现出这种能力:几世纪来,流行风潮的无常,政治情势的改变,也许曾使中国的光彩暂且蒙尘,但是中国的吸引力却从来没有完全消失过。无论是中国在西方引起的强烈情感,一波又一波尝试描述并分析这个国家及其人民的企图,或是西方人对有关中国消息的强烈兴趣,都明确道出了这个国家所散发的魅力。"②

---

① 王岳川:《在文化创新中建立强国文化战略》,《探索与争鸣》,2012年第6期,第10—16页。
② 史景迁著,阮叔梅译,《大汉之国:西方眼中的中国》,台湾商务印书馆,2000年,第3页。原文见 Jonathan D. Spence, *The Chan's Great Continent: China in Western Minds*, New York & London: W. W. Norton & Company, 1998, xi。

"985"高校网络思想政治教育发展报告

郑满宁　邓　验　李　彪[*]

自 1994 年中国正式获准成为国际互联网成员以来,互联网的普及与应用为人们创造了一个全新的、开放的、便捷的空间和平台,深刻地改变了人们的物质生活及精神生活,从此也开启了发展网络思想政治教育的新历程。

1995 年 8 月 8 日,建在中国教育和科研计算机网(CERNTE)上的"水木清华 BBS"正式开通,成为国内第一个校园 BBS。之后校园 BBS 蓬勃兴盛,高校 BBS 逐渐成为校园文化里一道亮丽的风景线。

2009 年 8 月,微博在国内正式推出。2013 年,我国大学校园"微博"用户已逾 3000 万[①],平均年龄为 20.84 岁,青年大学生群体已成为新媒体应用与发展的主力军。广东省的大学生"微博"用户数量最多,江苏、湖北、山东、北京等教育大省或直辖市的大学生"微博"用户数量紧随其后。2011 年初,腾讯公司推出"微信",用户数从零到亿仅用了 433 天。腾讯官方公布的信息,2013 年大学生用户占微信用户人数 64%。

网络不仅给大学生带来便利,其成本低、覆盖面广、即时传播、接受度高等特性也给思想政治教育工作带来便利。但是,网络在提供强大服务功能的同时,也给大学生的学习生活、人际交往乃至价值观的形成带来一些负面影响。同时,网络信息的开放性也给高校思想政治教育工作带来了新的挑战,思想政治教育与网络的结合将极大地拓展思想政治教育工作的渠道和内容。

我国政府非常重视网络思想政治教育新契机,国家对高校网络思想政治教育进行了积极的推动,可分为三个阶段:2000—2003 年为起步阶段,这一时期以中国国家信息化工作领导小组的成立以及 2000 年教育部下发《教育部关于加强高等学校思想政治教育进网络工作的若干意见》为标志;2004—2006 年为发展阶段,这一时期以 2004 年 10 月中共中央、国务院下发《关于进一步加强和改进大学生思

---

[*] 郑满宁,中国人民大学新闻学院博士生;邓验,湖南大学马克思主义理论博士后流动站研究人员,马克思主义学院讲师;李彪,中国人民大学新闻学院讲师,新闻与社会发展研究中心研究员。

[①] 《2013 中国大学生"微博"发展报告》,http://www.cas.cn/xw/yxdt/201308/t20130821_3916039.shtml。

想政治教育的意见》为标志;2007年至今年为深化阶段,2006年按照中宣部、教育部《关于进一步加强和改进高等学校思想政治理论课的意见》,我国所有高等教育学校自秋季新生入学均开始实施思想政治理论课新课程方案。

其中,985高校理应站在网络思想政治教育实体建设的前沿领域,也应成为最重要的网络思想政治教育理论和实践研究的核心力量。目前985院校网络思想政治教育的情况究竟如何?本课题将从体系建设、理论成果、实体发展三个方面展开论述。

一、985高校网络思想政治教育管理体系建设

高校网络思想政治教育是根据思想政治教育学和传播学理论,充分利用计算机网络、多媒体技术和现代传播技术手段,紧密结合当代青年大学生认知特点而设计的一种新的思想政治教育方法。它通过网络建设传播富有正能量的各种信息,从而实现用正确、丰富的网络信息熏陶大学生思想观念、政治观点、道德规范和媒介素养,帮助他们培养良好的思想政治品德。

面对纷繁复杂的网络新世界,高校网络思想政治教育管理体系建设已经成为高校学生教育工作中的首要内容。985高校多年的实践证明,高校思想政治教育不是某一个部门能够单打独斗完成的,而需要多个部门协同实现。目前,大部分高校的党委宣传部、学工部、教学部、团组织、研究所等多部门都参与到了网络思想政治教育中来,并分别扮演了重要的作用。目前985高校的网络思想教育管理已经形成了较为完善的行政管理格局,而且初步建立起较为完善的管理规章体系。

(一)党委、校办等:全面统筹、机构架设、规章制度

作为高校的领头羊,985高校对网络思想政治教育非常重视,通常由学校党委或者校长办公室直接抓网络与信息安全技术平台的建设和管理,不少863高校还在此基础上专门设立了高校信息化建设与管理办公室,其职责包括制定与落实校园网络信息管理的规章制度;促进主题网站和特色网站的建设;开展校园网络信息建设的督查、考核和评比;开展网上精神文明建设;把握校园网络舆情动态,进行网络信息监管、网络舆论引导等工作。较具代表性的有:

1. 2000年,清华大学在学校党委的领导下成立了网络信息管理委员会,主要负责统筹网络信息服务资源,推进宣传教育阵地建设,协调各方面的力量和工作,形成网络管理的有效机制。

2. 2002年2月,复旦大学成立了"网络思想教育和信息管理委员会",由校党委书记亲自担任委员会主任。各学院、系、所、中心,各部、处,各单位成为相应的网络安全工作小组。组长由单位主要负责人兼任,并设专职或兼职网络信息安全员。

教育部哲学社会科学系列发展报告
MOE Serial Reports on Developments in Humanities and Social Sciences

3. 2002年4月2日,为加强校园思想政治工作的组织领导,统筹网络思想政治工作,确保网络思想政治工作方面的信息安全,吉林大学专门成立了吉林大学校园网络信息工作领导小组,由时任校党委书记的吴博达亲自挂帅。

4. 2004年11月,浙江大学成立了校园网络信息建设与管理领导小组,由学校分管宣传工作的党委副书记担任组长。学校统一领导,综合协调各职能部门。

5. 2005年2月25日,南京大学成立了网络管理工作领导小组,由党委书记洪银兴亲自担任组长,领导小组下设办公室,挂靠党委宣传部,对校园网络内容实行统一管理,并全天候监管重点网站。

6. 2005年11月22日,北京大学正式发文成立北京大学信息建设协调小组作为北京大学信息化建设的决策机构,并成立北京大学信息化建设与管理办公室。2006年11月27日,北京大学又成立了北京大学信息化建设专家委员会。

诸如此类的学校信息化建设与网络管理领导小组等机构往往直接由学校的党委书记牵头,是网络思想政治教育和全校网络文化建设和管理工作的最高管理机构,显示出985高校对网络思想政治教育的高度重视。

这类领导机构在从事网络思想政治教育实践中的主要职能是统筹加强对网络思想政治教育工作的督促检查,更好地规避网络不良信息或舆论对学生的侵蚀,并根据教育部要求和公安部《计算机信息网络国际联网安全保护管理办法》的有关规定,采取技术手段与人工手段相结合的方式,制定各种网络信息安全管理制度和条例,保证网络思想政治教育工作的顺利推动。

目前,各985高校先后出台的网络信息化建设相关管理条例主要包括三类:第一类为网络行为类规范;第二类为网络建设类规范;第三类为舆情管理类规范。其中,尤其注重校园互动社区平台管理条例的制定和出台。相关管理条例的制定和实施对学校网络宣传和网络建设工作提供了规则标准;对校园网各类信息服务的设置及运行状况的日常巡查、对各网站内容和栏目的分级分类监控、对上网用户实名认证及信息审核及对有害信息的屏蔽等都起到了重要的机制保障作用,保证了正确的网络宣传导向,为985高校网络思想政治教育和网络文明的建设创造了良好的环境。

985高校有代表性的管理条例如下:

北京大学:《北京大学校园网管理条例》《北京大学校园网安全管理协议》《关于违规使用网络行为的处罚办法》《北京大学校园网计算机入网用户守则》《北京大学关于计算机网络信息违法犯罪案件报案制度》《北京大学计算机网络信息发布登记制度》《北京大学计算机网络信息内容审查制度》等;

天津大学:《天津大学计算机信息系统及校园网安全与保密管理暂行规定》等;

吉林大学:《关于进一步加强校园网政治安全和正确舆论导向的意见》《吉林大学校园网信息管理规范》《吉林大学 BBS 管理规定》《吉林大学网络信息管理员工作职责》《网络不良信息登记与追查制度》《网络信息管理责任制度》《吉林大学校园网络信息事件处理预案》等;

上海交通大学:《上海交通大学饮水思源 BBS 站管理规则》《上海交通大学 FTP 联盟管理条例》《上海交通大学 FTP 联盟站长管理条例》《上海交通大学学生网络信息管理部隐私条款》《上海交通大学网络用户手册》《校园网备案操作规范》《主页修改审批规范》《新闻网信息上传及管理办法》《网络舆情管理办法》《关于进一步加强网络舆情管理工作的若干意见》等;

浙江大学:《网络重大突发事件和敏感时期网络应急处预案》《关于进一步加强校园网络信息建设与管理工作的意见》《浙江大学校园网络信息建设与管理的职责分工与智能链接》《浙江大学校园网络电子公告服务管理办法》《浙江大学校园计算机网络有害信息处理办法》《浙江大学校园网络学生宿舍楼局域网管理办法》《浙江大学校园网络安全条例》;

华中科技大学:《进一步加强校园网络建设与管理工作的意见》《关于严肃网络纪律的通告》《归口管理学校各网站新闻信息的通知》《学生使用校园计算机网络管理办法》等;

湖南大学:《湖南大学校园网安全管理办法》《湖南大学二级网站建设规范》《湖南大学校园信息上网暂行管理办法》《湖南大学校园网络突发事件应急预案》等;

华南理工大学:《华南理工大学上网用户手册》《华南理工大学校园计算机网络管理条例》《华南理工大学宿舍计算机网络管理条例》《华南理工大学联网大楼管理员职责制度》《华南木棉版主管理条例》《华南木棉版面管理条例》《华南木棉账号与权限管理条例》《华南木棉宣传管理条例》《华南木棉奖惩管理条例》《华南木棉投诉管理条例》《华南木棉站务管理条例》等;

四川大学:《四川大学关于校园网建设、引导、管理的若干意见》《四川大学校园网络信息建设管理实施方法》《四川大学网络新闻管理办法》《四川大学关于对校园网有害信息专项清理政治工作的实施意见》《关于彻底整顿校内各类网络服务店的决定》《四川大学网络信息系统安全保护及各类计算机机房管理暂行规定》《四川大学校园网用户守则》《信息中心工作人员岗位责任条例》《四川大学关于做好思想政治教育进网络工作的意见》等。

西北农林科技大学:《校园网络安全管理办法》《校园网入网责任书》《关于思想政治教育进网络工作的决定》《关于进一步加强校园网络管理工作的实施意见》等。

（二）宣传部等：具体协调、思想指导、舆情研判

高校党委宣传部的主要职责是具体负责网络思想政治教育意识形态工作的协调和指导，做好网络舆论的监控和引导，上情下达，下情上传，做好校办等主管部门和青年大学生的沟通联系。

从 985 高校的实践来看，985 高校宣传部在学校党委的领导下，以构建先进而强势的主流网络意识形态为目标，按照积极发展、加强管理、趋利避害、为我所用的方针，从建设和管理入手，做了大量有益的工作，并不断从中总结经验。985 高校党委宣传部在网络思想政治教育中起到的主要作用如下：一是正确把握在网络中从事思想政治教育的思想方向。在网络思想政治教育工作中，始终不渝地坚持中国特色社会主义方向，以马列主义、毛泽东思想、邓小平理论、"三个代表"重要思想为指导，深入贯彻落实科学发展观，宣传党的基本理论、基本路线、基本纲领和基本经验；坚持以理想信念教育为核心，深入进行树立正确世界观、人生观和价值观教育；以爱国主义教育为重点，深入进行弘扬和培育民族精神教育；以基本道德规范为基础，深入进行公民道德教育；以大学生全面发展为目标，全面推进素质教育，巩固社会主义先进文化的阵地。二是在充分尊重学生主体地位的同时，构筑网络阵地，积极推动网络思想政治教育平台的建设，推动思想政治教育专题网站的打造，牵头搭建高校网络信息汇集分析及舆情监控平台。三是因势利导，在不良舆情等网络问题产生的同时，根据网络事件的发展变化而不断调整管理方法和手段，化被动为主动，有针对性地实现高校网络思想政治教育受众的合理需求，使他们从教训中汲取经验，从纷繁复杂的网络社会思潮中增强网络道德认知和择善而从的能力。截止到 2013 年，985 高校的网络实体建设已基本成型，985 高校在高校网络信息汇集分析及舆情监控中较具成功经验的有：

1. 上海交通大学：上海交通大学党委宣传部通过分级管理，建立网络舆情研判与应急反应机制。该校建立了三级网络舆情研判和应急反应机制，根据舆情信息的性质、进程、影响范围的不同，分为三个等级，采取三种不同的反应模式。第一，绿色状态是常规状态，主要由网宣办专职人员负责，工作重点是不间断地监控和研判网络舆情，及时处理零星出现的有害信息和不良信息，并根据研判结果向领导小组作出更高级别反应建议。第二，橙色状态指敏感时期或出现重大事件、苗头性信息、大量有害信息或者出现影响网络正常秩序的信息，或者即时处理不能有效控制舆情时，由领导小组启动橙色状态，各职能部门轮流值班，实行 24 小时重点监控和研判，运用关键词过滤等技术手段，启用网上评论员队伍进行网上引导，必要时全站或者部分版面实行全天或一定时间的"只读"状态，控制网络舆情态势。第三，红色状态是指校园网受到严重攻击或者有害信息有扩散趋势时采取的全站或部分版面"只读"甚至临时性关闭等措施，领导小组组织相关人员进行

修复或处理,直至问题等级下降到可控程度恢复为橙色状态。自2006年3月开始,该校就建立了网络舆情日报和专报制度,密切关注网络舆情,加强对网络舆情的研判,定期收集网上反映的热点问题。

2. 同济大学:同济大学一直非常重视舆情机制建设,由宣传部、党委研究生工作部等单位分工协作,对校园BBS实行24小时监控,保证每个时间段都有专职网络监控人员或版主在线关注BBS动态。网络工作室的值班同学负责整理当天网上师生关注的热点,形成网监日志。宣传部在网监日志的基础上,每周汇总网上师生关注的热点,分析网上舆情的产生原因、发展趋势对大学生的影响,编辑一期《网络信息监控报告》,并及时汇报给学校党委,在关键节点、敏感时期实行一天一报的专报制度,及时了解网上动态,采取切实有效的措施,确保学校的整体稳定。

3. 武汉大学:武汉大学高度重视网络文化信息的汇集和分析,建立了网络文化信息分析汇集机制。党委宣传部每周收集学校相关的网络信息进行分析归纳,每周定时向校领导和主要职能部门负责人提交《每周舆情报告》供其决策参考。《每周舆情报告》包括"媒体武大""教育视点""理论动态""特别关注""聚焦高校""本周新闻策划""校园网一周热点"等栏目,现在它已成为校领导全面、及时了解网络新闻媒体对学校的反映和师生思想动态的最重要渠道之一。

4. 湖南大学:湖南大学党委宣传部网络办公室设立了专职网络舆情监督员,各学院、部门、院所成立网络舆情引导与监控工作小组,主要负责人为本单位的网络信息安全责任人,并配备网络舆情管理员,负责学校的网络舆情的引导与监控工作。党委依托高校网络舆情工作机制单位共享的"信息报送平台",在网络舆情热点因子活跃时期,将所挖掘、收集、整理与分析形成的"每日扫描、案例分析、舆情专报"等网络舆情信息产品主动或按教育部、公安部、湖南省网宣办等部门要求及时进行报送,并根据"信息反馈、数据分享、指导批示"等进一步将舆情产品进行整理提升,最终形成优质的资料数据。在每日的舆情跟踪、整理、报送工作中与各高校网络舆情工作机制单位建立起了舆情监控及课题研究的相互协作关系,构建起了立体化的舆情信息监测、分析、研判体系,形成了日常预警、危机应对、课题攻关的联动机制。2009年,该校高校网络舆情工作接到"教育部思政司关于高校网络舆情工作机制圆满完成敏感时期舆情工作的感谢函"。

以上这些985高校对网上重大信息的汇集和分析,有利于正确判断和预测事件发展趋势,对可能出现的问题迅速研究和采取措施,为学校准确地把握师生的思想动态提供了重要参考,增强了网络思想政治工作的针对性、主动性和前瞻性。这些措施也为其他高校的网络舆情管理和舆论引导提供了借鉴作用。

(三)学工部等:平台构建、文化推动、舆情搜集

在网络思想政治教育实践中,校团委、学工部、学生会等学生工作部门主要负

责三方面工作。一是具体执行网络互动平台的具体构建工作,为学生提供学习平台;二是整合资源,积极传递正能量,推动大学生网络媒介素养的提升,解决同学们在上网中面临的问题,引导大学生正确辨识网络信息,形成良好的上网习惯,比如举办网络文化节,积极开展"网上文明行"活动,创建校园网络文化品牌。三是积极配合党委宣传部的部署,完成初步的校园舆情信息搜集工作。

比如大连理工大学自2003年举办校园网络文化节活动,每年度举办一次,旨在普及网络知识,宣传网络道德,全面提升大学生的网络道德素质,通过全方位、多元化的大众参与性活动在广大师生中主动营造和引领网络文化,有效促进了学校健康、文明、向上的学习型网络思想政治教育的发展,获得广大师生的好评。网络文化节分别以"共捍网络安全,畅游网络海洋""倡导网络文明,弘扬网络道德,加强网络安全意识,共建和谐绿色网络""普及网络知识宣扬网络道德引领网络学习繁荣网络文化""普及网络知识、宣扬网络道德、引领网络学习"为主题,组织了竞赛类、讲座类等系列活动,每次参与活动的学生万余名,约占在校学生数的一半。这些活动有效净化了学校校园网的网络环境,促进了学校网络思想政治教育发展新局面的形成。

上海交通大学学生工作部门依托建成的网络阵地,立足自身特色,也组织开展了形式多样、内容丰富的网络思想政治教育活动。一是组织开展以网络思想政治教育为主题的FLASH大赛、电子海报大赛、网页制作大赛等,营造良好的校园网络思想政治教育氛围,调动师生的网络参与积极性,也带动校园网络文化建设。二是利用网络平台开展各类优秀教师和大学生评选活动,例如"思政之星""感动交大校园新闻人物"网络评选活动,用典型人物的先进事迹潜移默化地教育感染师生。三是开展"学生党员旗帜"在线谈等思想政治教育主题交流活动,针对网上集中反映出的思政热点问题,组织专题引导,邀请专家、领导、网民通过网上网下互动室在线谈、在线交流的形式,充分进行思想碰撞。四是开展网络文化活动,如:校团委网管部举办的网络文化学术报告、网络自律宣讲活动;上海交通大学大学生网络文化建设联合会举办的网络辩论赛、网络讲坛、电子杂志等一系列符合大学生特点和需求的新的网络文化品牌。2007年为了贯彻落实胡锦涛总书记在"世界网络技术发展和中国网络文化建设与管理问题"政治局集体学习会上的讲话要求,上海交大还组织策划了"饮水思源"网络文化节,结合校庆主题进行校史校情教育,组织开展思政博客评选等。

浙江大学则开展了"毅行"网络文化活动和"网络文化节"。"毅行"活动是学生自发组织的大规模公益健身活动,是由学校学生工作部门引导、以网络为中介、学生自发组织、师生参与踊跃、极具浙江大学特色的校园网络文化品牌活动。目前,"毅行"活动已成功举办10余次,充分发挥了学生的自我服务、自我教育、自我管理的主体功能,开拓创新,积极开拓了校园网络文化建设的新内涵。此外,浙江大学从2003年开始举办网络文化节。每一届网络文化节都有一个鲜明的网络主题。2013年5月13日,由浙大校党委学工部主办的以"启真逐梦,网聚中国"为主题的第十一届网络文化节开幕。

华中科技大学主打"公德长征网上行"活动,旨在曝光不文明行为,倡导良好风尚,进一步增强大学生的责任意识和社会公德意识。华中科技大学新闻网还开设了"志愿西部建设"的网络文化专题活动,激发了学生投身西部建设,报效祖国和人民的激情和动力。

华南理工大学则经常以网络为题材,积极开展了一系列校园网络文化活动,如举办以"打造诚信网络,倡导信息文明"为主题的网络文化节;2005年,各学院的学生工作部门还在网上组织了"诚信网络、和谐校园"为主题的各项网络文化活动,增强青年大学生网上自我约束能力以及自觉抵御网络不良信息侵袭的思想基础。各985高校的网络文化活动都起到了营造健康的网络育人空间、扩大思想政治教育工作的覆盖面、增强校园先进文化影响力的作用。

(四)教学部门:因材施教、改革教学、提升素养

985高校"两课"教学部等教学部门主要是从事与青年大学生面对面的思想政治教育工作,结合青年大学生成长特点和实际需要,使青年大学生能提高自己使用网络的媒介素养,树立正确的网络观,能正确认识网络中各种个人主义、实用主义、拜金主义等价值观念,能正确分辨西方国家文化价值观念和意识形态领域的渗透,能自觉接受思想政治教育。

比如电子科技大学政治与公共管理学院开办的毛泽东思想、邓小平理论和"三个代表"重要思想网站是西南地区高校第一个网上马克思主义理论课程教育基地,网站坚持以"两课"教育为主,网上教育为辅,为广大的师生提供多方位的服务方向,大力借助现代网络技术,以崭新的方式和教学手段,在新形势下以新的方式开展马克思主义理论课教学,抢占互联网上的思想政治教育新阵地。

清华大学的网络思想政治教育工作主动探索和积极实施了"因材施教"教学新模式,在增强教学针对性的同时,有力地提升了思想政治理论课的实效性。

在课前,清华大学思政课教师们进行了深入调研,特别根据网络时代的学生特点,实行网下与网上两个课堂相结合,鼓励思想政治理论课教师通过网络学堂、电子邮件、手机飞信、人人网、博客或微博、QQ、MSN、微信等手段与学生进行跨时空交流,有针对性地解答学生的疑问。期末考核还特别结合学生特点,发挥学生特长,实现了考核方式多样化。例如评定平时成绩的形式有社会调研报告、学生课堂展示、期中读书报告、课堂小作业、期末论文及其答辩等。此外,清华大学的思想政治课学习还特别尊重学生劳动,将学生作业择优结集出版。近年来,学校为学生结集出版的书籍有《清华学子的人生感悟》《有清华学生这样学习马克思主义》等。

大连理工大学在全国率先把案例教学法引入思政课,学校多次召开思政课研讨会和案例教学工作专题推进会,出台了《案例教学专项工作激励方案》,拨付了50多万元专项建设经费,人文社科学院的其他教师也通力推进课程进展。以案例教学为特色和优势,大连理工大学人文社科学院已有两门课入选"国家级精品课",教学团队入选"国家级教学团队"。案例教学贴近生活、贴近实际、贴近大学生,受到学生们的好评,在改善思政课教学效果上取得新突破。

在将案例教学法引入思政课教学的做法取得了积极成果之后,大连理工大学在网络思想政治教育方面又开展了"大班授课、小班讨论"的创新模式。"小班讨论"以自然班级30人为单位,结合"大班授课"所涉及的热点难点问题展开讨论,占授课学时的18%。一方面,通过"大班授课"讲清理论渊源、理论体系、重点内容,使学生掌握理论知识;另一方面,通过"小班讨论"联系国际、国内和大学生思想实际展开讨论,使学生在交流中加深对基本理论的理解,实现思政课教学"进头脑"的目的。学校领导亲自担任思政课"小班讨论"的指导教师,教务处与多个部门也密切协作,为实施"大班授课、小班讨论"教学模式提供制度保障。建立"小班讨论"的指导教师准入制度、聘任考核制度、定期培训制。到目前为止,共有3500人次的指导教师参与组织了全校5门思政课的"小班讨论"。这一教学模式实践探索已出版了《高校思想政治理论课教学模式探索与实践——大班授课、小班讨论》一书。

吉林大学则不断拓宽网络思想政治教育范畴,不断丰富网络文化教育的内涵,设立了网络辅导员。有的院系专门聘用一些富有经验的思想政治工作者,开展网上法律、心理、健康等内容的在线专题咨询,及时解决大学生学习、生活中的实际困难,努力使高校网络思想政治教育朝着富有生机与活力、文明、健康向上的方向发展。

(五)学术创新部门:理论提升、科研创新、学科发展

研究所、教研室是985高校网络思想政治学科科研创新的核心部门,这类部门的主要作用是依托学校较深厚的学术底蕴,做好思想政治教育在网络时代的学术创新,强调在网络思想政治教育中渗透学术性、专业性。此外,依托马克思主义学院积极推进思想政治建设在网络时代的学科建设,承担思想政治理论课网站的建设,在日常教育教学中加入网络思想政治教育的内容。比如湖南大学校园网络文化研究中心下设了4个研究所:网络文化语言行为研究所、网络文化传播研究所、校园网络舆情研究所、网络思政研究所,这几个研究所做了一系列工作,实现了网络舆情监测和学术理论创新的双丰收。

大连理工大学本着"立足大连、衍射全国、分散建设、动态管理、资源共享"的宗旨,以大连理工大学为案例教学资源共建共享中心,实行会员单位制,在每省选取一所重点大学为衍射点(衍射全省高校),由大连理工大学统一免费提供衍射平台(签订合同、每年完成一定数量的案例编写任务),推行案例资源上传、归类、编辑、审核、入库、共享等规范化和一体化的建设模式;实行资源积分制,由大连理工大学思政课案例教学研究中心提供统一的教学案例编写规范,以动态激励的方式实现案例资源的滚动式添加和共建共享,会员注册、提交达标案例、发表教学心得、使用"在线课堂"模块等均可获得相应的积分,以积分换取案例库中的案例文本、教学案例多媒体化呈现、视频案例、教法研究等资源;升级改造"高校思政课案例教学网络交流平台",重点开发完善"在线课堂""在线考核"模块,为网络环境下的思政课案例教学提供较为完善的操作支持;编辑出版思政课案例教学研究的电子期刊《案例教学动态》,为教师提供交流教学心得、了解案例教学最新进展的载体和媒介。

南开大学的多个学院针对思想政治教育教学开辟了多个网络学术交流平台。南开大学马克思主义学院的"思想政治理论课教学网"已经成为天津市网上"思想政治理论课"教育的新阵地;哲学系的"爱智网"成为全国哲学研究的网上新空间;国际问题研究院的"中国国关在线"成为国际政治学科的网上交流新渠道。这些学院的网站、网页结合自身的学术专长积极发挥了教化育人功能,做到了学术性和政治性、思想性融会一体,成为网络思想政治教育管理体系中的重要组成部分。

(六)学生党员、骨干:一线先锋、队伍培养

广大的青年大学生党员是网络思想政治教育管理体系中的重要依靠力量,大学生思想政治学习骨干则是未来网络思想政治学科发展的希望。为更好地加强网络思想政治教育舆论引导和网络思想政治教育监管,985高校在学生党员、学生骨干中选拔一批熟悉网络技术、喜爱网络思想政治工作、热心网络安全的同学,积极投身到网络思想政治教育的实践中去。

比如在校园网络建设方面,北京大学青年中心着重对学生团队进行了辅助和引导,激发其内部活力,提出以"社团模式"[①]作为未名BBS组织发展的原则方针,即采用社团管理和社团建设的模式来加强对BBS运行团队的指导和发展。首先,北大青年中心重点优化学生团队的人员组成和日常运行,在人员选拔、业务培训、团队激励三个方面建立相应制度加以扶持,如将BBS站务组纳入全校学生骨干体系,对其进行培养考核,定期参加每年暑期的学生骨干训练营等;再如组织站务组

---

① 蒋广学、张勇,《校园网络文化发展、制度建设及组织管理的实践与探索——以北京大学未名BBS为例》,《思想政治工作研究》,2012年第3期,第117页。

赴兄弟高校调研学习,通过各种途径开阔管理视野、提升管理素质。其次,为克服核心团队的流动性,北京大学 BBS 站储备了一批准管理人员,实现梯队式发展,从而能够保证管理团队及时替换与补充。例如围绕网站的核心业务,成立学生社团"未名发展俱乐部"等外围组织,吸纳低年级本科生参与其中并培养其对于 BBS 的兴趣,也是未名 BBS 加强管理骨干梯队培养的一种尝试。

在网络舆情监控和引导方面,学生党员和骨干也能发挥重要作用。为此,不少学校主管部门定期开展网络舆论引导工作培训,增强学生网络信息安全的研判和处置能力,提高学生骨干队伍的思想政治素质和业务水平,使这支熟悉学生特点、掌握学生动态的队伍成为网络思想政治教育舆论引导的重要力量。还有的高校建立了网络舆论引导学生队伍的快速反应机制,遇到重大突发校园网络舆情时,舆论引导学生队伍能做到及时响应,第一时间向上级或学校主管部门汇报相应情况,迅速扭转网络舆论的不良倾向。

比如天津大学为了确保网络思想政治教育环境的健康,组建了一支由学生网络信息员组成的"红客"队伍活跃在校园"红网"中,他们积极开展网络调研,捕捉、反馈网上信息,及时清除垃圾信息,反驳消极消息,并针对社会热点问题,在 BBS 上发表正面言论,引导学生们关注家国天下,增强社会责任感,起到了良好的舆论引导和网络思想政治教育监督作用。

2008 年起,四川大学也组建了"网络红客"队伍,红客是学生们中间具有敏锐的信息感知度和强烈正义感的人,是为"维护正面声音,最大限度消除负面影响"而生的,主要工作是监管百度四川大学吧、川大蓝色星空 BBS、人人网、微博等。后来红客们又细分出网络信息队、网络技术队、网络策划队、网络评论队四个分支,分别负责校园网络信息的收集、网络秩序的技术维护、网络交流方案的策划和舆论走向的引导。网络红客定位为"学校的眼睛,学生的嘴巴",针对团队性质的特殊,网络红客在自我定位中特别强调自身的特殊,并在对外交流中淡化了存在感。在四川大学,这个学生组织的另一个名字更为学生们所熟知——舆情研讨中心。对一些突发事件报道,学生信息员在"第一时间"参与网上舆论引导,语言朴实、感情真挚,不是"灌输",而是"渗透",更贴近学生的生活实际、思想实际,更容易把话说到学生的心坎里,如春风化雨,润物无声。

此外,还有的高校建立了网络舆论引导学生队伍的表彰机制,阶段性评选优秀网络舆论引导员,进行必要的物质奖励和精神奖励。同时强化了网络思想政治教育学生监管队伍的组织力和战斗力。

二、985 高校网络思想政治教育理论成果

在理论研究上,各 985 高校把网络思想政治教育、校园网络文化建设与管理

工作作为一项长期的战略性问题进行研究,并对网络环境下大学生思想政治教育的理论与实践进行专题研究,目前已初步形成了网络思想政治教育科研整体格局,实现了从简单工作研究到成熟理论研究;从单一学科领域研究到交叉学科综合研究;从局部问题研究到系统统筹研究的转变。

985 高校网络思想政治教育理论研究主要分为四种类型:期刊论文、硕博论文、著作和课题研究。

(一)985 高校网络思想政治教育期刊论文

从研究内容和分布范围来看,近年来高校的网络思想政治教育研究在三方面有了一定突破。第一方面,研究视角呈现出多种学科交叉的视角,比如传播学、语言学、哲学、计算机科学、心理学、社会学、教育学等学科视阈下的研究。第二方面,研究方法上有了较大的突破,问卷调查、统计分析等定量研究开始增加,出现了定性研究和定量研究等多种分析方法。第三方面,研究领域上有了较大的拓展,除了北京等传统思想政治教育的强势区域,新疆、西藏等地区的思想政治研究工作取得了突破性的进展,以新疆、西藏等边远地区为研究对象的论文也开始出现。

1994 年,网络第一次进入中国,而思想政治教育方面的学术科研对网络这个新事物表现出了高度敏感,当年就有相关的网络思想政治教育研究成果问世。经中国知网搜索,从 1994—2013 年(2013 年数据统计到 11 月)以"网络思想政治教育"为主题的文献共 49806 篇。其中 1994 年 264 篇,1995 年 246 篇,1996 年 228 篇,1997 年 186 篇,1998 年 236 篇,1999 年 341 篇,2000 年 679 篇,2001 年 829 篇,2002 年 930 篇,2003 年 993 篇,2004 年 1384 篇,2005 年 2491 篇,2006 年 2877 篇,2007 年 3514 篇,2008 年 4328 篇,2009 年 5183 篇,2010 年 6083 篇,2011 年 6646 篇,2012 年 7563 篇,2013 年 4805 篇。

从文献数的总量来看,一共可以分为三个阶段,2000 年之前的文献还处于较低水平,2000—2004 年是网络思想政治教育研究成果的萌芽阶段,从 2005 年至今,出现了网络思想政治教育研究成果百花齐放的繁荣局面。

其中,共有期刊文章 39390 篇,具体分布情况如下:1994 年 255 篇,1995 年 236 篇,1996 年 220 篇,1997 年 179 篇,1998 年 228 篇,1999 年 320 篇,2000 年 592 篇,2001 年 752 篇,2002 年 815 篇,2003 年 881 篇,2004 年 1134 篇,2005 年 1923 篇,2006 年 2407 篇,2007 年 2867 篇,2008 年 3562 篇,2009 年 4196 篇,2010 年 4692 篇,2011 年 4983 篇,2012 年 5556 篇,2013 年 3592 篇。

在以上的 39390 篇文献中,以 985 高校学者为第一作者的研究成果有:期刊 245 篇,其中清华大学 12 篇、北京大学 8 篇、厦门大学 3 篇、南京大学 6 篇、复旦大学 5 篇、天津大学 2 篇、浙江大学 12 篇、南开大学 10 篇、西安交通大学 2 篇、东南

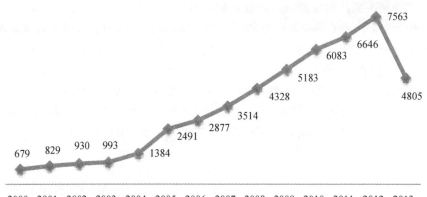

图 1 20 年来"网络思想政治教育"文献数统计

大学 2 篇、武汉大学 14 篇、上海交通大学 10 篇、山东大学 7 篇、湖南大学 6 篇、中国人民大学 5 篇、吉林大学 6 篇、重庆大学 6 篇、电子科技大学 49 篇、四川大学 4 篇、中山大学 10 篇、华南理工大学 5 篇、兰州大学 1 篇、东北大学 4 篇、西北工业大学 3 篇、华中科技大学 5 篇、中国海洋大学 3 篇、大连理工大学 6 篇、北京航空航天大学 6 篇、同济大学 3 篇、中南大学 17 篇、中国科学技术大学 1 篇、国防科学技术大学 2 篇、华东师范大学 10 篇。从覆盖面上来看,一共覆盖了 39 所 985 高校中的 33 所。从研究数量上来说,电子科技大学、中南大学、武汉大学、清华大学、浙江大学等居多。从发表年份来看,主要集中在 2001—2013 年,每年发表的论文数呈逐年增加的趋势。如图 2 所示。

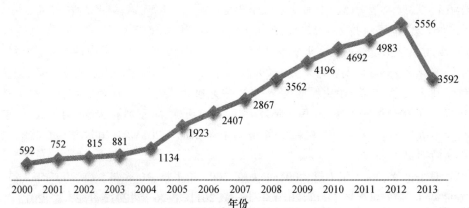

图 2 20 年来"网络思想政治教育"期刊论文数统计

（二）985高校网络思想政治教育硕博论文

硕博论文代表的是学术研究的延续性，是新的思想政治教育学术骨干的毕业表现，是系统研究网络思想政治教育的重要成果。经中国知网搜索，1994—2013年以"网络思想政治教育"为主题的硕士论文3436篇，博士论文120篇。

其中硕士论文2000年5篇，2001年13篇，2002年50篇，2003年41篇，2004年98篇，2005年145篇，2006年161篇，2007年203篇，2008年223篇，2009年335篇，2010年549篇，2011年658篇，2012年770篇，2013年185篇。

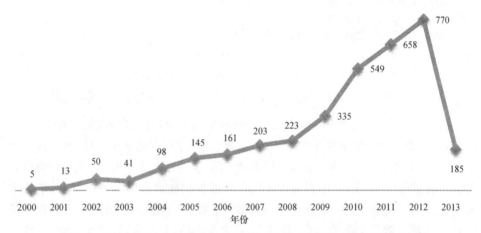

图3　2000—2013年主题为"网络思想政治教育"的硕士论文数量统计

其中，清华大学4篇、厦门大学4篇、复旦大学13篇、天津大学12篇、浙江大学6篇、武汉大学26篇、上海交通大学3篇、山东大学53篇、湖南大学31篇、吉林大学61篇、电子科技大学55篇、四川大学5篇、华南理工大学6篇、兰州大学40篇、东北大学13篇、西北工业大学4篇、哈尔滨工业大学1篇、华中科技大学9篇、中国海洋大学9篇、大连理工大学29篇、中南大学32篇、中国农业大学1篇、国防科学技术大学16篇、中央民族大学6篇、华东师范大学75篇、西北农林科技大学16篇。从研究数量上来说，华东师范大学、吉林大学、电子科技大学、山东大学、兰州大学等居多。从发表年份来看，主要集中在2001—2013年，2008年以后发表的论文数明显增加。

博士论文：2003年1篇，2004年4篇，2005年1篇，2006年5篇，2007年8篇，2008年12篇，2009年11篇，2010年16篇，2011年26篇，2012年27篇，2013年9篇。

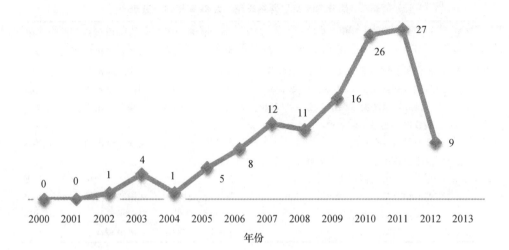

图 4　2000—2013 年主题为"网络思想政治教育"的硕士论文数量统计

其中,清华大学 1 篇、吉林大学 8 篇、华东师范大学 1 篇、复旦大学 3 篇、南开大学 1 篇、武汉大学 3 篇、华中科学技术大学 1 篇、大连理工大学 3 篇、电子科技大学 1 篇、中南大学 2 篇、中央民族大学 1 篇。从研究数量上来说,总量较少,在已有的成果中,吉林大学、武汉大学、复旦大学、大连理工大学等居多。从发表年份来看,主要集中在 2004—2012 年。

总体而言,关于网络思想政治教育的硕博论文分别从 2000 年和 2003 年开始出现,并开始逐年递增,但是在 2013 年都呈现出一定程度的下降,当然这和部分 2013 年论文尚未进入到知网系统有较大关系。

从总篇数来看,各 985 高校的硕博论文研究离线程度很高,说明有的 985 院校网络思想政治教育的学术创新重视度很高,有的学校则较为不重视,一篇相应的硕博论文都没有。

(三) 985 高校网络思想政治教育著作汇总

从 2000 年网络开始进入中国以来,学生群体尤其是 985 院校的学生群就是网络上最为活跃的群体之一,他们在网络上嬉笑怒骂,谈学习、谈生活、探讨国家大事,网络是学生群体生活学习中不可或缺的部分,善于运用网络开展对于大学生的思想政治工作是对新时期高校思想政治工作人员的基本要求。目前,985 高校的政治思想研究方面也出现了一批关于网络思想政治教育的著作。

表 1 部分 985 高校网络思想政治教育著作一览表

学校	著作名称	作者	出版社	年份
清华大学	网络思想政治教育研究	张再兴	经济科学出版社	2009
湖南大学	中国教育网络舆情发展报告（2012）	唐亚阳	湖南大学出版社	2013
	中国教育网络舆情发展报告（2011）	唐亚阳	湖南大学出版社	2012
	中国教育系统网络舆情年度报告（2010）	唐亚阳	湖南大学出版社	2011
	高校网络舆情工作手册（内部版）			2011
	高校网络文化研究	唐亚阳	湖南人民出版社	2011
中南大学	大学生网络思想政治教育理论与方法	徐建军	人民出版社	2010
	青少年上网与网络文明建设	曾长秋、万雪飞	湖南人民出版社	2009
	网络德育学	曾长秋、薄明华	湖南科学技术出版社	2005
山东大学	高校网络思想政治教育	夏晓虹	泰山出版社	2008
兰州大学	新媒体与高校思想政治教育	王学俭、刘强编	人民出版社	2012

这些 985 高校关于网络思想政治教育的著作从文化、德育、舆情等不同角度进行了研究，都关注到了网络尤其是微博、微信等自媒体对高校思想政治教育的巨大冲击，还对如何应对网络思想政治教育做了积极的思考。但更值得一提的是，湖南大学的网络思想政治教育著作还采取了案例分析的形式，形成了以年为单位的连续的中国教育网络舆情发展报告，这在以说理分析为主的思想政治教育研究方面是一大创新成果，也更具有可读性。

但是相较于 985 院校的其他学术著作而言，网络思想政治教育的相关著作从数量上看还太少，和 985 院校的领头羊地位不相符合。

（四）985 高校网络思想政治教育课题汇总

985 高校历来注重研究和调研，把握内在发展规律，这也是做网络思想政治工作的核心。多年来，各高校一直致力于新时期网络思想政治教育理论与实践的探索，完成了多项相关国家社科基金、教育部社科基金课题。较具代表性的有：

清华大学：完成教育部哲学社会科学研究重大课题攻关项目《网络思想政治教育研究》。

湖南大学：2007 年，教育部人文社会科学研究重大招标课题《高校校园网络文化建设和管理对策研究》；2007 年，湖南省教育厅项目《网络环境下大学生思想政治教育的理论与实践研究》；2008 年，教育部思政司委托项目《基于书院文化与时代精神的校园网络文化品牌创建研究——传统文化育人功能在现代网络文化环境中实现的理论与实践研究》；2009 年，湖南省廉政研究基地重点研究项目《网络舆论监督及其引导机制研究》；2010 年，教育部思政司委托项目《高校校园网络舆情工作体系与工作方法的研究》；2010 年，教育部人文社科研究项目《教育政策和教育热点问题研究（教育网络舆情引导）》；2010 年，教育部思政司委托项目《利用辅导员博客构建健康向上的高校网络舆论环境的实践与研究》；2010 年，教育部思政司委托项目《以辅导员博客为抓手，营造高校良好的网络育人环境研究》；2011 年，教育部人文社科研究项目《涉高校网上热点事件典型案例分析与研究》；2011 年，湖南省人文社科重大委托项目《当代大学生网络思想政治教育创新研究》；2013 年，承接教育部哲学社会科学发展报告项目《中国教育网络舆情发展报告》。

上海交通大学：2004 年，参与完成国家社会科学基金重点项目"互联网与思想政治工作创新研究"；2005 年，承接教育部重点课题"思想政治教育进网络的基础理论与应用研究"；2006 年，承担教育部人文社会科学研究重大课题委托项目——高校校园网管理与网上引导工作研究；参与上海市较为重大委托课题——上海高校 BBS 建设研究，上海市青年项目立项课题"大众传媒对大学生思想道德建设的影响及对策"等。

此外，仅在 2013 年教育部人文社会科学研究专项任务项目（高校思想政治工作）立项一览表中，就有中国人民大学《自媒体时代下高校宣教网络建设探究》、复旦大学《基于"自媒体"的高校宣教网络构建研究》、天津大学《利用社交网络增强大学生思想疏导与教育实效性研究》、中南大学《高校网络舆情六位一体应急处置机制的探索与实践》、兰州大学《西部大学生网络群体性事件的角色扮演：基于生态系统视角的实证研究》、上海交通大学《基于 SNS 的虚拟（荣誉）班级管理与凝聚力研究》等属于网络思想政治教育科研范畴的课题。

985 高校在网络思想政治教育发展的近二十载进程中，有关网络与思想政治教育结合的研究成果较为丰富，而支撑此类研究的相关成果资料也较多，主要有两个方面：一是关于信息社会、信息哲学、网络文化学的成果，广泛研究了网络信息技术、网络虚拟社会、网络文化的基本特征和对社会生活的影响，为从宏观上把握网络社会及文化的特征和规律提供了丰富的理论资料。二是关于网络道德教育、网民心理行为、网络传播的研究，对国内外学者从微观上把握网络思想政治教育载体、主体、对象的特性和规律，把握网络思想政治教育的模式和引导方法，具有重要的参考价值。

三、985 高校网络思想政治教育实体发展

自 1995 年我国互联网络接入和服务向社会全面开放以来，我国高校就开始了网络思想政治教育的实践和探索。高校网络思想政治教育的一个重要途径和方法就是建设思想政治教育主题网站。18 年来，我国 985 高校思想政治教育主题网站建设大体经历了萌芽、起步和全面发展三个时期：以个别高校学生自发建立的校园服务网站的出现为主要标志的萌芽阶段；以全国高校各类"红色网站"的建立为主要特征的起步阶段；以 985 高校校园网站和思想政治教育主题网站大量出

现,并且由单一功能向综合功能完善为主要特征的全面发展阶段。

(一) 985高校校园门户网站建设情况

这一类网站主要是指由学校部门主办的宣传教育类网站,如官方新闻网。目前,官方新闻网已经成为21世纪985高校创建世界一流大学过程中最重要、最有效的网上信息发布平台、网络舆论引导载体,已经成为学校对学生进行思想文化教育的主要阵地,也是多形式、多渠道、多层次的"思想政治教育宣传平台"。截止2004年12月,国内高校几乎全部建立校园网,有97%的高校教学、科研、行政办公已经连入校园网,大多数的学生宿舍也连入了校园网①。再从2013年的最新统计来看:985高校中所有学校都建立了内容丰富、功能强大、影响巨大的综合性新闻网站。其中,部分高校官方新闻类网站多次被评为全国高校百佳网站或全国十佳校园网站。例如:

浙江大学:浙江大学"求是潮"2003年被评为浙江省优秀主题网站,2004年被教育部评为"2004年度频道共建杰出创意奖"和"'全一杯'与当代大学生"金奖;2006年,被评为全国"高校十佳门户网站"。2006年,"大学生素质拓展网"荣获"十佳全国高校学生网站"称号。2007年,"浙江大学主页"与"求是新闻网"入选"十佳高校主页"和"十佳高校新闻网"。

北京大学:2006年,"北大新闻网"获教育部首届全国高校百佳网站新闻类第一名;

天津大学:2006、2007年,"天外天网站"连续两年被评为"全国十佳校园网站";

华南理工大学:2006年6月,"华工新闻网"获"全国十佳高校新闻网站。

中国海洋大学:"中国海洋大学新闻网"获首届"全国十佳新闻网"称号;

复旦大学:2007年,复旦大学复旦主页与新闻网在教育部全国高校百佳网站评比中分别获得"十佳高校主页"和"十佳高校新闻网"称号。

华中科技大学:"华中大在线新闻网""化成天下网"连续两次获得"全国百佳网站"称号。

湖南大学:"湖南大学新闻网"在第一届全国高校百佳网站网络评选活动中获"全国十佳高校新闻网站",湖大就业网获"全国十佳校园服务类网站";在第二届全国高校百佳网站评选中,湖南大学招生信息网又荣获"全国十佳校园服务类网站"。

这些高校综合新闻类网站在高校网络思想政治教育中发挥着重要的舆论引

---

① 高校校园网络建设与应用情况调查报告[EB/OL],中国教育和科研计算机网,http://www.edu.cn/20050613/3140519.shtml.2005-06-13。

导作用,其特色优势有:

1. 弘扬校园主旋律,以正确的舆论引导校园文化。随着信息网络技术的飞速发展与应用,学校思想政治教育工作进入了由班会、电台、报刊等传统阵地向网络新媒体阵地的转移。在全球化和新媒体时代,信息来源纷繁复杂,在信息洪流中各种社会思潮犹如泥沙俱下,各种低级趣味的内容充斥着网络的大小角落,而大学生正处在好奇心强、辨别力差、可塑性强的特殊时期,更容易受到网络不良信息的侵蚀,这给高校思想政治教育工作带来了极大挑战,因此,发挥网络快捷、便利等优势,及时高效地拓展和创新思想政治教育渠道和内容,传播先进思想和优秀文化,唱响校园文化主旋律就成为了高校新闻网的首要任务和义不容辞的责任。

2. 以积极健康的文化作品和优秀的网络新闻报道丰富网络思想政治教育内容。第一,新闻网采取专业新闻记者专题报道与各部门报送新闻稿件相结合的形式,对贯彻中央有关精神、学校建设成果、师生科研成就、学生校园文化生活等新闻事件予以全面深入的报道。第二,树立先进典型,充分发挥先进人物、优秀学子的模范作用,通过推出诸多系列人物专访栏目,如优秀学子系列专访,国家、省部级重要奖项获得者系列专访等,对优秀人物、先进思想进行正能量传播,在全校范围内营造出高雅文明、笃志好学的优良学风。第三,丰富生动的图片和质朴感人的语言风格,极大地提高了网络思想政治教育内容的感染力和吸引力。以网络信息技术为载体的网络思想政治教育使得教育形式从平面性走向立体性,教育内容从单一性走向多样性,教育内涵从通俗化走向科技化,实现受众喜闻乐见与教育深入人心的和谐统一。

3. 官方新闻网为大学生提供了施展才能的又一宽广平台,为高校素质教育提供重要补充。学生记者团体已经成为了新闻网工作的生力军,他们不仅是高校人才培养和素质培育中的重要对象,而且在新闻网日常工作和创新发展中发挥着重要的作用。高校网站是大学生记者和网络工作者主动性、积极性、创造性得以充分发挥的又一天地,他们依靠正确的政治思想、过硬的业务素质、健康的心理素质在新闻网团队良性竞争中不断认识自我、修正自我。学生记者和网络工作者能在日常新闻报道中,尤其是在接触各种优秀人物群体、聆听先进思想理论时,激发出爱国、爱校的集体主义精神和社会责任感,有利于树立正确的人生观和价值观。同时,新闻网的培养教育,也为他们将来走上工作岗位积淀了丰富的人生经验。

(二) 985 高校思想政治教育专题网站建设情况

1999 年 4 月,清华大学汽 71 班党课学习小组在一台宿舍楼联网计算机上推出了以理论学习为内容的"红色网站",这一"红色网站"的建立为网络时代的思想政治教育工作提供了重要启示,被认为是全国高校思想政治教育工作进网络的第一步①。

2000年教育部下发《教育部关于加强高等学校思想政治教育进网络工作的若干意见》之后,在许多高校思想政治教育研究的校园网上,一批承担网络思想政治教育工作的"红色网站"先后建立起来。如北京大学的"红旗在线"、北京师范大学的"学生党建之窗"、南开大学的"觉悟网站"、南京大学的"网上青年共产主义学校"、华中科技大学的"党校在线"等,这些红色网站作为高校传播马克思主义的网络阵地,成为高校思想政治教育工作的重要载体。截至2007年4月11日,全国教育部直属的73所高校中,共有70所高校建立了91个大学生思想政治教育网站,可以登录的网站87个,内容建设较全面的网站为80个②。据中国红色网站联盟的数据显示,自清华大学建立起全国第一家"红色网站",到目前中国高校红色网站已经达到了767个。

其中985高校思想政治教育网站中较具代表性的有:北京大学的"红旗在线"学生党建网站,它已不断发展成为学生思想政治教育网络平台,成为建设高校先进校园文化的网络先锋。北京大学以该网站为基地,主动占领网络阵地的制高点,利用互联网进行网上信息搜集监控与舆论引导工作,为思想教育工作提供依据。在网站创建、维护、改版、升级过程中,吸收了大批各专业学生参与,有利于网络思想政治教育学生建设队伍的培养,有利于提高他们的思想素质与网络应用能力。

清华大学"红色网站"发展十余年来始终坚持学生思想政治教育主题教育网下网上同策划、同部署,已经历经五期工程的建设、六次改版,访问量稳步提升,影响力逐步加大。到2008年十周年之际,"红色网站"的总点击量已经超过200万次,日均访问量超过1500次,点击量达到25000次。红色网站于2006、2007年连续两年获得"全国高校百佳网站——十佳思政类网站"称号③。

南开觉悟网是南开大学思想政治教育主题网站,网站自建立以来,一直将理论作为重点板块,上传了大量马列经典著作和理论文章供师生学习;及时刊载党的创新理论和热点难点问题解析;在每次中国共产党全国代表大会胜利召开期间,觉悟网都会及时开通学习党的全国代表大会精神专题栏目,通过大量视频辅导报告和文章评论供广大师生学习;觉悟网还以大量图文并茂的先进人物事迹对学生进行典型榜样教育;在全校师生当中尤其是党员师生中形成了"要学习,上觉悟"的思想观念。此外,同济大学非常注重红色主题网站的建设,已经建有"学生

---

① 杨振斌、黄开胜:《红色网站的发展和启示》,《高校理论战线》,2000年第10期,第35页。
② 潘成蓉:《大学生思想政治教育网站建设研究》,西南大学,2007年。
③ 中国共产党新闻网:http://dangjian.people.com.cn/GB/117099/8390365.html。

督导室""同济青年""研究生党员之家"等红色主题网站,其特色优势为注重主题网站"立交桥"建设,提高网络文化产品和服务的供给能力。在建设红色网站、强化主题教育功能的同时,该校也注重提高网路为学生服务的水平,把服务、管理和教育融于一体,为学生提供全方位服务,构筑学生获取信息、学习知识和寻求帮助的平台,进一步加强学校与师生及师生之间的沟通,努力提高网络思政教育和服务工作的针对性、有效性。华南理工大学则建起了全国高校中创办最早的网上党校——"求是园","求是园"坚持在每年的"七一"前后在网上举办"我是共产党员"的对话活动,党委书记、校长等党政领导多次在网上与大学生开展交流对话活动,向大学生们正确解读党的知识和政策,宣传共产主义理想,交流学习党的知识的心得体会;指导学生树立健康向上的世界观、人生观和价值观,成为广大师生学习党的知识和了解入党程序的重要窗口,也是学校网络思想政治教育开展的重要平台。

这些985高校的优秀的思想政治工作网站有利于教育和引导青年大学生树立正确的世界观、人生观和价值观,有利于引导青年大学生崇尚科学、追求真理。

(三) 985校园BBS论坛建设情况

我国大陆各高校的BBS网站基本上在上个世纪90年代中后期开始建立。经过短短数年的发展,BBS就在我国多数高校中扮演了校园信息平台、网络舆论平台、人际交往平台和休闲娱乐平台的角色,成为青年大学生学习生活中不可缺少的部分。

BBS论坛旨在发挥网络舆情调查和学生思想情感状态监控作用,主要包括全校性BBS论坛和院系BBS论坛两种类型。BBS论坛以邮箱认证为主,结合IP地址和手机认证的实名注册、匿名发文制度。通常,高校BBS设有四类访问权限:特定群体、校内师生、校友和一般公众。BBS论坛按内容和功能分为不同的分区,一般常见的有:BBS系统站内管理工作、帮助、版务申请及管理、投诉等;院系版面、家乡版面、兄弟大学版面、学术研讨版面、休闲娱乐版面、学生社团类版面、课程类版面等。高校BBS论坛版务人员、站务人员多为本校在读学生,这也为高校网络思想政治教育人才培养提供了有利平台。BBS论坛类网站往往是热点舆论、负面言论的敏感区,也是高校网络监管的重点区域。

BBS在网络思想政治教育过程中具有其独特的优势:

1. BBS的匿名性有利于思想政治教育功能的实现。高校BBS尽管现已实行用户实名注册,但仍采用用户通过个性化的ID进行登录和发布消息的制度。学校可以利用BBS平台及时了解学生思想动态,与学生辩论和探讨,解答学生思想困惑,潜移默化地对学生进行思想教育和引导,相对于面对面教育和引导,BBS更具有可接受性。

2. BBS的虚拟性有利于及时处理学生不良情绪。由于BBS发布信息的匿名性,学生们可以通过这个平台自由地表达内心的情感和想法,释放内心的压力。及时关注同学们发表的帖子,尤其是情绪不良的同学发布的非理性的帖子,有利于学校对学生思想动态和不良情绪进行科学分析,有效地避免了校园危机出现。

3. BBS的言论开放性和自由性有利于充分发挥网络预警功能。高校相关部门对BBS网站进行监管的同时,还大力加强信息舆情的报送工作,针对在BBS上出现的涉及社会稳定和学生思想动态的信息进行及时整理、分析和上报,为政府部门和学校研判形势提供依据。

目前,根据访客量和在线注册用户,各985高校BBS论坛中较具代表性的站名有:清华大学"水木社区"、北京大学"北大未名"、厦门大学"鼓浪听涛"、南京大学"小百合"、复旦大学"复旦论坛"、天津大学"天大求实"、浙江大学"浙江大学论坛"、南开大学"我爱南开"、西安交通大学"兵马俑"、东南大学"虎踞龙盘"、武汉大学"珞珈山水"、上海交通大学"饮水思源"、山东大学"泉韵心声"、湖南大学"爱晚红枫"、中国人民大学"天地人大"、吉林大学"北国之春"、重庆大学"民主潮"、电子科技大学"雁塔晨钟"、四川大学"蓝色星空"、中山大学"逸仙时空"、华南理工大学"木棉"、兰州大学"西北望"、东北大学"东北大学论坛"、西北工业大学"三航四方"、哈尔滨工业大学"紫丁香"、华中科技大学"白云黄鹤"、中国海洋大学"海之子"、北京理工大学"北京理工"、大连理工大学"碧海青天"、北京航空航天大学"向北航行"、北京师范大学"蛋蛋网"、同济大学"同济大学"、中南大学"云麓园"、中国科学技术大学"寰宇天下"、中国农业大学"米粒社区"、国防科学技术大学"国防科技大学论坛"、中央民族大学"村里村外"、华东师范大学"师苑贤亭"、西北农林科技大学"712100社区"。其中,部分高校BBS论坛多次被评为全国十佳校园BBS。

如何利用好BBS这把双刃剑,如何化弊为利,充分发挥校园BBS论坛的先进性,营造和谐的网络舆论、建设和谐校园是各高校一直思考的问题,在这方面,985高校做了一些有益的尝试,达到了较为理想的效果。总体来说,随着不断的实践和改进,985高校BBS论坛站内舆论环境得以进一步净化、论坛栏目设置不断更新、学术文化交流功能不断提升,现已基本形成学校领导、指导下的自我服务、自我教育、自我管理的长效机制。

(四)985高校微博发布平台建设情况

从2009年微博逐渐流行开始,大学生在微博营造的网络空间中逐渐形成新型生活方式、思想意识和逐步衍生出新型网络文化,由于得天独厚的开放性、即时性,微博有力打破了思想政治教育的时空特点。经过几年的发展,微博已处于大学生思想政治教育的最前沿。

2012年2月,共青团中央办公厅下发《关于在全团广泛运用微博开展工作的实施意见》,要求县级以上团的领导机关、高校团组织要在2012年上半年全部开通官方微博。高校微博在2012年迎来了快速发展的一年。搜搜新闻数据统计结果显示,2011年有关腾讯高校微博的新闻数量是2010年的15.4倍,2012年则增长为134.8倍。

由腾讯网发布的《2012中国高校微博发展报告》显示:在985、211非985、非重点本科高校三者对比中,985高校是微博开通率最高的一类高校,宣传意识较强,对媒体的利用程度较高是985高校开博数量超过五成的重要原因。普通本科高校官博开通率排名前十的地区中,东部地区占有3个,西部地区占有4个,中部地区2个,东北地区1个,可见中西部地区的高校对新媒体参与到高校工作的接受度更高。

截止到2012年年底,在腾讯微博的高校微博认证账号达16166个,这些账号隶属于21所985高校,超过985高校总数量的50%。

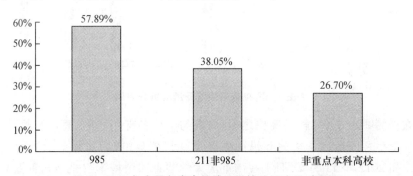

图5　2012年全国各类高校腾讯微博认证账号对比图

从高校微博开通时间来看,2010年为高校微博发展的萌芽期。2011年高校微博发展进入成长期,2012年以来,高校微博发展进入一个相对爆发期,数量快速增长,今年下半年,高校微博半年增长率虽未超过100%,但高校微博用户注册量增长数却超过5000。

在具体构成方面,高校机构账号11193个,校园个人账号4973个。高校机构微博主要包括高校官博、部门院系微博、高校团委系统微博、招生机构微博、社团学生会微博以及商学院微博等,个人账号主要指校园名人和大学老师微博。

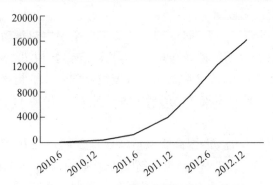

图6 2010—2012年高校腾讯微博开通变化图

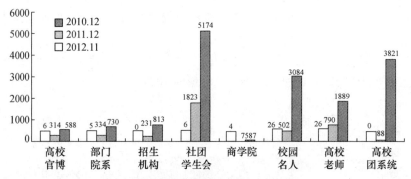

图7 高校腾讯微博开通成员分布图

在微博平台上,高校与高校之间、高校与学校各部门之间、高校与教师之间、高校与学生之间形成了横向和纵向的各类微博矩阵,成为思想政治教育的新舞台。比如2012年11月23日上线的重庆大学共青团微博不仅是全国首家高校共青团微博发布厅,而且形成了校、院、班三级微博体系,听众量超80万,覆盖学生人群4万多,每天发布微博1千条①。从整个高校群体来看,985高校的表现起到了高校带头作用。2013年8月中科院心理所计算网络心理实验室和新浪微博数据中心联合发布的《2013年中国大学生"微博"发展报告》调研显示,2013年十大最受欢迎的高校官方微博如下,大部分隶属于985院校。

---

① 《重庆大学共青团微博发布厅上线系全国首家》,腾讯·大渝网:http://cq.qq.com/a/20121126/000286.htm。

表2 2013年十大最受欢迎的高校官方微博一览表

排名	微博昵称	累计影响力
1	华中科技大学	7634
2	武汉大学	7444
3	上海交通大学	7237
4	复旦大学	7181
5	华东师范大学	6277
6	北京电影学院	6228
7	南开大学	6191
8	中山大学	6070
9	同济大学官方微博	5899
10	重庆大学	5813

（五）985高校微信公共平台建设情况

微信是大学生诠释生活的新方式。2011年年初,腾讯公司推出"微信",用户数从零到亿仅用了433天。随着版本的不断升级和功能的完善,微信凭借良好的用户体验受到了包括大学生在内的众多网友的青睐,已成为迄今为止增速最快的在线通信工具。微信融时尚性、实用性、娱乐性为一体,操作灵活及费用低廉的特点,让活跃于网络潮流前沿的大学生成为用户群体的主力军。微信更加灵活、无时空限制的LBS(基于位置的服务)功能为大学生们提供了方便、快捷的互动交流方式,"对讲机"式的聊天方式让沟通变得更加有趣,其视觉、听觉功能的增加,改变了文字单调呆板的触动方式,既增加了实用性,也兼顾了娱乐性。此外,微信按流量计费,不收取其他费用,并且花费的流量还很少,有WiFi(无线网络)的地方甚至可以免费使用,经济实惠,对于收入来源还比较单一的大学生来说,十分具有吸引力。随着智能手机在大学生中的广泛使用,微信已融入大学生的日常生活,为大学生交往和各类活动提供了更便利、更高效的组织宣传途径。同时,老师们也可以通过微信平台及建立微信群发布一些需要通告整个年级或者整个学院的信息,提高了学校的教育、管理、服务效率。

2013年不少985高校的大学录取通知书就用到了微信的元素。在华中科技大学等学校的录取通知书上,新生扫一扫二维码,便知晓自己的班级、老师和室友。关注该校官方微信账号,则能获取校内导航、院系介绍、衣、食、住、行、学等新生入学指南等信息。

在新生报到前夕,官方微信还推出新生现场报到指南,提供报到流程和校内导航服务,方便新生快速办理报到手续；新生还可以向官方微信账号发送姓名和准考证号,查询学号、辅导员联系方式、所在班级、寝室、班级其他成员、室友等详尽信息，并可与新同学通过班级微信聊天室提前认识。

2013年12月12日，北京大学官方微信也正式上线。北京大学官方微信以弘扬北大文化和精神为己任，将陆续开通北大新闻、大美北大、北大人物、北大生活等栏目。除了学校官方层面的微信，还有不少学院把微信应用到了党组织活动等活动中去。比如中国人民大学2012级硕士第一党支部开通微信公众账号"RUC新闻硕士党支部"，结合专业特色利用新媒体平台开办了"群众路线微信课堂"，将党的群众路线教育实践活动落到实处，为正处在求职阶段的党员同学提供了随时随地的移动学习平台。通过微信公众平台，2012级硕士第一党支部每个工作日向支部同学手机推送各类学习材料，形式多样、内容丰富，涵盖了群众路线重要论述、活动资讯、相关评论、典型案例、人物访谈等，其中"群众路线重要论述"和"评论"为固定板块。前者精选自中央文献研究室主编的《论群众路线——重要论述摘编》一书，主要内容为马克思、恩格斯有关群众路线的论述。后者则主要来源于当天的人民日报、新华社等中央媒体有关群众路线的评论。另外，支部同学还可以通过该平台提出对学校、学院的意见和建议，由支部整理后汇总到学院。

图8　中国人民大学"微信课堂"第一期

自9月27日开通以来,"RUC新闻硕士党支部"已推送群众路线整体情况介绍2期、"群众路线微信课堂"10期。

2013年5月,吉林大学校团委牵头、经该校社团联合会学生独立开发完成并推出的全国高校首个励志微信公众平台,目前已开通了"健康生活方式——早起签到""促进学科交流——1分钟讲堂"和"校园励志信息——正能量站"等3个功能。在腾讯微信中,搜号码"jluhsy"便可加入到微信平台。该微信公众平台研发人员之一、吉林大学研究生张天译介绍,在"早起签到"功能里,每天早6:00至7:30,回复数字"1"后,系统会自动排序,列出吉大学生起床排行榜,发送者可以看到自己是全校第几个起床;回复数字"2"可以听到由校友、资深教授、优秀学子等分期录制的语音版"1分钟讲堂";回复数字"3",可以看到"正能量站"里有关励志或休闲方面的文字、图片和歌曲等。该平台后续还开通"我的梦就是中国梦"和"空课教室安排"等功能。这些对在校学生既有教育意义,又有互动空间,还充满"正能量"的微信获得了广大同学的积极回应。吉林大学的微信公众平台开通不到3天,学校已有2840多名学生加入到"同学,还睡呀!"微信群中。

四、985高校网络思想政治教育发展问题探析

虽然985高校在网络思想政治教育的推进方面取得了一定的成果,但是依然存在以下问题:

(一)管理体系架构不清、无长效机制

目前,几乎所有985高校对校园网络文化建设都很重视,但网络文化建设和网络思想政治教育的结合还存在不足,随着新时期高校网络思想政治教育工作的发展以及学生群体特征的变化,我国高校网络思想政治教育依然沿用以前的思想政治教育工作模式,仍然存在体制和机制不健全、条块分割、没有形成合力等很多问题:

1. 在网络思想政治工作的行政职能设置上较为混乱,各部门分工模糊,存在有时多头管理,有时管理不利的局面

在网络思想政治教育的行政格局方面,在体制建设上应该是一个纵横交错的全面的管理服务体系。大部分院校没有专门从事网络思想政治教育的部门,校办、校信息化建设与管理办公室、党委、党委宣传部、学工部等都可能是主管部门,纵向的垂直管理部门很多,但各部门大多数情况下相互独立,互不影响,负责各自分管的工作。各个部门之间没有明显的界限,如果依然按照传统的条块分割的工作机制,部门横向沟通不畅,分工不明确、各自为政、工作重复等问题势必会影响网络思想政治教育工作的成效。且大部分部门是新近才加入网络思想政治教育的新职能,存在一些问题没人管、一些问题却有多个管理部门的情况。

以思想政治教育主题网站为例，不少985高校内思政网站的主办单位很多，但各部门相互合作较少，出现了各自建设思政网站、一个部门建设多个思政网站的情况，比如不少985高校设置了两个和两个以上思政网站。这不能充分发挥出各部门的优势，也不利于网站的发展。此外，大部分高校在网络思想建设方面缺乏稳定的长效管理机制，常出现"一阵风"似的管理。

此外，在横向管理方面，高校在网络思想政治教育上还较为欠缺，学校之间、院系之间、社团之间、青年大学生之间的管理还需要加强。

2. 在机制保障方面，网络思想政治教育的保障机制不全面、不完善，跟不上复杂的网络技术发展变化

由于网络思想政治教育工作发展时间较短，机制尚不成熟，很难制定有效的工作目标和发展规划，目前虽然不少985高校出台了不少相关的规章制度，但大部分是关于网络使用和舆情监控等方面的规章制度，专门针对网络思想政治教育的机制还比较少。

此外，新出台的一些思想政治教育网络传播过程管理规章制度中的部分规则又缺乏现实可操作性，在具体的思想政治教育网络传播过程中执行起来存在各种冲突和问题。这种管理体制与流程的暂时滞后，使因特网实际上停留在管理的真空地带。同时，网络技术日新月异，相应的管理机制也应是随着网络技术的发展变化而动态变化的。目前大部分高校的相关规章出台之后，没有优化机制，有的高校还沿用几年前乃至十几年前的相应规章制度，很多规定长期没有更新，对于不少新问题的规范长期缺失。

3. 没有建立起与网络传播相适应的网络思想政治教育模式

不少985高校网络思想政治教育工作者对大学生在网络思想政治教育中的主体作用认识不到位，仍然采用传统的"你听我讲"的工作模式，没有建立起互动和寓教于乐的教育模式。

此外，网络管理不同于以往的传统媒体管理和学生管理，8小时正常工作之外往往是学生上网最频繁的时候，需要24小时即时应对的管理模式，且网络信息的产量越来越大，以往单纯的筛查式管理的强度也在增大，部分高校还没有形成新的有效的管理模式，层层上报的方式不符合网络思想教育的现实要求。

4. 缺乏柔性的沟通手段来让学生自觉成为网络思想政治教育的主体和受众

网络管理目前还没有太有效的办法，单纯的自上而下的"堵"的做法让学生较为反感。当冲突发生的时候，硬"堵"的做法反而容易引起强力反弹。其中最著名的案例是水木清华BBS风波。2005年3月16日，已有10年历史的BBS水木清华站突然由开放型转为校内型，实行实名制，限制校外IP访问，导致82%的用户从此无法上站。几乎与此同时，几大著名高校BBS都相继转为校内型。4月14日，

水木清华站服务器被校方强行接管。19日,站务委员会成员集体辞职,151名版主辞职。原站务委员会原班人马又自行搭建了一个水木社区,被校方接管的水木清华站被部分网友称为"伪站"。而此前的3月17日南京大学小百合BBS站务组已宣布解散。

当相关部门关于互联网的新政策要在高校落地,或相关部门要求高校收紧对互联网的管理时,985高校内部缺乏校行政部门和青年大学生之间的润滑剂,不利于在新举措推行时减轻青年大学生的反感情绪和快速赢得学生的支持和理解。

(二)理论创新落后于实践工作

加强和改进高校网络思想政治教育,是适应网络发展趋势的需要,是促进大学生健康成长成才的需要,是促进高校思想政治教育发展的需要,是构建社会主义和谐网络社会的需要。认真地研究网络社会环境下的高校网络思想政治教育,是思想政治工作者义不容辞的责任。但是,网络传播这一新型传播媒介的出现,使以往建立在传统大众媒介基础上的思想政治教育工作管理经验难以应对新媒体的传播特征和传播要求,理论创新速度明显不适应网络思想政治教育新问题产生的速度。因此,现在的问题是,网络思想政治教育理论创新落后于其实践工作的发展。网络传播新问题的快速产生与网络思想政治教育理论创新的落后形成鲜明的对比,在理论成果上,依然存在很多问题:

1. 985高校思想政治教育研究从宏观上呈现出少而散的特点,985高校在网络思想政治教育科研方面没有起到先锋的作用,和其学术地位不相符合

从总量上看,关于网络思想政治教育的论文数量和著作不少,可是985院校的研究成果相对较少,部分985院校甚至相当欠缺,这和985院校每年做出的其他成果相比比例太低。在关于网络思想政治教育的39390篇期刊论文中,以985高校学者为第一作者的论文只有245篇,仅占6.21%。另外,各985高校的硕博论文研究离线程度很高,说明有的985院校网络思想政治教育的学术创新重视度很高,有的学校则较为不重视,一篇相应的硕博论文都没有。因此,985院校对于网络思想政治教育的整体重视程度依然不高,对网络思想政治教育相关科研创新的刺激力度不够。

2. 研究论述质量不高,研究理论不够深入

985高校始终站在网络信息技术创新与发展的前沿领域,是最重要的网络思想政治教育理论和实践研究的核心力量。

思想领域的研究是以理论的成果作为最重要的展现,但是相关的理论研究的实际价值与预期价值差距仍很大。985高校思想政治教育理论成果关键词重复率高、同质化较为严重,较少有让人眼前一亮的成果。以985高校思想政治教育相关博士论文的关键词为例,120篇博士论文重复或者近似的关键词达到50%以上。在研究数量上泛论、空论、重复论述的数量占据很大的比重,从本质层面揭示高校思想政治教育规律性的成果不足。从现象层面分析网络新生事物和高校思想政治教育关系的著作多,从本质层面探讨网络、网络文化和高校网络思想政治教育规律的著作少;总结工作经验的成果多,系统探索规律性等基本理论的成果少;研究高校网络思想政治教育技法的文章颇多,但研究支撑技法产生实效性的基本理论的文章颇少。

此外,以"高校网络思想政治教育"为主题的研究成果,其中最多的是关于网络给思想政治教育带来的挑战和对策,其次是从网络思想政治内涵、内容、方法、路径、保障机制等方面进行研究,然而针对高校的特殊优势及异于其他社会群体的特征,目前尚缺乏关于高校网络思想政治教育在整个社会网络思想道德教育体系中的领头羊作用的研究,高校网络思想政治教育的特殊性、优势性、复杂性到底体现在哪里,有待进一步深入挖掘。

在网络思想政治教育的理论创新方面,985高校应该起到理论创新领头羊的作用,面对与时俱进的网络思想政治理论,985高校理论创新的步伐还不够快。

3. 对近年来与高校网络思想教育有关的典型案例研究不够

目前高校的网络思想政治教育在理论创新上一直处于高度重视阶段,但在实践方面的研究不足,优秀实践成果的案例分析类剖析和研究不足。虽然由网络谣言引发的学生恐慌事件等典型案例不少,但对案例进行深入分析的文献十分缺乏。而这种案例分析中归纳出来的经验教训以及网络思想政治教育的特性、机制、模式等研究成果反而是更加容易推广的部分,也最能对实践起到指导作用。

4. 985高校思想政治教育定性研究偏多,定量研究少,定性研究与定量研究相结合是社会科学研究的重要方法

理论研究必须建立在深入调查研究的基础上,现有的研究成果多数以理论论理论,缺少详尽的数据分析、成因分析作为理论支撑,针对性不强、效果不佳。

从985高校网络思想政治教育成果来看,运用实证分析方法的文献较少,不足15%,其他多数文献都是对策研究。在当下的网络思想政治教育中,定性与定量相结合的研究方法运用得并不充分,研究方法不够全面。多年以来,我们国家的高校思想政治教育理论创新主要是定性的研究,读者、学生容易产生"审美疲劳",也容易获得"大而空""言之无物"的评价。而进入网络时代,定量的研究更能说明问题、讲清道理。而定量的研究在目前的理论研究中较少能看到。因此,985高校网络思想政治教育研究急需用科学的理论指导实践,解决网络思想政治教育低实效性的发展"瓶颈"。

5. 多学科联合攻关的研究成果缺乏

互联网具有鲜明的技术性和意识形态性的双重特点,高校网络思想教育这一

命题涉及思想政治教育学、网络技术、社会学、传播学、心理学、伦理学等学科。已有研究多数仍局限在本学科之内,难免顾此失彼,制约着研究的深入。

6. 985 高校思想政治教育理论成果后续传播欠佳

虽然每年国家社科基金和教育部社科基金课题在高校网络思想政治教育方面都有不少课题成果,题目具有相当的前瞻性和实用性,985 高校的学者也出了很多理论研究成果,但研究成果没有形成有效地扩散。

此外,关于针对思想政治教育的论坛、讲座等成果分享活动较少。在思想政治理论课教学网站教师需求座谈会和思想政治理论课网站需求问卷调查中,近100%的被调查教师希望能通过高校思想政治理论课教学网站获取"包括文本和视频"的各种类型教学资源。超过 90%的教师希望在日常的教学活动和教学研究中能够通过论坛和专题讨论等形式与其他教师进行交流和沟通①。

目前,少有专门的思想政治教育的优秀网站来集纳各种思想政治教育理论成果,单独针对 985 高校的网络思想政治教育成果交流和集纳平台没有搭建起来,造成了理论成果的浪费,无法形成理论在研究上的传承,新的研究成果也难以走入青年大学生中去。

(三) 实体思政网站传播效果欠佳

网络虚拟社会的崛起和发展,给高校网络思想政治教育带来了前所未有的机遇和挑战。当前,985 高校网络思想政治教育面临亟待解决的问题,主要表现为:

1. 现有的高校思想政治教育专题网站多而散,定位不清,发挥的思想政治教育作用不理想

现有的思政网站大体可分为三种类型:一是重点突出的专题网站,主打思想政治教育内容;二是思想政治教育与服务性并重的网站,旨在为青年大学生提供多样的精神食粮和生活、学习服务。三是政治性、服务性、娱乐性并重的校园门户网站,如中国海洋大学的"海之子"网站等。

虽然不少高校都建立起了思想政治教育专题网站,并且试图推动思想政治教育和校园网络文化建设相统一,但校园网络文化繁荣发展的同时,高校网络思想政治教育相关内容认知度却很低。思想政治教育专题网站几乎都陷入人气不旺的境地,而门户网站上的思想政治教育类内容也备受冷落。山东高校学生的一项调查显示②:70%的大学生不知道"网络思想政治教育"这个名词;75%以上的大学生表示没有通过任何网络途径接受思想政治教育;大学生中有对思想政治教育类

---

① 吴伟伟、张法:《大学生网络思想政治教育:问题、原因及对策——以山东省高校为例》,《山东省农业管理干部学院学报》,2012 年第 1 期,第 106 页。

② 同上。

网站的浏览意愿但得不到满足("想看,但不知道网站")的比例占 16.45%,80% 的大学生并没有听说过"红色网站",这说明思想政治教育类网站的宣传力度不够,不够醒目。而已有的网站也缺乏对青年大学生的吸引力、亲和力和引导能力。

2. 从内容建设角度看,既有的 985 高校的思想政治教育专题网站有的处于停滞阶段,有的嵌入内容不够丰富,表现形式较为单一

从 2005 年起,高校涌现出一批批思想政治理论课类网站。2011 年 4 月,教育部社科司曾委托高等教育出版社通过网络、现场座谈和调查问卷三种方式对全国 100 所高校思想政治理论课类网站建设现状进行调查。数据分析显示,这些网站建设基本上都处于停滞阶段,网站服务对象不明确,课程资源不丰富,更新不及时,近 100% 被调查教师认为目前尚缺乏面向全国高校的权威性网站来满足教师的各种教学需求[①]。

前面提到的山东高校学生的调查也显示[②]:关于思想政治教育类网站点击率较低的原因据调查有以下几点:学生认为这些网站缺乏联系实际的内容(33.8%)、互动内容不够,容易"一言堂"(26.3%)和不能启迪思想(26.3%),另外,没有漂亮页面(3.2%)。在调查统计中,内容枯燥单调被认为是目前高校网络思想政治教育最亟须解决的问题之一。

这说明不少 985 高校的思想政治专题网站贪大求全,缺乏特色。一些网站设置了很多栏目,但在内容上、形式上没有创新,缺乏具有自身特色的精品栏目,在同类网站中缺乏竞争力。同时,还有一些网站建而不管,维护不力。一些网站设置了许多栏目,但是并没有经常更新内容,有的栏目几个月甚至几年不更新,成了摆设。不但影响了网站的整体质量,还破坏了网站形象。

3. 从新技术应用角度看,部分 985 高校的网络思想政治教育对教育载体的运用不足、技术不新,整合创新的力度不够,与网络新媒体技术迅猛发展的步调不一致

作为全国高校的第一军团,虽然 985 高校在思想教育平台的搭建方面做了很多积极的努力,但通过 985 高校官方微博、微信等新媒体平台上发布的关于思想政治教育的内容还较少,或者说反响较差,后续传播力不足。

在手机上网所带来的便利条件下,思教工作者通过微博提供的开放式互动平台,实现与大学生的随时互动和及时指导,能更有效地发挥疏通、引导和教育作用,增强思想政治教育工作的时效性和影响力。在新的网络环境下,高校思想政

---

① 范军:《推进高校思想政治理论课信息化建设——"高校思想政治理论课程"网站改扩版一年来的思考》,《思想教育研究》,2013 年第 1 期,第 61 页。

② 吴伟伟、张法:《"大学生网络思想政治教育:问题、原因及对策——以山东省高校为例》,《山东省农业管理干部学院学报》,2012 年第 1 期,第 106 页。

治教育工作部门建立微博,即拥有了一个集文字、图像、声音、视频于一体的多媒体信息即时传送平台,可以充分发挥微博所具有的"技术优势、时间优势、群体生态优势和潮流优势",将思想政治教育信息有效传递给大学生。但网络技术和同时音频、视频、图片等处理软件的使用对高校思想政治教育的人员而言需要一定的技术门槛。

如何在新平台上利用新技术发布关于思想政治教育的主题,让大学生在娱乐中树立正确的人生观、价值观,目前依然是985高校网络思想政治教育的难题。

五、985高校网络思想政治教育发展路径研究

信息技术的瞬息万变,新的网络意识形态层出不穷,传统的教育和管理观念很难适应多变的形势,这就要求在高校网络思想政治教育工作中以新的观念、创新的思维进行开创性工作。目前985高校应尽力从体系建设、理论创新、实体发展三个方面稳步推动和发展网络思想政治教育工作。

(一)985高校网络思想政治教育管理体系发展路径

为了更好地实现网络思想政治教育的良性发展,985高校要树立起一套有效的管理体制,从意识形态层面上,高度重视网络思想政治教育,把握好网络思想政治教育理论和实践的发展方向,推进由管理到服务的理念转变;从组织层面上,建立起既有垂直管理体系、也有扁平触角的管理组织体系;从制度的层面上,建立起较为完善的应急保障制度,以保障高校网络思想政治教育的良性可持续发展;从人才保障的层面上,建立起一支有广泛青年大学生基础的网络思想政治教育维护体系。

1. 从思想上高度重视网络思想政治教育的重要性,转变服务理念,提供资金支持,推动将校园网络文化建设与思想政治教育发展相统一

早在2004年下发的《关于进一步加强高等院校校园网络管理工作的意见》中就提到:"要加强对高校园网络管理工作的领导。坚持属地化归口管理和'谁主管、谁负责,谁主办、谁负责'的原则。校园网络管理实行地方党委教育工作部门和高校党委一把手负责制。"

因此,985高校党委一把手是整个校园思想政治教育体系运行的中枢,校党委应该站在与时俱进的战略高度,切实认识到高校网络思想政治教育的重要性以及必要性,同时确保高校网络思想政治教育工作的资金投入。通过资金投入,为高校网络思想政治教育的顺利开展配备必要的网络设施,确保校园网运行的高效、安全与稳定,逐渐完善校园网的硬件建设。

此外,校主管部门应该高举旗帜,把握网络思想政治教育的正确方向,做好网络思想政治工作的宏观架构,推动网络思想政治教育由管理到服务理念的转变。

少数高校网络思想政治教育工作者对大学生在网络思想政治教育中的主体作用认识不到位，仍然采用传统的"你听我讲"的工作模式，担心一旦大学生积极参与会影响其权威。但网络时代，学生接触信息的渠道不再是以教育者为主，而是从网络渠道接收海量、良莠不齐的信息，只有思想政治教育形式创新、内容创新、方法创新才能吸引学生的主动关注和选择性接受。因此，思想政治教育再也不是居高临下的训导，而必须是平等的研究和探讨。

从网络思想政治教育模式上讲，要积极推动校园网络文化建设。校园网络文化是校园文化的重要组成部分，通过校园网络文化进行网络思想政治教育能够达到更好的效果。因此，高校要坚持将校园网络文化建设与思想政治教育功能相统一，应充分发挥高科技优势，运用多种传播形式，既要吃透"上情"，也要深入了解"下情"，认真了解师生的看法、态度、愿望和要求，努力寻求宣传工作与师生的"共鸣点"，使思想政治教育融入校园文化建设全过程，贯穿到各种文化活动载体和精神文化产品中，渗透进师生日常工作、学习和生活各个方面，达到"润物细无声"的效果，从而最大限度地形成思想共识。努力把理想信念和道德观念宣传教育的理论性，与师生日常工作和生活的实践性统一起来，真正做到"入耳入脑"。

在思想政治教育服务手段上，首先要适应网络时代的思想政治教育发展要求，要主动介入、抢先介入，充分利用，持续发展。善于运用网络新技术开展思想政治工作应该成为新时期高校思想政治工作人员的基本要求，要了解网络新技术的特点，熟练地掌握和使用微博、微信等网络新媒体。

其次要主动熟悉网络文化特性，包括网络语言、网络行为，甚至网络思维方式，适应网络思想政治教育传播节奏，掌握网络思想政治教育方法和技巧，主动融入主流网络文化之中。始终坚持将校园网络作为传播社会主义先进文化、弘扬主旋律的主阵地。既要营造积极向上、健康文明的绿色网络环境，又要建立健全灵活多样、高效智能的防控管理体系，使网络思想政治教育"硬环境"与"软环境"相辅相成，充分发挥校园网络文化的思想政治教育功能。

从教育内容上，网络正能量对净化网络环境、传播网络文明发挥着积极作用。

2. 建立起职权分明、运行流畅、纵横交错的高效行政管理体系

2011年2月19日，胡锦涛在中央党校讲话中提出"扎扎实实提高社会管理科学化水平，建设中国特色社会主义社会管理体系"，确保社会既充满活力又和谐稳定。其中特别强调要进一步加强和完善信息网络管理，提高对虚拟社会的管理水平，健全网上舆论引导机制，将网络问题提升至维护社会和谐稳定的全新政治高度。讲话首次从全党全国的高度明确了网络管理是社会管理的重要结构组成，是评判社会管理水平高下的标准之一；讲话还充分体现了网络社会及其管理的特殊性，要从内容管理向机制建立逐步过渡，要在尊重网络社会运行规律、实事求是

的基础上循序渐进。

作为青年人群高度聚集、网络社区高度发达的985高校，探寻实现网络管理科学化、专业化、精致化的有效路径，完善网络管理体系的构建是尤为紧迫的任务。

在网络管理和网络思想政治教育的行政格局方面，985高校应着力建设一个纵横交错的全面的管理服务体系。针对网络思想政治工作的行政职能设置较为混乱的局面，985高校应成立类似"网络宣传与管理工作小组"的主管部门，实现和加强对网络思想政治教育、网络管理和网络服务的统一领导、统筹规划和归口管理，下设专职办公室和网络思想政治教育相关的职能部处为执委单位。该部门应由学校高层兼任领导，主要职能是统筹规划、顶层设计以及各部门之间的衔接工作。

在此基础上，以规章、制度或者批文的方式把宣传部、学工部、校团委、教学部门、科研机构等相关机构的网络思想政治教育职责明确划分，遵循"统一规划、分级管理、责任到人、目标考核"的原则，建立从过程管理领导体制、直接责任人、建设目标、工作考核，到人员、资金、设备等相配套的规章制度，完善思想政治教育网络传播过程管理机构建设的外部保障体系。

此外，还要积极建设和形成两支队伍：第一支是网络舆情评论员队伍，由理论专家、思政教师、学生管理工作者组成；第二支是学生网管员队伍，由团委统一选拔并指导学生组成，由网络信息中心培训和领导。同时，建立校、各职能部处、学院"三级管理"体制。

3. 完善相关制度，坚持将学校制度建设与推动思想政治教育相统一

制度是校园网络文化建设及网络思想政治教育有序进行的重要保障，应建立健全思想政治教育网络传播过程管理规程，保障网络传播过程的有序进行。思想政治教育网络传播过程管理规程是要求大家共同遵守的办事规则和行为准则，是在思想政治教育网络传播这一特定领域中比较正式的规范体系，是过程管理存在和发展的前提条件。而网络社会的开放性使其对于公平、公正、公开的价值追求更加激进，制度建设推动管理行为由"人治"向"法治"转型，也容易获得认同、赢得公信力，从而更加符合网络社会的发展需要。

加强制度建设是高校思想政治教育工作长期实践形成的宝贵经验，在制定制度、执行制度并在实践中检验和完善制度的动态过程中，规范部门行为、降低管理风险，最终实现组织系统的自我良性运转。

搞好规程建设，必须要从源头抓起，搞好制度的顶层设计，建立健全各类相应的管理制度，建立涵盖整个队伍建设、信息管理、日常运作等方面的制度。一方面，这些制度体系的作用在于规范内部组织架构，明确管理负责人及采编人员、专

业技术人员、信息及舆情监控人员等的任职条件、岗位职责,强化思想政治教育网络传播过程管理工作的管理责任和工作要求。另一方面,这些制度需要尊重虚拟世界的法则规律,明确自由与秩序的极值与底线,在尊重规律的前提下,通过建章立制圈定网络自由范围,通过体系化建设构建"大社会",推动网络社会的自我创新与自我发展;通过"以权利制约权力"以及"以权力制约权力",校园网络监管部门转变角色成为"小机构",在一般情况下,各项具体职权必须在制度允许范围内行使;而日常管理运行主要依赖网络社会各项制度和各个主体的自我管理、自我约束,实现网络社会的自由与秩序的和谐发展。

尤其值得注意的是,网络世界日新月异,在高校网络思想政治教育制度建设的过程中,不仅要出台涉及网络新应用的各类管理规章制度,还要对既有制度进行定期的优化、修订,保持网络思想政治教育的规章制度的鲜活生命力。

4. 建立高校网络思想政治教育绩效评估体系

985高校应该通过建立完善的绩效评估体系来评估网络思想政治教育平台的成效,在评估过程中发现问题,分析问题并提出解决问题的方案,保障平台高效并可持续发展。

当前,985高校开展网络思想政治教育虽然取得了一定成效,但离中央提出的"互联网站要成为传播先进文化的重要阵地"以及构建社会主义和谐社会的要求还有一定差距。各高校尤其是985高校网络思想政治教育平台均存在影响力小、关注度少、缺乏规范和引导等问题,同时也受制于硬件、软件的投入情况。虽然985高校在课题获取、科研环境等方面比其他院校更有优势,但是在理论创新方面的优势还不够突出,和其他学科的发展相比还较为缓慢。因此,高校需要建立完善的网络思想政治教育绩效评估体系来监督和提高网络思想政治教育的水平。

在985高校网络思想政治教育的绩效评估体系建设上,应该注重短期抽查和长期跟踪相结合,专家评估和用户调查等方法相结合,全面客观地对网络思想政治教育工作成果进行评估,动态性跟踪,发现工作中存在的问题,分析问题并提出解决问题的方法,以保障高校网络思想政治教育平台的良性可持续发展。

5. 加大985高校网络思想政治教育工作队伍、理论创新队伍和青年大学生骨干的培养,加速高校网络思想政治教育的新陈代谢,提高高校网络思想政治教育的免疫力,激发高校网络思想政治教育的活力

早在2004年,中共中央、国务院就下发《关于进一步加强和改进大学生思想政治教育的意见》,明确要求要建立和健全思想政治教育工作队伍的选拔、培养和管理机制。要加强思想政治教育学科建设,培养思想政治教育工作的专门人才;要建立和健全思想政治教育专职队伍的激励和保障机制。这为加强985高校网络思想政治教育队伍管理指明了方向。为此,985高校要把建立和完善高校网络

思想政治教育工作考评和奖励机制作为重中之重。

网络思想政治教育涉及交叉学科的知识应用,急需在专业教育工作者队伍中输入新鲜血液。因此,985高校应坚持"专业化、职业化、专家化"的发展方向,不断加强高校思想政治教育学科建设,培养高校网络思想政治教育工作专门人才。985高校应对原有队伍进行培训、改造、提高,以建立一支适应网络思政教育工作需要的新型队伍——网络思想政治教育专员。在这方面应做好以下工作:严格高校网络思想政治教育工作队伍的选拔。高校网络思政教育工作需要建立严格的准入制度,按照政治强、业务精、纪律严、作风正的要求,研究和制定《网络思政工作办法》,专门成立网络思政教育管理领导小组,统一组织考核、筛选既了解思政教育工作又具有较强网络技术的优秀人才加入到网络思政教育队伍中来,使这支队伍在年龄、知识结构上更符合网络思政教育工作的要求,确保队伍的政治素质、组织工作能力。

思想政治教育不是有关教师和学生工作者的专职,必须树立学校全员教育的思想。因此,还要加强对高校网络思想政治教育理论创新人才的培养,积极争取更好的理论创新环境,在调研经费、办公条件、成果展示等多个方面向有志于从事网络思想政治教育的人才倾斜,完善培训机制,通过科学的考核办法,建立奖惩机制,按照工作实绩予以奖励或提供晋升、进修机会,引导更多优秀人才加入到高校网络思想政治教育理论创新工作中来。最后,要积极创造条件,给高校网络思想政治教育工作者提供更高层次的学习机会,鼓励教师在网络思想政治教育工作方面多出研究成果。

同时,除了教育者,网络思想政治教育还需要加强引导发挥大学生在网络思政教育中的主体地位和作用。比如北京大学未名BBS在多年的实践中,摸索出一套学生管理团队作为网络领域的青年自组织,自觉成为网络思想政治教育的有生力量[①]。未名BBS创新性地使用了"社团模式"来加强对BBS运行团队的指导。首先重点要优化学生团队的人员组成和日常运行,指导单位可以在人员选拔、业务培训、团队激励三个方面建立相应制度加以扶持,如将BBS站务组纳入全校学生骨干体系,对其进行培养考核,让其定期参加每年暑期的学生骨干训练营等;再如组织站务组赴兄弟高校调研学习,通过各种途径开阔管理视野、提升管理素质。其次为克服核心团队的流动性,需要储备一批准管理人员,实现梯队式发展,从而能够保证管理团队及时替换与补充。例如围绕网站的核心业务,成立学生社团"未名发展俱乐部"等外围组织,吸纳低年级本科生参与其中并培养其对于BBS

---

① 蒋广学、张勇:《校园网络文化发展、制度建设及组织管理的实践与探索——以北京大学未名BBS为例》,《思想理论教育导刊》,2012年第3期,第115—118页。

的兴趣。在这样的尝试中,不仅扩大了未名 BBS 这个网络思想政治教育平台的辐射力和影响力,也培养出一批具有网络思想政治教育素质的骨干梯队。

在坚持学校统筹领导的前提下,从青年大学生中来,到青年大学生中去,让青年大学生参与到思想政治教育中来,教育者鼓励和培养一批政治可靠、知识丰富、热情敏锐并熟悉网络语言的学生志愿者参加网络文明传播活动,利用微博、论坛、QQ、飞信等网络互动阵地,发表文明健康、积极向上的言论,传播推广网络文明;曝光不文明行为,发动学生参与讨论、监督校园不良现象;依托网络开展并推广各类健康向上、内容丰富的志愿服务活动和主题文明传播活动等,自觉成为思想政治教育的传播者,这是网络给予思想政治教育的独特契机。

此外,985 高校要高度重视网络思想政治教育评估,要将高校网络思想政治教育评估工作纳入包括引进人才、学校人才培养和学生骨干培养的体系当中,统筹考虑,长远规划,真正达到以评促建,以评促改,以评促管,评建结合的目的。只有坚持将学校统筹指导与激发青年群体活力相统一,才能使网络思想政治教育建设突显新格局。

(二) 985 高校网络思想政治教育理论创新发展路径

网络思想政治教育工作是一门应用性较强的工作,也是一个新兴的领域,目前相关的优秀理论作品还有较大的探索和发展空间。在网络思想政治教育理论创新的道路上,985 高校应做到理论创新与工作实践相统一,学术创新与日常教学相统一。在网络思想政治教育工作实践中探索规律、发展理论,再服务于新的思想政治教育工作实践,形成一个创新链条,同时把最新的研究成果带到课堂,让青年大学生充分接触学术最前沿,这样才能有利于更好地继续网络思想政治教育工作,这应该是今后 985 高校网络思想政治教育工作的核心发展方向。

1. 教育创新,打破传统思想政治教育方法的路径依赖。强调把教学方法改革作为加强思想政治理论课建设的切入点和突破口,不断改进教学方法,提高教学质量

第一,改革传统思想政治教育模式,建构操作性强的思想政治理论课实践教学体系体验式实践教学模式。在传统媒体时代,思想政治教育工作者有意识地选择正面的素材来对教育对象进行有目的、有计划的教育和引导。但随着"微时代"的出现,"微界面"上经常会出现一些与教育者所教信息不同甚至截然相反的信息,使得很多大学生思想上存在疑惑和混乱。如此,我们的思想政治教育工作不能再仅仅局限于传统的"说教"方式,思想政治教育更要注重把握住大学生的自我认知需求、情感性需求和自我发展需求原则,促进师生平等互动交流,加强与接受主体的互动和交流,才能够取得较好的教育效果。同时,把体验式实践教学引入高校思想政治理论课教学,以活动体验为基础,通过参与事前设计的某项主题实

践活动,让青年大学生发挥主体内在积极性和个体自主性。

第二,优化教学内容。优化课程体系,在思想政治理论课教学中加入网络媒介素养的内容,增强课程体系的时代感和科学性,以理论、历史和现实三个方面相结合的新视界,建立起课程结构合理、功能互补的高校思想政治理论课课程体系。

思想政治教育教学内容既要有中华民族传统文化思想的精华,又要有具有时代特征的社会主义核心价值体系的内容,而这些具有抽象性、理论性、长效性等特点的理论内容,要求教育者创建和丰富思想政治教育信息资料,结合思想政治教育接受主体的需求,注重同接受主体生活经验、思想积累和文化背景的融合,通过贴近学生生活的教育实践活动,解读出让大学生能够切身感受和理解的内容,对有碍思想政治教育目标的信息进行合情合理的解释说明和批驳,提高思想政治教育的实效。

第三,网上网下教育相结合,形成网络教育合力。

从宏观层面看,学校要加强思想政治教育专题网站建设,依托网站开展形式多样、内容丰富的主题教育活动,网上网下联动,形成思想政治教育合力。思想政治网站要吸引学生广泛参与就必须充分利用网络的多功能特点,在促进学生学习、生活、就业等学生关心的方面提供便利,帮助青年大学生切实解决实际问题。通过开展丰富多彩的网络活动,提供全面、及时、精彩的网络信息,搭建网络学习平台等来吸引学生的眼球,建立融思想性、知识性、趣味性、服务性于一体,学生自主开发和管理的思想政治教育专题网站。

从微观层面看,要以现实组织群体为基础,依托网络平台构建网络集体。例如,班级、党团组织、学生社团在网络建立相应群体,并通过网络召集、开展有关活动,把网上交流和现实交流自然融为一体,拉近教师与学生之间的距离。网络是现实的延伸,表现的内容是生动的现实世界,对于网络时代的大学生来说,现实世界和网络世界都是不可或缺的。只有网上网下教育紧密结合,学校思想政治教育工作才能显现出强大的生命力。

2. 科研上理论创新,促进网络思想政治教育工作多出优秀理论成果和应用成果

首先要有优秀的人才保障,集中资源成立相应的专职科研部门,不仅调集专职人员进行研究,也要尽可能多地吸引全校其他学科的人才进行网络思想政治教育科研的相关体系,刺激学科交叉,多出优秀成果。网络思想教育由于涉及教育学、政治学、计算机科学、哲学等多个学科,因此,应该倡导全体教师参与到网络思想政治教育的理论创新中来,只有动员了最广大的力量,才能够让网络思想政治教育的科研工作更富活力。

此外,还要创造良好的科研环境,在校级课题和学校资源分配上要有所倾斜,

才能刺激网络思想政治科研成果增产增收。

3. 建立高效网络思想政治教育科研创新评价体系,对优秀的科研成果进行奖励,减少或撤销对不作为的科研工作者和敷衍了事的科研成果的支持,鼓励和引导网络思想政治教育科研多出优秀成果

在理论创新方面,985高校要减少形式单一的教条式的研究,要加强全方位立体化的研究和分析,启用更全面的、多学科的研究方法,推进网络思想政治教育理论研究的深入,强化网络思想政治教育的机制及模式等应用型研究,实现科研创新的"质"和"量"齐飞。

为此,应倡导科研公平,重视科研成果检查和评估工作。要逐步建立相关领域的专家组,针对设定的评估内容进行全方位、多角度的评估工作,从而发现问题、分析问题并提出解决问题的建议和意见,主导网络思想政治教育绩效的评估工作。

同时,在评估方法上,可以通过问卷调查、座谈等多种方式进行科学评估,对网络思想政治教育科研工作的前瞻性、时效性、价值效果、实践效果等多个方面进行评估,增强评估结果的透明度和公信度。

4. 增强对于理论创新的展示平台,增强联系实际的机会,让理论落地

网络思想政治教育理论创新成果是对网络思想政治教育工作的特性和规律的总结,对实践工作有重要的指导意义,但目前不少高校的理论创新成果还停留在纸面上,并没有机会在实践中得到检验、矫正,也没有得到更多的传播机会。

北京大学新闻网在这方面做了很多有意义的尝试。2008年北京奥运会前后,北京大学新闻网以《人民日报》任仲平评论员文章为范本,学习和借鉴其写作方式和团队工作模式,以"燕萱"为笔名推出一系列特约评论员文章。这些文章作为理论创新的成果不仅得到了良好的包装和推广,而且这一系列具有网络思想政治教育意义的重要尝试使得重要的网络阵地被保留,并逐渐形成了"燕萱"品牌。

除了985院校内部要加强科研创新成果的展示与交流之外,高校之间还应该积极进行学术探讨,搭建学术交流平台,通过论坛、专题研讨、课题组、出版资助等活动,及时发布成果,促进兄弟院系之间、院校之间理论研讨和交流,搭建相互交流、相互学习的平台。

(三)985高校网络思想政治教育实体创新发展路径

加强和改进高校网络思想政治教育,是适应网络发展趋势的需要,是促进大学生健康成长成才的需要,是促进高校思想政治教育发展的需要,是构建社会主义和谐网络社会的需要。但985高校思想政治教育工作者们都面临着一个严峻的问题:新形势下如何把握高校思想政治教育的主动权?

要想把握思想政治教育的主动权,首先要让青年大学生愿意接受思想政治教

育,让网络平台成为最重要的思想政治教育实体。

因此,如何在网络平台上润物细无声,完成思想政治教育使命是一个重要的课题。

1. 创新网络思想政治教育载体建设模式,积极吸引社会资源进入到思想政治教育网络实体建设中来

校园网虽然主要以青年大学生为服务对象,受学校管理,但往往受到学校人力、财力的限制。积极吸纳有利于思想政治教育的资源进入到高校网络建设中来能有效地解决财力问题,并让这些充满正能量的载体和平台获得更好的传播。比如2004年6月,安利公司(中国)赞助"中国青年志愿者扶贫接力计划研究生支教项目",与中国人民大学等12所国内知名高校一起开展了支教活动;并由安利公司出资,中国人民大学研究生支教团负责策划、建设了"爱心支教网",对于传递网络正能量起到了积极的作用。

2. 规范既有网站,突出思想政治教育主题的内容,同时继续加强主流网站和专题网站建设,网站的"质"和"量"两手抓

据调查,平均每天使用互联网的时间越长、网络依赖程度越深的网民,对真善美的价值观认同度越低。这种影响在青年人群中程度最甚,互联网对传统的社会价值的冲击未来可能会愈发明显,应当引起我们更多的重视与关注。因此,要不断加强"红色网站"建设,集成思想政治教育系统,比如万方数据资源系统、超星数字图书馆、红色影视等教学资源向学生开放,为学生提供思想政治理论课教学服务平台,让学生能有更多渠道接触到积极信息。

同时,调整既有的思想政治教育板块内容,优化用户体验,门户网站在内容设置上应该把思想政治教育的内容放在显著位置,专题网站应该加强板块的筛选,把青年大学生最喜闻乐见的内容突出出来。同时在网站上增加用户互动和调查的内容,进行用户回访,随时调整网站格局。

通过对思想政治教育板块内容的强化,有利于培养大学生在网络中选择信息和传播信息的方式和技巧,让他们学会辨别信息的真伪,防止不良信息的侵害。督促学生变他律为自律,理性对待并正确开展网络交流,既能够从网络中获取最新的知识,又要避免过度沉溺其中,以健康的心态和积极的状态面对网络。

3. 主动掌握网络新技术、新应用,采用形式新颖、寓教于乐的传播活动,能激发学生的接受热情,强化教育效果

在加强专题网站建设的同时,还要加快高校、院系、知名教授官方微博、微信公众号的建设步伐,唱响主旋律。继2010年11月2日华中农业大学在新浪微博上开辟全国首个大学生红色微博"华中农业大学红色微博"以来,已有多所高校开设了经过"认证"的官方微博。暂时未建立官方微博平台的高校应尽快建立和利

用微博平台,同时加快微信公众号的建设,努力使高校官方微博和微信成为集舆论宣传、思想交流、提供服务、提升素质诸种功能于一体,寓教于网,具有较强互动功能的大学生网上精神家园。在栏目设置、信息采集与发布上坚持唱响主旋律,牢牢把握网上舆论话语权和主动权。

4. 加大思想政治教育实体网站的宣传力度,提高知名度

思想政治教育类网站知情来源调查显示,通过校报和学校主页了解校园网站的大学生占33%;从同学或朋友处得知的占26% ;从传单或海报上得知的占23%。可见网上网下宣传必不可少。

因此,应大力加大思想政治教育实体网站的宣传力度,包括线上线下的宣传。线上宣传包括:在搜索引擎中注册、参加各种广告交换组织,在论坛、BBS、新闻组上宣传、交换链接等;网下宣传包括报纸、杂志、广告牌等。校内可以采用条幅、海报、宣传单等形式;各院校之间也可加强合作,扩大影响面。同时,高校思想政治教育类网站还可以开展一系列富有正能量的活动,多吸引大学生关注。

5. 通过链接、活动等形成985高校思想政治教育网站之间的合力,成为网络思想政治教育的一面旗帜

"如何组织和协调社会有关方面的力量,形成全社会关心和支持大学生思想政治教育工作的整体合力",是胡锦涛总书记提出的一个关系大学生思想政治教育全局的重大课题。深入研究这个问题,985高校要力争把各校的思想政治教育类网站的力量和资源动员和整合起来,搭建统一宣传平台,形成发生合力,才能不断开创大学生思想政治教育工作的新局面。正能量的活动和事件最容易把高校思想政治教育类网站黏合在一起,通过事件策划,在网站上狙击负能量、传递正能量,有利于让985高校的思想政治教育类网站更好发展。此外,还可以加强院校间高校思想政治教育网站建设经验的交流,促进高校思想政治教育网站更好地运营。

6. 加大高校校园网络信息技术防范并建立网络舆情监测系统

高校要根据国家互联网管理的有关法规,切实抓好校园网站的登记、备案工作,落实用户实名登记制度,加强校内网站与网络用户的统一归口管理。

要按照IP地址管理办法,建立IP地址使用信息数据库和IP地址分配使用逐级责任制。高校校园网要严格实行用户实名注册制度。

同时,利用技术手段建立校园网络舆情预警系统,即时抓取校内外相关舆情信息,并进行反应。加强对校园网的规范和管理,及时发现和删除各类有害信息。对有害信息防范不力的限期整改,对有害信息蔓延管理失控的依法予以关闭。要建立和完善校园网络安全防护、信息过滤、信息适时监测与跟踪、路由路径控制等。

总体而言,大学生思想政治教育工作是一项长期而艰巨的任务。网络时代尤其是"微时代"的到来,为高校思想政治教育工作带来契机的同时,也加剧了思想政治教育工作的艰巨性。思想政治教育工作者只有不断探索新的教育内容与方法,不断探讨思想政治教育和网络结合的新途径,才能为高校网络思想政治教育工作开拓出一个崭新的局面,从而更有效地开展思想政治教育工作。

在新时期高校网络思想政治教育建设与管理中,985高校作为高校的排头兵,更应坚持将校园网络文化建设与思想政治教育功能相统一,坚持将学校机构和制度建设与推动思想政治教育相统一,将学校统筹指导与激发青年群体活力相统一,将深化网络思想政治教育改革与促进大学生成长成才相统一,将继承传统教育经验与网络思想政治教育创新相统一,将思想政治教育工作和学术创新相统一。准确定位、明晰思路、创新方法、优化内容、科学统筹、创新管理,全方位深入开展网络思想政治教育,开创网络思想政治教育发展的新局面和新前景。

除了985高校自身,教育主管部门也应该推动网络思想政治教育经验的横向学习和推广,并把网络思想政治教育的成果作为学校评优和科研创新的重要组成部分。2012年3月12日,经教育部社科司批准,"高校思想政治理论课程"网站改扩版正式上线试运行。诸如此类集纳了各高校优秀网络思想政治教育工作者优秀科研成果以及实践经验的网络交流场所的出现也具有重要的意义。

爱国主义教育基地与中国文化软实力发展报告

陈宇翔　余文华　张保中[*]

摘要：民族精神是一个民族赖以生存和发展的精神支撑。在五千多年的历史发展长河中，中华民族形成了以爱国主义为核心的团结统一、爱好和平、勤劳勇敢、自强不息的伟大民族精神。爱国主义是中华民族的光荣传统，也是各族人民共同的精神支柱，更是推动中国社会前进的巨大动力。所以，任何时期我们都要高举和弘扬爱国主义这一光荣传统，不断加强爱国主义教育。爱国主义教育基地作为弘扬和培育伟大民族精神的重要场所，本身就蕴涵着强大的文化软实力，同时，对培育人们的民族精神、增强民族凝聚力，引导人们特别是广大青少年树立正确的理想和信念、形成良好的道德品质，加强党员的党性修养、保持共产党员先进性方面发挥着重要的建设作用。显然，爱国主义教育基地已成为展示和发展中国文化软实力的重要平台。近几年来，在各级党委、政府的关心和社会各界的支持下，爱国主义教育基地在建设、管理和使用方面取得了可喜成绩，如展出内容不断充实，展示手段有所创新，环境面貌逐步改善，教育功能得到增强，社会影响日益扩大，创造和积累了不少好的经验，并涌现出一大批先进典型，形成了以全国示范基地为骨干，各级各类教育基地相辅相成、共同发展的良好局面。当然，我们也不能忽视其在发展过程中所出现的诸多矛盾，如资金投入不断加大，但建设仍不平衡；制度建设逐渐完善，但管理服务水平有待提高；教育形式越来越多样化，但陈旧单一的形式亦不鲜见；市场化发展迅速，但教育功能突出不足等等。本报告旨在通过研究提出相应的可行性建议，以期推动爱国主义教育基地的建设，促进中国文化软实力的发展。

---

[*] 陈宇翔，湖南大学马克思主义学院院长、教授、博士生导师；余文华，湖南大学马克思主义学院2012级博士生；张保中，湖南大学马克思主义学院2012级硕士研究生。

2004年7月14日,刘云山在全国爱国主义教育示范基地工作会议上强调:"要坚持历史与现实相结合、继承优良传统和弘扬时代精神相结合、教育引导与实践活动相结合,不断拓展教育功能,把爱国主义教育基地建设成为党员干部了解党的历史、加强党性锻炼的重要场所,成为广大群众培养爱国情感、培育民族精神的重要阵地,成为青少年学习革命传统、陶冶道德情操的重要课堂。"① 爱国主义教育基地是展示和发展中国文化软实力的重要平台。所以,大力推进爱国主义教育基地建设,充分发挥爱国主义教育基地作用,对弘扬和培育民族精神,推动中国文化软实力的发展具有重要意义。

一、爱国主义教育基地的设置及其社会功能

(一) 爱国主义教育基地设置的背景

爱国主义虽是中华民族的光荣传统,但真正科学和理性的爱国主义理念却产生于近代。在中国思想传统之中,只有王朝与天下,并没有现代的民族国家观念,所以古代的爱国主义因受到阶级和历史的局限,带有一定的自发和朴素的成分。直到19世纪中叶以后,中国被迫卷入弱肉强食的世界竞争体系,遂萌发民族国家意识。在反对帝国主义列强侵略和封建统治压迫的不屈斗争中,中国各族人民深深体会到国家贫穷衰弱同人民惨遭帝国主义列强杀戮、蹂躏、压迫、剥削之间的因果关系。为了改变自己的悲惨境遇,中国人民把强烈的忧患意识与坚定的民族自尊心和自信心结合起来,把抵抗外国侵略者与向外国学习结合起来,把炽烈的报国之志与积极探索救国之路结合起来,充分显示了近代爱国主义的主题:救亡图存,富国强兵。1919年爆发的五四爱国运动成为中国科学的理性的爱国主义产生的重要标志。特别是中国共产党成立后,在她的坚强领导下,中国亿万民众的爱国热情空前高涨。经过艰苦卓绝的斗争,中国人民终于推翻了帝国主义、封建主义、官僚资本主义三座大山,建立了中华人民共和国。中国人民从此站立起来,百多年来惨遭侵略掠夺的历史得以洗雪,中华民族从此走上了伟大的复兴之路。

与近现代科学、理性的爱国主义思想相比,长达两千多年的封建专制统治造成民众忠君观念的根深蒂固和国家观念的相对薄弱。再加上当前社会上出现的种种对国家和民族利益造成严重损害的思想和行为,如分裂主义、狭隘民族主义等等,都是同我们坚持的爱国主义格格不入的。很难设想,没有爱国主义思想感情的人能形成科学的人生观、世界观、价值观,能成为忠于祖国、忠于人民的人,能成为建设中国特色社会主义事业的可靠的建设者和接班人。深入进行爱国主义教育,使广大人民群众树立科学的理性的爱国主义思想,任务还相当艰巨。所以,

---

① 《充分发挥爱国主义教育基地作用 大力弘扬培育伟大民族精神》,《人民日报》,2004年7月15日。

在新的历史条件下,爱国主义教育作为提高全民族整体素质和加强社会主义精神文明建设的基础性工程,作为引导人们树立正确理想、信念、人生观、价值观的共同基础,对于振奋民族精神,团结全国各族人民为振兴中华而奋斗,具有十分重要的现实意义和历史意义。

为推动爱国主义教育工作,1994年8月23日,中宣部颁布了《爱国主义教育实施纲要》。《纲要》论述了进行爱国主义教育极为重要的意义,提出了教育的基本原则、主要内容、重点对象以及一系列具体措施。《纲要》特别指出,要搞好爱国主义教育基地的建设,"各类博物馆、纪念馆、烈士纪念建筑物、革命战争中重要战役、战斗纪念设施、文物保护单位、历史遗迹、风景胜地和展示我国两个文明建设成果的重大建设工程、城乡先进单位是进行爱国主义教育的重要场所。各级党委宣传部门要遵照当地党委和人民政府提出的要求,会同教育行政部门、共青团组织和文化、文物、民政、园林等部门确定一批教育基地。城乡基层单位和共青团组织,要积极利用基地开展教育活动。学校应将这类教育活动列入德育工作计划"。"运用爱国主义教育基地开展活动,要精心设计,周密组织。各级教育行政部门、共青团组织要和教育基地建立工作联系制度,共同研究制订活动计划。要根据教育对象不同的年龄层次、心理特点、知识水平和接受能力,科学安排活动内容,注意思想性和艺术性,力求富有吸引力和感染力。可以结合重要节日、纪念日,组织参观、瞻仰、祭扫活动;结合特定的教育主题,组织社会考察和社会实践活动;利用教育基地开展党、团组织生活和少先队活动;开展美化基地环境和维护设施的义务劳动;结合参观、瞻仰、考察,组织开展征文、主题演讲会、专题讲座、知识竞赛等教育活动。各类学校可在寒暑假利用基地兴办'冬令营''夏令营',还可以把有关的历史事件、英烈事迹、建设成就编入党课、团课和职工轮训教材、学校的乡土教材,贯穿到思想政治教育和课堂教学中去。"[①]为了更好贯彻落实《爱国主义教育实施纲要》,1995年3月,民政部首先确定了第一批(100处)爱国主义教育基地。

1996年10月10日,江泽民总书记在中共十四届六中全会上结合新形势,作了进一步加强爱国主义教育的重要讲话,指出:"为了把我们的事业继续推向前进,必须在全国人民特别是青少年中进一步加强爱国主义教育。我们坚持的爱国主义同狭隘的民族主义是有本质区别的。要使我们的人民懂得,坚持对外开放,认真学习世界各民族的长处,积极引进先进的科学技术和经营管理经验,增强我们自力更生的能力,加快祖国的发展,这本身就是爱国主义的重要内容。""现在,有的人只看到我国与西方发达国家在物质生产和生活水平上的差距,就以为一切都是外国的好,对外国盲目崇拜,对祖国妄自菲薄。有的人甚至为了个人的私利,

---

① 《爱国主义教育实施纲要》,《人民教育》,1994年第10期,第8页。

不惜丧失国格、人格,不惜损害国家和民族的利益。历史上遗留下来的殖民文化的影响,也在一些地方沉渣泛起。这必须引起我们的高度注意。""要通过各种生动活泼的形式,广泛、深入、持久地加强爱国主义教育和宣传,提高全国人民的民族自尊心和自豪感,在全社会进一步发扬以热爱祖国、贡献全部力量建设祖国为最大光荣,以损害祖国利益和尊严为最大耻辱的良好风尚。"①

1996年11月,国家教委、民政部、文化部、国家文物局、共青团中央、解放军总政治部决定命名和向全国中小学生推荐百个爱国主义教育基地。1997年7月,中宣部向社会公布了首批百个爱国主义教育示范基地,并想以此影响和带动全国爱国主义教育基地的建设。2001年6月11日,中宣部公布了以反映党的光辉历史为主要内容的第二批百个爱国主义教育示范基地。2005年11月20日,中宣部又公布了第三批66个全国爱国主义教育示范基地名单。为进一步推动爱国主义教育基地建设,更好地发挥爱国主义教育基地的作用,深入地开展群众性爱国主义教育活动,激发爱国热情、凝聚人民力量、培育民族精神,2009年5月,中宣部再次公布了第四批87个全国爱国主义教育示范基地。至此,全国爱国主义教育示范基地总共达到356个,已经成为我国爱国主义教育的重要场所。

(二) 爱国主义教育基地的特点

从各地爱国主义教育基地来看,我国爱国主义教育基地呈现出三大主要特点:一是数量多,二是地域分布广,三是基地题材丰富。

1. 爱国主义教育基地数量多。目前,除了中宣部已经公布的356个全国爱国主义教育示范基地之外,各级党委宣传部门也纷纷根据《爱国主义教育实施纲要》要求,与各自文物、文化、教育行政部门及共青团组织等部门共同确定一批爱国主义教育基地。1997—2005年期间,各地也分别命名了一万多个省地级教育基地②。同时,各地教育基地仍在以不同的速度增加。

2. 爱国主义教育基地地域分布广。从基地保护单位的价值来看,爱国主义教育基地分为国家级、省级、市级、县级四个级别。以湖南省衡阳市为例,截止到2010年,衡阳市作为一个革命老区,拥有国家级爱国主义教育基地2个、省级6个、市级37个、县级55个。③ 上海市有11家国家级爱国主义教育示范基地、75家

---

① 江泽民:《努力开创社会主义精神文明建设的新局面》,《十四大以来重要文献选编》(下),中央文献出版社,2011年,第154页。

② 王开忠、常成:《要建设好、管理好、使用好爱国主义教育基地——关于爱国主义教育基地情况的调查报告》,《思想政治工作研究》,2007年第11期,第40页。

③ 谢宏治:《在全市爱国主义教育基地工作座谈会上的讲话》,中国衡阳新闻网:http://www.e0734.com/2010/0804/56476.html。

市级爱国主义教育基地和183家区县级爱国主义教育基地。① 这种二维网络式分布便于各地适时适地开展各种爱国主义教育活动。

3. 爱国主义教育基地题材丰富。从表1全国各地爱国主义教育基地来看，题材丰富，涵盖面广，包括各类博物馆、纪念馆、档案馆、党史军史上重大事件、重要会议、重要活动、重要人物的遗址、遗迹、纪念设施、纪念园地，文物保护单位，历史名胜地，风景名胜地和展示社会主义物质文明、政治文明、精神文明建设成果的重大建设工程等。以全国爱国主义教育示范基地为例，反映我国悠久历史和灿烂文明的基地有首都博物馆、中国历史博物馆、安阳殷墟博物苑等；反映中国共产党重要人物和革命时期重大事件的基地有李大钊烈士陵园、彭德怀纪念馆、"八七会议"会址纪念馆、秋收起义纪念地、平型关战役遗址、淮海战役双堆烈士陵园等；反映我国现代化建设成果的基地有中国航空博物馆、中国科学技术馆等。各省市也都结合自己的情况命名了一批各具特色的爱国主义教育基地。以上海市为例，反映上海革命历史的基地有松江烈士陵园、淞沪抗战纪念馆、上海解放纪念馆等；反映上海城市发展的基地有上海城市规划展示馆、上海东方明珠电视塔等；反映上海产业经济发展的基地有上海邮政博物馆、中华印刷展示馆、上海市银行博物馆等。② 充分体现中华民族丰富厚重的历史和博大精深的内涵。

表1 全国爱国主义教育示范基地③

北京 (18)	天安门广场、中国历史博物馆、中国革命博物馆、中国人民革命军事博物馆、中国人民抗日战争纪念馆、故宫博物院、圆明园遗址公园、八达岭长城、周口店遗址博物馆、李大钊烈士陵园、焦庄户地道战遗址纪念馆、北京自然博物馆、中国航空博物馆、中国科学技术馆、平北抗日战争烈士纪念馆、香山双清别墅、首都博物馆、八宝山革命公墓
天津 (8)	盘山烈士陵园、平津战役纪念馆、周恩来邓颖超纪念馆、天津自然博物馆、天津科学技术馆、大沽炮台遗址、天津博物馆、天津市烈士陵园
河北 (18)	李大钊纪念馆、129师司令部旧址、白求恩柯棣华纪念馆、冉庄地道战遗址、西柏坡中共中央旧址、董存瑞烈士陵园、华北军区烈士陵园、潘家峪惨案纪念馆、中国人民抗日军事政治大学陈列馆、河北省博物馆、唐山抗震纪念馆、城南庄晋察冀军区司令部旧址、晋冀鲁豫烈士陵园、马本斋纪念馆、潘家戴庄惨案纪念馆、山海关长城博物馆、冀南烈士陵园、热河烈士陵园

---

① 根据上海爱国主义教育基地网统计：http://www.sh-aiguo.gov.cn/node2/2013shaiguo/node197/index.html。

② 同上。

③ 根据新华网整理：http://news.xinhuanet.com/ziliao/2009-04/28/content_11272773.htm。

（续表）

山西 (15)	百团大战纪念馆(碑)、八路军太行纪念馆、刘胡兰纪念馆、黄崖洞革命纪念地、太原解放纪念馆、平型关战役遗址、太行太岳烈士陵园、山西国民师范旧址革命活动纪念馆、麻田八路军总部纪念馆、大同煤矿遇难矿工"万人坑"展览馆、徐向前元帅故居、晋绥边区革命纪念馆、娄烦高君宇故居、石楼红军东征纪念馆、平顺西沟展览馆
内蒙古 (6)	乌兰夫同志纪念馆、内蒙古博物馆、内蒙古革命烈士陵园、大青山抗日游击根据地旧址、兴安盟内蒙古自治政府纪念地、呼伦贝尔市世界反法西斯战争海拉尔纪念园
辽宁 (17)	沈阳"九·一八"事变博物馆、旅顺万忠墓纪念馆、辽沈战役纪念馆、抗美援朝纪念馆、抚顺雷锋纪念馆、丹东鸭绿江断桥、抗美援朝烈士陵园、黑山阻击战烈士陵园、葫芦岛市塔山烈士陵园、关向应故居纪念馆、抚顺战犯管理所旧址陈列馆、平顶山惨案遗址纪念馆、辽宁东北抗联史实陈列馆、旅顺日俄监狱旧址博物馆、赵尚志纪念馆、铁西老工业基地展览馆、阜新万人坑死难矿工纪念馆
吉林 (9)	杨靖宇烈士陵园、四平战役纪念馆、延边革命烈士陵园、"四保临江"烈士陵园、白山抗日纪念地、日伪统治时期辽源煤矿死难矿工文物馆、吉林市革命烈士陵园、伪满皇宫博物院暨东北沦陷史陈列馆、白城市烈士陵园
黑龙江 (12)	侵华日军第七三一部队罪证陈列馆、东北烈士纪念馆、铁人王进喜同志纪念馆、瑷珲历史陈列馆、哈尔滨烈士陵园、马骏纪念馆、齐齐哈尔西满革命烈士陵园、侵华日军东宁要塞遗址、侵华日军虎头要塞遗址、杨子荣烈士陵园、珍宝岛革命烈士陵园、大庆油田历史陈列馆
上海 (11)	中国共产党第一次全国代表大会会址纪念馆、宋庆龄陵园、上海龙华烈士陵园、上海博物馆、"南京路上好八连"事迹展览馆、海军上海展览馆、陈云故居暨青浦革命历史纪念馆、鲁迅纪念馆、江南造船博物馆、中共"二大"会址纪念馆、团中央机关旧址纪念馆
江苏 (19)	中山陵、周恩来纪念馆(故居)、新四军纪念馆、侵华日军南京大屠杀遇难同胞纪念馆、雨花台烈士陵园、淮海战役烈士纪念塔(馆)、《南京条约》史料陈列馆、梅园新村纪念馆、沙家浜革命历史纪念馆、茅山新四军纪念馆、南京博物院、泰兴黄桥革命历史纪念地、赣榆抗日山烈士陵园、常州"三杰"纪念地、苏中七战七捷纪念馆、顾炎武纪念馆、中国人民解放军海军诞生地纪念馆、新四军江南指挥部纪念馆、南京云锦博物馆
浙江 (12)	鲁迅故居及纪念馆、禹陵、南湖革命纪念馆、镇海口海防遗址、河姆渡遗址博物馆、解放一江山岛烈士陵园、鄞县四明山革命烈士陵园、舟山鸦片战争纪念馆、侵浙日军投降仪式旧址(千人坑遗址)、浙江省博物馆、新四军苏浙军区纪念馆、温州浙南平阳革命根据地旧址群
安徽 (9)	陶行知纪念馆、新四军军部旧址纪念馆及皖南事变烈士陵园、王稼祥纪念园、淮海战役双堆烈士陵园、安徽省博物馆、金寨革命烈士陵园、渡江战役总前委旧址纪念馆、合肥蜀山烈士陵园、皖西烈士陵园

（续表）

福建 (15)	古田会议纪念馆、林则徐纪念馆、陈嘉庚生平事迹陈列馆、郑成功纪念馆、泉州海外交通史博物馆、福建省革命历史纪念馆、毛泽东才溪乡调查纪念馆、长汀县瞿秋白烈士纪念碑、闽侯县"二七"烈士林祥谦陵园、华侨博物院、中国闽台缘博物馆、福州马尾船政文化遗址群、冰心文学馆、建宁县红一方面军领导机关旧址暨反"围剿"纪念馆、闽西革命历史纪念馆
江西 (14)	安源路矿工人运动纪念馆、八一起义纪念馆、井冈山革命纪念馆、中央革命根据地纪念馆、秋收起义纪念地、永新三湾改编旧址、兴国革命历史纪念地、上饶集中营革命烈士陵园、方志敏纪念馆、于都革命烈士纪念馆及中央红军长征第一渡纪念碑园、江西革命烈士纪念堂、东固革命根据地旧址群、中国工农红军北上抗日先遣队纪念馆（碑）、闽浙皖赣革命根据地旧址群
山东 (17)	孔繁森同志纪念馆、台儿庄大战纪念馆、中国甲午战争博物馆、孔子故居、华东革命烈士陵园、中国人民解放军海军博物馆、济南革命烈士陵园、莱芜战役纪念馆、山东省博物馆、铁道游击队纪念园、地雷战纪念馆、冀鲁豫边区革命纪念馆、八路军115师司令部旧址暨山东省政府成立纪念地、天福山革命遗址、孟良崮战役烈士陵园、鲁西南战役革命纪念地、新四军军部旧址暨华东军区、华东野战军诞生地纪念馆
河南 (11)	红旗渠纪念馆、焦裕禄烈士陵园、殷墟博物苑、新县革命纪念地、河南博物院、杨靖宇将军纪念馆、镇平彭雪枫纪念馆、吉鸿昌将军纪念馆、濮阳单拐革命旧址、商丘淮海战役陈官庄烈士陵园、驻马店确山竹沟革命纪念馆（竹沟烈士陵园）
湖北 (17)	二七纪念馆、辛亥革命武昌起义纪念馆、武昌中央农民运动讲习所旧址纪念馆、李时珍纪念馆、黄麻起义和鄂豫皖苏区革命烈士陵园、"八七会议"会址纪念馆、闻一多纪念馆、湖北省博物馆、瞿家湾湘鄂西革命根据地旧址、周老嘴湘鄂西革命根据地纪念馆、红安七里坪革命纪念馆、大悟宣化店中原军区旧址及新四军第五师旧址群、宜城张自忠烈士纪念馆、湘鄂边苏区鹤峰革命烈士陵园、北伐汀泗桥战役遗址纪念馆、龙港革命历史纪念馆和龙港革命旧址、陆羽纪念馆
湖南 (19)	毛泽东同志纪念馆、刘少奇同志纪念馆、炎帝陵、平江起义纪念馆、湘鄂川黔革命根据地纪念馆、秋收起义文家市会师旧址纪念馆、中共湘区委员会旧址、湘南暴动指挥部旧址、彭德怀纪念馆、湖南省博物馆、芷江受降旧址和纪念馆、任弼时故居和纪念馆、贺龙故居和纪念馆、罗荣桓故居和纪念馆、《三大纪律，六项注意》颁布旧址、陆羽纪念馆、湖南雷锋纪念馆、南岳忠烈祠、湘乡东山学校旧址
广东 (12)	孙中山故居纪念馆、广州起义烈士陵园、三元里人民抗英斗争纪念馆、鸦片战争博物馆（虎门炮台）、毛泽东同志主办农民运动讲习所旧址、叶剑英元帅纪念馆、叶挺纪念馆、海丰红宫红场旧址纪念馆、黄花岗七十二烈士墓园、黄埔军校旧址纪念馆、中共三大会址纪念馆、叶挺独立团团部旧址纪念馆

（续表）

广西 (7)	中国工农红军第七军军部旧址、红军长征突破湘江历史纪念碑园、龙州县红八军军部旧址(红八军纪念馆)、八路军桂林办事处旧址、百色起义纪念馆、右江工农民主政府旧址、广西烈士陵园
海南 (5)	中国工农红军琼崖纵队改编旧址、琼海市红色娘子军纪念园、母瑞山革命根据地纪念园、张云逸纪念馆、万宁市六连岭烈士陵园
四川 (18)	邓小平同志旧居、朱德故居暨朱德铜像纪念园、赵一曼纪念馆、黄继光纪念馆、都江堰水利工程、红四方面军指挥部旧址纪念馆、泸定桥革命文物陈列馆、红军四渡赤水太平渡陈列馆、安顺场红军强渡大渡河纪念地、苍溪红军渡纪念馆、万源保卫战战史陈列馆、陈毅故居、川陕革命根据地博物馆暨川陕苏区将帅碑林、红军长征纪念碑碑园、"5·12"汶川地震遗址遗迹及地震博物馆、川陕革命根据地红军烈士陵园、李白纪念馆、彝海结盟纪念地
重庆 (9)	红岩革命纪念馆、邱少云烈士纪念馆、歌乐山烈士陵园、刘伯承同志纪念馆、聂荣臻元帅陈列馆、赵世炎烈士故居、重庆中国三峡博物馆、杨闇公旧居和陵园、重庆市万州革命烈士陵园
贵州 (8)	遵义会议纪念馆、息烽集中营革命历史纪念馆、王若飞故居、黎平会议会址、娄山关红军战斗遗址、猴场会议会址、周逸群故居、四渡赤水纪念馆
云南 (8)	"一二·一"四烈士墓及"一二·一"运动纪念馆、扎西会议纪念馆、彝良罗炳辉陈列馆、滇西抗战纪念馆(腾冲国殇墓园)、云南陆军讲武堂旧址、昆明市聂耳纪念馆、红军长征过丽江纪念馆、西双版纳花卉园周总理视察热作所纪念碑
西藏 (4)	山南烈士陵园、江孜抗英遗址、拉萨烈士陵园、西藏博物馆
陕西 (11)	延安革命纪念馆、八路军西安办事处纪念馆、西安事变纪念馆、陕西历史博物馆、西安半坡博物馆、秦始皇兵马俑博物馆、黄帝陵、洛川会议纪念馆、榆林杨家沟革命纪念馆、渭南渭华起义纪念馆、铜川陕甘边照金革命根据地纪念馆
宁夏 (4)	宁夏博物馆、固原六盘山长征纪念馆、盐池县革命烈士纪念园、陕甘宁省豫海县回民自治政府成立大会旧址
甘肃 (13)	嘉峪关、会宁红军会师旧址、敦煌莫高窟、宕昌县哈达铺红军长征纪念馆、八路军驻兰州办事处纪念馆、兰州市烈士陵园、华池县南梁革命纪念馆、高台县烈士陵园、腊子口战役纪念馆、中共中央政治局榜罗会议纪念馆、中共中央西北局岷州会议纪念馆、两当兵变纪念馆、甘肃省博物馆
青海 (4)	中国工农红军西路军纪念馆、青海原子城、青海乐都柳湾彩陶博物馆、青海藏医药文化博物馆
新疆 (5)	乌鲁木齐烈士陵园、新疆维吾尔自治区博物馆、新疆生产建设兵团军垦博物馆、八路军驻新疆办事处纪念馆、伊犁林则徐纪念馆
国家体育总局 (1)	国家体育总局训练局荣誉馆

（三）爱国主义教育基地的社会功能

作为爱国主义教育的主阵营，爱国主义教育基地正是以其所承载的革命历史、革命事迹和革命精神为内涵，对加强爱国主义教育、促进红色旅游、带动革命老区经济社会发展、巩固党的执政地位等方面发挥着积极的重要作用。

1. 德育功能

爱国主义教育基地承载着特殊的精神内涵和价值取向，其富含的精神价值如井冈山精神、长征精神、延安精神、西柏坡精神等对加强青少年思想政治教育、提高人们的思想道德素质方面将起到不可低估的作用。每一个爱国主义教育基地所展示的一件件历史文物，所讲述的一个个真实故事，所展示的一张张图片，所播放的一个个场景，都是一部部真实的历史教科书，是社会主义思想文化的重要阵地，能够传播社会主义先进文化、塑造美好心灵、弘扬社会正气。它们时刻地在教育人们真切体会中华儿女的崇高理想和价值追求、中华民族的传统美德和革命道德以及如何做人、如何做事的基本道理，也不断地在感召人们从历史文化的财富中寻找到爱国的源头，从社会进步中找到奋进的精神力量，从一代又一代人的奋斗中获得智慧启示。

2. 经济功能

爱国主义教育基地大多拥有丰富的红色旅游资源，既有利于带动革命老区经济社会协调发展，也有利于培育发展旅游业新的增长点。[①] 革命老区大多地处偏远，经济发展相对滞后，而旅游业对老区经济发展却具有乘数效应。因而，发展红色旅游已经成为革命老区经济发展的重要增长点，亦是提高群众生活水平的重要惠民工程。实践已经证明，发展红色旅游，不仅促进了革命老区基础设施建设，而且还优化了老区产业结构，有效带动了老区人民脱贫致富。红色旅游还有利于培育和发展旅游业新的增长点。随着经济社会的发展，旅游消费支出逐年增长，对旅游内容和产品提出了新的要求，迫切需要旅游业进一步调整和完善产品结构。红色旅游的出现顺应了这种要求，不仅吸引了大量国内游客，也吸引了许多外国旅游者。全国红色旅游发展规划纲要实施以来，全国各地结合当地特色，确定各自的具体主题，组织开发红色旅游产品，将红色旅游资源与其他自然和人文旅游资源的开发有机结合，努力开发对游客更具吸引力的红色、绿色加古色的旅游精品线路。红色旅游作为中国特色旅游业的重要组成部分，对于满足旅游需求，促进旅游业发展，增强旅游业发展后劲，开拓更广阔的旅游消费市场，具有积极作用。

---

① 刘建平、刘红梅：《红色旅游具有重要的社会功能》，《新湘评论》，2012年第3期，第27页。

3. 政治功能

爱国主义教育基地有助于人们深入了解中国共产党的革命历程，感知革命先烈艰苦创业、勇于牺牲、先天下之忧而忧的崇高品质，从而强化对中国共产党执政是人民和历史的必然选择的理解，更加自觉坚定地拥护党的领导，巩固中国共产党的执政地位。另一方面，作为执政党的中国共产党是中国人民和中华民族的先进分子，各级干部特别是中高级领导干部是人民选举选拔出来管理国家事务的中坚和骨干力量，承担着治理国家全局或局部的重大责任，肩负着国家发展、国家安全、国家内外关系等方面的规划、组织、协调、实施的繁重任务，代表着国家的形象。他们的素质和工作如何，直接关系着党的执政基础和国家的兴衰存亡。所以，爱国主义教育基地还可以提高党员的政治思想觉悟，是党的先进性教育的重要手段。

二、爱国主义教育基地与中国文化软实力

文化软实力是一种无形的精神力量，一国的民族凝聚力、国民素质和执政党形象是其重要基础。而爱国主义教育基地作为弘扬和培育伟大民族精神的重要场所，不仅呈现了中华民族悠久灿烂的历史文化和中国特色社会主义建设的巨大成就，也展示了自近代开始中国人民反帝反封建的壮丽篇章和优秀中国共产党党员的英勇事迹，本身就蕴涵着强大的文化软实力，同时，对培育人们的民族精神、增强民族凝聚力、引导人们特别是广大青少年树立正确的理想和信念、形成良好的道德品质，加强党员的党性修养、保持共产党员先进性方面发挥着重要的建设作用，进而推动中国文化软实力的不断发展。

（一）爱国主义教育基地：彰显我国文化软实力的重要资源

爱国主义教育基地作为中国优秀的历史文化和革命传统精神的载体，本身就蕴涵着强大的文化软实力，是当前我国彰显文化软实力的重要资源。

以反映中华民族悠久灿烂的历史文化为主题的爱国主义教育基地，充分体现了中华民族是一个团结、勤劳、智慧和自强不息的民族，给我们注入一股强大的民族自豪感和民族自信心。在数千年的历史长河中，中华民族正是以其辛勤的劳动和聪明的才智创造出极其灿烂辉煌的物质文明和精神文明，不管是在科技领域，还是在文学艺术方面，成就卓越，影响巨大，对人类文明的发展做出了重要贡献。如古代中国在天文学、数学、农学、药学等领域，长期处于世界领先地位，尤其是造纸术、印刷术、火药、指南针四大发明，更是中华民族奉献给人类的杰出科技成果。中国生产的丝绸、瓷器闻名世界。万里长城、秦陵兵马俑、大运河等宏伟工程，堪称世界文明史上的奇迹。而古代中国的文学艺术更是高峰迭起，美不胜收。中国文化也长期影响着世界。秦汉时期，中华民族文化就开始传播、辐射、影响到东

亚、东南亚地区,并逐渐形成了世所公认的以中国文化为核心的东亚文化圈。明清之际,随着中国和欧洲国家贸易的发展,中国传统文化也得以在欧洲国家广为传播并产生强烈的影响。数千年的中华文明虽然历经沧桑,但从未间断,一直延续至今,表现出顽强的生命力,充分展现了中华民族强大的民族凝聚力和自强不息的民族精神。

以反映中国共产党领导中国人民反帝反封建的光荣历史为主题的爱国主义教育基地,充分展示了中国共产党为中华民族的伟大振兴不畏强暴、敢于斗争、甘于奉献的伟大爱国主义情怀和革命精神,显示出强大的号召力和凝聚力。鸦片战争后,清政府被迫签订了一系列的不平等条约,中国历史的发展从此发生重大转折,从一个享有完整主权的独立国家,逐步沦为半殖民地半封建社会的国家。随着社会主要矛盾的变化,中国人民也开始了反帝反封建的资产阶级民主革命探索。1911年的辛亥革命是一次伟大的革命运动,结束了中国长达两千年之久的君主专制制度,但中国社会并未因此而发生根本改变,仍然是一个半殖民地半封建社会,反帝反封建的重担落在了中国共产党的肩上。伟大的中国共产党在民主革命运动中英勇奋战,不屈不挠,为取得民族独立和人民解放做出了巨大的牺牲,并最终找到了一条中国特色的革命道路,领导中国人民建立了新中国。正如江泽民同志在党的十四届六中全会的讲话中指出:"我们党运用马克思主义观察国家和民族的命运,指出了民族复兴、国家富强的正确方向和道路,团结、吸引一切爱国者共同奋斗。我们党继承和发扬中华民族的优秀传统,在争取民族独立、维护国家主权的斗争中,付出了最大的牺牲,做出了最大的贡献,赢得了全国各族人民的衷心爱戴和拥护。中国共产党人是最坚定、最彻底的爱国者。中国共产党的爱国主义,是中华民族、中国人民爱国主义的最高风范。"[①]

反映新时期中国共产党领导人民在建设中国特色社会主义道路上胜利前进所取得巨大成就的爱国主义教育基地,充分证明了中国特色社会主义道路的正确性,鼓舞人心,催人奋进。新中国成立后,全国各族人民在中国共产党的带领下,积极探索,艰苦奋斗,勇往直前,在旧中国一穷二白的基础上走出了一条中国特色的社会主义道路。从中国实际出发,建设中国特色社会主义道路是一个不断实践的过程,期间并非一帆风顺,有波折有教训,但如今却少有人再质疑这条道路的选择,因为发展的结果就是最好的明证。60多年来,我们"国民经济综合实力实现由弱到强,由小到大的历史性巨变,综合国力明显增强,国际地位和影响力显著提高";"商品和服务实现由严重短缺到丰富充裕的巨大转变,主要工农业产品的供

[①] 江泽民:《努力开创社会主义精神文明建设的新局面》,《十四大以来重要文献选编》(下),中央文献出版社,2011年,第154页。

给能力名列世界前茅";"经济结构实现由低级到高级、不均衡到相对均衡的巨大调整,经济发展的协调性明显增强";"基础设施和基础产业实现由薄弱到明显增强的巨大飞跃,对经济发展的支撑能力显著增强";"对外经济实现了从封闭半封闭到全方位开放的伟大历史转折,对外贸易和利用外资规模均跃居世界前列";"人民生活实现由贫困到总体小康的历史性跨越,正在向全面小康目标迈进";"科技和教育实现了落后到突飞猛进发展的转变,有力地支撑了经济社会的发展";"文化、卫生、体育、环保等社会事业发生了根本性变化,经济与社会发展的协调性不断增强"。① 回首过去,展望未来,我们坚信,在中国共产党的坚强领导和全国各族人民的共同努力下,我们一定能够不断开创中国特色社会主义事业新局面,实现中华民族的伟大复兴!

(二)爱国主义教育基地:增强中华民族凝聚力的重要源泉

我国自古以来就是一个多民族的国家。千百年来各族人民一直生活在中华大地上,同呼吸,共命运,生生不息,形成了中华民族多元一体的格局。在数千年的历史进程中,中华民族也经历过多次分分合合,但总的趋势终归是统一,这便是民族凝聚力的作用。所谓民族凝聚力,"是民族自身的向心力及内部的聚合力。民族向心力表现为民族认同、民族的政治核心认同和社会主导意识认同及由此产生的社会效应;而民族内部的聚合力则表现为社会不同局部或群体之间的团结统一及其效应"②。民族凝聚力作为一种无形的精神力量,是一个国家或民族赖以生存和发展的根基,是中华民族融合前进的重要精神纽带,也是中国文化软实力的重要基础。而爱国主义教育基地恰恰为增强民族凝聚力提供了内在支持。

人们通过爱国主义教育基地的教育,会自豪于中华民族悠久灿烂的中华文明,从而产生强烈的民族认同感。民族认同是社会成员对自己民族归属的自觉认知,是一种心理活动,其核心就是文化认同。中华民族是一个多民族的复合统一体,虽然每个民族都有自己独特的民族文化,但她不是56个民族的简单相加,而是在数千年的历史发展中各民族逐步交融整合而形成的一个具有共同价值取向的有机文化整体,并逐渐锻造出众民族所认同的优秀传统文化的基本精神,如"天人合一""中华一统""民惟邦本""贵和尚中""自强不息"等。这些基本精神始终贯穿于整个中华民族历史发展的全过程。爱国主义教育基地正是对中华民族优秀传统文化基本精神的一个充分展示,有助于让广大群众深刻了解其价值内涵,并形成在发展中国特色社会主义文化中坚持继承和发扬中华民族优秀传统文化的文化自觉,进而塑造中华民族新的文化认同。

---

① 钟禾:《光辉的历程 宏伟的篇章》,《中国统计》,2009 年第 9 期,第 4—8 页。
② 王希恩:《中华民族凝聚力的更新和重构》,《民族研究》,2006 年第 3 期,第 3 页。

人们通过爱国主义教育基地的教育,会深受先烈们爱国精神和民族气节的感染,从而激发拥护中国共产党领导的向心力。爱国主义教育基地全面而又深刻地呈现了中华民族自近代以来为争得民族独立和人民解放,实现中华民族的伟大复兴不断进行探索的历史篇章。这些历史已经充分证明,不论是旧式的农民起义,还是资产阶级改良和革命运动,都没能解救中国人民于水深火热之中,只有中国共产党带领广大人民取得了民族独立和实现了人民解放,并在社会主义现代化建设事业中赢得了一个又一个的伟大胜利。这一切都源于中国共产党是中国工人阶级的先锋队,同时是中国人民和中华民族的先锋队,不仅仅代表了先进生产力的发展要求,也代表了先进文化的前进方向,更代表了最广大人民的根本利益。在建设中国特色社会主义道路上,中国人民只有继续拥护中国共产党的领导,紧密团结在党的周围,才能实现一个又一个的伟大梦想。

人们通过爱国主义教育基地的教育,会深刻认识到近代中国历史也是一部各族人民团结奋斗的历史,从而激起相互关爱、共克时艰的团结协作精神。爱国主义教育基地所展示的历史表明,多灾多难的中华民族能够取得今天这样的伟大成就,是中国各族人民团结奋斗的结果。人们会深刻领悟到,团结就是力量,是广大人民在社会前进的道路上克服种种困难险阻、推动社会进步和发展的不可战胜的强大武器。当下,在中国改革开放的攻坚时期,唯有继续发扬友爱和睦、团结合作的精神,才能在中国特色社会主义道路上胜利前进,才能实现"两个一百年"奋斗目标。正如党的十八大报告所指出:"中国特色社会主义事业需要全体中华儿女万众一心、团结奋斗。团结就是大局,团结就是力量。全党同志要用坚强的党性保证团结,用共同的事业促进团结,自觉维护全党的团结统一,巩固全国各族人民大团结,加强海内外中华儿女大团结,促进中国人民同世界各国人民大团结。"[①]

(三)爱国主义教育基地:塑造青少年良好品德的重要课堂

青少年是祖国的未来和希望,他们的道德品质如何,直接关系到中华民族的整体素质,关系到国家的前途和命运。所以,如何加强和改进青少年的思想道德建设已成为各届领导关注的重要课题。人是社会中的人,广大青少年道德品质的形成在不同程度上受到社会环境各种要素的影响,包括对人产生影响的一切过去、现在和未来的人、事、物。爱国主义教育基地作为爱国主义教育的重要场所,拥有丰富的德育素材,蕴含着博大的精神内涵,再加上其适合青少年成长特点的展示方式,对广大青少年思想意识的成长具有很强的渗透性,能够达到潜移默化、"润物细无声"的德育效果。

---

① 胡锦涛:《坚定不移沿着中国特色社会主义道路前进 为全面建成小康社会而奋斗——在中国共产党第十八次全国代表大会上的报告》,《人民日报》,2012年11月18日,第5版。

爱国主义教育基地丰富的德育素材有助于培养广大青少年的社会责任感。一个人拥有高尚的社会责任感既是其良好道德品质形成的前提,也是良好道德品质的核心内容。因此,培养社会责任感是青少年道德教育中的重中之重。中华民族优秀传统文化就涵盖了先辈们高尚的社会责任感,如"仁者爱人""先天下之忧而忧,后天下之乐而乐""天下兴亡,匹夫有责"等等。尤其在近代中华民族反对外来侵略和不断探索出路的历史中,广大优秀中华儿女为了中华民族的独立和人民的解放,置个人生死于度外,前赴后继地反抗外来的侵略和压迫,谱写出一幕幕惊天地、泣鬼神的壮丽史诗,这就是个人强烈的社会责任感迸发的结果。爱国主义教育基地所集中展示的一些重大历史事件和优秀历史人物便将其淋漓尽致地呈现在世人面前。这些杰出人物和优秀共产党员的先进事迹对青少年社会责任感的培养能够起到典型示范作用,使他们逐渐认识、理解、承担社会责任,并形成强烈的使命感和责任感,化为各自日常行为的道德准绳。同时,爱国主义教育基地能够帮助青少年在了解历史的过程中,对祖国产生自豪感和认同感,激发出强烈的爱国热情并形成努力为之奋斗的人生目标,进而树立起正确的理想和信念。

爱国主义教育基地的教育形式适合青少年的成长特征,能够提高德育效果。思想道德教育具有一定的思想深度,广大青少年的抽象思维和深层理解能力还处在初级成长阶段,传统的理论灌输和道德说教很难收到良好的教育效果,反而青少年对于直观、具体、形象、生动的表现形式易于接受,而这正是爱国主义教育基地所具有的教科书无法比拟的独特优势。爱国主义教育基地不仅教育内容丰富,有各类博物馆、纪念馆、档案馆、党史军史上重大事件、重要会议、重要活动、重要人物的遗址、遗迹、纪念设施、纪念园地,文物保护单位,历史遗迹,风景名胜地和展示社会主义物质文明、政治文明、精神文明建设成果的重大建设工程等,而且展示形式多样,有实物、照片、图表、模型、绘画、雕塑、影像、情景再现等,再配合讲解员的讲解,教育基地特定环境的吸引力、趣味性、再现性和史料性得到了充分挖掘和发挥。爱国主义教育基地通过直观、具体、形象、生动的表现形式,以境育情,以情育情,以美育情,适合青少年的认知特点,唤起其内心的情感,注入健康的精神内涵,易于达到良好的德育效果,使其在增长历史知识的同时,思想认识和觉悟水平也在潜移默化中得到进步,从而成为青少年思想道德教育的重要阵地和极好课堂。

(四)爱国主义教育基地:保持共产党员先进性的重要保障

不断加强党性修养和党风党纪建设,保持党的先进性和纯洁性,是我们党在革命、建设和改革进程中不断取得胜利的重要保证。新时期,随着国内外环境的深刻变化,党的建设面临着许多前所未有的问题和挑战,如何继续保持党的先进性和纯洁性,是我们党当前面临的重要问题。2010年7月,习近平在全国党史工作会议上强调,"要以各级党员领导干部为重点,把党史教育纳入干部教育培训的必修课,把全面了解和正确认识党的历史作为一项基本要求,教育引导党员领导干部特别是年轻干部认真学习党的历史,努力提高思想政治素质和领导水平"[①]。而爱国主义教育基地所生动展示的中国共产党建立和发展的历史充满了丰富的历史智慧和优良的革命传统,如"井冈山精神""延安精神""西柏坡精神"等,是当代广大党员干部加强党性锻炼的重要场所,对保持党的先进性和纯洁性具有重要的现实意义。

广大党员干部能够通过爱国主义教育基地学习革命先烈们矢志不移的革命精神,坚定理想信念。中国共产党在成立之初,就把实现社会主义、共产主义作为自己的远大理想和奋斗目标,并在日后的革命、建设和改革实践中始终对其坚贞不渝、矢志不移。在革命战争年代,共产党人面对各种艰难困苦始终不屈不挠、甘于奉献、敢于牺牲、前赴后继、战斗不息,靠的就是他们坚定的理想信念。在和平建设和改革开放时期,共产党人也能够经受住来自社会变革带来的各种严峻挑战和风险考验,靠的还是崇高的理想信念。党九十多年的奋斗历史表明,"对马克思主义的信仰,对社会主义和共产主义的信念,是共产党人的政治灵魂,是共产党人经受住任何考验的精神支柱"[②]。爱国主义教育基地的教育不仅能让我们广大党员干部了解到党的曲折艰辛的历史,亦能切身感受革命先烈们为了理想信念而英勇奋斗的革命精神,进而增强广大党员干部的历史使命感和责任感,帮助其在前进的道路上,无论遇到什么复杂局面和风险考验,都会毫不动摇地坚定自己的理想信念。

广大党员干部能够通过爱国主义教育基地学习先烈们群众路线的经验和方法,坚持执政为民的理念。群众路线是中国共产党在长期复杂和艰苦的斗争实践中形成的一切为了群众、一切依靠群众和从群众中来、到群众中去的优良作风。毛泽东在江西苏维埃政权时期就明确指出:"要得到群众的拥护吗?要群众拿出他们的全力放到战线上去吗?那么,就得和群众在一起,就得去发动群众的积极性,就得关心群众的痛痒,就得真心实意为群众谋利益,解决群众的生产和生活的问题。"[③]中国共产党之所以能够在当初险恶的条件之下发展壮大,并最终走向革命的成功,其中一个重要因素就是始终践行全心全意为人民群众谋利益的宗旨,从而得到人民群众的积极拥护和支持。新时期,虽然我们的中心任务较以往不

---

① 《全国党史工作会议在京举行》,《人民日报》,2010年7月22日,第1版。
② 胡锦涛:《坚定不移沿着中国特色社会主义道路前进 为全面建成小康社会而奋斗——在中国共产党第十八次全国代表大会上的报告》,《人民日报》,2012年11月18日,第5版。
③ 毛泽东:《关心群众生活 注意工作方法》,《毛泽东选集》,第1卷,人民出版社,1991年,第138—139页。

同,但为人民服务的宗旨不能忘,把群众路线作为我们党的根本工作路线不能变,这是我们做好所有工作的根本方法和重要基础。党的群众路线的优良传统和历史经验在爱国主义教育基地得到生动体现和深刻诠释,易于广大党员干部从中得到感染和启发,并能在以后的实际工作中坚持以人为本,执政为民,把代表最广大人民的根本利益作为出发点和落脚点,切实做到权为民所用、情为民所系、利为民所谋,解决人民群众最关心、最直接、最现实的利益问题,铸成维护社会稳定和发展的深厚根基。

广大党员干部能够通过爱国主义教育基地学习先烈们艰苦奋斗的精神,永葆共产党人清正廉洁的政治本色。艰苦奋斗是我们党的优良传统和政治本色,是我们党保持同人民群众的血肉联系的重要基础,是凝聚党心民心、激励全党和全体人民为实现中华民族伟大复兴而共同奋斗的强大精神力量。早在建国前夕,毛泽东同志就针对党执政后可能出现的问题向全党发出了"两个务必"的号召:"中国的革命是伟大的,但革命以后的路程更长,工作更伟大,更艰苦。这一点必须向党内讲明白,务必使同志们继续地保持谦虚、谨慎、不骄、不躁的作风,务必使同志们继续地保持艰苦奋斗的作风。"①在改革开放的形势下,我们更需要发扬光大党的艰苦奋斗的精神,须知"人类的美好理想,都不可能唾手可得,都离不开筚路蓝缕、手胼足胝的艰苦奋斗"②。中国共产党的历史就是一部艰苦奋斗的历史。以我党历史为主题的爱国主义教育基地处处镌刻着共产党人艰苦奋斗的前进足迹,散发着育人的光芒,有助于广大党员干部要从党的艰苦奋斗的历史中牢记我国的基本国情和历史使命,自觉树立为党和人民长期艰苦奋斗的思想,以艰苦奋斗的精神做好各项工作,在艰苦奋斗的实践中加强党性锻炼。

三、爱国主义教育基地的现状

近些年来,在各级党政机关的高度重视和领导下,爱国主义教育基地不管在建设、管理还是使用方面都取得了长足的发展,创造和积累不少丰富的经验,涌现出一大批先进典型,形成了以全国示范基地为骨干,各级各类教育基地相辅相成、共同发展的良好局面,社会影响日益扩大。以博物馆为例,从表2中我们可知,2011年全国各地2650个博物馆累计参观记录就达到47051万人次。很明显,爱国主义教育基地在发展中国文化软实力中发挥着越来越重要的作用。当然,爱国主义教育基地建设是一个长期发展和完善的过程,我们也不能忽视其在发展过程

---

① 毛泽东:《毛泽东选集》,第4卷,人民出版社,1991年,第1094—1095页。
② 习近平:《在同各界优秀青年代表座谈时的讲话》,http://www.gz.xinhuanet.com/2013-05/05/c_115639725_3.htm。

中所暴露的矛盾。

(一) 资金投入不断加大,但建设仍不平衡

爱国主义教育基地的建设是按照公益性文化事业发展的要求进行投入的,以政府为主导,以公共财政为支撑,其资金来源主要有中央资助、地方财政支持、教育基地自筹等方式。近些年来,各级政府对爱国主义教育基地的支持力度不断加大,投入资金也显著增加。如"湖南省浏阳市每年市财政下拨 180 万元,以保证爱国主义教育基地的常年经费开支""'十一五'以来,浏阳投入 8700 万元对文家市秋收起义纪念馆、红一方面军成立旧址等 10 余处爱教基地进行了维修、复原和陈列布展,并建设了湖南苏维埃政府旧址、湘鄂赣省造币厂旧址"。① 除此之外,很多地方还通过社会捐赠、企业赞助等方式,多渠道筹集资金。

虽然各级政府财政对教育基地的投入有所增加,但由于全国各地教育基地甚多,区域经济发展水平差异较大,很难达到平衡发展。如与东部沿海发达省市和国家级省级教育基地相比,经济欠发达地区和市县级教育基地建设和运营经费就显不足。再加上近些年一些爱国主义教育基地实行免费开放政策后,经费更显捉襟见肘。如安徽滁州市各县区的爱国主义教育基地因为经费有限,经费每年都只能先用于急需维修的教育基地,其它需要建设和扩建的教育基地一直处于等待资金的状态。②

表2 各地区博物馆基本情况(2011)③

地区	机构 (个)	从业人员 (人)	文物藏品 (件/套)	本年从有关 部门接收 文物数 (件/套)	本年修复 文物数 (件/套)	考古发 掘项目 (个)	基本陈列 (个)	参观人次 (万人次)
总　　计	2650	62181	19023423	434695	79496	366	7054	47051
中　　央	6	2649	2907544	413802	893		48	1860
北　　京	41	1239	1140379		2480	28	103	533
天　　津	19	698	685386	146	102	2	73	406
河　　北	69	1950	239347		1690	11	129	1447
山　　西	89	2529	462269	784	82	4	135	1103
内 蒙 古	59	1357	433491	10	1309	4	160	610

---

① 李广军:《长沙表彰爱国主义教育基地建设工作先进》,湖南红网:http://hn.rednet.cn/c/2011/09/23/2383407.htm。

② 滁州二中"爱国主义教育基地在思想政治工作中的作用"课题组:《拓展思想教育阵地 提升思想政治境界——爱国主义教育基地在思想政治工作中的作用》,共产党员网:http://www.12371.cn/2013/06/19/ARTI1371623058168718_2.shtml。

③ 《各地区博物馆基本情况(2011 年)》,《中国统计年鉴》,中国统计出版社,2012 年,第 887 页。

(续表)

地区	机构（个）	从业人员（人）	文物藏品（件/套）	本年从有关部门接收文物数（件/套）	本年修复文物数（件/套）	考古发掘项目（个）	基本陈列（个）	参观人次（万人次）
辽 宁	62	2167	382402	419	2761	3	146	896
吉 林	58	965	231744	1	818	2	120	742
黑龙江	103	1636	279922	16	4931		245	1217
上 海	36	1439	374685	407	8392	3	92	783
江 苏	245	4593	1544978	1169	5358	65	682	5212
浙 江	100	2888	698096	2502	11024	7	262	2216
安 徽	131	1832	527660	1419	1440	5	412	2571
福 建	95	1481	431297	257	1702	2	236	1600
江 西	108	2520	439484	244	695	5	319	1848
山 东	120	2787	776363	983	1108	16	485	1595
河 南	159	4574	822274	155	742	37	357	2696
湖 北	125	2380	1186921	609	2795	33	349	1632
湖 南	85	2304	490009	128	1934	42	213	2801
广 东	161	2938	838181	5832	5184	18	387	2761
广 西	71	1175	301583	1050	2224	11	174	974
海 南	18	238	65242	63	165		64	195
重 庆	39	1431	519143	1085	9304	4	157	1721
四 川	144	4463	1121019	147	1652	29	485	3635
贵 州	53	1064	82807	186	711	1	167	974
云 南	84	893	380151	1443	1952	14	245	1020
西 藏	2	65	32641	137	137		1	21
陕 西	122	4229	797613	957	844	5	333	2202
甘 肃	145	2503	492348	606	4597	12	276	1109
青 海	22	178	150557		201	1	36	81
宁 夏	6	257	66299	4	65	1	21	78
新 疆	73	759	121588	134	2204	1	142	510

（二）制度建设逐渐完善，但管理服务水平有待提高

2004年7月，中宣部首次召开了爱国主义教育示范基地工作会议，随即在2004年9月，中宣部、中央文明办等10个中央部门联合下发了《关于加强和改进爱国主义教育基地工作的意见》，各省市也陆续出台了《爱国主义教育基地管理和使用办法》等相关规定，推动了教育基地的制度建设逐渐完善。例如，"浙江、江苏等地制定教育基地管理办法，对教育基地的等级区分和基本职责作出具体详细规定。河北制定教育基地建设专项资金管理办法,下发免征教育基地行政事业性收费通知,对具体建设项目的申报审批、资金使用、工程验收等作出规定。很多地方实行国家、省、市、县四级教育基地管理制度,成熟一批升格一批,使建设水平不断得到提升。山东、北京、安徽、广西、云南等地依据实际,制定完善教育基地人员交流培训规划、工作考核细则等规章制度,逐步形成科学运行机制"。① 同时,爱国主义教育基地不能只有准入没有退出机制。海南省《爱国主义教育基地管理办法》规定,海南省爱国主义教育基地分为文物博物类、革命历史纪念类、展示两个文明建设成果的重点工程和先进单位类、风景名胜类四大类。海南省爱国主义教育基地一般每5年命名一次,省级爱国主义教育基地每年至少要开展2—3项重点社会教育活动。对考核不合格的爱国主义教育基地限期整治、降级甚至摘牌。如有伪造事迹、弄虚作假,管理不善、无人参观,以及一次考核不合格、限期整改后考核仍不合格的,将撤销"海南省爱国主义教育示范基地"称号并摘牌。

在各地基地各项制度建设完善的同时,我们也看到一些地方的爱国主义教育基地由于在管理和建设方面涉及党委和政府多个部门,到目前为止仍然存在协调不畅、教育资源难以整合的问题。如浙江宁波市"对教育基地的管理涉及党委和政府、宣传、文化、文物、民政、档案、教育、总工会、团市委、政治部、部队等多个部门,条块分割严重,这种多部门联合管理的模式不利于教育基地的统一规划和整体保护"②。在基地的具体工作中,人员素质参差不齐,专业人员严重缺乏,这必然也造成基地教育功能不能充分发挥。

(三)教育形式越来越多样化,但陈旧单一的形式亦不鲜见

不少爱国主义教育基地能够采取多种途径,在教育形式上不断创新,拓展了基地的教育功能。主要表现在以下几个方面:一是教育基地与学校和其他单位签订共建爱国主义教育基地协议,充分发挥基地的教育功能。如辛亥革命武昌起义纪念馆截止到2013年3月建立共建关系的包括中小学、大学、社区、武警总队等相关单位共有56个。③ 二是教育基地通过电视和网络媒体进行宣传,拓展影响力。如中宣部与中央电视台、中国广播电视学会联合各地方电视台分批摄制大型系列电视专题片《爱我中华——百集爱国主义教育基地巡礼》,深受到广大观众尤其是青少年的欢迎。上海市创建了"上海市爱国主义教育基地"网,网页上详细介绍了

---

① 王开忠、常成:《要建设好、管理好、使用好爱国主义教育基地——关于爱国主义教育基地情况的调查报告》,《思想政治工作研究》,2007年第11期,第42页。
② 宁波市发展研究中心:《宁波市爱国主义教育基地利用率亟需提高》,宁波市政府信息公开网:http://zfxx.ningbo.gov.cn/gk_public/cmp/article.jsp?sid=1&infoid=287597&cid=15742&jdid=54#。
③ 根据辛亥革命武昌起义纪念馆爱国主义教育基地共建单位名录统计,辛亥革命武昌起义纪念馆网:http://www.1911museum.com/news.asp?cid=51。

全市二百多个教育基地的情况,并设有在线参观栏目和教育基地地图查询服务,大大方便了广大人民群众的需求。三是通过发展红色旅游项目,增加吸引力:如"湖南、江西、上海、重庆、浙江等多地把教育基地纳入旅游线路,组织'伟人故里游''秋收起义旅游线''重走红军路''南湖红船圣地行'等活动,激发了群众参观热情"。① 除此之外,一些教育基地开展了各种"巡学"和"巡展"活动,这些做法使教育基地的作用得到了进一步发挥。

与此同时,随着社会发展和科技的进步,许多教育基地原有的展陈等各个方面出现了滞后于群众需求的局面。如陈列内容陈旧单一,缺乏时代感,陈展方式多年不变,有的甚至几十年没有更新,至今仍采用"照片+展柜+文物"的模式,缺乏吸引力和感染力。这些都难以满足对广大人民特别是青少年进行爱国主义教育的新需求。

(四) 市场化发展迅速,但教育功能突出不足

近些年,一些爱国主义教育基地顺应市场需求,不断创新运营方式,使得红色旅游得到了迅速发展。如"《2004—2010 年全国红色旅游发展规划纲要》实施期间,全国红色旅游共接待游客 13.5 亿人次。2010 年,红色旅游全年接待游客 4.3 亿人次,占国内旅游人数的 20%。到 2010 年,红色旅游直接就业人数达到 91.2 万人,间接就业人数达到 371.1 万人。在博物馆、纪念馆和爱国主义教育基地免费开放的情况下,红色旅游年综合收入仍然达到了 1302 亿元"。② 显而易见,爱国主义教育基地所带来的经济效益是十分可观的。

一些爱国主义教育基地在市场化的驱动下也出现了收费不规范、周边商业混乱、公益性程度不够等问题。中宣部、财政部、文化部、国家文物局于 2008 年 1 月联合下发了《关于全国博物馆、纪念馆免费开放的通知》。根据通知,全国各级文化文物部门归口管理的公共博物馆、纪念馆、全国爱国主义教育示范基地,2009 年全部实行免费开放。2010 年 1 月,中宣部等四部委又下发了《关于进一步做好公共博物馆纪念馆免费开放工作的意见》,要求采取有效措施,为博物馆纪念馆免费开放创造良好条件,使各级纪念馆、博物馆、爱国主义教育基地辐射广大城镇、农村和边远地区,为基层和群众提供更多健康向上的精神文化产品。尽管中央一系列文件中,都提及了爱国主义教育基地要创造条件对社会开放,对学生免票,也尽管各级政府都按照中央要求,对爱国主义教育基地建设和运行给予了资金支持,但现实中一些基地乱收费现象却屡见不鲜。一些政府部门过分重视经济效益而

---

① 王开忠、常诚:《要建设好、管理好、使用好爱国主义教育基地——关于爱国主义教育基地情况的调查报告》,《思想政治工作研究》,2007 年第 11 期,第 43—44 页。

② 《全国红色旅游将有更大拓展》,《人民日报·海外版》,2011 年 6 月 16 日。

忽视了教育基地的社会效益、不重视或过度开发爱国主义教育基地的资源现象较为严重,周边商业混乱,与庄严肃穆的教育基地形成尖锐反差,甚至一些教育基地逐渐被形式化。另外,由于游客众多,再加上对保护文物和自然环境的观念淡薄,一些教育基地的文物和环境被破坏时有发生。这些问题都严重损害了爱国主义教育基地的形象,制约了基地教育功能的发挥。

四、对加强爱国主义教育基地建设的几点建议

爱国主义教育基地作为展示和发展中国文化软实力的重要平台,其建设和发展尤为重要。面对爱国主义教育基地所面临的问题,应认真学习和全面把握科学发展观的科学内涵,对于不符合科学发展观的思想观念,应及时调整思路,积极转变。我们应坚持教育为主,效益兼顾的原则,积极处理好爱国主义教育事业发展过程中所遇到的种种问题,充分发挥其德育功能和经济功能。综合起来看,爱国主义教育基地建设可以从以下几个方面着手。

(一)加强统一领导,提高管理效率

爱国主义教育基地作为弘扬民族精神、培养爱国主义情怀的重要场所,能不能充分发挥其应有作用,其管理的规范性和制度建设的有效性直接影响着德育心理环境的建设效果,也影响着受教育者接受教育的质量。所以,加强统一领导,提高管理效率是爱国主义教育基地建设和发展的首要问题。针对爱国主义教育基地存在党委和政府多个部门"多头管理"的现状,各级党委政府应成立爱国主义教育基地工作领导小组,形成由党委统一领导、宣传部门负责协调和指导、其他相关部门负责人为领导小组成员的领导体制。同时,也要建立和完善教育基地的申报、考核、评比、工作交流、督促检查、组织开展重大教育活动等日常管理工作机制。教育基地内部要通过制定和完善管理办法、工作考核细则、人员交流培训规划等,建立科学运行机制。各上级主管部门应将教育基地建设、管理和使用情况作为考核领导干部,衡量文明城市、文明城镇、文明单位创建成果的一项重要内容,以推动建设和发展爱国主义教育基地各项措施的落实。当前,中央领导机构应进行统筹部署,联合地方相关部门对全国爱国主义教育基地进行一次全面普查,全面了解和掌握各地教育基地的建设和运行情况,这样就有利于针对出现的问题提出各种切实可行的解决办法。

(二)加大队伍建设,提升服务水平

一个好的制度没有一支出色的干部职工队伍去落实,也很难发挥它应有的作用。因此,抓好爱国主义教育基地干部职工队伍的配备与建设就显得尤为重要。各主管部门应加强教育基地领导班子配备,落实人员编制,提高职工待遇,以吸引优秀人才加入到教育基地管理队伍当中来。同时,不能忽视系统内部广大干部职

工的爱国主义教育和革命传统教育,只有干部职工自己了解中华民族和中国共产党的光荣历史,深刻领悟到中华民族的伟大民族精神,才能体会出教育基地工作的神圣职责和光荣使命,激发工作热情,更好地服务观众。另外,要大力加强讲解员队伍的建设。教育基地的讲解是讲解员通过与观众直接接触和沟通的形式,普及历史知识,展示基地的精神内涵。所以,生动有效的讲解便于广大观众迅速接受和了解教育基地的历史及其所蕴涵的精神价值。因此,主管部门要加强讲解员的学习和培训,提升讲解员的文化水平和讲解水平。并且,教育基地要严格把关讲解内容,必须正面展示历史史实和历史人物,切不可为了迎合观众的猎奇心理,损害教育基地的庄严性。

（三）合理增加投入,提高使用效率

作为按照公益性文化事业发展要求进行投入的爱国主义教育基地,其建设和运行经费主要由公共财政支持。对于各地教育基地所反映的资金不足问题,各级政府不能一味追求高投入,而要根据各地经济发展水平,进行合理投入,提高资金使用效率。首先,资金投入要有适当倾斜,对经济欠发达地区、自筹能力差的教育基地应该加大财政投入,防止两极分化。其次,教育基地建设应在现有的基础上进行调整,严格控制数量,提高使用效率。对伪造事迹、弄虚作假、管理不善、无人参观以及一次考核不合格的爱国主义教育基地限期整治,整改无效一律摘牌处理。第三,严把教育基地建设审批关,加强公众的监督,防止一些地方政府盲目兴建一些不具备条件的教育基地,或一味追求建设高大奢华的基地建筑,造成资金浪费,形成不良的社会风气。第四,多渠道筹集资金,尤其要利用电视和网络媒体等手段做好公益宣传,吸引社会捐助。

（四）深挖精神内涵,强化教育功能

每一个爱国主义教育基地都拥有十分丰富的精神内涵,蕴涵着伟大的民族精神。建设和发展爱国主义教育基地的根本目的,就是旨在把教育基地所蕴含的精神价值挖掘出来,以教育和激励后人,并进一步弘扬和培育民族精神,发展中国文化软实力。因此,建设和发展爱国主义教育基地,不能为了纪念而纪念,更不能只当成旅游业来办,要深挖其精神内涵,强化其教育功能。深挖精神内涵、强化教育功能就必须做到从教育基地中的历史事件、人物、文化背后挖掘和提炼其所蕴涵的精神价值,结合现实生活和人们思想实际,从不同角度进行诠释和展示,给广大民众以精神的激励和思想的启迪。深挖精神内涵,强化教育功能就必须在教育基地的社会效益和经济效益的关系中,坚持社会效益至上的原则,加强对教育基地周边商业环境的整顿,完善配套服务,营造庄重整洁、和谐有序的参观氛围。

（五）结合课堂教学,提高教育效果

广大青少年是爱国主义教育基地施教的重要群体,将基地教育和课堂教学结合起来,对提高教育效果将起到重要作用。结合课堂教学,首先主管部门要推动教育基地和学校建立共建关系,约定双方的责任和义务,建立起学校和爱国主义教育基地共同深入开展爱国主义教育活动的长效机制。其次,德育课和思想政治理论课教师应将教育基地实地考察纳入到具体教学计划中。教师在课堂教学中要结合教材内容,适当穿插教育基地史实,引起学生兴趣,并适时组织学生实地考察学习,以增强课堂效果,达到教育的目的。另外,教育基地亦可结合实际,以不同主题,组织丰富材料,进入校园开展巡展活动,调动广大学生积极性,提高爱国主义教育的感染力和影响力。

(六)推动交流合作,共促基地发展

加强爱国主义教育基地国内外的交流与合作,是推动基地发展的必要举措。目前国内一些爱国主义教育基地经过多年发展,在建设、管理和使用方面积累了很多成功的经验,值得其他教育基地借鉴和学习。相关主管部门应该定期组织交流、评比活动,树立典型,推广经验。同时,国外非营利性文化机构与我们教育基地在组织和价值内涵上有很多相同之处,并在长期的发展过程中,形成了一套完备的运行模式,有效地促进了非营利性文化事业的发展,也值得我们去学习和借鉴。如美国通过大量立法规划和引导非营利组织的发展[1];"英国政府通过社会中介机构对艺术团体进行评估和拨款,协同企业资助具体的文化公益事业项目,通过发行彩票弥补文化经费的不足;法国政府则采取国家财政拨款的方式,辅之以立法和行政手段,几乎所有公益性文化单位都由政府负担,人员享受公务员待遇等。"[2]因此,加强对国外非营利性文化组织的研究和学习,借鉴其成功的建设、管理和使用经验,对促进我国爱国主义教育基地的发展十分有益。

五、结语

在全球化和社会多元化的大背景下,以美国为首的西方发达国家的强势文化和文化霸权主义对我国文化安全构成的威胁和挑战一直存在,他们通过各种方式对我国的意识形态领域进行渗透,再加上我们国内也正处在一个思想大活跃、观念大碰撞、文化大交融的时代,先进文化与落后文化、健康文化与腐朽文化同时并存。因此,维护国家文化安全,抢占意识形态斗争制高点的任务还相当艰巨。维护国家文化安全,抢占意识形态斗争制高点就必须大力发展中国文化软实力。爱国主义教育基地作为展示和发展中国文化软实力的重要平台,对维护国家文化安

---

[1] 李培林、徐崇温、李林:《当代西方社会的非营利组织——美国、加拿大非营利组织考察报告》,《河北学刊》,2006年,第2期,第71—80页。

[2] 张雄、汪传发:《积极探索支持和保障文化公益事业的新路径——上海市的做法和经验启示》,《人民日报》,2005年2月7日。

全,坚守我们自己的文化阵地,坚持马克思主义在意识形态领域的指导地位具有重要意义。因此,我们要紧紧抓住爱国主义教育基地的建设、管理和使用三个关键环节,努力提高管理和服务水平,更好地为弘扬和培育民族精神服务,为青少年思想道德建设服务,为加强党的建设服务,为发展中国文化软实力服务,进而为实现中华民族的伟大复兴做出应有的贡献。

"汉语桥"文化软实力发展报告

——"汉语桥"国际影响力回顾与前瞻

梅文慧[*]

摘要："汉语桥"已经成为在国内外具有影响力的文化现象。自2002—2013年,"汉语桥"成功举办了十二届,吸引了近三十万外国选手参加汉语比赛,被誉为汉语"奥林匹克"。"汉语桥"在传播中国语言文化方面成为一种颇具吸引力的组织活动,成为中国文化"走出去"的重要名片,成为中国文化软实力颇有影响力的展示平台。本报告着重解析"汉语桥"对提升中国文化软实力的意义,通过回顾"汉语桥"的发展历程,总结"汉语桥"取得的成绩,分析"汉语桥"发展中存在的实际问题,探讨如何进一步提高"汉语桥"的国际影响力。

"汉语桥"对提升中国文化软实力的意义主要表现在五个方面:一是汉语国际传播的一种重要平台;二是展示中国语言文化魅力的一个重要窗口;三是加强国家公共外交的一种重要方式;四是传递当代中国价值观念的一个重要舞台;五是培养海外"中国文化大使"的一个重要课堂。

针对"汉语桥"节目在发展过程中存在的不足和缺陷,本报告提出七点建议:一是要进一步突出语言魅力,淡化政治色彩;二是丰富"汉语桥"项目开展的种类,扩大其影响范围;三是创新运营模式,拓展区域合作方式;四是创新电视传播方式,提高节目收视率;五是推动其向文化产业方向发展,打造中国文化品牌;六是提升其国际地位,彰显"全球汉语"观念;七是建立调研机构和数据库,提供必要的理论支撑。

---

[*] 梅文慧,中国文化软实力研究中心研究员,湖南大学新闻传播与影视艺术学院副院长、副教授,新加坡南洋理工大学兼职教授。

一、导言

语言与文化有着十分密切的关系。语言与文化相辅相成,语言是载体,文化是内核。每一种语言都是一种文化的结晶,语言归属于文化,同时也是学习文化的主导工具。人们使用语言进行交际和语言传播的过程也是文化交流、传播的过程。语言使用者可以通过语言获得一种文化认同感和社会归属感。[1] 早在20世纪20年代,美国语言学家就论述了语言与文化的关系。1921年萨皮尔(E. sapir)在《语言》(*Language*)中就指出:"语言的背后是有东西的,而且语言不能离开文化而存在"。1967年帕尔默(Palmer)在《现代语言学导论》(*An Introduction to Modern Linguistics*)书中提到"语言的历史和文化的历史是相辅相成的,它们可以互相协助和启发"。1985年古德诺夫(Ward. H. Goodenough)也曾在《文化人类学与语言学》(*Cultural Anthropology and Linguistics*)一书中提到"语言是学习文化的主要工具,人在学习和运用语言的过程中获得了整个文化"。语言是文化理念和价值观念的天然载体,是人与人之间传递信息与文化的媒介。语言和文化相互影响,英国文化委员会的《影响力与吸引力》报告指出影响各国文化关系活动的因素有语言、文化资产、历史、意识形态、商业等八个方面,可见语言对文化的首要影响。学习一种语言,也是一种文化浸润。文化产品、价值观念以及生活方式都是一种文化,西方国家能够将自己的文化推广到全世界,英语的优势功不可没。就汉语与中国文化的关系而言,汉语不仅是一种语言,更是一种体现中国色彩的文化。了解中华文化,汉语学习是一个必然的阶段。可以说,世界范围内产生的"汉语热"现象源自中国文化散发出的独特魅力。

语言与文化软实力有着十分密切的关系。语言已经成为文化软实力的重要组成部分。一个国家或民族,通过自己的语言传达自己的文化信息和扩大文化影响力,进而提升国际形象和地位,提升自己的软实力。西方历史上曾先后出现过三次霸权时代:罗马霸权、英国霸权和美国霸权,除了都是以强大的经济和军事等硬实力为物质基础外,无一例外的都以强大的文化软实力作为其精神支柱。在当今强调国家"软实力"的时代,语言对软实力的提升作用更加重大,借助语言推广本国文化,已成为全球化时代各国竞相奉行的国家战略。美国更加重视其文化、意识形态和民主制度的建构和传播。英语成为了世界性语言,得益于美国等西方国家强大的文化软实力。为了维护自己的语言文化利益,许多国家正在努力实施各自的语言推广战略,追求国家软实力的最大化,从而力图促进文化理解,认同文化差异,避免文化误解。

---

[1] Kramsch,Claire, *Language and Culture*, Oxford:Oxford University Press,1988. pp.65-66.

中国把提高文化软实力作为国家文化发展战略。十八届三中全会的《中共中央关于全面深化改革若干重大问题的决定》指出：扩大对外文化交流，加强国际传播能力和对外话语体系建设，推动中华文化走向世界，鼓励社会组织、中资机构等参与孔子学院和海外文化中心建设，承担人文交流项目。新一届国家领导人更是前所未有地高度重视文化软实力，习近平总书记在2013年12月30日中央政治局第十二次集体学习会上，对文化软实力进行了较长时间的深刻阐述，强调"建设社会主义文化强国，着力提高国家文化软实力"，努力传播当代中国价值观念，展示中华文化的独特魅力，提高国际话语权等等。提升国家文化软实力，关系到"两个一百年"的奋斗目标和中华民族的伟大复兴，关系到中国梦的实现。

目前，中国的世界大国地位日益彰显，经济保持着强劲发展的势头，世界各国和中国的交流交往日益频繁。随着综合国力的增强，中国文化软实力构建方面取得很大的成效。在这种背景下，汉语作为交流的工具和桥梁，在世界各国的政治、外交、经济、文化生活中的重要性进一步提高，学习汉语的人数大幅增长。据初步统计，现在全世界已有435所孔子学院在115个国家"开花结果"，另有不计其数的学校、社会办学机构也在进行汉语教育，学习汉语的人数已逾5000万。在美国、英国、韩国等不少国家，汉语已经成为学习人数增长速度最快的外语。

汉语言文化的推广势在必行。内外需求，应运而"盛"，在国际软实力的竞争格局中，美国、法国、俄罗斯、英国等确定了积极的对外语言文化政策和对外"软实力"战略考量，日本、韩国成立了专门的语言文化振兴机构。世界上已经有了"德语桥""英语桥""法语桥""日语桥""韩语桥"等语言文化桥梁，"汉语桥"可谓后来居上。

"汉语桥"由中国国家对外汉语教学领导小组办公室（以下简称国家汉办）领导，作为中国推行汉语言文化的重大项目，主要包括系列大型国际汉语赛事、对外汉语教学及相关系列活动，目前已经开展了中文比赛、夏令营、外国中小学校长访华等三项年度主题活动。其中对外汉语教学包括孔子学院及其他对外汉语教学基地，这一块《中国文化软实力发展报告2012》子报告已加以阐述，不在本报告内容之列。国际中文赛事可以说是"汉语桥"的主体，目前分为"汉语桥"世界大学生中文比赛、在华留学生汉语大赛、世界中学生中文比赛三大部分。"汉语桥"比赛内容大致分为四类：汉语语言能力、中国国情知识、中国文化技能和综合学习能力。2002年举办了第一届"汉语桥"世界大学生中文比赛，标志着"汉语桥"（Chinese bridge）项目的启动，之后每年举行一届，目前已成功举办了十二届。随着"汉语桥"品牌内涵的不断拓展，"汉语桥"成为语言文化国际传播的有效途径，同时也是构建与提升中国文化软实力的一种重要方式。

二、"汉语桥"活动的文化软实力意义

十几年来,"汉语桥"不断丰富和发展,与孔子学院相辅相成,激发了各国青年学习汉语的积极性,增强了世界对中国语言与中华文化的理解。作为世界人文交流领域的知名文化品牌,"汉语桥"已经成为了汉语言文化"走出去"的重要名片,具有广泛的国际影响力,对提升中国文化软实力有着重要的作用。

(一)"汉语桥"是汉语国际传播的一种重要平台

汉语是世界上最古老的语言之一,是至今通用语言中使用时间最长的语种之一。据联合国教科文组织统计,全世界会说汉语的人大约有16亿,居世界人口使用语言数量第一(占世界人口的五分之一),使用广泛度居世界第二,有5000多万外国人把汉语作为第二语言,汉语同时也是联合国承认的官方六大工作语言之一,是世界大中华地区的语言根基,汉语在国际上的地位举足轻重。一种语言在世界范围内传播是一个国家的国际形象、世界地位和经济实力的体现,国家的文化和价值观也随着语言的传播而在全世界广泛传播。

目前,"汉语桥"在中国与世界各国青年之间架起了一座沟通心灵的桥梁,成为世界各国大学生学习汉语、了解中国文化的重要平台。在未来的国际交往中,汉语将发挥越来越重要的作用,"汉语桥"也将为促进和密切中国与世界各国的交流合作关系作出新贡献。

"汉语桥"让汉语走向世界,成为汉语国际传播的重要平台,同时也是生动有效的对外汉语教学平台。尤其是2008年湖南卫视承办"汉语桥"节目以来,顺承"快乐汉语"的主题,一路将这种汉语学习娱乐化的氛围推向高潮,扩大了汉语教育的影响力,加强了汉语国际传播的有效性。

"汉语桥"中文比赛自2002年开赛以来,吸引了大批海外学生及在华留学生参与,架起了中西文化交流的桥梁。"汉语桥"中文比赛根据国外不同文化受众的个性需求,分别为国外大学生、中学生和在华留学生等设置了不同赛制,使得汉语言文化在传播过程中更易于接受。

此外,"汉语桥"夏令营和校长访华等项目,也对汉语国际传播起到了较大的推助作用。2012年"万人来华研修项目"实施结出丰硕成果,问卷调查显示,95%的参与者认为参加夏令营增加了他们对中国的了解,未曾学过中文的参与者中80%的人计划将来学习中文。"汉语桥"校长访华项目使来华访问的外国代表对中国的语言和文化教育有了更全面的认识和了解,从国外汉语教育推广层面取得了巨大的传播效果,扩大了国外中小学汉语课程的开设范围,并为中国和世界各国开展教育文化交流奠定了良好的基础。

"汉语桥"推动了新一轮"汉语热"的兴起。"汉语桥"比赛及系列活动的成功

举办,大大提高了国外学习汉语的热情,也带动了相关国际汉语言文化交流活动。可以说,"汉语桥"在一定程度上改变了汉语在国际上的通行程度低,汉语教学基数小、底子薄的局面,加快了汉语在世界各地的传播速度。

(二) 展示中国语言文化魅力的一个重要窗口

推行"汉语桥"的初衷之一,就是通过展现汉语的独特文化魅力来激发各国青少年及有志者学习汉语的积极性,增强世界对中国语言与中华文化的理解。"汉语桥"比赛环节中涉及的中国传统文化元素如诗词、武术、旗袍、京剧、相声、剪纸等,通过参赛选手的妙语回答和专家点评,在潜移默化、寓教于乐中被世界各国观众所了解与喜欢。其他系列活动也注重知识性,同时兼顾娱乐性和需求性,将汉字和汉语推广到全世界,让更多人知道、了解甚至是喜欢经过数千年历史文化积淀的古老文字和语言,感知中国语言文化的巨大魅力。

欧洲人把语言作为一种工具,而中国人则把汉字当做艺术来对待,这是汉语的一种独特之处,"书法"是一种艺术自不必说,"汉赋""唐诗""宋词"等,都是只限于汉语才有的语言艺术。中央电视台举办的首届"汉语桥"在华留学生汉语大赛发挥了汉语的艺术特质,如决赛中第二个项目是从歌曲联唱中听考题,这些考题都是根据古典诗词谱曲而成的,它们分别改编自李煜的《相见欢·无言独上西楼》、苏轼的《念奴娇·赤壁怀古》和《水调歌头·明月几时有》。先由中国歌手演唱这些曲目,再由参赛选手从中选择一句名言来描述其中的情景、意境,这不仅考察选手的中国古典文学修养,同时也将中国古典诗词的魅力生动展现在世界人民的面前。选手们通过多种形式,亲身体验汉语的艺术魅力及中国文化的博大精深。

(三) 加强国家公共外交的一种重要方式

"汉语桥"是语言文化的桥梁,也是各国公共外交的桥梁。"汉语桥"已经成为了各国青年学生展示汉语水平,相互了解、相互学习的跨文化交流平台,同时也成为中国公共外交的重要平台。如今"汉语桥"正在发展壮大,让中国人看到了国外学习汉语的热情,也为中国文化在世界舞台上扮演着越来越重要的角色而自豪。这座桥跨越了沟通障碍、增进了国际友谊,从文化层面强化了国家公共外交。

文化活动可以增进相互了解,减少冲突。莫桑比克前能源部部长卡斯蒂戈·兰加(Castigo Langa)曾对此明确表态:"最基本的问题是各国必须要相互了解,因为有时候人们因为缺乏相互了解而产生怀疑。"随着"汉语热"的出现,相关的国际交流活动无疑会扩大,这有利于提升外国对中国的好感度、熟悉度与欣赏度,扩大中国的友好人群。对外汉语国际推广活动带来的改变,也与中国公共外交的目的不谋而合。公共外交的主要目标是:促进本国信息和观点在国外的流动,创造积极感知,塑造正面形象,转化不利于该国的认知与态度,建立长期关系与合作,理解和认同该国的价值观,达到对某些国际问题的共识等等。①"汉语桥"参赛者普遍反映,"汉语桥"不仅为他们提供了练习汉语的机会和平台,而且提供了全方位的文化体验,刷新了陈旧的"中国印象",更深入地了解到中国历史和当代的发展,为与中国进行经贸往来及文化交流等方面提供了了解相关信息的渠道。

"软实力"概念的最先提出者约瑟夫·奈将对外传播统称为"公共外交"和软实力的运用。美国国务院将其用以提高美国国际形象的项目和工程,统称为公共外交。2009 年胡锦涛总书记在第十一次驻外使节会议上首次提出中国要开展公共外交,这标志着公共外交正式提上政府的议事日程。国务院新闻办公室原主任赵启正认为,公共外交的目的是向世界说明中国,说明中国的文化、中国的历史、中国的政策,回答外国人的不解之处,同时也倾听外国人对中国的评议。"汉语桥"正是这种强化国家公共外交的文化项目与工程,也可以说是中国国家形象优化的外交手段,"汉语桥"改变了传统的单向对外传播方式,优化了公共外交效果。与之相关的孔子学院则成为中国公共外交的重要机构,孔子学院是非政府组织,"汉语桥"不完全以官方形式出现,当文化软实力以非政府面目出现时,可以回避普通民众对于官方说教和政府宣传的逆反心理。"汉语桥"与孔子学院相互配合,相得益彰,成为开展国家公共外交的有效方式。"汉语桥"比赛评委多由文化名人及影视明星担任,本身是中国文化形象的一种优美展示,对汉语言文化的成功推广有着特别效应。评委们在注意专业性与权威性的同时,以优美的语言给出恰当的点评,字里行间提及中华文化和价值观念,引发选手和观众的思考。

(四)传递当代中国价值观念的一个重要舞台

当代中国价值观念,主要是中国特色社会主义价值观念。"汉语桥"作为语言传播和文化交流的平台,其承担的重要使命就是传播中国传统文化核心价值观。党的十八大报告提出"24 字价值观":倡导富强、民主、文明、和谐,倡导自由、平等、公正、法治,倡导爱国、敬业、诚信、友善。分别从国家、社会、公民三个层面提出了反映现阶段全国人民"最大公约数"的社会主义核心价值观,为培育核心价值观奠定了基础。当然,这也为文化软实力提供了精神支柱。随着汉语活动的推广,世界人民对汉语以及中国的文化背景有了更深层次的了解。在语言文化的传递过程中,也促进了世界人民对中国价值观的一种文化解读。

综观现实,国际上主导的包括自由、民主、平等、人权、法制等价值观,容易取得现代社会的广泛认可,国际主流话语权仍然掌握在西方手中,中国的文化价值观在世界上缺乏一致的认同,这在一定程度上制约着中国文化软实力发展。对此,"汉语桥"节目及活动策划以传播"和"为特征的中国文化作为自己的价值立

---

① 参见英国外交政策中心《公共外交与中东》。

场,发挥以"和谐"为主要价值取向的传统文化的比较优势,发掘其中的普世价值,让外国选手及观众看到中国传统文化具有许多不应被简单否定和抛弃的传承价值,孔子"以人为本""和为贵、和而不同"等核心理念以及中国"求同存异""推己及人"的思维也更适合于世界大同的未来趋势。

从东西文化的结合点出发来解读,能够较为有效地宣扬中国优秀的文化价值观。第二届CCTV在华留学生汉语大赛设置了一个经典环节——"我最喜欢的一个汉字"主题演讲,从字形、字音、字义、出处等方面出发,说文解字,考察选手对汉语言文化的深入理解。笔者在担任评委的过程中,发现选手对所选汉字背后价值观念及文化寓意的理解各异,他们对中国汉字及其文化的解读也新颖有趣,对相应的中国文化价值观的核心点有一定的把握。例如,加拿大选手安仁良在这个环节选择自己中文名字中的"仁"字,加上自己由"仁"字产生的联想,表达了其对和谐社会、世界和平的期望。我对他的点评则是在肯定的基础上,提炼了对"仁"字的重点解释,升华了中国儒家文化中"仁"的含义。"仁义礼智信"是中国儒家归纳的五个最基本的伦理道德范畴,积淀了中华民族的优良道德传统,具有一定的普世意义和长远价值。其中"仁"为道德之源,也是人性与人道的精神,与西方"以人为本"的文化理念有异曲同工之妙。

"汉语桥"的活动主题涉及中国的文化、地理、习俗等各个方面,凸显了中国软实力内涵和中国价值观。年度主题往往源自中国当年即将举办的重要活动及社会热点,如2008年和2010年的主题,是根据北京奥运会和上海世博会的主题确定,分别为"激情奥运,快乐汉语""魅力汉语,精彩世博"。2012年年度汉字"梦",寄托了中国人对美好生活的憧憬。2012年和2013年比赛主题定为"我的中国梦",包括社会舆论聚焦中国梦,海外华人述说中国梦,国际社会关注中国梦,唤起每个外国选手心中的中国梦……这些主题都注重对汉语的推广和传统文化的传承,彰显中国主流价值观。

历届"汉语桥"世界大学生中文比赛主题如表1所示。

表1 2002—2013年"汉语桥"世界大学生中文比赛主题一览表

届数	时间	决赛城市	比赛主题
第一届	2002年8月	北京	心灵之桥 (The Bridge of Mind)
第二届	2003年12月	北京	新世纪的中国 (China in the New Century)
第三届	2004年4月	北京	文化灿烂的中国 (China, a Country with a Splendid Culture)

(续表)

届数	时间	决赛城市	比赛主题
第四届	2005 年 7 月	北京	山川秀丽的中国 (China, a land of Spectacular Beauty)
第五届	2006 年 7 月	北京	多民族的中国 (An Ethnically Diverse China)
第六届	2007 年 8 月	吉林长春	迎奥运的中国 (China Welcomes the Olympics)
第七届	2008 年 7 月	湖南长沙	激情奥运,快乐汉语 (Fervour with the Olympics, Fun with Chinese)
第八届	2009 年 7 月	湖南长沙	快乐汉语,成就希望 (Fun with Chinese, Hope of Success)
第九届	2010 年 7 月	湖南长沙	魅力汉语,精彩世博 (Charming Chinese, Splendid EXPO)
第十届	2011 年 7 月	湖南长沙	友谊桥梁,心灵交响 (Bridge of Friendship, Resonance of Passion)
第十一届	2012 年 7 月	湖南长沙	我的中国梦 (My Chinese Dream)
第十二届	2013 年 7 月	湖南长沙	我的中国梦 (My Chinese Dream)

(五) 培养海外"中国文化大使"的一个重要课堂

青少年是文化交流的先锋,是文化发展生力军。文化引领风气之先,是最需要创新的领域,而青少年最少陈旧思想、最富创新意识,是先进文化的积极创造者。热衷汉语的各国青少年,是中国与世界交流的媒介之一,是影响中国在国际上未来走向的重要因素。"汉语桥"定位精准,呈现年轻化风格,深入人心,充满活力。活动主办方策划、安排参赛选手游览中国的风景名胜,亲身体验中国文化。比如在 2008 年第七届大学生中文比赛中,来自世界 55 国 72 海外赛区约 110 名选手在杭州、西安、张家界进行了为期一周的文化体验后集结长沙,进行为期一个月的复赛和决赛。随后,2009 年第八届比赛时,来自世界 60 个国家的 114 名大学生获得复赛资格后,分 4 组在北京、上海、青岛、凤凰进行了一次丰富的中国文化体验。故宫、老北京胡同、湘西凤凰等景观不再是书本上生硬的地理名词,京剧、武术、民乐等中国文化元素也立刻变得形象生动。通过这些切身的参与和体验,国外的参赛选手从自己的视角,认识到一个真实的、鲜活的中国,对中国文化有了更加直观的认识和感受。与此同时,中国文化对他们的感召力与吸引力也在潜移默化中逐渐增大。这些人不管比赛成绩如何,都具备了一定的汉语使用基础以及中华文化常识。汉语逐渐成为海外青年人学习的时新语言,中国文化元素日渐成为青年人能接受的国际时尚。相关调查显示,在个人层面上同伴对同伴的文化交流更有可能产生影响及信任,无论是在意识指导下,还是在无意识行为中,选手自身的"中国元素"都会对其交往者产生影响,很多选手学以致用,将汉语言文化知识融入到生活的方方面面,更有甚者主动担当起"中国文化大使",成为中国文化软实力最有效、最有说服力的推手。

"汉语桥"并非是一个昙花一现的比赛,对于参赛者有着深远的影响。第一届"汉语桥"世界大学生中文比赛一等奖获得者陈宇宁坦言:"汉语桥"改变了他的生活观和人生观,让他感受到传播汉语的责任,他被绚丽多彩的比赛程式和文化行程所吸引,并致函组委会申请担任第二届比赛的司仪。赛后很多选手继续"做桥",为中外经济、文化、政治的交流搭桥铺路。比如来自乌克兰的选手李娜在参加完2009年第二届"汉语桥"在华留学生汉语大赛后,担当起央视国际频道教育栏目《快乐汉语》的外景主持人,通过中央媒体向全世界传播汉语言文化。2010年大学生中文比赛的几位优秀选手受邀担任湖南卫视相关节目的嘉宾,并参与2011年"汉语桥"比赛开幕式的主持和表演,在收视率较高的媒体平台生动传播汉语言文化。来自韩国的第十一届"汉语桥"比赛冠军孙志昕则任教韩国孔子学院,继续向海外传播汉语言文化。

参赛选手的中文水平一般有比较高的起点,对汉语的热情和熟练程度以及对中国文化的理解和认识,往往连有些中国观众也自叹不如,具备充当"中国文化大使"的基本资格。参赛过程中,越来越多的人喜欢汉语,喜欢中国,也带动了其亲友对中国语言文化的关注及体验行动。

"汉语桥"不仅吸引了外国选手踊跃参赛,也积聚了国内大批年轻观众群。当下中国,很多年轻人崇洋媚外,"哈日""哈韩"不在少数,而"汉语桥"的精彩演绎,从新的角度让国人感受到爱国热忱与文化自豪感,树立和坚持正确的历史观、民族观、文化观,增强国人的骨气和底气。

三、"汉语桥"活动的缘起与发展现状

(一)产生背景

纵览中外历史不难发现,一个强大国家的兴起,往往都会在国际上掀起相应的文化潮流,形成一股强大的国际文化影响力。古代中国周边形成了具有强大磁性的中华文化圈,日本和韩国参考了中国的汉字,成功地创造了自己的文字,并促进其文化发展;中国的科举考试制度、政治体制和赋税制度等为日本、朝鲜等所效仿;城市布局、建筑风格在日本、朝鲜、越南诸国影响深远;生活习惯、文化艺术等方面的影响力至今仍遍及东亚、东南亚一带;通过丝绸之路和海上"丝瓷通道"所传播的中华文明,从茶叶到丝绸,从经史子集到四大发明,对世界的影响力更是不

可估量。然而囿于交通和信息的不便,只有马可·波罗等少数西方人能一窥中华文化之美妙。尽管欧美等国仍有不少关注中华文化的汉学家,尽管周边邻国深受中华文化的影响,但是近代以来中华文化的国际影响力明显式微,西方的文化处于相对强势,"东学西渐"的规模和"西学东渐"无法相比,传统上中华文化圈的国家和地区,也开始迫不及待地洗刷自己身上的中华文明色彩,转而追慕更时尚的欧美文化。

改革开放后,"汉语热"持续兴起,国人的软实力意识明显增强。中国敞开胸怀欢迎五湖四海的朋友,文化的力量也吸引了一些人来到中国,或者短期访问,或者长期居留。京剧有了洋票友、武术有了洋弟子、中国菜也有了洋厨师,还有一些人选择和中国人通婚并长期定居下来。欧美的一些大学也开始成立中国研究中心,对中国的历史、文化、政治、经济、哲学、艺术、语言等进行专门的研究。

1. 国外对中国认识的历史局限性

新时期国外对中华文化真正能认可的有多少?这是一个值得思考的问题。中国传统文化建立在农耕文化基础之上,农耕文明赋予了中华传统文化的淳厚特征,也保留了几千年的封建色彩。中华文化固然历史久远,博大精深,但是在长期的积淀过程中,中国某些重要的文化价值和文化成果并没有得到一致认可与传承,国外对于中国建立在农耕文明基础之上的传统文化并不理解,甚至存在着许多偏见和误解。另外,中国现代社会的政治、经济和军事架构都是以西方模式为基础发展起来的,这也使得古老的中华文化产生了些许"水土不服"。随着工业与信息时代的相继到来,传统文化有些不适应现代新潮,不仅许多外国人,甚至一些中国人也将中华文化当作过时的东西,轻率地加以舍弃。

中国政治、经济、军事等领域的国际影响力与日俱增,但是在文化层面,仿佛并未取得与大国相称的地位,在一定程度上仍然缺乏国际透明度和有效传播力,导致国外对中国文化的理解常常趋于表象化,而往往忽略了其内涵所在。因此,亟须加强中国对外传播力度,告诉世界一个真实的中国。全面发挥"汉语桥"加强中外沟通与交流的"桥"的作用,向世界提供关于中国的信息和文化,增加国际透明度,消除国外对中国的认知盲点及误区,向世界说明中国的能力是中国的"软实力"之一,是中国综合国力的重要组成部分。

2. 中国文化国际影响力与日俱增

中国汉语文化具有独特的精神内涵,文化遗产之丰厚举世公认。自2003年,中国先后在法国和意大利举办了"中国文化年"活动,将诸如传统戏曲、交响乐、民族歌舞、功夫、杂技表演、电影、文学等多项体现民族艺术特色和当代文化创造成就的文化艺术风采带到欧洲,向欧洲人民展示了一个自信、开放、发展、多样的中国,加深了欧洲人民对当代中国的了解和认识,也加深了中国同欧洲人民的友谊。

当今世界,文化软实力在综合国力竞争中的作用越来越凸显,文化是民族的血脉,是人民的精神家园。中国文化在国际文化交流中发挥着无可替代的独特作用,为人类文明发展作出不可或缺的贡献。如北京红剧场的舞台剧《功夫传奇》,运用"艺术与市场结合的百老汇模式",在展示中国武术精华的同时,植入众多文化元素,赋予其文化使命,其神奇的艺术魅力享誉海外,撼动世界,产生了深远的文化影响力。再如《红色娘子军》《黄河》《梁祝》和《大红灯笼高高挂》等享誉世界的经典剧目,常年活跃在国际舞台上,以令人叹为观止的艺术形式,演绎着中国的文化传奇。这些文化产品注重传统文化与现代文化、民族文化与世界文化的结合,致力于打造具有自主知识产权和核心竞争力的知名文化品牌,取得了显著的社会效益和经济效益。随着优秀文化产品不断"走出去",中国文化的国际传播能力逐渐提升,国际品牌市场份额不断扩大,国际影响力和竞争力也日益增强。

3. "汉语热"拉动市场需求

一种语言在世界范围内的需求,显示了这个国家的国际地位、综合国力、国际形象,以及国际社会对这个国家的重视程度;一种语言在世界范围内的流行,伴随着一种文化的复兴、经济的复苏,预示着未来世界格局的微妙变化。可以说,一种语言热,是未来世界形势发展的前兆,"汉语热"的背后预示着中国的崛起。总的来说,世界历史上出现过两次"汉语热",第一次是在上个世纪70年代,由于中美关系缓和,中国恢复联合国席位,美国开始兴起学习汉语的热潮,从而带动了整个西方世界学习汉语的热潮;第二次从上个世纪90年代开始,随着中国改革开放政策的实施,中国经济腾飞,国际地位日益上升,尤其是加入WTO和北京申奥成功以后,中国经济发展加快,其他国家了解中国的需求正在增强,汉语日益受到世界各国的重视,学习汉语和了解中国文化已成为世界潮流。

近几年,更是出现了一股外国人学习汉语的热潮,学习汉语的人数迅速增长,教学规模不断扩大。除了学生自主地学习汉语,许多国家在教育政策上进一步推动汉语学习,汉语作为国外学校必修课渐成趋势。目前,意大利已经有十几所高中将汉语列为教学大纲中的必修课程,成为毕业考试的必考内容;在越南,汉语也将被列入小学和初中的自选课程;英国在2013年下半年对于将汉语列为小学外语必修课可选科目向公众征询意见,并从2014年9月开始实施。海外学习汉语的人包括海外华人和纯粹外国血统的人,对于第一代移民而言,基本上不存在汉语学习的问题,而对于第二代、第三代以后的华人,掌握汉语需经过较为正规的教学和不懈的努力。为了顺应世界上学习中文的热潮,进一步提高中国文化软实力,国家汉办在世界各地陆续成立孔子学院,积极开展"汉语桥"活动,推动和支持国外汉语教学,向世界推广汉语,弘扬中华文化,增进世界各国对中国的了解和友谊,促进世界文化多元化,同时让中国更好地融入国际社会。

（二）发展规模

2004年由中国国务院、教育部等12个部委抽调人员组成的国家汉办一经成立,便大手笔地推广汉语言文化,搭建起了世界与中国13亿人的友谊桥梁。2004年6月,孔子学院在乌兹别克斯坦的塔什干试运营,2004年11月在韩国首尔正式成立。此后,孔子学院在世界多国遍地"开花"。截至2013年9月,国家汉办已经开设了435所孔子学院和644个孔子课堂,总计1079所汉语推广平台,堪称全球最大的文化教育连锁机构。孔子学院如东方之花,绽放于115个国家和地区,其盛开的数量及范围,可谓史无前例。"汉语桥"的发展与孔子学院的快速扩展相辅相成。国家汉办不断扩大"汉语桥"比赛的规模,把"汉语桥"比赛活动办成"汉语奥运"。

为了加大汉语国际推广的力度,国家汉办主办了一系列高规格的大型国际汉语赛事。官方对"汉语桥"活动给予高度重视,每年开幕式及闭幕式邀请了中央领导及众多外国使节参加,大大提高了"汉语桥"的规格与地位。"汉语桥"中文比赛采取国家汉办、地方政府及媒体合作的方式,有利于在扩大发展规模的情况下保证发展质量。湖南卫视在2008年取得"汉语桥"世界大学生中文比赛举办权,以专业的电视运作,将其打造成一档具有影响力的电视节目,吸引了80多个国家近30万名选手参加比赛。历届"汉语桥"世界大学生中文比赛参赛国家的情况如表2所示。

表2　历届"汉语桥"世界大学生中文比赛参赛国家汇总名单

序号	国名	1届	2届	3届	4届	5届	6届	7届	8届	9届	10届	11届	12届
1	韩国	●	●	●	●	●	●	●	●	●	●	●	●
2	日本	●	●	●	●	●	●	●	●	●	●	●	●
3	新加坡	●	●	●	●	●	●	●	●	●	●	●	●
4	菲律宾	●	●	●	●	●	●	●	●	●	●	●	●
5	马来西亚	●	●	●	●	●	●	●	●	●	●	●	●
6	泰国	●	●	●	●	●	●	●	●	●	●	●	●
7	越南	●	●	●	●	●	●	●	●	●	●	●	●
8	印尼	●	●	●	●	●	●	●	●	●	●	●	●
9	加拿大	●	●	●	●	●	●	●	●	●	●	●	●
10	美国	●	●	●	●	●	●	●	●	●	●	●	●
11	墨西哥	●	●	●	●	●	●	●	●	●	●	●	●
12	德国	●	●	●	●	●	●	●	●	●	●	●	●
13	法国	●	●	●	●	●	●	●	●	●	●	●	●
14	英国	●	●	●	●	●	●	●	●	●	●	●	●

（续表）

序号	国名	1届	2届	3届	4届	5届	6届	7届	8届	9届	10届	11届	12届
15	意大利	●	●	●	●	●	●	●	●	●	●	●	●
16	比利时	●	●	●	●	●	●	●	●	●	●	●	●
17	俄罗斯	●	●	●	●	●	●	●	●	●	●	●	●
18	澳大利亚	●	●	●	●	●	●	●	●	●	●	●	●
19	新西兰	●	●	●	●	●	●	●	●	●	●	●	●
20	埃及	●	●	●	●	●	●	●	●	●	●	●	●
21	突尼斯	●											
22	蒙古		●	●	●	●	●	●	●	●	●	●	●
23	印度			●	●	●	●	●	●	●	●	●	●
24	巴基斯坦		●	●	●			●	●	●	●	●	●
25	瑞典		●	●		●	●	●			●	W	W
26	白俄罗斯			●	●	●	●	●	●	●	●	●	●
27	荷兰			●	●	●	●	●	●	●	●	●	●
28	罗马尼亚			●	●	●	●	●	●	●	●	●	●
29	南非			●	●	●	●	●	●	●	●	●	●
30	缅甸			●	●	●	●	●	●	●	●	●	●
31	哈萨克斯坦				●	●	●	●	●	●	●	●	●
32	吉尔吉斯				●	●	●	●	●	●	●	●	●
33	阿根廷				●	●	●	●	●	●	●	●	●
34	西班牙				●	●	●	●	●	●	●	●	●
35	波兰				●	●	●	●	●	●	●	●	●
36	保加利亚				●	●	●	●	●	●	●	●	●
37	乌克兰				●	●	●	●	●	●	●	●	●
38	捷克				●	●	●	●	●	●	●	●	●
39	希腊				●	●	●	●	●	●	●	●	●
40	拉脱维亚				●	●	●	●	●	●	●	●	●
41	喀麦隆				●	●	●	●	●	●	●	●	●
42	柬埔寨					●	●	●	●	●	●	●	●
43	乌兹别克					●	●	●	●	●	●	●	W
44	奥地利					●	●	●	●	●	●	●	●
45	匈牙利					●	●	●	●	●	●	●	●
46	苏丹					●	●	●	●	●	●	●	●
47	朝鲜						●	●	●				
48	老挝						●	●	●	●	●	●	●
49	瑞士						●	●	●	●	●		W
50	斯洛文尼亚						●	●	●	●	●		●

(续表)

序号	国名	1届	2届	3届	4届	5届	6届	7届	8届	9届	10届	11届	12届
51	肯尼亚						●	●	●	●	●	●	●
52	赛尔维亚						●	●	●	●	●	●	●
53	葡萄牙						●	●	●	●	●	●	●
54	孟加拉						●	●	●	●	●	●	●
55	土耳其						●	●	●	●	●	●	●
56	爱尔兰						●	●	●	●	●	●	●
57	芬兰						●	●	●	●	●	●	●
58	克罗地亚						●	●	●	●	●	●	●
59	以色列							●	●	●	●	●	●
60	塔吉克斯坦							●	●	●	●	●	●
61	斯洛伐克							●	●	●	●	●	●
62	丹麦							●	●	●	●	●	●
63	多米尼加							●	●	●	●	●	●
64	哥斯达黎加							●	●	●	●	●	●
65	伊朗							●					
66	智利								●	●	●	●	●
67	格鲁吉亚								●	●	●	●	●
68	巴西								●	●	●	W	●
69	秘鲁									●	●	●	●
70	摩尔多瓦											●	●
71	斯里兰卡											●	●
72	约旦											●	●
73	贝宁											●	●
74	摩洛哥											●	●
75	挪威											●	●
76	古巴										●	●	●
77	冰岛											●	●
78	马达加斯加											●	●
79	埃塞俄比亚												●
80	黎巴嫩												●
81	斐济												●
82	玻利维亚												●
83	津巴布韦												●
84	厄瓜多尔												●
85	尼日利亚												●

备注：●表示派来选手参赛；W 表示组织了比赛，未派来选手。

数据来源：国家汉办重大项目与交流处《历届参与国家黑点表格》。

从总体上来看,"汉语桥"规模呈扩大趋势。"汉语桥"比赛的参赛国家数量大幅度增加,参赛选手人数不断增多。在2013年的第十二届"汉语桥"比赛中,国家汉办重大项目与交流处广泛联系各国孔子学院、驻外使领馆等一线赛区,新增国家7个(埃塞俄比亚、黎巴嫩、斐济、尼日利亚、津巴布韦、厄瓜多尔),总共77个国家派来选手参加比赛,参赛国家的规模达到史上之最。举办方精心策划让大赛更具有观赏性及实用性,以吸引更多的选手参加,让进入复赛的人数基本上每年都有增加,尽量给热爱汉语言文化的选手们提供展示自我的机会和平台。尤其是从第7届比赛开始,参赛国家的数量保持在55个以上,进入复赛的人数保持在110人以上,如图1所示。

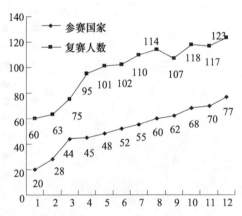

图1 历届"汉语桥"世界大学生中文比赛参赛国家数量和复赛人数统计图

从参赛国家的洲别分布上看(如图2所示),12届"汉语桥"比赛的参赛国家主要来自欧洲(32个)、亚洲(26个)、非洲(12个)、北美洲(6个)、南美洲(6个)和大洋洲(3个),分别占参赛国家总数的37.6%、30.6%、14.1%、7.1%、7.1%和3.5%。连续12届派选手来参赛的国家中,有韩国、日本、新加坡、泰国、印度尼西亚等5个亚洲国家,英国、法国、德国、意大利、俄罗斯、比利时等6个欧洲国家,美国、墨西哥、加拿大等3个美洲国家。通过下图2的数据分布可以看出,每届比赛来自欧洲、亚洲、非洲的参赛国家和选手相对较多,这与孔子学院在这些地区的数量、所在地区国家的语言政策等因素分不开。目前,已建立孔子学院的国家中仅有77个国家启动了"汉语桥"大学生中文比赛和中学生中文比赛。因此,参与国家数量和比赛规模还有继续扩大的空间,可以争取使更多的国家参与到比赛中来。

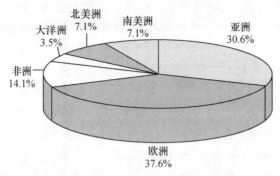

图 2 历届"汉语桥"世界大学生中文比赛参赛国家洲别分布图

参赛选手的代表性非常广泛,包括国外青少年学生、在华留学生以及孔子学院的学生。来自亚洲的选手相对于非洲、欧洲、大洋洲、美洲的选手在地缘、文化、语言学习上都有一定的优势,但是从历届冠军获得者的国别分布上来看,并不是亚洲选手居多。比赛中把纯外国人与有华语背景而第一语言又非汉语的华裔区分开来,使比赛更趋科学和公平。第六届到第十二届的冠军分别来自日本、美国、比利时、英国、奥地利、韩国、澳大利亚(如表3所示)。不管来自哪个国家,不管是否获胜,每个参赛选手都在努力学习汉语,积极展现自己的汉语天赋和对中国的热爱。

表3 历届"汉语桥"世界大学生中文比赛冠军获得者情况表

届数	冠军	国别
第一届	郑翠恒	越南
第二届	徐晶莹	新加坡
第三届	张家昱	新加坡
第四届	英雄	法国
第五届	米娜	塔吉克斯坦
第六届	蜂谷诚	日本
第七届	欧莉莲	美国
第八届	郝菲	比利时
第九届	蒋思哲	英国
第十届	吴家齐	奥地利
第十一届	孙志昕	韩国
第十二届	贝乐泰	澳大利亚

(三)"汉语桥"系列活动的品牌效应

"汉语桥"品牌日趋成熟,系列活动主要有中文比赛、夏令营、外国中小学校长访华三项主题活动。其中,世界大学生中文比赛启动最早,影响最大。在华留学生汉语大赛和世界中学生中文比赛也都于 2008 年开赛,至今已成功举办了六届。"汉语桥"系列活动在统一的品牌下相关互补,在推行汉语言文化的过程中互相推动与造势,在共同的发展中产生了较为强势的叠加效应。

"汉语桥"世界中学生中文比赛为各国学习汉语的中学生提供展示自我的舞台,增进了各国青少年学生的友谊。比赛内容除了汉语和文化知识的考查,还有形式多样的比拼,让参赛者在快乐的氛围中学习汉语。第六届世界中学生中文比赛以"学会中国话,朋友遍天下"为主题,经过海外预赛层层选拔,最终 62 个国家 80 个赛区的 124 名参赛选手、150 名观摩营员及 79 名领队老师来华参赛,共计 353 人,参赛者来华规模为史上之最。在汲取前五届比赛经验的基础上,赛制更趋灵活多样,也更加注重中外学生的交流活动及才艺展示。

"汉语桥"在华留学生汉语大赛,给世界各国来华留学生提供了一个互相交流学习汉语经验的平台,让更多外国留学生树立起学好汉语的信心,并在汉语学习中进一步了解中国文化。大赛已经成为中央电视台年度品牌赛事,展示了 14 万在华留学生们的学习成果,对全球正在学习汉语的外国人起到了实际的推广和示范作用,获得了各参赛高校和留学生的一致好评。

"汉语桥"校长访华项目是为已开设中文课或有意愿开设中文课的外国中小学校校长和地区教育官员设立的项目,旨在增进他们对中国的了解,推动中小学校汉语课程的开展。2011 年和 2012 年分别有美、英、法、日等国 1944 名中小学校长和 692 名教育官员访华。"访华之旅"一般为期一周,代表到中国各省市访问中小学校,了解中国的文化教育情况,并与中国的教育工作者进行深度交流。访华之旅使外国代表对中国的语言、教育和文化有了全新而深刻的认识,增强了他们与中国学校合作的信心,为其今后和中国开展教育文化交流奠定了良好的基础。

"汉语桥"夏令营项目是国家汉办与美国、英国孔子学院每年暑期合作举办的面向美国、英国在读高中生的中国语言文化体验项目。世界青少年学生来华参加"汉语桥"国际学生夏令营、秋令营和冬令营的人数在 2011 年、2012 年分别达到 6383 名、2967 名。项目主要为学生提供汉语课程、中国文化课程(如剪纸、书法、水墨画、茶艺、武术等)、体育文化交流活动(如篮球友谊赛、中美学生联欢等)及中国景点风光游览活动。通过亲身体验,外国学生加深了对汉语和中华文化的理解。

此外,"汉语桥"基金是用于资助海外中文教学研究机构、社会团体开展汉语教学和推广工作,如资助世界大学生中文比赛的海外预赛、汉语推广展览、各种汉语讲座和学术会议等。2011 年"汉语桥基金"资助 67 个中国驻外使领馆开展 248 个汉语推广项目,2012 年资助 69 个国家的 223 个汉语推广项目。

四、"汉语桥"媒介影响力分析

媒介影响力来源于它所吸聚的受众及其社会影响力,是媒介影响受众以及其他相关行为主体态度的能力,这种能力通过传播得以实现。"汉语桥"影响力的扩大离不开传播媒介。在新旧媒体交融的时代,媒介影响力以整合营销传播观念为指导,借助海内外新闻媒介,建立以报纸、电视、网络、手机等媒体为中心的报道阵地,加大宣传力度,扩大比赛的知名度,达到最佳传播效果。在传播渠道上,除电视媒体外,其他常见的传统媒体如报纸、期刊、广播等关于"汉语桥"电视节目的报道相对较少。在当下新旧媒体发达、影像泛滥的时代,"汉语桥"多渠道的媒介影响力增加,同时也对其媒介传播提出了新的要求。

自湖南卫视承办"汉语桥"世界大学生中文比赛以来,大批固定受众直接成为"汉语桥"的收看者,收视情况良好,扩大了比赛的影响范围。据统计,2008 年"汉语桥"12 场比赛节目全国累计约 1.84 亿观众收看,晚间平均收视率为 0.58,份额达 1.53%,与 2007 年的收视率和收视份额相比明显增加。第十二届"汉语桥"比赛开幕式于 7 月 17 日晚播出后,收视率为 1.0,收视份额达 3.23%,同时段居全国第三、省级卫视第一。① 据央视索福瑞收视数据分析显示,节目整体收视高出历届比赛,且后期复赛和决赛阶段的观众规模呈现出迅速增长的趋势,决赛第一场与第二场全国同时段分别排名第五与第六,三场收视均排名省级卫视第一,收视率和收视份额再创新高。当然,这个收视率未包括国外的收视指标,据笔者在新加坡了解的情况,"汉语桥"在国外收看的观众也不少,主要是文化人士及青年学生。

以下通过网络视频点击率、媒体报道、微博参与和社区论坛的讨论次数等方面来回顾往届"汉语桥"节目的关注度及其效果。

(一) 视频网站点击率

国内外的电视台都在追求所谓的"第二屏",即双屏战略——电视上的内容在网络上播出。许多电视台的节目原来收视率很低,但是放到网上以后,点击率和转发率相对较高,特别是新闻节目,例如深圳卫视的《正午三十分》、安徽卫视的《超级新闻场》。许多电视台的制作人员也提出"考评不能只看收视率,还应该看网上的点击率"。

主流视频网站如爱奇艺、PPS、乐视、优酷和暴风影音等都有"汉语桥"视频呈现,网站"体验中国"板块用影像和动画的形式介绍中国的伟人、诗歌、电影、风景、食物和时尚等,让中国文化元素深入浅出,生动有趣,使抽象的文化软实力内涵可视化。以优酷数据为例,2012 年、2013 年的比赛播放次数分别为 18.3 万次和

---

① 金鹰网:http://zixun.hunantv.com/hntv/20130809/0948112641.html。

30.3万次;以爱奇艺为例,2013年"汉语桥"世界大学生中文比赛决赛第一场的播放次数近104万次,决赛第二场播放次数近103万次,总决赛播放次数近106万次。此外,网友在看完比赛视频后纷纷留言或发表评论,不少观众的爱国情怀随之被点燃,纷纷表示要向"汉语桥"学习,为发扬国粹、光大中国尽一份力。

(二)媒体报道

国内以汉办官网、央视网和金鹰网为主,随时更新"汉语桥"的赛事动态和选手风采展示,并挖掘活动的意义。同时以都市纸媒、网络媒体和境外媒体为辅,旨在扩大活动的社会影响力。中央电视台新闻栏目对英国、德国、法国、俄罗斯、澳大利亚、美国等六个国家的海外预赛情况分别进行了播报。作为"汉语桥"播出平台之一的湖南卫视,兼容并蓄、敢为人先,其强大影响力不可否认。在完成由内容、品牌传播到价值传播的转型升级后,湖南卫视在国内已有不小的名气,也在海外落地并产生较大影响,同时与其他品牌栏目如《快乐大本营》进行横向互动,借助湖南卫视的平台更多地提及和宣传"汉语桥"。《潇湘晨报》《三湘都市报》《南方都市报》等都市报纸媒体面向广大市民,通过新闻、专题等追踪报道"汉语桥"等活动,以生动、细腻的文字描述促进大家对"汉语桥"的了解和认同,形成口耳相传的传播效应。网易、腾讯网、中国新闻网、中国在线、红网等网络媒体也加入了报道行列,全力打造媒体互动平台,吸引更多的年轻人了解和关注"汉语桥",其中人民网有5.2万篇相关报道,金鹰网近两万篇,报道主题集中在"汉语桥"赛事、选手、意义等方面。

国外媒体对"汉语桥"也有所跟进与关注,比如,BBC网站有第十一届"汉语桥"世界大学生中文比赛英国区总决赛的相关视频呈现。《联合早报》及联合早报网对相关比赛给予了图文报道。一些选手的获奖情况,一般会在所在国家的媒体上报道。在此建议与境外媒体广泛联系,与新加坡《联合早报》、BBC、《纽约时报》澳洲《环球华报》等国外主流媒体及时交流合作,对"汉语桥"赛事进行积极报道,扩大"汉语桥"的国际影响力。

(三)网络全媒体评价

新媒体时代,通过分析网民对"汉语桥"的美誉度及微博提及量,可以看出人们对"汉语桥"的评议度和关注度。尤其是在社交媒体非常流行的今天,抓住汉语言文化推广的重点,利用国际台多语种的优势,打造让外国人学汉语、交朋友的网络平台,促进汉语言文化推广和传播。"汉语桥"百度贴吧是网民集中讨论该节目的主要平台,目前有近1.6万人关注,共有近7.4万个帖子。网友们讨论的问题主要集中于比赛进程、选手表现、汉语学习交流等方面,网友表示"应该让选手多体验中国各个地方文化历史,比如中国七大古都""选手要多请教现代汉语语法问题""要真正意义上把华夏文明传承下去,我们还需要做哪些工作"等。"汉语桥"

还通过微博、微信平台,在很大程度上提高了赛事海内外关注度。"汉语桥"官方微博在 2010 年 6 月 28 日发出第一条微博,标志着"汉语桥"微博建设的起步,随后对比赛动态的文字进行跟进,上传"汉语桥"比赛的微视频,积极与开通微博的参赛者及评委、嘉宾、主持人在比赛前、中、后进行互动,同时建立一些网络评选、投票机制,设立一定的激励参与的机制,不断利用话题制造传播热点,引导受众自发地参与节目传播,达到最佳的传播效果。截至 2014 年 2 月 20 日共发送微博2442 条,共有粉丝 72106 人。微博共参与了四个话题讨论,与"汉语桥"相关的话题有三个,分别是"汉语桥""第六届'汉语桥'世界中学生中文比赛""'汉语桥'世界中学生中文比赛",产生了巨大的影响力,网友通过评论、私信或转发的形式表达自己的想法、建议。随着微信不可阻挡的流行趋势,在微信平台上建立官方账号已经势在必行,"汉语桥"俱乐部的微信公众账号于 2014 年 1 月正式启动,成为"汉语桥"俱乐部的权威消息发送平台,微友可以通过该平台发送消息进行互动。

中文比赛、夏令营、校长访华等项目都是文化传播的形式,而文化的传播很大程度上都是依靠传播对象的自觉或自愿接受与吸纳。"汉语桥"通过媒介传达了一个理念:"汉语桥"不仅为外国人提供表达汉语的机会和平台,同时提供了全方位的文化体验,为他们了解古今中国历史文化提供了开放的窗口,为加深中外经贸往来合作提供了重要渠道。

话语权大小,很大程度上来源于媒体的国际传播能力。要增加呈现"汉语桥"各项活动的媒介渠道,扩大媒介影响力,还可以在文化出版界、网络媒体的宣传推广等方面大有可为。所以要加强国际传播能力建设,精心构建对外话语体系,通过学校教研、影视文学作品等多种方式,将更多的"汉语桥"活动传播到世界的各个角落。

五、"汉语桥"发展过程中的阶段性问题

由于各种原因,中国对外语言文化推广还处于初级阶段,仍存在很多不足之处。随着"汉语桥"品牌的逐渐成熟,其影响力日益扩大,在取得成绩的同时也暴露出一些问题,尤其随着参加大学生比赛的选手越来越多,其数量也影响着比赛的过程和质量。当前,"汉语桥"在发展过程中主要存在以下几个问题:

(一) 中文比赛的电视节目形式略显单一

传统的文化推广形式常常以理论说教或成果展示为主,比如语言水平测试,更多的注重文化的知识性,使传播形式比较单一。在中文比赛的电视节目内容上,涉及的情境设置主要以古代中国为主,这虽然能让外国友人寓教于乐地了解中国传统文化,现代中国文化却没有得到相应的推广。中国不是只有京剧和《论语》,也有形态各异、丰富多彩的流行文化。如何将这些多样的、动态的、充满中国

特色的文化运用到节目中,使比赛形式更加生动有趣,需要节目组不断挖掘与创新。

在节目的包装宣传上,没有形成完整的结构。"汉语桥"在举办的过程中向世界展示着中国语言文化,赛事结束后的包装宣传更是至关重要的一环。如何让赛事的影响力有效且持久,需要"汉语桥"在赛事筹备举办的一年休整期内保持一定的话题热度。以中国的春节联欢晚会为例,前期以《我要上春晚》《直通春晚》等节目为春晚造势,后期由观众参与评选"我最喜爱的春晚节目",之后对走红嘉宾进行专题访谈,延长关注时间。"汉语桥"也应该借鉴这种营销策略,使节目与选手整年都是人们热议的焦点,也让观众对来年的"汉语桥"充满期待。因此,对冠军或者是特色选手进行赛后的包装宣传是必不可少的。

另外,在节目市场的开发上,"汉语桥"还没有发行相关的衍生品。有学者指出,单一推动汉语学习对拓展中国文化在全世界的影响力是不够的。举例来说,印度的文化推广计划不仅向国外输出大量本国的哲学、艺术和书籍,还包括该国蒸蒸日上的影视文化产业。中国在电视节目的产业链开发方面可以学习韩国和日本的相关做法,加强对节目形态拓展的把握,从内容到形式逐步与国际接轨。"汉语桥"中文比赛以电视节目的形式呈现的同时,还应该充分考虑大众的兴趣点与娱乐化需求。

(二)"汉语桥"国际触及面不够

从目前来看,在世界上绝大多数地区,汉语仍属于"非普遍教授语言"。在很多西方国家,中小学开设中文课程的数量在近年来才逐渐增多。开设汉语课程的大学比例不大,除了汉语专业,都是选修课,在美国3000多所大学里,只有近800所学校开设了汉语课程。除了日本、韩国以外,世界上大部分地区目前还谈不上"汉语热",学习汉语的人数虽然增长很快,但绝对数字根本无法与学习英语、法语、德语、西班牙语的人数相比。外国人不仅发现汉语的四种声调难以掌握,而且陌生的语法和记住数千个汉字的困难程度吓住了除最勤奋者外的所有学生。英国《每日电讯报》网站9月20日发表文章《汉语不断崛起——但最终有多少人会说汉语呢?》称"汉语太难使汉语热开花不结果"。全球"汉语热"的持续升温和孔子学院在世界各地的陆续建立,使世界各国对于汉语老师的需求量也正在变得越来越大。据统计,目前全世界每年约需1万名对外汉语教师,而中国每年仅能派出2000人左右,一些国家的汉语教师较为稀缺,直接影响了汉语学习的普及,也导致报名参加"汉语桥"的选手较少……巨大的师资供需落差在一定程度上影响了国外"汉语桥"的可持续发展。

"汉语桥"系列活动的成功举办在一定程度上推动了世界各国青少年学习汉语的热情,但是没有显现出太大的优越性。节目的受众群比较单一,大多是孔子学院的学生、在华留学生、汉学教育工作者等,没有争取到全国观众和更多的海外人群的关注。

(三)"汉语桥"主体赛事发展态势渐弱

由盛及衰,似乎是任何事物的发展规律。2008年,"汉语桥"落地湖南卫视之后,其影响力规模达到空前,无论是初期的国外预赛,还是之后的国内复赛和决赛,其初级阶段目标已基本达到。但是第二阶段开始出现很多漏洞,如比赛内容缺乏创新、节目营造方式单一、对外宣传不足等,使得中华语言的多彩和精深没能完全体现,观众也开始出现审美疲劳,"汉语桥"影响力开始跌落。

新媒体时代,"汉语桥"虽然也建立了官方微博、微信、贴吧等网络互动平台,但比赛期间的微博、帖子的转发、评论数量,相对于粉丝数量而言不成比例。由于缺乏相应的激励和引导措施,上述渠道没有调动起受众参与传播的积极性,其存在的意义并没有充分体现。在国际传播方面,中央电视台四套和九套面向海外开播,全球覆盖,但是传播效果不明显,始终无法与闻名世界的英国BBC和美国CNN电台、电视台相提并论。在目前国外对于中国文化还处于将信将疑或者不认可的状态下,策划"汉语桥"节目时,应该考虑如何进一步推动世界学习汉语的热潮,实现中国文化推广的多元化形式,以及完善中国汉语言文化与国外的对接。

另外,2014年,湖南省执委会的部分多年从事"汉语桥"大学生比赛组织工作的领导将卸任,湖南卫视也提出将更换全新的团队来做此项赛事栏目。① 在这样的人员交替时期,部分工作容易出现滞后和拖延,亟须继续加强与湖南省政府办公厅、教育厅的密切配合,保证各项工作平稳有序的开展。

(四)汉语教育"内冷外热"的问题

在中国高调向外输出汉语、高速扩张孔子学院的同时,汉语学习出现"墙外开花墙内不红"的现象。据调查数据显示,80.8%的人确认中国当前存在汉语应用能力危机。在语言文化教育方面,中国和西方的交流也处于严重逆差状态。在日常生活、求学和职位晋升中,均能感受到英语的旺盛需求,中国所有的大学、中学和大部分小学都开设了英语这门必修课,甚至以英语成绩来衡量一个人的外语水平,然而汉语课程却被多所大学取消。2013年年初,湖北省大学语文研究会公布了大学语文课程现状调查结果。在91所高校中,将大学语文列为必修课的不到40%,课时也在逐渐减少,超过八成任课教师对大学语文的前景表示担忧。2013年11月中国人民大学将实施五年的必修课《大学汉语》转为选修课,学校拿大学汉语课"开刀",调整学生不"热衷"的课程,立即在社会上引来了较大争议。全国大学语文研究会副会长方智范认为:"现在英语大行其道,母语反而被放在一边。

---

① 相关论述参见国家汉办重大项目交流处《第十二届"汉语桥"世界大学生中文比赛工作总结》。

大学语文遭遇历史未有的尴尬,实在是可惜。"

英语等西方文化对汉语的渗透是外因,而造成汉语式微的是中国人自己。20世纪中期美国也曾出现类似危机。当时,美国人语文素质下降,大量来自亚洲和拉丁美洲的移民涌入,美国人发起"只学英语运动"(English-Only Movement),这对中国的汉语教育或许是一个启示。所以,在大力推进对外汉语教学的同时,中国也该反思一下自己的语文教育。汉语要在真正意义上成为一种强势的世界语言,很大程度上取决于中国人能否保持对汉语的不断学习和创新。因为在一定程度上,强势语言的传承还有赖于国民对知识的追求和社会开放的程度,并在文化方面具备自信。

六、对"汉语桥"的建议及展望

"汉语桥"是世界各国青年学子学习汉语、了解中国的重要平台,为了实现可持续发展,继续扩大其在提高文化软实力中的作用和国际影响力,提出以下对策建议:

(一)要进一步突出语言魅力,淡化政治色彩

"汉语桥"在飞速发展的同时,也引来了国外的质疑、非议甚至抵制。"汉语桥"被打上了"文化渗透"的标签,被认为官方背景与政治色彩浓厚。2008年4月,美国第43所孔子学院成立时,有美国媒体称"中国正在通过孔子学院等渠道,对外进行文化渗透",当时国家汉办主任许琳回应"孔子学院无意输出中国价值观,因为那种做法与中国传统文化理念不同""中国人干不出这样的事,这本身与中国的传统价值观是不符的"。还有很多国外媒体认为"汉语桥"也是在进行文化输出和渗透,将其称作是中国政治、文化入侵的工具。

"汉语桥"已经成为集官方、民间机构和电视运作于一体的文化活动,可以体现多元化国际色彩。比赛系列活动借助电视丰富的语言表现手段,辐射中外文化交流的热力与趣点,展现令人愉悦的文化艺术气息,使节目更加具有观赏性和互动性。在内容设置、整体运作上应更符合国际市场的需求和各国观众的口味。"汉语桥"在实际操作过程中应将中国的语言文化元素融合到节目中去,进一步突出中国语言魅力,改变"汉语桥"文化渗透的思维定式。比如,2008年北京奥运会举世瞩目,更多外国人受到"中国风"的影响,开始对中国传统文化产生极大的兴趣和热衷,他们开始学说中国话,研究中国历史。而在传播中国文化的过程中,具有中国传统特色的语言形式无疑可以起到画龙点睛、架接桥梁的作用。中国语言博大精深,寓意深远,很多成语、谚语中讲述的故事、蕴涵的道理都能成为经典的节目题材。

此外,"汉语桥"在节目内容上,应考虑外国人与中国人思维方式、价值观念等

的差异,增强节目的针对性,突出传统文化和民族特色,并以外国人喜闻乐见的形式呈现出来;在评委、嘉宾设置上,在追求专业化的同时注重亲民性、国际性,除了邀请汉语语言大师、文化学者之外,还可继续邀请国际上有影响力的中国语言文学家及特别热爱汉语、汉字、传统文化的国际友人担任。"汉语桥"项目应着重推广汉语、传播中国文化,而不宜过多介入政治、经济方面的宣传。除了利用好CCTV4这个国际频道积累固定受众,还可以争取与海外受众的联络与服务,接听观众的来电、处理观众来信或其他形式的反馈,潜移默化地及时澄清国外媒体的歪曲报道。

从根本来看,推广和提升自己文化软实力的同时,要赋予其新鲜的和特别的内涵,使中华民族最基本的文化基因与当代文化相适应、与现代社会相协调。"汉语桥"既要继承传统优秀文化又要弘扬时代精神;既要立足本国又要面向世界。活动策划吸取人们喜闻乐见、具有广泛参与性的方式,弘扬跨越时空、超越国度、富有永恒魅力、具有当代价值的文化精神,把当代中国文化创新成果传播出去。

(二)丰富"汉语桥"项目开展的种类,扩大其影响范围

人们普遍承认,国际教育交流是对转变人们态度最强有力且最持久的影响因素之一。"无论从任何角度看,学生和学术交流通常都被视为很好的投资。"① "汉语桥"与孔子学院相得益彰,除了继续扩大和发展"汉语桥"中文比赛、夏令营和校长访华等项目,还应重视孔子学院在海外推广汉语文化的重要作用。孔子学院多种形式的汉语输出以及"以学生为中心"的教育模式,得到了国际国内的接受和认可。英国文化委员会所著《影响力与吸引力》不止一次地提到孔子学院的迅速崛起和壮大为中国文化的推广起到巨大作用,也体现出中国文化软实力的不断增强。但是,匆忙中遍地开花的孔子学院,还存在着诸多问题和不完善的地方,在此基础上,更需要在国外建设好孔子学院,持续落实"国际汉语教师中国志愿者计划""资助汉语教学和汉学研究学术会议项目""设立对外汉语教学基地大学项目""派出汉语专家项目"和"三个一万项目"(万名中国学生赴美攻读博士学位、"汉语桥"万人来华研修、为万名美国来华学生提供奖学金)等,从而扩大汉语全球覆盖面(含海外华人社区圈、传统汉字文化圈、其他国家或地区辐射圈),打造强势汉语,使汉语成为国际交流的会议语言、国际组织的工作语言、世界公认的主要外语,确保东方汉语大国最终成为与其政治、经济、文化发展和谐相称的汉语强国。

十几年来,"汉语桥"第一阶段已在国内取得效果,第二阶段应该把重心放在国外。通过丰富其项目开展的种类,增加多样性、趣味性,满足不同人群学习汉语

---

① 迪奇雷基金会(2012), *Cultural Diplomacy*: *does it work*? www.ditchley.co.uk/conferences/past-programme/2010-2019/2012/cultural-diplomacy.

的特殊需求,吸引更广阔的受众群,扩大国际影响范围。同时,只有中国文化"软影响"的格局在全球化背景下得到根本的改变,"汉语热"才意味着汉语真正赢得了充分的国际地位,才能扩大汉语的国际影响力。

(三)创新运营模式,拓展区域合作方式

创新"汉语桥"的运营模式,高度重视并着力协调海外预赛。加大海外预赛资助,夯实预赛区组织工作;增加英、法、德大区赛数量,实现五大洲来华参赛选手和国家相对均衡;鼓励驻外使领馆和孔子学院联系当地媒体,强化对海外赛区的宣传报道。今后的比赛会向地区赛、大区赛制发展,向各国承办此项大赛发展,所以要扩大海外大区赛数量,统一赛事标准,打造海外预赛、大区赛、在华比赛的三级赛事体系。建议继续举办俄、英、德、法4个大区赛同时,重点加强对赛事组织成熟、影响力大的海外赛区的品牌打造,进一步开辟如美国和大洋洲的大区赛。借鉴第六届全美汉语大会开幕式演出经验,组织所在国往届选手在大区赛活动中进行节目表演和现场互动,邀请往届人气选手参与孔子学院十周年庆典和开幕式,鼓励当地使领馆和孔子学院发挥各地特色、创新赛事形式,组织具有一定规模和影响力的赛事活动,吸引汉语学习者和中华文化爱好者。

孔子学院作为汉语言教学的权威机构,通过不断创新办学模式、整合资源渠道、鼓励社会力量参与办学来维持中外合作双方长期、紧密的合作驱动力关系,继而推动孔子学院和"汉语桥"发展。孔子学院还将成立专门的推广中心,力争在海外推广汉语教学中不断创新。1.利用网络资源开展网络语言教学、运用多媒体技术创新教学方式,制作精品教材和音像,满足各国汉语学习者了解中国的需求;2.加强国内外汉语教师队伍的建设,选择国内基础条件优秀的大学作为国家对外汉语教学基地;3.不断改革和完善汉语水平考试(HSK),促进HSK证书产生更大的应用效力;4.增加"汉语桥基金",以增进世界汉语教学民间友好交流等;5.援助建设国外的中文图书馆,支持国外教育机构开展中文教学等;6."汉语桥"活动举办方应提供丰厚的奖品及留学援助,合理设置"汉语桥"项目的奖励机制。

(四)创新电视传播方式,提高节目收视率

语言软实力不仅取决于语言本身及其承载文化的独特魅力,而且取决于先进的传播手段和强大的传播能力。有创新才会有发展;有前瞻性才能赋予节目新的时代内涵。"汉语桥"传播既要展现出最高水平汉语比赛的权威性,又要保证比赛方式和内容的观赏性和娱乐性;既要努力借助这一活动载体积极推广汉语和中国文化,又要考虑克服比赛内容设置上的跨文化交际障碍,活动主体策划应"软化"汉语言文化内涵,以提高收视率。

从比赛内容的设计来看,不仅考察外国选手汉语表达能力,也通过戏剧(包括地方戏)、武术、舞蹈、相声、民间艺术、婚俗等中国传统文化的演绎,丰富比赛的文

化艺术内涵。选手们的表演丰富多彩、生动有趣,包括武术、相声、歌舞、乐器和书画等,其中有经典段子,也有原创作品;有传统民乐,也有流行热曲;有毛泽东的名句"数风流人物,还看今朝",也有网络流行语"神马都是浮云""我讲的不是笑话,是寂寞"。在内容挖掘上,尽最大可能展现中国元素,将中国元素与现代气息结合起来,给观众不一样的视听盛宴。国内观众并不会对外国人的中文知识水平寄予很大期待,更多的是追寻外国人在说中国话、演绎中国文化时所带来的新鲜感,以及由于文化差异而产生的特殊喜剧效果。因此,"汉语桥"比赛要想达到预期的传播效果,节目中的"娱乐"因素必不可少。

"汉语桥"比赛的赛制设计跨国家、跨区域,也提高了节目收视率。除了在华留学生汉语大赛,其他两个比赛的海外预赛在世界五大洲分国别、分区域进行,选拔形式各异,复赛和决赛在中国举办。比赛环节主要包括演讲、情景剧表演、才艺展示和小组辩论赛等。决赛举行时间一般是在 7 月和 8 月,正值世界各国青少年学生放暑假,很多学生都与家人围坐,共同观看比赛节目。主体比赛之余,选手们还将参加不同主题、丰富多彩的文化活动。总的来说,"汉语桥"赛制演进基本可分为两个阶段:2008 年以前,赛制以及比赛的舞台、背景、道具都相当简单;表演形式单一,很少有小组合作形式;比赛内容和环节主要包括主题演讲和中华才艺表演;评委主要是语言界、文化界的著名人士。2008 年以后,在湖南卫视的倾心打造下,"汉语桥"逐渐成为一个具有娱乐化表演的语言比赛。在不断总结经验的基础上,"汉语桥"突破了常规化的中文知识比赛方式,避免成为千篇一律的知识抢答或竞赛类节目。

中央电视台及湖南卫视相继搭起擂台,南北争相以别开生面的语言比赛形式,打造文化与娱乐嫁接的电视大餐。二者意识到,作为国际文化交流的切入点,语言文化类活动大有发展潜力及深远影响力。2002—2007 年,"汉语桥"世界大学生中文比赛由中央电视台海外节目中心给予电视呈现,比赛过程比较大气正式,比赛内容更注重语言文化本身。从 2008 年开始,"汉语桥"中文比赛正式落户湖南卫视,由湖南卫视和湖南教育台共同承办,成为一个具有娱乐化表演的语言文化比赛,在服装、道具、舞台、灯光等硬件设施上,湖南卫视更加注重艺术氛围,在传统与现代结合上力求平衡,赛事和"娱乐真人秀"的有机结合,将纯知识性的比赛和才艺比赛进行了大胆整合,充分呈现出语言比赛节目的文化艺术亮点。在节目的互动环节设计上,让观众可以通过多媒体、多渠道参与"汉语桥"节目交流。

(五)推动"汉语桥"向文化产业方向发展,打造中国文化品牌

中国崛起走的是一条和平发展道路,所以拉动汉语需求的方式应该是和平的,不宜通过政治、经济、军事的征服来推广语言,树立产业经营的理念,走市场化的道路,是"汉语桥"的产业发展方向。语言代表着一种文化,一种产业。据了解,

英国每年从全世界的英语学习者中获得了 110 亿英镑的收入,的确可以称得上一个巨大的文化产业,由此不难理解英国政府为何每年要投入巨资来推广英式英语。考虑到中国的实际情况,能以奖学金、打工收入来维持自己学费和生活费的留学生属于少数,那么,海外如今有近 4000 万人学习汉语,如果按每人每年 1000 元人民币的学习费用来计算,这就意味着一个巨大汉语产业的形成。

汉语国际推广不只是纯教育,语言本身也是一种产品,特别是在向国际上推广时,更是一个文化产品,必须以产业、市场的方式来运作。① 这样才能在全球范围内开拓更广阔的市场,夯实"汉语桥"与孔子学院发展的市场基础,为其可持续发展创造最大的空间。"汉语桥"比赛以电视节目的形式呈现,而真正成功的电视节目,不能只以"收视率"论成败,基于节目本身的市场化开发是不可或缺的一环。比如,2013 年 11 月河南卫视推出的成语互动节目《成语英雄》首播之后,好评如潮。网络游戏频道 17173 与河南卫视达成协议研制开发了 app 应用《成语英雄》,看重游戏为青少年带来的正能量,培养青少年玩家抽象思维和协同合作的能力,让玩家通过游戏体会到中华上下五千年文化的磅礴伟大。

纵观这几届的"汉语桥"节目,其产业链相对有限,衍生品开发相对滞缓。所以,建议推出"汉语桥"文化产品系列,如电子图书和期刊、录像带、光盘、画册、手游、文化衫等,期刊、录像带、光盘还可以作为一些汉语教学机构的教材使用。将"汉语桥"选手体验中华文化的地域或是外景拍摄区域打造成旅游地,带动当地的旅游、餐饮、住宿等相关产业的发展。探索"华流"文化产品的国际化创意、制作和营销,从上游创意策划到中游精心制作,再到终端多渠道销售,形成商业化程度高的产业链,与国外文化企业同台竞争,实现"中国制造、国际传播、国际市场",切实增强文化"走出去"实效。

2014 年是孔子学院建立 10 周年,"汉语桥"作为孔子学院的重要文化品牌,理应发挥更大的影响力和商业价值。启动"汉语桥"项目的系列宣传活动,与俄、英、德、法大区赛结合,进行"汉语桥"历届选手的采访和拍摄活动,拍摄《我的未来不是梦》后续短片,加强具有地域针对性的宣传活动。同时,委托文化品牌设计专业人士,从比赛组织、宣传、呈现等多方面进行系统梳理和整合,加强海外孔子学院的参与,发挥其品牌效应,服务汉语推广工作大局,成为海外孔子学院发展的推动力。从第十一届比赛开始,邀请孔子学院外方院长担任评委,如美国 UCLA 孔子学院外方院长简·苏珊、澳大利新南威尔士大学孔子学院院长金江等,加强了孔子学院对"汉语桥"项目的参与度,反过来,也推动了孔子学院的发展。

---

① 许琳:《从对外汉语教学到汉语国际推广路渐宽》,http://www.chinanews.com/kong/news/2009/09-03/1848499shtml。

(六)提升"汉语桥"国际地位,彰显"全球汉语"观念

文化交流不仅是对自身文化的"对外传播",还包括对不同文化的吸收和相互交流而形成多种文化价值观的"共存"。不同的国家,文化关系中的不同参与者有不同的作用和意义,但是无论在何处,以下方面都必须考虑在内:国家和城市,独立的文化、广播和教育机构,文化领域的非政府组织,企业,基金会、信托公司和慈善家,个人。① "汉语桥"比赛在全球范围的海选中,除了国家汉办和当地驻华使馆的努力,还有当地政府、社区居民和千千万万海外华人的支持。各地海外汉语社区都有当地社会文化的特有词汇及语法手段,通过互补,促进海外民间各种合作、交流等活动,加强海外华人、侨胞之间的联系,增强他们的"寻根"意识。"汉语桥""搭桥"的时间不长,主题活动也不多,缺少如"德中同行"那样影响深远的主题活动,因此要多举办各类大型的主题活动、主题讲座、主题旅行等,扩大"汉语桥"文化的影响力。

要想在争夺软实力的竞赛中保持领先位置,国家资源的投入水平很重要,但实现文化与观点真诚而开放的交流更加重要。对外汉语推广离不开中华文化的教学与传播,外汉语教学要达到培养学习者跨文化交际能力的目标,必须妥善处理好语言与文化的关系,使学习者在掌握汉语的同时也能学到有关中国的文化知识。当今"汉语热"本质上是"现实利益驱动"。它可以提供国际社会理解中国的机会,但毕竟还不是中国文化优越性的证明。要真正实现汉语的国际化,只依靠历史文化还是缺少国际竞争力的,要通过现代汉语言文化的魅力,根据当地的文化去探寻有地方特色的教学内容,去适应各个地区的对外汉语教学环境,使学习者在掌握汉语的同时也能学到有关中国的文化知识,帮助学习者增加学习汉语的兴趣,提高汉语的认知能力,从而在世界范围内逐渐树立起具有地方特色的全球汉语观念。

(七)建立"汉语桥"调研机构和数据库,提供必要的理论支撑

汉语正快速地走向世界,但随之而来的问题日益突出。最明显的一个例子就是至今我们尚不能对海外学习汉语的人数进行较为准确的估计,以至于对"汉语桥"的节目改进、受众分析、影响范围,以及制订国际推广方案的科学性等方面都受到影响。

2013年被称为"大数据元年",电视节目也可以有"幕后军师"——通过数据研究中心捕捉电视首播和重播的观看情况、观众的收视心理、网络播出数据等,帮助节目制作方找出节目的问题,改善节目质量。"大数据对社会、行业和未来的影

---

① 侯礼敦:《影响力与吸引力——21世纪里的文化与争夺软实力的竞争》,英国文化委员会,2013年,第17—18页。

响是全面、深远和颠覆性的。没有'大数据'或者不重视'大数据'的电视媒体没有未来。"①

  建立"汉语桥"相关的调查研究机构,旨在了解外国人的汉语学习情况和"汉语桥"在国内外的影响力,以改进活动内容和形式,更有针对性地传播汉语和中国文化。利用互联网等科技手段,将问卷调查、内容分析等传统的调查研究方法与大数据挖掘、云计算等新技术结合起来,对国内外有关"汉语桥"的评价、建议以及汉语学习的动机、态度和学习方法等进行调查,分析"汉语桥"的收视人群数量、特征,在此基础上对"汉语桥"对于汉语推广的作用进行检测和评估。在更大范围内收集数据,建立"汉语桥"项目数据库,为更加深入地研究提供数据支撑,从而为今后制定汉语国际推广政策提供参考。

---

① 陆地、靳戈:《大数据对电视产业意味着什么?》,《视听界》,2013年第9期。